外国信托法经典译丛　　石俊志 主编

COMMONWEALTH CARIBBEAN LAW OF TRUSTS

BY GILBERT KODILINYE，TREVOR CARMICHAEL

加勒比国家的离岸信托

[英] 吉尔伯特·科迪林耶　特雷佛·卡迈克尔 | 著
朱宝明 | 译

法律出版社
LAW PRESS·CHINA

Commonwealth Caribbean Law of Trusts
By Gilbert Kodilinye, Trevor Carmichael

著作权合同登记号
图字：01-2018-8171

总　序

现代信托制度的建立，是人类社会法律制度上的一个伟大进步。

中世纪黑暗中的英国社会，为了克服普通法的烦琐和僵化，转向由法官凭借公平和良知判案形成的法律制度，由此产生了与普通法并行的衡平法。正是衡平法的出现和实施，催生和哺育了现代信托制度。

普天之下，莫非王土；率土之滨，莫非王臣。中世纪后期，英国君王和各地领主对百姓及其财产的封建占有，严重地阻碍了财产的市场流转和效益的提高。为了打破这种封建桎梏，经历了一个漫长的过程，用益制度在英国逐步演化形成。用益制度实现了财产上的所有权与收益权的分离：所有权继续遵循封建传统的规定，收益权转向符合市场经济的需求，从而实现了承上启下、促进社会平稳发展转变的作用。

英国法律史学家和衡平法律师梅特兰(Frederic William Maitland)高度评价英国人创立信托概念的贡献："如果有人要问，英国人在法学领域取得的最伟大、最杰出的成就是什么，那就是历经数百年发展起来的信托概念。”

信托的发展，是在不断挑战原有法律的约束，又在不断促进法律修正的过程中，传播衡平法的公平、公理、良知、正义等理念，并不断促进经济和社会的发展和进步。

美国、日本等国家和地区，在引入现代信托制度的同时，结合本土的信托实践，相继建立了完善的信托法律体系。

现代信托制度传入中国，发生在辛亥革命推翻皇帝专制制度之后。

1921 年，中国历史上第一家标明为“信托公司”的企业——中国商业信托公司在上海成立。此后，在短短数年里，先后有十余家信托公司成立。

1949 年，新中国成立，开始实行集中统一的计划经济。信托失去了市场经济环境，被全面停办。

1978 年，党的十一届三中全会揭开了改革开放的序幕，我国信托业重新起步。

1979 年，中国国际信托投资公司成立。随后，各种类型的信托投资公司在全国各地如同雨后春笋般诞生，我国信托业进入了一个崭新的时期。但是，由于缺少法规和监管约束，再加上没有明确的业务范围和主营定位，信托投资公司迅速切入经济发展和金融发展的各个领域，催生了我国债券、证券、基金业的发展，而其自身却由于缺乏规范而成为治理整顿的对象。

2001 年 4 月，全国人民代表大会常务委员会通过了《中华人民共和国信托法》，由此奠定了我国信托法律的基石。随后，中国人民银行陆续颁布实施了《信托投资公司管理办法》和《信托投资公司资金信托管理暂行办法》，由此构成了我国信托业“一法两规”的基本法律法规框架，结束了我国引入现代信托制度以来近一个世纪无法可依的历史。

2007 年 3 月 1 日，中国银行业监督管理委员会颁布施行了《信托公司管理办法》和《信托公司集合资金信托计划管理办法》。从此,我国信托业开启从"融资平台"向"受人之托,代人理财"的专业机构之转变。在上述规章引导下,我国信托业飞速发展。截至2012年年底,我国信托业管理信托资产规模超过了证券业、保险业、基金业等金融行业的业务规模,成为仅次于银行业的第二大金融行业。

目前,我国信托业管理信托资产规模超过26万亿元。投资信托产品,已经成为我国居民最重要的理财方式之一。信托业在我国经济建设和社会发展中发挥着越来越重要的作用。然而,与国外成熟市场经济国家相比较,我国信托业在功能定位、法律制度、社会实践等方面还存在较大的差距。

他山之石,可以攻玉。国外成熟市场经济国家的信托业历史悠久,经验丰富,法律法规体系健全。特别是相关法律制度,对我国信托业的发展,具有十分重要的借鉴意义。为此,国民信托博士后工作站与中国社会科学院法学研究所联合招收博士后,重点研究信托法律问题。在此基础上,我们邀请了一批国内从事信托法教学、研究的学者以及具有实践经验的信托业专家,经过认真地调查研究,筛选出一批国外信托法规和经典著作,翻译成中文,介绍给国内读者。

我们相信,这套《外国信托法经典译丛》的出版,对于我国普及信托法律知识、完善信托法律体系,繁荣信托市场,促进信托业更好地服务于实体经济、社会发展和改善民生,具有一定的参考价值。

石俊志

2018年2月7日

目录

序　言

Sir Roy Marshall *

对于加勒比国家法律教育和研究的现行发展而言,《加勒比国家的离岸信托》第三版的出版是重要而可喜的一步。当法学院和法律教育委员会分别在 1970 年和 1971 年成立时,人们就期待他们促进由联邦最高法院为该地区设立的高标准能够得到进一步的发展,该法院在西印度群岛联邦解散后便结束了它短暂的一生。

这些机构已兑现其承诺,但他们并未满足于此。加勒比法院(Caribbean Court of Justice)的成立,标志着这里已逐渐成长为一个已准备好全权负责加勒比共同体(CARICOM)司法实施工作的区域。同时,这向我们的教育机构施加了一项义务——创造一个汇聚最出类拔萃的思想的集合体,以服务于本区域需求。无论是在学校里还是在法律界的实操阶段,教导法律专业学生的方式和内容都变得更加重要。在当

* Sir Roy Marshall, KT, C. B. E. 系内殿律师公会(译注:系英国四大律师公会之一)的诉讼律师,著有 *Theobald on Wills* 一书和 *Nathan & Marshall on Trusts* 一书。

今时代,加勒比法域的正直不仅仅取决于严厉的政府政策规定,还取决于为各个领域的法律从业者制定并维持高标准的职业精神、诚实品行和学术水平。法学院和法律学校的一级图书馆的存在,促进了对整个加勒比英联邦国家甚至更广范围的地区的法律体系相关学术权威的研究。这也满足了日渐增长的专门化需求,而在应对诸如贸易和商业、经济和金融、政策和外交、全球化和跨国企业、环境和自然资源,以及援助和发展等各个领域中的现代国际关系的复杂性时,这种专门化是不可或缺的。同样重要的是,可获取的图书馆资源使得立法机关无论在任何情形中遇到问题,都能够基于最佳惯例为其制定解决方案。

正是在这种情况中,《加勒比国家的离岸信托》一书是如此令人叹为观止而不可或缺的作品。本书的优点在于,它结合了作者吉尔伯特·科迪林耶教授和特雷佛·卡迈克尔博士的学术和从业知识及经验,也在于其涵盖的主题范围和所使用的大量原始资源。这一新的版本尤其有趣的地方在于那些处理不断演化的信义原则的材料,以及基金现今扮演的信托法中的实体角色。

《加勒比国家的离岸信托》是学者和执业律师,以及政府部门、专业机构、银行和金融机构的职员和会计师的基本读物。再次对作者的广泛研究、清晰阐述以及深度洞察致以热烈的祝贺。

Sir Roy Marshall
伊万斯通,于巴巴多斯
2012 年 1 月

前 言

信托法是加勒比地区日益重要的法律领域。该领域的多处岛屿已经形成了,或者正在形成,离岸信托服务和信托管理的机制,这导致了这些法域中设立信托的数量大幅度增长。此外,整个加勒比地区的经济发展也使得人们的注意力集中于信托法的各个方面,例如婚姻住房或家庭住房中的受益利益、死因赠与(*donationes mortis causa*)、慈善信托、养老金计划信托和受托人受托义务,等等。

在许多加勒比法域中还完成了专业的“离岸”信托立法,这些立法致力于使信托成为对外商更具吸引力的工具。尽管这个新的发展是复杂而动态的,我们致力于从多层次意义上看待这一版本,以求读者能够理解此科目的整体观点。

本书的目标在于,通过对一般原则的解释,以及对精选的加勒比地区和英国判例(无论是否被汇编在册)的分析——这些判例都涉及加勒比地区最容易出现的问题,为学习加勒比国家的信托法的学生提供基本读物。希望从业者也能从中获得帮助，找到可供参考的资料，尤其是与其他地方可能找不到的未汇编判决相关的资料。

我们要对先前的版本给予协助之人表示诚挚的感谢，特别感谢 Vanessa Kodilinye，其法律素养和编辑能力对我们的研究具有重大价值。感谢 Andrea Mullin Henry 和 Giles Carmichael 在我们研究"离岸"信托环境相关的新发展时所提供的帮助。感谢巴巴多斯大法官法院的同僚们一如既往的支持。

同时，也感谢劳特利奇出版社的编辑人员对本书的精心制作。同样，特别感谢 Sir Roy Marshall 慷慨地为本书写下这样一篇具有深刻见解的序言。

吉尔伯特 · 科迪林耶

特雷佛 · 卡迈克尔

2012 年 1 月

第1章　信托的发展和本质

用益

信托法起源于中世纪英格兰大法官法院。信托在中世纪的前身为“用益”(Use)，当土地被转让给A，A承诺为了B能使用和从中获益而持有该土地时，即发生用益。当时可能使一人为了B的用益而将土地转让给A的情形有：

(a)B，即土地的受益人，即将因事而出国，此种情形下要有一名会履行和接受徭役之人代表自己持有土地；

(b)B是一个立誓不得享有财产的方济会团体；以及

(c)B担心自己将因重罪而丧失土地，或因欠债而被债权人夺走。

无论用益设立的目的是什么，普通法不承认B的任何权利，而是将A，即享有普通法上的所有权之人视为唯一受益人。因此，若被A依法提起诉讼，其普通法上的权利及占有权将受到法院的支持。另一方面，大法官法院认为，尽管不否认A的普通法上的所有权，但将B排除在外是不公平的，而且法院将通过出具"普通法上的禁制令"对被 A 提起对人请求权，限制其行使或执行其普通法上的所有权。未能遵守该禁制令将会因蔑视法庭而受监禁。通过这种方法，大法官法院将确保 B，即衡平法上的所有权人（或称"保有地受益人"：*cestui que* use）的权利将优先于 A，即普通法上的所有权人（或称"用益受封人"：*feoffee to uses*）的权利。

用益在中世纪的运用使其可以避免普通法上的财产权持有人难以承担的附属权利。例如，依据当时封建法，当继承人继承封建土地时，地主有权获得一笔客观的金额（称"继承金"）；且如果不存在继承人，地主享有收回土地的绝对权利（称"土地复归"）。如果土地归属于一群用益受封人，则可避免此结果，因为他们不太可能全部同时死亡或无继承人，并且，那些死亡的用益受封人可以被其他人替代。同样，当土地由一名未成年保有人持有时，地主有权选择其结婚对象（"婚姻"附属义务）；且如果该保有人拒绝地主所选择的对象，他须向地主支付罚金。当土地归属于一群成年的用益受封人时，地主将不得享有这些权利。最后，可以通过将土地归属于受封人，并对立遗嘱人死后将土地的持有所依赖的用益做出声明，这样就有可能避免普通法中自由保有土地不得经遗嘱遗赠的规定。通过这种方法，可在死时对土地上的衡平法利益做出有效处置。

英国《1535 年用益法》

这种用益制度显然有利于那些持有皇室或贵族土地的租住权、自己无佃户的业权人，但却不利于贵族阶级，特别是不利于位于封建金字塔顶端的人——国王。亨利八世发现王室的收入大幅度减少，于是他试图通过《1535 年用益法》摧毁这个体系。该法实际上规定了，当
2 "为了 B 的用益"而将土地转让给 A 持有时，A 应当退出，而 B 应享有

合法财产权。用益据称被“处决”了。该制定法成功地废除了大部分用益,但有的情形是该制定法无法适用的,例如,当用益受封人有积极的义务要履行时。因此,当受封人有义务出售基于用益持有的土地,或征收租金和盈利时,该制定法不适用且用益一如既往地有效。

不久,人们就找到了规避该法的途径。这涉及复杂却精妙的手段,称“用益之上的用益”。例如,当“将土地给予 A,用益受益人设为 B 及其继承人之后,再在此土地上设立二次用益,受益人为 C 及其继承人”,在 1535 年之前,这种处置下 C 什么都得不到;A 享有普通法上的非限嗣继承权,B 享有衡平法上的非限嗣继承权,但对 C 的限制因与 B 的利益相矛盾而无效。而在 1535 年之后,二次用益仍被法院认为无效,但一次用益将被“执行”,以此赋予 B 普通法上的非限嗣继承权,而 A 和 C 什么都得不到。最终,大约在 17 世纪中叶,通过一系列被历史掩埋的发展,大法官开始执行二次用益,这被称为“信托”。为设立这种信托,可承认的措辞形式为:“……为了 C 及其继承人信托,将 B 及其继承人设为用益受益人。”B 在普通法上享有非限嗣继承权,但对其有利的用益使得二次用益无法执行,而只能依据衡平法以信托的形式执行。结果是,恢复双重所有权:B 为普通法上的所有权人,C 为衡平法上的所有权人。自 17 世纪末以来,封建税收的重要性已大大降低,王室试图禁止信托的发展这一做法也就没什么意义,立法机关便不再试图禁止这种对用益法的规避。

加勒比国家的继受

信托法作为英国法律的一部分,为加勒比英联邦国家所继受。继受方式依领土的不同而有所区别,主要根据某一领土是否为定居、征服还是割让。[1] 在定居殖民地[2]的情况下，在此定居的英国人被视为适用英国法律，且不需要明确表示在这些领土上接受普通法或衡平法的法律规定。另一方面，在征服或割让殖民地[3]的情况下，在割让或征服时有效的法律，直至经统治当局修改前仍然有效。在后一种领土情况下，不会在尚无制定法上的继受规定[4]的情况下就一般性适用英国法律。现代的情况是，加勒比英联邦国家的高等法院经制定法，可同时适用现存普通法和衡平法（包括信托法律）的原则。[5]

信托的定义

一项信托可被定义为："……一项衡平法上的义务，约束一人（被称为'受托人'），为了任何可以强制执行该义务之人（称'受益
3 人'，也写作：*cestuis que* trust），处理其控制的财产（称'信托财产'），受托人本人也可作为受益人之一。就受托人而言，任何信托文件条款或法律规定未授权的行为或无法宽恕的疏忽，都称为对信托的违反。"[6]

---

〔1〕 See Roberts-Wray, *Commonwealth and Colonial Law*, 1966, pp. 539 – 43; Patchett, "Reception of Laws in the West Indies" (1972) JLJ 17 and 55; Wylie, *Land Law of Trinidad and Tobago*, 1981, p. 5.

〔2〕 Eg, Antigua, Barbados.

〔3〕 Eg, Dominica, Jamaica, Trinidad and Tobago.

〔4〕 Roberts-Wray, above, pp. 540, 541.

〔5〕 参见，例如巴巴多斯第 117 章《最高法院法》第 31 条；特立尼达和多巴哥《最高法院法》第 4:01 章，第 12 条；巴哈马《最高法院法》第 53 章，第 15 条；《关于最高法院的司法法》第 48 条。

〔6〕 Underbill, *Law of Trusts and Trustees*, 14th edn, 1987, p. 3

信托的本质

信托的主要特征是信托财产归属于受托人的出发点不是为了他们自己的利益，而是为了受益人的利益。与直接将财产给予受益人不同，通过任命受托人，使其不仅仅是保管财产并以信托文件指示的方式使用，而且要使财产有生产价值，例如，通过租赁土地、投资股票或证券等方式，可更有效地实现财产授予人的目的。因此，在大多数情况下，受托人不仅仅是信托财产的消极保管人，更是积极的商人，有责任保证财产尽可能多地为受益人产生孳息。

可能引发的问题是，受托人或受益人是否被视为信托财产的"真正的"所有权人。答案将视情况而定。例如，在 *Schalit v Joseph Nudler Ltd* 案[7]中，法院认为，当构成部分信托财产的营业场所被租给保有人时，只有作为普通法上的所有权人的受托人因拖欠租金而对保有人享有扣押权；单纯作为衡平法上的所有权人的受益人不享有此权利。受益人唯一的救济是强制受托人归还其所得到的利润。另一方面，从 *Baker v Archer-Shee* 案[8]可以清楚地看出，承担支付信托投资所得税的主要责任的是受益人而非受托人。就如 Ross JA 在 *Commissioner of Income Tax v Bank of Nova Scotia Trust Co Ltd* 案[9]中，在牙买加上诉法院解释的那样：

> 尽管信托财产的普通法上的财产权归属于受托人，我们必须牢记，受益性所有权属于受益人，且因此受托人是将信托收入转让给受益人的桥梁。

---

〔7〕［1933］2 KB 79.

〔8〕［1927］AC 844.

〔9〕（1985）Court of Appeal，Jamaica，Civil Appeal No 12 of 1982（unreported）.

信托的一个巨大的优势在于其灵活性。信托可被用于广泛的目的,例如:

(a)管控去世时家庭财产的去向;例如,立遗嘱人以信托形式将自己的财产终身遗赠给自己的妻子,而妻子死后的剩余财产由子女等分;

(b)通过设立“保护信托”,保护家庭财产免遭挥霍无度;

(c)使两人或多人拥有财产。在一些国家,当存在土地的受益性双重所有权时,即产生制定法上的售产信托;

(d)通过单位信托推动投资;

(e)使诸如中小学、大学、医院和教堂等慈善机构受益;

(f)对非慈善目的做出规定,例如对立遗嘱人的坟墓的维护和动物的饲养;

4 (g)为退休职工及其被扶养人提供养老金。在这种养老金计划下,基金将归属于受托人并由一个管理委员会进行管理;

(h)能为了没有能力享有普通法上的财产权的未成年人而持有财产;

(i)创设婚姻和家庭财产的受益利益;以及

(j)规避或最小化征税。

区分信托与其他法律关系

理解信托特征的最好的方法或许是将其与其他法律关系作对比,例如寄托、代理、合同、债、财产的权力和管理。

信托与委托的区别

当 X 拥有一件动产,在 X 的同意下,该动产暂时由 Y 占有,这种

情况为委托。Y 被要求妥善保管 X 的财产,这一点与信托相似,但就以下几点是有所不同的:

(a)普通法承认委托,而信托仅为衡平法所承认;

(b)受委托人的职责与受托人的职责有许多不同;

(c)委托的标的物仅限于动产,而信托可以是任何财产;和

(d)受托人是信托财产的普通法上的所有权人,且持有"一般财产权",而委托人仅享有被委托动产的"特别财产权",一般所有权人享有的财产权仍属于委托人。因此,违反信托而出售信托财产的受托人可赋予支付对价的不知情购买人有效的所有权,而不受受益人利益的影响;而做出上述无权出售行为的受委托人不能对抗委托人而转让有效的所有权。

区分信托与代理

信托与代理之间主要的共同特征是,二者都将分别引发受托人或代理人的受信义务。因此,例如,受托人和代理人均不得将自己置于个人利益可能与其义务相冲突的处境;例如,通过购买属于委托人或本人的财产。信义关系的另一个方面是,对于受托人和代理人在履行其义务期间,就任何从信托财产或本人财产中获得的利润,二者均有义务归还此利润。

然而,两个概念之间还是在以下方面存在重大区别:

(a)代理是普通法上的概念,而信托是衡平法上的概念;

(b)受托人和受益人之间无合同关系,而本人和代理人之间总是存在这种关系;

(c)受托人不得使其受益人承担法律上的责任,而代理人的主要职能就是在其本人和第三方之间创设合同责任;以及

(d)代理关系是对人性的,而信托关系是对物性的。多年以来,

Lister and Co v Stubbs 案[10]都是这一区别的首要判例。

在 *Lister and Co v Stubbs* 案中，原告雇佣了被告，使其作为代理人为原告购买货物。被告代表原告从第三方供应商处购买了货物，并从该供应商处收取了 5541 英镑的秘密佣金。被告利用这笔款项购买了财产并为自己投资。法院认为，原告和被告之间的关系不是受益人和受托人之间有关金钱的对物性关系，而仅仅是债务人与债权人之间的对人性关系，因此，就被告手中的财产而言，原告并无比被告的其他债权人更强的权利主张。然而，在后来的 *Attorney General of Hong Kong v Reid* 案[11]中，枢密院采取了相反的意见，而这实际上推翻了 *Lister v Stubbs* 案的原则。在 *Reid* 案中，总检察长以归还所收贿赂为由，对前代理检察长 R 提起诉讼，后者利用职务之便收受贿赂，妨碍对某些罪犯的起诉。R 利用受贿金购买了位于新西兰的土地。枢密院认为，鉴于 R 处于受信地位，贿赂及用贿赂购买的财产是由其以推定信托形式为政府持有的；而且，既然以贿赂购买的土地自购买日起已经贬值，R 有责任归还贿赂和该财产现值之间的差价。

Lord Templeman 在传达枢密院的判决时，说道：[12]

> *Lister and Co v Stubbs* 案的决定与两个原则不符合，即不得允许受信人通过违反义务获益的原则，和受信人必须在其收受贿赂之日或衡平法认为应完成之日便立刻归还的原则。从这些原则中我们可以看出，贿赂及其不时代表贿赂的财产是以推定信托形式为受害人持有的。若受害人恢复的财产价值经证明少于贿赂金额，受信人仍有归还该贿赂数额的个人责任。

---

〔10〕 (1890)45 Ch D 1.

〔11〕 [1994]AC 324.

〔12〕 Ibid. ,at 336.

开曼的 *Corporacion Nacional del Cobre de Chile v Interglobal Inc* 案[13]中适用了 *Rei* 案中的原则。在该案中,原告公司曾雇佣 D 作为其代理人及其期货交易的负责人。根据他的雇佣合同,D 不得将自己置于个人利益可能与公司利益相冲突的处境,也不得在代表公司与第三方交易时收受任何秘密佣金、贿赂或任何秘密获利。D 违反了这些明示规定,收取了第三方的秘密付款,作为 D 劝说公司与商品经纪人签订某些合同的条件,而这些合同的条款明显对公司不利。Smellie CJ 认为,D 作为一名推定受托人有义务归还秘密佣金。他说道:

当一名受信人收受了作为其违反义务动机的贿赂及其他非法报酬时,他不仅仅就该贿赂金额成为了他应对其负有义务之人的债务人,还为此人以推定信托形式持有贿赂及通过贿赂获得的任何财产。这在枢密院对 *Attorney General of Hong Kong v Reid* 一案[14]的判决中十分明确……[*Reid* 案的原则声明]是现代信义关系法律的发展所不可避免的结果……这些原则的严格性源于衡平法对受信义务的重视,和对于阻止受信人通过欺诈,甚至是做出与其对委托人所负义务相冲突的行为从而滥用其受信地位而获益时,衡平法所作用的范围。

区分信托与合同 6

合同在以下几个方面与信托有所不同:

(a)合同是普通法上的义务,而信托是衡平法上的;

(b)合同源于当事人的协议或合意。信托必须要通过协议或契约的方式设立——例如,委托人与受托人通过契约方式约定在未来进行财产处置,或公司为其雇员设立养老金计划——但通常而言,在下列情况下,信托无法有效设立。例如,立遗嘱人在遗嘱中设立信托,或者

[13] [2002] CILR 298(Grand Court, Cayman Islands).

[14] [1994] AC 324.

捐赠者为了保护无偿受让受益人的利益，宣布由自己来做自己财产的受托人；

(c)既然，作为一项基本原则，诉讼仅能对抗合同的另一名或多名当事方提起，执行合同的权利就是一项对人性权利。而另一方面，既然当出现信托的违反时，不仅可从受托人处，也可从财产的第三方被转让人(支付对价且对信托不知情的善意购买人除外)处通过实施救济[15]收回信托财产，执行信托的权利基本是(虽然不完全是)一项对物性权利；

(d)信托法中的“有值对价”比合同中的意义更为广泛，因为其不仅仅包括金钱或金钱价值，还包括配偶和后嗣在婚姻财产授予中抽象地给予的对价。[16]

第三方

普通法适用合同的利害关系原则。因此，若 A 与 B 之间的合同是意图授予 C 利益，C 不得起诉要求强制执行该利益，因为他不是合同的当事人。但在两种情形中衡平法默示了 C 为受益人的信托，因此使得 C 可以作为受益人起诉以要求强制执行合同。这两种情形是：

(a)依照已婚妇女财产的相关立法(例如，巴哈马《已婚妇女财产法》(MWPA)第 115 章，第 7 条；巴巴多斯第 219 章《已婚人士法》第 25 条；圭亚那第 45:04 章《关于财产的已婚人士法》第 11 条；特立尼达和多巴哥《已婚人士法》第 45:50 章，第 11 条)，一人自理的以其生命为生效条件，并明示将其妻子和子女或其中任何一人作为受益人的人寿保险单，该保险单设立了惠及上述受益人的信托，当妻子将丈夫和子女作为受益人投保时也一样。当被保险人死亡且应支付保险金时，保险金将不会成为死者遗产的一部分，因此受其债务约束。可保单中特别指定或通过一份单独书面文件指定受托人；若无人被指定，被保

〔15〕 见第 14 章。

〔16〕 见下文第 50 页。

险人的遗产代理人将成为保险金的受托人。

(b)合同利益的信托。合同中的一方可作为第三方在合同中的利益的受托人而签订合同,或者他可以在之后声明自己为该利益的受托人,在后者的情况下,该第三方可以作为信托的受益人要求强制执行合同,尽管该第三方并非合同当事方。在这种情况下,该"受托人"可作为合同当事方提起诉讼,要求为了第三方的利益强制执行协议,如果他拒绝这样做,第三方本人可提起诉讼,并将受托人作为诉讼的共同被告。

然而,合同利益的信托这一概念已被证明是捉摸不透的,且有人 7
认为,完全无法预计[17]法院将如何决定一件无先例可循的案件。最近,法院对于认定合同利益的信托表现出了明显的不情愿。例如,在 *Swain v The Law Society* 案[18]中,被告依法为所有的实习事务律师安排了一份雇主保险。一致同意的观点是,保险经纪人应当为了整体的职业利益而将所得佣金的一部分支付给律师协会。两名对此计划施行方式不满的事务律师试图让律师协会归还所收取的佣金,理由是律师协会是为了所有的事务律师的利益而签订的雇主保单合同利益的受托人。此主张基于合同中规定了保单是"代表"现任和前任事务律师而签订的,而这被认为是表明了合同利益上设立信托的意图。上议院驳回了此主张,认为合同中的措辞并未设立任何明示或暗示的信托。用 Lord Brightman 的话[19]来讲:

> 确实,如果一家律师协会,尤其是被期待应在自己做出的文件中明确自己意图的协会,若其有意设立一项信托,则未能明示信托的存在这一点实属令人意外。

---

〔17〕 See Cheshire, Fifoot and Furmston, *Law of Contract*, 13th edn, 1996, pp. 467 – 69.

〔18〕 [1982] 3 WLR 261.

〔19〕 Ibid., at 276.

巴巴多斯的 *Rochester v Arthur* 案[20]引发了这样一个问题：当第三方被指定为人寿保险单中的受益人时，该第三方是否能从保险单中获得利益？在该案中，ES（已死亡）在其死亡之时所持有的三个人寿保险分别是投在宏利人寿保险公司（第一个保单）、美国人寿保险公司（ALICO）（第二个和第三个保单），所有三个保单中指定的受益人都是 GS。

宏利人寿保险公司的保单条款（名为"受益人指定条款"）陈述道："以本保单或通过保单所有人的书面声明而指定的受益人，当保单应支付时，将被视为受益性地享有保单收益权利……"

在美国人寿保险公司（ALICO）的两份保单中，规定了："收益将在所有被指定为第一受益人之人与被保险人中的幸存者之间均等分配……"

被承认的观点是，宏利人寿保险按照其措辞，为被指定的受益人设立了信托，但就美国人寿保险公司（ALICO）的两份保单是否为被指定的受益人设立了信托，还是说，它仅仅是一项授予第三方利益的无效尝试，这一点是有争议的。

Chase J 适用了一项法律原则，即不在已婚妇女财产相关法律范围之内的人寿保险单信托不是由使第三方受益的一般意图推定出来的，而是仅仅就人寿保险人而言，其明确披露了声明自己为了指定受益人而成为保险单利益的受托人的意图。美国人寿保险公司的两份保险单中的受益人条款并未披露任何此种意图。他说道：

美国人寿保险公司（ALICO）保单文件中对类似措辞的受益人指定条款的缺失，对此的陈词主张是：鉴于美国人寿保险公司出具的保单并不在《已婚妇女财产法》范围内，并未为被指定的受益人设立信托。律师进一步主张，保单的信托不得从使第三方受益的一般意图中

---

〔20〕 (1989) High Court, Barbados, No 1,279 of 1987 (unreported).

推断出来，而是仅仅从明确披露设立一般信托意图的语言中推断出来。

在我看来，这份陈词导致了一个基本性问题——美国人寿保险公司的保险单中的指定“受益人”条款所使用的措辞，是否会导致衡平法院作出不可抗拒的结论，即通过指定其母亲为“受益人”，Elroy Scantlebury证明了清楚明白地声明自己为了母亲而成为保单利益的“受托人”这项意图。 8

在考虑这项问题时，须牢记“人们经常有意给自己的亲属一些东西，而很少会有意使自己成为受托人”。确实，Denbow在其1984年的著作*Life Insurance Law in the Commonwealth Caribbean*（《加勒比国家的人寿保险法》）第116页中，在论述《已婚妇女财产法》范围之外的人寿保险合同中的受益人权利和地位时，说道：

“人寿保险单中，普通法上的指定受益人的身份是受完善的英国法约束的，即第三方（不属于为了此人的利益而签订的合同的一方当事人）不得强制执行合同……

“尽管事实上英国普通法在加勒比英联邦国家适用，这些国家却从未承认过普通法上的指定受益人无法就保单提起诉讼这一观点。这一事实的证据是，大量保险单中存在个人——并非被保险人的配偶或子女——被指定为受益人，意图并期待此人在被保险人死亡时有权获取保单收益。这一情形发生的原因是加拿大人寿公司的强烈影响，以及美国法律在加勒比人寿保险市场的相对较小的影响范围。在这两个国家中，指定受益人为获取保单收益并就此提起诉讼的权利都十分完善。在加拿大，尽管就普通法而言适用英国法律，且指定受益人不享有针对保险人提起恢复保单收益之诉的权利，但指定受益人被赋予了为自己名下的保险金提起诉讼的制定法上的权利。而在美国，法院早在一个多世纪以前就已承认指定受益人以自己的名义提起强制执行保险单的诉讼这一权利。在加勒比英联邦国家，除了特立尼达和多巴哥的《1980年保险法》第139条之外，不存在加拿大制定法规定的对等物,因此,指定受益人的身份受英国普通法约束。”

上文不仅仅清楚地反映了一个法律固定原则,即合同无关方不得就合同提起诉讼,哪怕该合同是为了此人的利益而签订的,它同时也揭示了北美各个公司人寿保险单条款中指定受益人的背景和影响。

因此,在加勒比英联邦国家立法中缺乏合适措辞的制定法规定的情况下,指定受益人(就像本案一样)似乎必须证明,保单文件所使用的涉及受益人指定条款的用语结构足以使衡平法院基于该用语的真实解释得出已设立信托这一结论。也就是说,必须能从指定受益人所使用的用语中找到设立信托的确定性。

Rees J 在对 *Rajkumar v First Federation Life Insurance Co Ltd* 案[21]的判决中评述道:“必须牢记,衡平法中的信托是为了不属于合同任何一方的某人而设立的,除非有明确为合同一方的某人而设立信托的意图。”

……现在,我把注意力转向美国人寿保险公司保险单中名为“受益人”条款的措辞效力,我们是否真的能通过在保险单条款中以现存措辞指定自己的母亲为“受益人”来判定,Elroy Scantlebury 仅通过这一个行为就证明了自己已声明其为了母亲而成为保险单利益的受托人的这种意图?

在寻求这个问题的答案时,还须谨记,基于已逝的 Elroy Scantlebury 而生效的三份人寿保单分别已经在他作为一个单身人士年满 21 岁、22 岁和 26 岁的时候由他领取了。

9 我发现我无法得出一个这样的结论:这样年幼的 Elroy Scantlebury 在其生前有意完全剥夺自己在保单中的利益,或者使自己为了他母亲在 62 岁到 66 岁期间的利益而成为受托人。

因此,我认为无法将美国人寿保险公司出具的两份保单里目前规定的指定他母亲作为受益人的条款解释为,就已逝的 Elroy Scantlebury

〔21〕 (1970)16 WIR 447 at 451.

而言,使自己为了他的母亲而成为受托人。

在巴巴多斯,立法机关对《1996年保险法》第114条至第121条进行了改革,这一做法受到广泛支持。这使得为了认定人寿保险中的被保险人声明自己为了指定受益人的利益而成为受托人的这一意图,而解释某一特定保单的用语,这一做法变得不再必要。第114条第(2)款规定了保单持有人可指定一人成为其保单的受益人;第120条赋予了此受益人要求强制执行保险金支付的权利,即便是其自身与保险公司之间缺乏合同相对性;而第121条第(1)款规定了保单中的任何待支付款项都不属于被保险人遗产,且不受其债权人主张的约束。

牙买加《1995年保险(修正)法》中制定了类似条款,在第2条规定了被保险人可指定一名指定受益人获取保单收益,且保单中的待支付款项不属于被保险人遗产,也不受债权人主张的约束。[22] 其他加勒比英联邦国家是否将引入亟须的立法改革,这还有待观察。

区分信托与债

必须区分受托人与受益人之间的关系和债务人与债权人之间的关系,债务人对其债权人的义务是对人性的,而非对物性的。因此,债权人不享有针对债务人的追回权。

尤其是在顾客在银行存钱的情形中,银行不是这部分钱的受托人,而是债务人。在 *Reid v Grant* 案[23]中,Watkins JA(Ag)在牙买加上诉法院强调:"普通法上存款人与其银行之间的关系属于债权人与债务人关系,且根据这种合同关系,存款人持有债的普通法上的所有权或权利动产,这是不容争辩的。"作为债权人,顾客对银行享有单纯的对人性权利而非对物性权利。因此,如果银行进入破产清算,顾客

---

〔22〕 也见特立尼达和多巴哥《1980年保险法》第139条第(1)款。

〔23〕 (1976)23 WIR 91 at 95.

无权通过对银行占有的款项或其他财产提起诉讼而针对银行的其他债权人享有优先权。*Hahn v Bank Intercontinental Ltd* 一案[24]阐明了这个原则,该案中被告银行通过财产授予契据而被任命为原告和原告家庭成员的利益的基金受托人。银行将该基金与自身放在同一个有息存款账户中。后银行破产且其许可证被吊销。一名新的受托人被任命了。争论未决的焦点是,可否将基金支付给这名新的受托人。这将由实质大于形式的原则来决定。若财产授予契据授权银行将信托基金储存在该银行自有账户中,则新的受托人不得优先于其他无担保债权人收回该基金。反之,则新的受托人可收回基金。

法院判决,该财产授予契据并未赋予上述权力,且新的受托人并无权利优先于银行的其他债权人收回基金。Hull J 引用了 Lord Templeman 在 *Space Investments Ltd v Canadian Imperial Bank of Commerce Trust Co(Bahamas)Ltd* 一案[25]中的判决,该案中这位法官阁下指出,善意行使信托文件赋予的权力并不能使受托人免予承担后果。他继续说道:

> 受益人对银行的资产并不享有权益(即衡平法上的抵押),且就算银行将该款项置于"信托存款账户"中,结果也一样。在这里,衡平法的干预是不正当的。委托人已允许把信托款项"被当作是顾客的"款项一样对待,即绝对性地且受益性地属于受托人银行。他已接受了银行破产的风险。信托资产已成为银行能够以任何其认为合适的方式使用的财产。

债和信托的共存

Barclays Bank Ltd v Quistclose Investments Ltd 一案阐明了债和信

---

〔24〕 [1987]CILR 407(Grand Court, Cayman Islands).

〔25〕 [1986]3 All ER 75.

托是可以共存的。在该案中,Rolls Razor 公司在巴克莱银行(Barclays Bank)有一大笔透支,从 Quistclose 处借了 209,719 美元以支付本公司(Rolls Razors)的股息。Rolls Razor 公司和 Quistclose 公司之间做出了安排,规定贷款只能用于支付股息。该款项支付到巴克莱银行的一个单独账户里,且银行已经收到该安排的通知。在支付股息之前,Rolls Razor 公司进入破产清算,问题在于,单独账户里的款项是受益性地属于 Rolls Razor 公司(这种情况下银行可抵销其透支),还是说该款项是由 Rolls Razor 公司基于信托为了 Quistclose〔26〕公司持有。

上议院认为,既然 Rolls Razor 公司已作为受托人为了将该笔款项用于一个不再可能实现的目的而接受了这笔款项,Rolls Razor 公司是以归复信托形式为 Quistclose 公司持有这笔款项。这笔款项已通过贷款被预付的这一事实不妨碍同时施加一项信托,而已对该信托知情的巴克莱银行是不能对抗 Quistclose 公司而保留款项的。

牙买加 *Universal Investment Bank v Lawla* 一案〔27〕适用了 *Quistclose* 规则。在这种情况下,银行运行的业务是从客户那里获取资金进行投资,银行与其客户之间的关系受"投资管理协议"的约束。当银行随后进行破产清算时,由此引发的问题是,协议的效力是否是使银行成为投资基金的受托人。Clarke J 认为,遵循 *Quistclose* 案〔28〕和 *Carreras Rothmans v Freeman Matthews Treasure Ltd* 案〔29〕的原则,"各个客户……只是在存钱时告诉银行'根据投资管理协议使用这些钱'",而银行"对此特定目的完全知情"。据此,银行为了客户利益基

〔26〕 In *Daily News Ltd v Inter-Alliance Trading Corporation* (1987) Court of Appeal, Jamaica, Civil Appeal No 32 of 1987 (unreported),当财政部长预付了一大笔资金购买打印器材以供每日新闻有限公司(Daily News Ltd)使用,该公司系政府全资控股,法院认为,基于每日新闻有限公司的破产清算,Quistclose 原则中有利于财政部的信托在此并不存在,因为在这种情况下不存在一项交易对预付金施加了原始信托。法院判决财政部仅为每日新闻有限公司的无担保债权人。

〔27〕 (1997) Supreme Court, Jamaica, No CLU – 005 of 1996 (unreported).

〔28〕 Above.

〔29〕 [1985] 1 All ER 155.

于信托持有基金，而银行的一般债权人是无法获得这部分基金的。

11 另一方面，*Kayford Ltd* 一案[30]表明：

(a)由潜在债务人做出的单方行为是有可能设立对物性财产权利的；且

(b)初步情况下，设立一项债务可能在实际上设立一项其效力是将债排除在外的信托。

在此案中，一家邮购公司从顾客那里收到购买商品的预付款。公司面临财务困难，为保护其顾客的财产不受其破产影响，公司开立了一个单独的银行账户，称之为"顾客的信托存款账户"，并将购买价款存入了此账户。当公司随后进行破产清算时，法院认为公司为了顾客以信托形式持有该款项，因此公司的一般债权人无法对此款项主张任何权利。该案的推理是，公司在接收顾客价款之前已通过开立特殊账户而设立了信托，因此将债的关系转换成了基于信托的关系。

Kayford 一案的原则在 *Dominion Investments*(*Nassau*) *Ltd* 一案[31]中适用，当有顾客与 Dominion 公司签订协议，后者可借此代表顾客开立和运行一个经纪账户。其接收顾客指示的方式有传真、邮件和口头接收，而协议由这些接收的内容决定，"顾客受益性拥有该账户的所有存款"。顾客给出的基金将存入 Dominion 公司的账户，而 Dominion 公司将在一个称为"登记册"的流水账户中保存顾客的文件，该登记册记录了客户订单中已执行的交易和每日余额。Dominion 公司开设的经纪账户将以 Dominion 公司的名义，但投资金将存储在以顾客选择的代号命名的子账户中。

Dominion 公司的破产清算中，产生了投资金的受益性所有权的问题。Lyons J 指出，Dominion 公司似乎并未作为受托人管理任何由其投资人设立的正式信托，但"未经明示契据的特别声明也能够设立一

---

〔30〕 [1975]1 All ER 604.

〔31〕 (2008) Supreme Court, The Bahamas, Commercial Division, No 10 of 2006.

项信托”。这种信托在法律上是默示的，且可被归类为归复信托或推定信托。在目前的案件中，“Dominion 公司的案卷中不存在任何东西能反映出其顾客意图在此授予任何利益”。Dominion 公司与其投资人之间的关系范围，以及是否设立了信托，这是一个待法院认定的事实问题。考虑到目前的案件与 *Kayford* 案有一些类似的情况，Lyons J 认为：“Dominion 公司明显有意以信托形式持有基金和证券”，且存在“一种区别对待并单独持有其资产和投资人资产的关系。在这个过程中，Dominion 公司在自己和其投资人之间设立了一种信义关系，而这种关系不可避免地产生了归复信托。”Lyons J 还在自己的判决中指出，应区分适用于持有顾客资金[32]的银行的法律原则，与那些适用于非银行业者的法律原则。在目前的案件中，Dominion 公司不是作为一个银行业者，而是凭借其作为担保经纪人或因其金融服务供应商资格而作为投资人的代理人。

在某些案件中，可能很难判定是否有意设立一项贷款或信托。在与婚姻或家庭住房相关的非正式安排中尤为困难。在 *Hussey v* 12
Palmer 案[33]中，原告支付了 607 英镑以扩建她的女儿和女婿的住房。其目的是为自己提供住宿，在扩建之前这对夫妇就邀请原告来一起居住。双方发生了争议，而原告离开了该住房。她随后主张，她因出资而应获得该住房的相应收益。就该款项是否通过贷款预付，或是否导致了归复信托或推定信托，上诉法院的法官们无法达成一致观点。Cairns LJ 认为，该交易属于贷款；Lord Denning 则持否定观点；Phillimore LJ 提议将其认定为“可能是”贷款。最后的多数决定认为，鉴于这对夫妇否认该母亲对财产享有权益将是不公正的，该支付引发了推定信托；但是，为了混淆视听，Phillimore LJ 认为，即便该交易属于

〔32〕 参见，例如 *Realty Ltd v Euro Bank Corp* [1999] CILR 48，p. 481，当 Murphy J 强调“鉴于从法律来讲，储户在各方面实际上不过是银行的债权人”。“若将这层关系推进为信托受益人和受托人之间的关系，这将是即为反常的现象。”

〔33〕 [1972] 3 AH ER 744.

贷款,也并不影响归复信托的产生,而 Cairns LJ 不同意这一观点。

另一方面,在 *Sharpe* 案中,S 在向其阿姨借款后购买了一处房产,双方达成协定,阿姨可以在该房产中度过余生。当 S 破产后,阿姨对该房产提出受益利益的主张。Browne-Wilkinson J 尽管以其他的理由判决阿姨胜诉,但他却驳回了贷款引发归复信托这一主张。他说道,"[当]款项由贷款预付时,借款人对财产享有权利,这一点是毋庸置疑的",*Hussey v Palmer* 案被认为是基于其"极其特殊的"事实而判决的。无论如何,Lord Denning 在 *Hussey* 案中给出的推定信托的广范围规则是否仍为一项良法,这值得怀疑。由此看来,至少在家庭住房情况下,借贷安排的存在应禁止对信托的认定。

区分信托与权力

信托和权力之间的基本区别在于,信托是强制性的,而权力是自由裁量的。这种区别在财产指定权(*power of appointment*)相关的情况中尤为常见。财产指定权使得被授权人("指定人")能够为了其他人(称"权力对象")的利益而"指定"委托人的财产。这种权力是有用的,因为这种权力使得被授权人可以考虑到指定之日时存在、但委托人在执行财产授予安排时无法预见的情况。例如,一位丈夫可能希望将其所有财产留给妻子终身享有,并在妻子死后留给子女。他也有可能希望赋予妻子权力,以在考虑到每个孩子在权力行使之日的个人情况后,再决定各个孩子分别应获得多少份额(如果有的话)。例如,丈夫可能因此通过遗嘱,赋予妻子"以其自由裁量认为合适的份额在我们的子女中指定财产的权力"。这种权力通常存在于因指定不履行导致的转赠中,即立遗嘱人将指定哪些人在未行使财产指定权时有权获得财产。例如,S 可将 5 万美元遗赠给 D,并"有将此财产在 X 的侄儿和侄女中依 D 认为合适的方式指定的权力,当 D 未能指定时,财产将在 A、B、C 中均等分配"。

既然信托对受托人施加了强制义务,当 D 基于一项依 D 认为合适的方式在特定类别的受益人中(例如,X 的子女)分割财产的信托而持有财产时,D 承担了一项有约束力的义务,即通过做出分割执行信托,且如果他未能做出分割,法院将在该类别之人中对财产进行分割。但当 D 被赋予了在某一类别成员中指定财产的不附义务的权力时,无法强制其行使该项权力,且如果他未能行使该权力,财产将转移给那 13
些因指定未能而享有权利的被指定人,若无人被指定,将产生对委托人的归复信托。[34]

信托性质的权力

位于权力和信托之间的类别是“信托性质的权力”,又称“信托权力”。这种权力经常产生于家庭信托,其中财产指定权的被授权人在行使该项权力之前就已死亡,且不存在因指定不履行而产生的转赠。在这种情况下,法院可能不得不决定,作为一项解释性问题,它设立的究竟是“不附义务的权力”还是“信托性质的权力”。若为不附义务的权力,且被授权人在行使该项权力之前就已死亡,财产将归复给委托人,且权力对象将没有任何主张权;但若为信托性质的权力,则法院通常将在权力的对象中均等分配财产。因此,例如,在 *Burrough v Philcox* 案[35]中,当立遗嘱人赋予其在世的子女“在我的侄子和侄女中处置我全部的财产,可以给他们所有人,也可以依我在世的子女认为合适的多个人”,而若该子女未作指定就死亡,法院判决,存在一项将侄子和侄女及其子女(由在世的子女选择)作为受益人的信托,且他们有权获得均等份额的财产。

应注意,信托权力的被授权人可能将财产归属于作为“受托人”的自己,这种情况下将无法区分“信托权力”与自由裁量信托(见下文);或者,被授权人可能不是财产的受托人,而是第三方(例如,委托人的亲戚),其对财产无论是在普通法上还是在衡平法上均不享有任何权

---

〔34〕 参见下文第 6 章。

〔35〕 (1840)41 ER 299.

益，且其唯一发挥的作用就是执行指定信托财产的自由裁量权。

不附义务的权力的例子有：

（a）当一名立遗嘱人赋予其丈夫对某些财产的终身权益，并赋予其“以遗嘱方式在我们的子女[36]中处置该财产的权力”；

（b）当一名立遗嘱人规定，“若我的妻子感觉我忽略了某位或某些朋友，我指示我的执行人向我妻子指定的那位或那些朋友支付最高每人 25 英镑的款项，好让我的朋友可以买一个我们友谊[37]的小纪念品”；以及

（c）当一名立遗嘱人将其剩余遗产以信托形式给予他的受托人，以将信托收入“根据我姐妹不时地以书面形式[38]指示的方式支付给她所指示的人”。

判定不附义务的权力与信托性质的权力是一个意图问题。若要判定为信托性质的权力，必须证明委托人无论如何都意图使权力对象受益，并且，法院在做出分配时执行了此意图。另一方面，鉴于转赠不符合无论如何都要使权力对象受益的意图，出现因指定不履行而产生的转赠是判定为不附义务的权力而非信托性质的权力的决定性因素。

在 *Rosaline v Singh* 一案[39]中，Crane JA 解释了不附义务的权力与信托性质的权力之间的区别，如下所示：

> 14 当法院总是会自行执行一项受托人并未执行的信托时，它不会强制执行处置的不附义务的权力，前提是权力受赠人并未这样处置（见 *Weekes' Settlement* 案）。[40] 其原因在于，信托涉及的是义务，而权力涉及的是自由裁量。然而，一人无论何时承担以特定方式处理财产的义务时，即存在信托，而权力产生于一人被授权处置财产的情况。但

---

[36] *Weekes' Settlement* [1897] 1 Ch 289.

[37] *Coates* [1955] Ch 495.

[38] *Perowne* [1951] Ch 785.

[39] (1974) 22 WIR 104, CA (Guyana) at 115.

[40] [1897] 1 Ch 289.

有时,从表面看似乎是不附义务的权力,从法律的角度看却是信托。在这种情况下,尽管受信托相关规定的约束,具有受信特征的存在被称为信托性质的权力。Lord Eldon 在 *Brown v Higgs* 案[41]中明确表达了法院对此的态度:

"当存在一项不附义务的权力,且该权力尚未执行时,法院不得执行该权力,这一点是毋庸置疑的。同样明确的是,无论信托是在什么情况下设立的,受托人死亡或意外导致的信托执行未能时,法院都将执行该信托。但不是只存在不附义务的信托和不附义务的权力,本法院还知道有一种被授权人被委托和要求执行的权力;而就那种权力种类而言,法院认为考虑到它涵盖了如此大量的信托的本质和特质,以致如果承担义务之人未能履行义务,则法院将在一定程度上可替代此人履行义务……"

……当一项权力为不附义务的权力,或者一项信托性质的权力总是一个由文件的条款中获得的意图问题时……

公认的规则(尽管未经固定的解释规则)是,"若存在某些对象中做出指定的权力,但对这些对象并无赠与,也不存在因指定不履行而产生的转赠,法院默认在这些对象之间均等份额地赠与,前提是该权力未被行使。"(见 *Farwell on Powers* 一书,第3版,第528页)。但在这些规则能够实施之前,遗嘱条款必须显示一个明确的意图,即已设立了信托性质的权力,而不是不附义务的权力。

在特立尼达 *Ramdial v Christopher* 一案[42]中,立遗嘱人将一块土地赠与其妻子 Latchnie Ramdial,"期限是她的一生",并赋予她权力以"将她的上述终身权益在死后的剩余的产权给予我全部或任何的合法子女,而我妻子可依据其绝对自由裁量权选择这些子女。"立遗嘱人死

[41] (1803)8 Ves 561 at 570.

[42] (1994)High Court,Trinidad and Tobago,No 2103 of 1991(unreported).

亡一年后,Latchnie Ramdial 死亡并留下了遗嘱,她在遗嘱中将所有的动产及不动产都赠与了她的女儿(即被告),而这位女儿并不是立遗嘱人的孩子。被告辩称,立遗嘱人意图赋予 Latchnie 一项不附义务的指定权,既然她并未行使该权力,财产便属于剩余遗产,并且,根据剩余遗产规定,Latchnie 有权利将它赠与任何她想赠与的人。然而,Sealey J 认为,基于对遗嘱的真实解释,立遗嘱人意图设立一项信托本质中的权力。她说道:

> 本案引发了两件问题:
>
> 1. 给 Latchnie Ramdial 的权力,究竟是信托性质的权力且她有义务将财产给予其一名或多名子女,还是说此权力是单纯的权力且她可以将该财产给予其一名或多名子女,甚至可以谁都不给?
>
> 2. 若未实施此权力,Latchnie Ramdial 死后财产将归属于谁?
>
> 在我看来,委托人的意图很明确。Latchnie Ramdial 仅有权力以一种方式处置死者的遗产,那就是将剩余的产权分配给其从死者子女中选择的任何人。这是让她选择一类人,而她的自由裁量则仅限于选择哪个人或哪些人。她不得决定没有任何人值得被分配。Latchnie 将该土地的一部分给予其中一名子女的做法,并非此权力的合法行使。死者期望她分配给其选择的一名或多名子女的,是一整份土地。这并非一项单纯权力以将土地处置给 Latchnie 认为合适的任何人。我认为,立遗嘱人的意图是,Latchnie 所行使的权力为信托性质的权力,且死者的合法子女中属于有权利就此获益之人的类别,但必须经 Latchnie 的选择。
>
> 下一个问题是,当 Latchnie 在死亡时尚未能行使立遗嘱人的遗嘱给予她的权力时,该财产的内容是什么?权威案例显示,一旦明确立遗嘱人意图使某一类人获益,且该类别的某一个体被另一个人选择出来时,则当上述权力未被行使时,法院将为此类人执行立遗嘱人的意

图（*Burrough v Philcox* 案）。[43] 当执行立遗嘱人的意图是被授权人的义务，并且，当此权力并未被执行时，法院基本不会同意对该财产享有权利之人因为有权行使此权力之人未能行使而遭受损失。法院“坚持该财产是为了他们的利益而持有的信托”（*Burrough v Philcox* 案）。

被告辩护人辩称，Latchnie 并未行使该权力（辩护人称之为单纯的权力），财产变成剩余遗产且根据剩余遗产条款，该财产可由 Latchnie 依其意愿任意处置。因此，她不过是在遗嘱中将该财产以及她在死亡之际拥有的或对其享有权利的任何财产给予了被告。剩余遗产条款规定，未通过遗嘱处理的财产将绝对性地被给予 Latchnie。我的观点是，主体财产已通过遗嘱处置，因此不得构成立遗嘱人剩余遗产的一部分。

上文已经说过，这是一项信托，被告无法将其作为像从母亲那里继承的财产一样持有它。在考虑到权威案例后，被告必须为此类人以信托形式持有该财产，却不享有其母亲所享有的选择权。因此，我认为被告是为了立遗嘱人的全部合法子女而以信托形式持有该财产。

受信人权力和非受信人权力

在一些近期的案例中，区分了赋予受托人的任命权与赋予私人（如立遗嘱人的遗孀）的指定权。受托人行使的指定权称作受信人权力，而赋予私人的指定权则称作非受信人权力或个人权力。该区别的意义是，受信人权力的被授权人承担了以下义务：

（a）周期性地考虑是否行使该权力；和

（b）考虑对象的范围，和指定个体的适当性；以及，若其确实决定行使该权力：

· 依此目的以负责任的方式行使权力；和

---

〔43〕（1840）41 ER 299.

·不得放弃此权力并因此导致该财产流落到因指定[44]不履行而享有权利之人的手中。

Turner v Turner 案[45]就是一件有关受信人权力的受托人们未能思考一项任命是否合适的案例。在该案中,受托人们分别是委托人的父亲、嫂子和姐夫。这些人中没有任何人有过信托的经历,也没有任

16 何人了解信托。他们依据委托人本人的指示,将立遗嘱人的一部分财产指定给了其中一名子女,而他们也习惯性地将做决定的权利给了这名子女。法院认为该指定无效,因为这些受托人从未思考过该指定的适当性,而且他们在此事中也未进行独立判断。

另一方面,当权力受赠人被赋予非受信人权力或个人权力,该受赠人不承担上述义务,且受赠人的唯一义务似乎仅仅是在权力规定范围内保管财产且不得滥用。[46] 此外,他可以在任何时候放弃该项权力并导致该项权力流落到因指定不履行而对其享有权利之人的手中。

在 *Mettoy Pension Trustees v Evans* 案[47]是受信人权力的另一个例子,在该案中,一家公司有权将其退休员工作为受益人而将任何盈余指定到养老基金中(该基金归属于单独的受托人公司),在指定不履行时则转赠给公司本身。当公司进入破产接管时,清算人希望放弃该项权力以将该盈余用于向公司的债权人偿还债务。Warner J 认为该项权力属于不得放弃的受信人权力,并且,法院经请求以决定适合以哪一种方式行使该权力。Warner J 的判决对该受信人权力的本质,尤其是那些与公司养老金、计划[48]相关的权力,进行了有趣的分析:

---

〔44〕 *Hay's Settlement Trusts* [1981]3 All ER 786.

〔45〕 [1983]2 All ER 745.

〔46〕 信托文件的条款可使个人权力的被授权人能够以等同于自我交易的方式行使该权力;参见 *Z Trust* [1997]CILR 248 及下文第 183~185 页。

〔47〕 [1990]1 WLR 1587.

〔48〕 Ibid., at 1610-14. See also *Imperial Group Pension Trust Ltd v Imperial Tobacco Ltd* [1991]1 WLR 589;J Martin,[1991]Conv 364.

养老金计划中的受益人,例如本案中的受益人,并非无偿受益人。他们的权利是具有合同性和商业性渊源的。这些权利衍生于成员的雇佣合同。该计划中规定的利益是通过成员根据这些合同提供服务而获得的,且当该计划是雇主和雇员共同分担时,该利益是根据其分担额所能获得的最大利益。

为了自己的私人目的而对上述文件进行过于苛刻的解释以削弱其有效性或削弱其有效性的适用性,这是不适当且不合法的。在说这话时,我并非要反驳 Lord Upjohn 在 *Gulbenkian's Settlements* 案[49]中的观点,即他在私人财产授予情形中提到的:“法院有义务通过行使对相关事项的司法认知及经验、固有的常识以及使财产授予人或各当事方明示的意图,无论其使用的语言多么含糊和不明确,都应对该语言予以合理解释,只要这不会造成对它的彻底侵犯……”

在此,法院必须做的,在相对新颖和有区别的养老金计划信托情形中履行该义务。最重要也是最困难的(尽管绝非本案中的唯一的问题),是根据《1983 年规则》第 13 条第(5)款的最后一段的规定,授予雇主自由裁量以从盈余中增加利益的这一做法是否有效。

Walker 先生提出了一项将受信人自由裁量划分为四类的分类方法,我同意这个分类。在此分类中,第一类包含赋予一人决定信托财产去处的任何权力,且此人不承担任何执行或保持该项权力的义务。该类别下的典型权力是当信托指定不履行时,赋予个人的特殊指定权。在这种情况下,被授权人基于该信托对受益人承担一项不得滥用权力的义务,但并不对权力对象承担任何义务。因此,他可以放弃该权力,但不得进行任何等同于权力欺诈的交易,权力欺诈是指在一项指定不履行的信托中对受益人不利的违法行为:见 *Mills* 案。[50] 对我来说,这似乎意味着当被授权人是指定不履行的信托中唯一享有权利 17

---

〔49〕 [1970] AC 508 at 522.
〔50〕 [1930] 1 Ch 654.

之人时,此权力绝非一项受信人权力,因为到那个时候,被授权人不对任何人承担义务。那就是 *Mills* 案[51]的情况,且若《1983 年规则》第 13 条第(5)款的最后一段属于第一类,那它也将会是这种情况。

第二类包含赋予财产受托人的任何权力,或赋予任何作为权力本身的受托人的任何权力(见 Romer LJ at p. 669)。就像 Chitty J 在 *Somes* 案[52]所做的一样,我也会将本类别中的权力称为"完全意义上的受信人权力"。Walker 先生提出,单位信托中的管理人的权力,就是一个归属于除财产受托人以外的人的上述权力的例子。本类别中的所有权力都不得放弃;被授权人对权力对象承担一项义务,即思考何时合适、是否合适,以及如果合适,他应如何行使此权力;而且,就权力的行使而言,他在一定程度上受到法院的管控:例如,*Abrahams' Will Trusts* 案;[53] *Manisty's Settlement* 案[54]和 *Hay's Settlement* 案。[55]

第三类包含在一定程度或在引起特定后果的特定情况下,任何看似是自由裁量,实际却是履行判决的义务。本类别中的自由裁量在许多案例中都有涉及,例如 *Weller v Ker* 案、[56] *Dundee General Hospital Board of Management v Walker* 案,[57]以及我已提过的 Lexis 网所汇编的其他两件案例,即 *Kerr v British Leyland (Staff) Trustees Ltd* 案和 *Mihlenstedt v Barclays Bank International Ltd* 案。

第四类包含自由裁量信托,也就是说,某人(通常是但不一定是受托人)承担一项义务以在某一类受益人中选择哪些人将获得信托财产的收入或资本金,以及他们各自将获利的份额。Walker 先生极力主张我避免使用"信托权力""伴随义务的权力""信托性质的权力"等通过

〔51〕 Ibid.
〔52〕 [1896] 1 Ch 250 at 255.
〔53〕 [1969] 1 Ch 463 at 474.
〔54〕 [1974] Ch 17 at 24.
〔55〕 [1982] 1 WLR 202 at 210.
〔56〕 (1866) LR 1 Sc & Div 11.
〔57〕 [1952] 1 All ER 896.

对汇编案例所做的令人深刻的分析而加以证明的措辞，而这些措辞被不同地用于形容第二类、第三类和第四类中的自由裁量。

在目前的案件中，问题在于《1983年规则》第13条第(5)款的最后一段赋予雇主的自由裁量究竟属于第一类还是第二类。赋予雇主自由裁量时，实际上的意思不过是雇主可自由地从那些属于绝对受益性所有权人的财产中做出赠与，还是意味着雇主对自由裁量对象承担义务以思考是否应执行自由裁量，以及如果应执行，该如何执行——这才是决定该问题答案的关键。这是一个根据周围情况对1983年的契据进行解释的问题……

我总结认为，赋予《1983年规则》第13条第(5)款的最后一段赋予雇主的自由裁量是一项完全意义上的受信人权力……

问题由此产生：若自由裁量是一项接管人和清算人都无法执行的受信人权力，那究竟由谁来执行这项权力？我听审了就这一点提交的陈词。自由裁量不能由公司董事执行，因为基于对清算人的任命，董事所享有的全部权力都已终止。我查阅到了一些权威案例，而在这些案例涉及的情形中，法院可能就对归属于受托人的自由裁量的行使进行干预或给出指示……这些案件中均不直接处理未将受信人权力赋予任何人执行的情形。然而，这些案例都指向一个结论：在这种情形下法院必须介入。

区分信托与遗产管理 18

从起源上来看，信托与死者遗产管理的不同之处在于，考虑到信托是大法官法院的发明，而遗产管理相关法律则是发端于宗教法院。然而，在某些方面，遗产代理人的身份(即执行人和管理人)已经被受托人同化了。例如，其一，遗产代理人和受托人都对受益人承担义务；其二，受托人和遗产代理人均适用受托人的相关法律规定，只是法律明确另有规定的除外。因此，例如巴巴多斯第250章《受托人法》第2条规定，将“信托”和“受托人”的表述范围延伸至遗产代理人职位所附义务,且“受托人”一词包括遗产代理人。

鉴于立遗嘱人通常会将某人同时任命为执行人和受托人,遗产管理与受托人职位的界限经常难以划分。则此人终止作为执行人行事而开始作为受托人行事的精确临界点,取决于特定遗产的情况。但当执行人持有其剩余遗产账目[58]以证明遗产管理完成时,该过渡即产生,这是一项一般规则。

信托与遗产管理的一些重要的不同点在于:

(a)遗产代理人的基本职能是通过支付债务和遗产税而对遗产进行清算,并将净剩余遗产转交给遗嘱中规定的受益性享有权利之人或因无遗嘱死亡而受益性享有权利之人,或转交受托人(可能是遗产代理人本人),使其以信托形式持有该遗产。对遗产的清算程序通常应在“执行人年度”内完成。

另一方面,受托人的职能是管理和执行信托遗产,这可能持续多年,且不同受托人的义务和权力可能各不相同;例如,受托人有义务投资信托基金,或者,当信托财产为土地时,受托人有义务将其出租给保有人并使其具有生产价值,且受托人有权力对财产进行投保、解决索赔和为抚养未成年人而使用收入。

(b)鉴于一旦信托生效,信托中的受益人即对信托财产享有衡平法上的利益,动产受遗赠人、不动产受遗赠人或因无遗嘱死亡而享有衡平法上的利益之人,在收到遗产代理人的同意之前,对死者的财产既不享有普通法上的利益也不享有衡平法上的利益。同时,动产受遗赠人或不动产受遗赠人仅享有权利动产,其形式表现为强制正当遗产管理的权利。*Comr of Stamp Duties v Livingston* 案[59]阐述了该身份。在该案中,一位定居在新南威尔士州的遗孀死亡。依据她丈夫的遗

---

〔58〕 See *Claremont* [1923]2 KB 718.

〔59〕 [1964]3 All ER 692.

嘱,她是剩余动产受遗赠人。遗孀死亡时,该财产仍处于遗产管理期间,该遗产包含一块在昆士兰的土地,问题在于是否应就该土地支付继承税。若遗孀在其丈夫死亡时成为了该土地的所有权人,则此问题的答案只能是应支付。枢密院认为,她既不是该土地的普通法上的所有权人,也不是衡平法上的所有权人,因此不应支付继承税。遗孀仅享有一项权利动产,即强制要求管理遗产的权利,且该遗产位于新南威尔士——她和她丈夫的居住地。

(c)受托人的权限永远都是共同的:因此,当存在两名或多名受托人时,其中任一受托人都无法有效地对任何信托财产进行处置,无论该财产是动产还是不动产;[60] 所有的受托人都必须共同参与出售。 19
但遗产代理人的权限仅在涉及土地时才是共同的。涉及纯粹动产时,他们的权限是分开的。因此,单独一名遗产代理人能够对纯粹动产权利进行有效处置。

(d)鉴于受托人必须一直"在受益人之间保持平衡"(也就是说,他们不得以损害一名受益人利益为代价而使另一名受益人获益),遗产代理人不承担任何上述义务,因为他们是对整体遗产而非受益人个人承担义务。若一名执行人将遗产的福利当作一个整体,该执行人可采取一连串的对某个或某些特定受益人不利的行动,这一观点的权威案例是 *Hayes' Will Trusts* 案。[61] 该案的事实是,一名立遗嘱人将包括其儿子在内的四人任命为其遗嘱的执行人和受托人,并"赋予我的受托人权力……以出售给包括我儿子在内的任何人,尽管他的受托人身份,若将遗产出售给他,则应在考虑到遗产税后制定该遗产的价值"。

他将自己的剩余遗产给了遗孀供其终生使用,并且在她死后将该遗产给予其死亡之际尚且在世的子女。因此,儿子在担任执行人兼受

〔60〕 *Attenborough v Solomon* [1913] AC 76.

〔61〕 [1971] 2 All ER 341.

托人之时，又是受益人。

这些同时既是执行人又是受托人的人将一块农场（遗产的一部分）出售给了那名儿子，在以通常方式与地区估价员协商并同意出于遗产税目的而降低其可获得的价值金额，这有利于那名儿子，但不利于其他想要更高价值的受益人。法院认为：

· 出售权已被赋予“受托人”这一事实并不妨碍他们在作为执行人身份内行使权力；和

· 在获得此价值时，执行人没有义务顾及其他受益人将因高价值而受益的这一事实；而且，他们以该价额出售给那名儿子这一行为是正确的。

第2章　信托设立的手续 20

一般而言,信托可以任何形式设立,无论是通过契据、遗嘱,还是简单的书面形式或口头表示;唯一要求的仅仅是委托人必须有设立信托的意图。因此,在动产的生前信托情况下,不要求任何手续。但一般原则在以下几个方面受到制定法的调整:

(a)土地信托;

(b)转让(或"处置")信托中尚存的衡平法上的利益;和

(c)遗嘱信托。

此外,就土地的出售或其他处置做出的合同必须经充分的书面通知或协议备忘录予以证明。

土地信托

巴巴多斯[1]第236章《1979年财产法》第60条第(2)款

就信托中的任何土地或任何利益而做出的信托声明必须经有权利声明该信托之人通过书面签署或遗嘱方式予以表示和证明。

该款类似于英国《1925年财产法》第53条第(1)款第(b)项,即土地信托设立法规的原型。*Walcott v Barclays Bank DCO* 案的系争点在于第53条第(1)款第(b)项是否适用,法院在此案中认为,鉴于《1962年最高法院法》[2]第12条的规定,《1925年财产法》在特立尼达和多巴哥是一项有效的一般制定法。尽管它被认为是一条错误的规定(因为本条只并入了在1848年时在英国尚且有效的、一般性适用的英国议会制定法),但该案就土地信托声明中书面证据要件的适用提供了漂亮的阐述。事实是,在1964年,立遗嘱人以其单独名义购买了一块土地的完全保有归复地产权,而上诉人DW,也就是他的妻子,在这之前和他是这块土地的共同承租人。在购买后,立遗嘱人就该土地做出了某个信托口头声明,其中受益人为DW,且在其1966年做出的遗嘱中,立遗嘱人声明"我和我的妻子,Dora Walcott均作为卡尔街第28号的自有保有地的共同保有人,以非限嗣继承权的方式对其进行占有。我妻子同时也是[某些]保险单中指定的受益人……"在做出某些特

---

[1] 《1677年反欺诈法》第7条在其他法域适用。

[2] 根据《1981年土地法和转让法》第87条第(2)款的规定,书面证据的要件扩大到"就任何财产或财产上的利益"的信托声明。因此,依据该规定,将要求有关纯粹动产的信托声明以书面形式证明。然而,本法虽然已经颁发,却还未生效。

定的遗赠后，立遗嘱人通过信托方式将其剩余遗产中全部的动产和不动产都给了他的女儿 N。遗嘱中并未载明任何对 DW 有利的条款。尚待决定的主要问题是，DW 是否对该土地利益享有权利，或者，该土地是否将作为剩余遗产落入 N 手中。这取决于该土地信托是否经有效声明，尤其是遗嘱中的声明是否满足《1925 年财产法》第 53 条第 21
(1)款第(b)项中对涉及土地的信托声明必须以书面证明这一要件。特立尼达和多巴哥上诉法院认为，遗嘱中的声明构成了口头生前信托声明的书面证据，这足以满足第 53 条第(1)款第(b)项的要件，且 DW 因此对该土地享有权利。Phillips JA 说道：

那位博学多识的承审法官驳回了代表上诉人做出的陈词(在本庭前已重述)，即这些在遗嘱前作出的表示协同遗嘱中的一些声明足以证明，立遗嘱人已将其本人作为自有保有地共同利益上的受托人，其中受益人为他的妻子。

在我看来，那位博学多识的法官认为一般性原则适用于当前的案子，这一观点是正确的，该法官的陈述如下：

"一项信托的设立可在生前做出，也可通过遗嘱做出。它的设立不需要通过书面形式。若书面形式成为信托事实的证据，这一点便已充分。也可通过足以设立信托的书面形式证明信托的存在。可通过足够清楚地显示出设立信托意图的任何语言来设立信托。不需要以任何特定形式，但必须显示出设立信托的意图——无论是明示的还是通过必然的含义。衡平法院将审视遗嘱做出之日的情况。"

然而，这在我看来，尽管确有相关原则的正确阐述，那位博学多识的法官却在无意之中错误地认为遗嘱第 3 条中的声明有别于上文提及的立遗嘱人的生前声明。那位博学多识的法官在第一次判决时认为第 3 条并未设立一项信托，无论是明示还是默示的，因为所使用的语言是"简单而含糊不清的"之后，他因此将关注点转向判决的真正问题，即立遗嘱人的生前声明是否"可被解释为声明(或设立)了一项信托(这可被称为通过遗嘱第3条的措辞进行证明)。"

至于明示信托的设立,我认为可以参考Cheshire所著的《现代不动产法》(*Modern Law of Real Property*,9th edn)一书中的第320页:

"限制设立信托模式的规则十分罕见。信托是旧时用益的继受物,而用益的产生则不需要任何手续。口头话语和书面文件一样有效,且根据《用益法》前言,单纯的手语和姿势似乎也足以设立信托。唯一的指导原则是,无论指示的方式如何,委托人必须给出这种意图。因此一般而言,它属于现代信托。"

《豪斯伯利论法律》(*Halsbury's Laws*,3rd edn)一书第1388段阐述了涉及土地的信托的法律地位:

"涉及任何土地或土地上的利益的信托声明必须经有能力声明该信托之人或通过其遗嘱予以表示和证明。信托的构成不需要通过书面形式;书面形式是信托事实的证据,这一点便已足够。但是,该书面形式必须显示出其条款而不仅仅只是其存在。"

这种书面证据要件由英国《1925年财产法》第53条第(1)款第(b)项规定,该款替代了《防止欺诈法》(查理二世第29年议会所制定的第3号法律),后者曾是一部一般性适用的制定法,并因《1962年最高法院法》第12条的规定而构成了该国的法律的一部分。

一旦断言(正如我认为证据已明确显示的那样)立遗嘱人明知完全保有财产上的普通法上的财产权仅归属于他自己一人,在我看来,遗嘱第3条中的声明将导致不可抗的推论,即他认为衡平法上的财产权共同归属于他本人和妻子。我认为,此结论的证据将从上述条款中的剩余部分中得出,该部分规定立遗嘱人的妻子在某些保险单中"也是受益人"。我认为,遗嘱中的其他类似标志如下:

22 (a)尽管立遗嘱人及其妻子基于充分条款在立遗嘱人死亡之前一直共同居住,但遗嘱中完全不存在任何对她有利的条款。

(b)第8条第(a)款的规定之一是:"在我死后,我妻子依法或依据合同而应继承或享有权利的财产不得免除遗产税,她从中获得的资金已足以支付遗产税”。

考虑到立遗嘱人生前声明的本质和意图，在考虑到夫妻间亲近感情的同时，还应考虑到上诉人对住房的购买所做出的金钱贡献，而这份贡献随后成为了涉事财产的一部分。在我看来，在这种情况下，立遗嘱人明确有意将自己设为上诉人的受托人，其中上诉人是上述财产受益性所有权的共同保有人。我的判断是，此意图已通过遗嘱第 3 条“予以表示和证明”。因此，在立遗嘱人死亡后，上诉人即依法对其中全部的受益利益享有权利。

处置尚存的衡平法上的利益

在 *Timpson's Executors v Yerbury* 一案[3]中，Romer LJ 陈述道：

受托人手中财产的衡平法上的利益可由对其享有权利之人为了第三方的利益进行处置，处置方式可为四种方式中的任意一种。对其享有权利之人是指：

(1) 可将其直接让与第三方之人；

(2) 可指示受托人为了第三方而以信托形式持有财产之人；

(3) 可签订有值对价合同以将衡平法上的利益让与自己之人；或

(4) 本人为受益人，且可声明自己成为该利益的受托人之人。

巴巴多斯[4]《1979 年财产法》第 60 条第(3)款

对衡平法上的(在处置之时尚存的)利益的处置，必须通过处置之人或其经合法书面授权的代理人的书面签署，或其遗嘱(予以证明)。

此款几乎与英国《1925 财产法》第 53 条第(1)款第(c)项一模一

---

〔3〕［1936］1 All ER 186 at 194.

〔4〕《1677 年反欺诈法》第 9 条在其他法域适用。

样。此处似乎不存在任何加勒比英联邦国家就这些条款作出的判决，但英国制定法已在一系列案例中受到了解释——这将分成下列类别进行审视。

直接让与衡平法上的利益

1925年之法第53条第(1)款第(c)项或巴巴多斯法第60条第(3)项适用的最明显的情况，是当信托中的受益人将其衡平法上的利益让与(即转让)其他人的情况。这构成了对衡平法上的利益的处置，且若未能以书面形式做出的话，它将无效。这些条款对有限利益(如终身权益)和被指定人以消极信托形式持有的绝对利益均适用。这些条款对动产和土地中的衡平法上的利益均适用。根据这些条款的规定，处置必须确实以书面形式；仅通过书面形式证明，这并不充分。代
23 理人的签名是充分的。最后，也有观点认为一系列相关联的文件可证明该书面形式。[5]

指示受托人为了他人以信托形式持有财产

当享有绝对权利的受益人指示其受托人从今以后为他人持有信托时，即存在一项处置，且该指示必须以书面形式做出，否则无效。这个规定在 *Grey v IRC* 案[6]中被予以确认，该案中存在一项为规避支付印花税而做出的精妙绝伦的尝试。印花税凭转让财产(如股份转让和土地转让)的书面文件支付，且应从价(*ad valorem*)计算应付税额，即税额依转让的利益价值的不同而有所区别。若价值为零，即仅转移普通法上的消极财产权，无任何应付从价税。

在 *Grey* 案中，一名财产授予人为自己的六名孙辈做出了六份名义金额的财产授予。随后他将1.8万只股份转让给多名受托人作为

---

〔5〕 *Danish Bacon Co Staff Pension Fund Trusts* [1971]1 WLR 248 at 256.

〔6〕 [1960]AC 1.

被指定人为其持有。该转让属于普通法上的消极财产权的转让,因此无须付税。然后,在2月18日,他口头指示受托人从那天起以信托形式持有这六份财产授予。最后,在受托人在3月25日执行了书面文件,此文件证实受托人以这些信托的形式持有该财产授予。毫无疑问,这些信托被有效声明了。唯一的问题是,委托人在2月18日的口头指示是否声明了这些信托,若确实声明了,则受托人后来执行的文件只是对前期处置的确认性文件,而其本身并未转移任何受益利益,因此没有缴纳印花税的义务;或者像税务局所主张的那样,使该处置生效的是那些文件,在这种情况下他们将有义务缴纳印花税。

上议院认为,2月18日的口头指示等同于处置未能,因未使用书面形式而无效。构成了有效处置的是3月25日执行的文件,且他们有义务缴纳印花税。

最后,注意 *Grey v IRC* 案的两点:其一,尽管在判决中未曾提及,但该案中的原则对土地和动产似乎同等适用;其二,该案显示,"处置" 24
也可等同于信托的"声明"。

被指定人转让普通法上的财产权

在 *Vandervell v IRC* 案[7]中,法院认为1925年之法第53条第(1)款第(c)项不适用于消极受托人在受益性所有权人的指示下将整个普通法和衡平法上的财产权都转让给第三方的情况。该案的事实是,本案的事实是,V希望给皇家外科医学院捐款,以设立一个药理学教授职位。他决定安排如下转让计划:将自己控股的一家私营企业 Vandervell Products Ltd 的若干股份转让给学院,同时,担当其多项家族信托的受托人的另一家公司 Vandervell Trustees Ltd 可以行使回购股份的期权,回购价格为5000镑。V指示作为V的被动受托人持有其股份的银行家将该股份转让给学院,但须受前述期权约束。后来,

---

〔7〕［1960］AC 1.

该股份被派发了 250,000 镑的股息,税务局认为,除其他事项外,V 还须就该股息缴付所得税,因为并未有任何书面文件载明该股份的股息收益归学院所有,因此 V 享有的对这些股份的收益权并未发生移转。但上议院认为,第 53 条第(1)款第(c)项并不适用于唯一受益性所有权人指示其受托人将该财产中的**普通法和衡平法上的财产权全部**转让的情况。Lord Upjohn 认为,第 53 条第(1)款第(c)项的目的在于预防有关**衡平法上**的利益的秘密口头交易,"但当受益性所有权人拥有全部受益财产权,且处于就该普通法及衡平法上的财产权对其消极受托人作出指示的情形时,当受益性所有权人希望既处理普通法上的财产权也处理衡平法上的财产权[8]时,绝无任何可援引该条款的理由"。

经受益性所有权人同意的信托声明

在 *Vandervell's Trusts*(*No* 2)案[9]中,Vandervell 一家的传奇故事仍在继续。在 1961 年,V 指令 Vandervell Trustees Ltd 行使回购股份的期权,该公司通过使用 Vandervell 给子女的 5000 英镑对价进行了回购。Vandervell Trustees Ltd 就其行为通知了税务局。然而,直到 1965 年,V 就该契据完成了必要的生效手续时,才转让了其在期权或股份中可能仍享有的任何权利或利益。税务局主张,V 有义务就 1961 年至 1965 年间支付的股息支付所得税,理由是截至 1961 年,存在一项 V 作为受益人的期权归复信托,且 V 直到 1965 年之前都未对该受益利益做出书面处置;因此他必须仍然享有该利益,尽管该利益现在是以期权转换成的股份形式存在。

在税务局向法院提起诉讼之前,V 的执行人就 1961 年至 1965 年支付的股息对 Vandervell Trustees Ltd 进行了干预并对其提起了诉讼。

---

〔8〕 Ibid. ,at 311.

〔9〕 [1974]3 All ER 205.

Megarry J 在一审时判决胜诉，理由是适用于期权的归复信托同样适用于股份，且未出现对子女财产授予有利的有效信托声明。上诉法院推翻了该决定，认为 Vandervell Trustees Ltd 以子女财产授予的信托形式而持有股息，理由是：

(a)受托人曾为行使期权而使用财产授予中的资金；

(b)受托人和 V 曾表示股份应以财产授予信托形式持有；和

(c)附属于期权的归复信托在期权行使后即终止，且并未转让至股份。

在上诉法院看来，无论是期权中信托的消灭、股份中新信托的设立，还是两个观点整合起来，都不等同于 V 对第 53 条第(1)款第(c)项下的利益的处置。

衡平法上的所有权人声明其本人为受托人

当一名享有绝对权利的受托人声明其本人为了他人而成为其衡平法上的利益的受托人时，一方面可以说，这并非处置，而是一项设立了下位信托的信托声明，除非财产为土地，否则不需要任何书面形式；另一方面，在 *Grainge v Wilberforce* 案[10] 中法院认为，“当 A 是 B 的受托人，B 是 C 的受托人，而 A 为 C 持有信托时，转让必须经 C 的指示”。因此，B“似乎从画面中消失了”而 C 成为了受益人。这将看起 25
来是一项处置且因此受第 53 条第(1)款第(c)项的管辖，但有教科书作者认为若 B 在下位信托中不承担任何须履行的积极义务，则这将仅仅是一项处置；[11] 也可以说是消极信托(或简单信托)。当存在上述义务时，将会是下位信托。

转让衡平法上的利益的口头合同

当衡平法上的所有权人与第三方签订有值对价的合同以将其衡

[10] (1889)5 TLR 436.

[11] 例如，当下位信托中的受益人是未成年人时。

平法上的权益转让给该第三方时,尚不确定是否存在一项处置。这个问题产生于 *Oughtred v IRC* 案[12],该案和 *Grey v IRC* 案[13]一样都涉及了试图规避转让股份的印花税。该案的事实是,Oughtred 夫人是一项财产授予中的终身地产保有人,该财产授予包括一家私人公司的 20 万股股份。她的儿子 Peter 对剩余财产享有权利。Oughtred 夫人同时还绝对性地拥有该公司 7.2 万股股份。在 6 月 18 日,她本人和 Peter 达成了一项口头协议,依据该协议,Peter 将放弃其在授予股份中的剩余财产利益,作为条件,Oughtred 夫人则将那 7.2 万股股份转让给他。Oughtred 夫人完成了契据生效所必要的手续,而 Peter 则声称该结算的股份将因此以信托形式绝对为 Oughtred 夫人持有。在 6 月 26 日,受托人执行了将股份转让给 Oughtred 夫人的正式程序,而她则将那 7.2 万股股份转让给了 Peter。问题是,是否应就转让给 Oughtred 夫人股份的文件而支付印花税。答案取决于在 6 月 26 日正式转让**之前**,Oughtred 夫人是否为该股份衡平法上的所有权人。她主张已成为衡平法上的所有权人,因为她享有强制履行 6 月 18 日协议的权利,因此 Peter 成为了为她持有该股份的推定受托人——在这种情况下,6 月 26 日的文件因此只是对普通法上的消极财产权的正式转让,且因此不承担支付从价税的义务。

上议院大多数认为,在协议之后,Oughtred 夫人的利益与合同和转让之间的土地购买人相似,且因此,用 Lord Jenkins 的话[14]来讲,“无疑是一种引发了对执行转让期望的对物性财产权益……但购买人所拥有的衡平法上的权利,其存在从未被人认为可在履行合同时防止后续的财产转让……因印花税而构成对财产出售的转让”。换句话说,在承认 Oughtred 夫人的辩论的有效性时,上议院将不会允许该辩论废除税务局对印花税的权利——这可能被视为一项政策决定。

---

〔12〕 [1960] AC 206.

〔13〕 Above.

〔14〕 [1960] AC 206 at 240.

另一方面，Lord Radcliffe（持反对意见）认为，[15] Oughtred 夫人因可强制履行的交换协议而成为授予股份的归复权益的衡平法上的所有权人，且在那时，她成为了衡平法上的绝对所有权人，因此 6 月 26 日的转让不得被视为对 Peter 的衡平法归复权利的转让，且因此不承担支付从价税的义务。税务局的论点是，6 月 18 日的口头协议因第 53 条第（1）款第（c）项的规定而无法使对 Peter 的归复权益的处置生效，直到 6 月 26 日的正式转让前，该权益仍归属于 Peter——这一论点被 Lord Radcliffe 驳回了，理由是 6 月 18 日产生的推定信托（依照第 53 条第（2）款规定）不要求书面形式。

其他情形 26

有人认为第 53 条第（1）款第（c）项无法适用的还有其他两种情形，分别是：

（a）衡平法上的利益的放弃；和

（b）员工养老金计划中的指定。

在 *Paradise Motor Co* 案[16] 中，股份的衡平法上的利益被给予某人，而此人口头做出了放弃。有人认为，该放弃不受第 53 条第（1）款第（c）项管辖且是有效的，因此，他失去了在公司清算中后续提出主张的权利。而且，在 *Danish Bacon Co Staff Pension Fund Trusts* 案中，至于雇员指定某人在自己雇佣期间死亡（且在其对养老金享有权利之前）的情况下接收养老金计划中的应付资金，Megarry J"十分怀疑"[17] 这种情况是否受第 53 条第（1）款第（c）项的约束，因为无论是称之为"处置"任何属于雇员的东西，还是称之为"存续的"衡平法上的利益，都是不合适的。

---

〔15〕 Ibid.，at 228.

〔16〕 [1968] 1 WLR 1125.

〔17〕 [1971] 1 WLR 248 at 256.

例外

巴巴多斯《1979 年财产法》第 60 条第(5)款

本条任何规定均不影响：

(a)归复信托、默示信托或推定信托中的设立或运行……

(c)与部分履行相关的法律的运行……

(e)通过遗嘱设立、声明或处置的信托。

第 60 条第(5)款第(a)项的效力与英国《1925 年财产法》第 53 条第(2)款的效力类似，后者的目的是免除归复信托和推定信托的书面[18]要件。因此，例如，土地的归复信托或推定信托可在无任何书面证据的情况下产生。

遗嘱信托

基于委托人的死亡生效的信托必须以遗嘱相关立法规定的方式生效。在加勒比，与遗嘱相关的现代规定是巴巴多斯第 249 章《1981 年继承法》第 61 条，它规定了：

第 61 条(1)除非满足以下条件，否则任何遗嘱均不得生效：

(a)遗嘱为书面形式；

(b)立遗嘱人在该遗嘱的底部或结尾处签字，或由他人经其指示而在其本人见证下签字；

(c)该签名由立遗嘱人在两名或两名以上的见证人同时在场的情况下做出或承认，且每名见证人都应签字证明立遗嘱人的签字确实是在立遗嘱人在场时签下的，但不对证明格式作任何要求……

---

〔18〕《1677 年反欺诈法》第 8 条在其他法域适用。

在巴巴多斯与特立尼达和多巴哥有关遗嘱立法引发的问题，涉及了员工养老金计划项下的指定。该计划的多数授权雇员/受益人指定 27
一人接收因本人在雇佣期间死亡而累积的利益。*Norris v Norris* 案[19]涉及了团体保单中的指定，在该保单中，雇员可通过符合保单格式的书面通知，指定一名或多名受益人接收亡时应付保险金，且雇员保留在任何时候变更受益人的权利。已死亡的雇员仅在一名见证人在场的情况下做出了指定。Williams J 在巴巴多斯高等法院认为，因为指定是可以自有撤销的，死者在保单中的利益在其生前仍归属于他本人，且受益人仅在雇员死亡时才有权利享有利益，指定这一行为是遗嘱性质且无效的，因为它违反了《遗嘱法》第 219 章[20]的要件。

另一方面，在 *Baird v Baird* 案[21]，一个特立尼达和多巴哥上诉法院的上诉案中，枢密院持不同的观点。在该案中，养老金计划基金归属于受托人，且该计划由一家管理委员会进行管理。

法院认为，既然成员在资金中享有的利益是无法转让的，且成员对指定相关的资金不享有控制权，该指定因此不属于遗嘱处置财产。指定因此有效，尽管其未在两名见证人在场的情况下执行。

Lord Oliver 强调，遗嘱相关立法是否适用于养老金项下的指定，这取决于各计划规定的具体情况，且他总结道，“在现在看来是不得转让利益的正常情形中，**例如本案情形**，当指定权和撤回权要求受托人或管理委员会[22]的事先同意时”，没有理由怀疑 Megarry J（在之前的 *Danish Bacon Co Ltd Staff Pension Fund Trust* 案中）[23]的方法的正确

〔19〕 本案中，法院还认为，鉴于领取保单之人不是死者而是其雇员，则第 219 章《已婚妇女法》（现为《已婚人士法》）第 5 条不适用。Williams J 指出，若一人想使一份保单能依本条设立信托，该保单只能在其本人生前生效。

〔20〕 现已被第 249 章《1981 年继承法》（见上文）替代。

〔21〕 [1990]2 WLR 1412. See *G Kodilinye* [1990]Conv 458.

〔22〕 At 1422.

〔23〕 [1971]1 WLR 248.

性，他曾判决类似的指定是有效的，理由是：

……尽管一项指定有一定的遗嘱性质，而且还可以撤销，但它是作为合约性的协议而非死者的一项处置而生效的。出资和利益并不会归属于死者，而是会通过其遗嘱或指定而转移到他人手中：直接从基金中转移到被指定人，并且不构成死者遗产的任何部分……尽管具有一定的遗嘱性质，该指定仍依照信托契据和规定生效，且被指定人不可能通过死者[24]提出权利主张。

衡平法不会允许制定法被用作欺诈工具

对涉及土地的信托声明和合同要求书面证据的法律规定来源于《1677 年反欺诈法》。该法要求书面证据的目的是避免采信纯粹的口
28 头证据（这可轻易的制造出来）以防被欺诈。而且，大法官法院同样考虑到，该法本身不应成为欺诈的“引擎”或“工具”，且尽管该法院无法否认该法的约束力，“它还是认为，当严格适用制定法在实际上反而促进了立法要预防的欺诈时，法院本身有权力可以进行干预”。[25] 同样，衡平法院发展了秘密信托的概念，其效力是，当一人因承诺为秘密受益人以信托形式持有某动产遗赠而被给予该遗赠时，防止此人以不符合《1837 年遗嘱法》规定为借口而抵赖。

衡平法的干预的主要例子有：

(a)部分履行主义；

(b)*Rochefoucauld v Boustead* 规则；[26] 和

〔24〕 At 256.

〔25〕 Pettit, *Equity and the Law of Trusts*, 5th edn, p. 79.

〔26〕 [1897] 1 Ch 196.

(c)秘密信托主义。[27]

部分履行主义

因缺乏制定法要求的书面证据而导致普通法上无法执行的土地出售或其他合同处置，若寻求执行协议的一方存在充分的部分履行行为，则该合同将依衡平法执行。巴巴多斯的 *Jackman v Jones* 案[28]就是一件存在充分的部分履行行为的案例。该案中，通过一项于1983年1月14日做出的口头协议，原告同意将其房屋以1.82万巴巴多斯元的价格出售给被告，且被告已于当天向原告支付1.82万巴巴多斯元。原告使被告占有了该财产。需要法院决定的问题是，该协议是否因缺乏第236章《1979年财产法》[29]第47条所规定的书面证据而无法执行，还是说，部分履行足以使该协议成为该制定法的例外，从而可以对抗原告而执行该协议。

法院认为，那1.82万巴巴多斯元的支付，加上被告已占有该房屋这一事实，等同于部分履行行为，且尽管缺乏书面证据，法院也将执行该协议。Worrell J 说：

《财产法》第47条规定：

第47条(1)不得基于任何就一土地或土地上的利益的出售或其他处置合同而提起任何诉讼，除非诉讼所依照的协议或其备忘录是以书面形式，且已经受指控人或其合法授权的他人签字。

(2)对于1980年1月1日前后签订的合同，本条均适用，且不影响法院有关部分履行或出售的法律。

---

〔27〕 见第5章。

〔28〕 (1987) High Court, Barbados, No 495 of 1984 (unreported). Cf *McCook v Hammond* (1988) Court of Appeal, Jamaica, Civ App No 87 of 1987 (unreported). See also *Martin v Vaughan* (1971) 6 Barb LR 57. (水电服务的安装以及建造基础设施导致的开销被判决为充分构成了部分履行)

〔29〕 也见，例如，特立尼达和多巴哥该法的第27章，第12号，第4条。

在 *Steadman v Steadman* 案中,[30] Lord Morris of Borth-y-Gest 在讨论部分履行学说时,评论道:

"鉴于部分履行法律的整个领域都涉及'土地或土地上的利益的
29 出售或其他处置'的合同,我会认为随之而来的是,考虑到宣称的部分履行行为,必须决定他们的合理解释是否是各方必须签订一些土地相关的合同,例如此处宣称的合同。我查阅了 *Maddison v Alderson* 案[31]的说理部分,该案的诉讼正是基于这个基础。因此,在他说理部分的那部分中,他讲道购买土地的对价的部分支付并不足以等同于部分履行,这是一个既定的原则,Lord Selborne 在第 479 页讲道,其中最好的解释是,款项的支付是一项模棱两可的行为,(其本身)直至口头证明建立联系之前都不'象征涉及土地的合同'。正因如此,只有是通常会被视作一项拥有强烈请求权的行为的土地占有权获取,才会被认为是象征涉及土地的合同的部分履行行为。"

我现在将问题转向被告支付那 1.82 万巴巴多斯元的行为是否可被认为是一项部分履行行为。在我看来,既然被告的证据是财产免租占有,这一点可表明土地相关合同的存在,且我查明存在被告对合同的充分部分履行,该履行的存在可消除第 236 章《1925 年财产法》第 47 条第(1)款要求书面备忘录的这一障碍,因此我认为是可以的。因此法院判决被告胜诉,并且,法院下令强制履行并开始执行原告和被告在 1983 年 1 月 14 日就位于圣托马斯教区边山第 24 号的房屋和土地的出售做出的口头协议。

Rochefoucauld v Boustead[32]**规则**

衡平法认为,当一人作为受托人而被转让了土地且对此转让知情的,则其对信托的否认并宣称土地为本人所有的行为属于欺诈。因

---

[30] [1976] AC 536 at 547.

[31] (1883) 8 App Cas 467.

[32] [1987] 1 Ch 196.

此，尽管缺失制定法要求的书面证据，土地信托仅凭口头声明其受益人也可强制执行信托。

该原则在 *Kunja v Bruce* 案[33]中得以阐述。在该案中，原告希望购买一块标价为4500元的土地，而他却只有3000元，因此她和被告口头达成一致：

（a）原告将支付给被告3000元；

（b）被告将借给原告1500元，垫付购买上述土地的尾款，原告按月分期还款；和

（c）被告将代表原告购买该财产。

卖方随后将该财产转让给了被告。

法院判决，被告是为原告持有该财产的受托人。被告无法援引缺失《1677年反欺诈法》要求的信托声明的书面证据这一点，理由是衡平法不会允许制定法被用作欺诈工具。正如 Persaud J 解释的那样：

> 剩下还需要考虑的唯一的问题是，是否存在一项为了原告的利益而设立的信托。根据《1677年反欺诈法》第7条的规定，任何土地信托声明都必须以经设立信托之人签名的书面备忘录予以证明。《转让和财产法》（第27章，第12条）第4款也就任何土地或土地上的利益 30
> 的出售或其他处置合同作出了类似规定。但该制定法的适用取决于一个非常重要的衡平法规则。它不得被用作欺诈工具，衡平法不会允许这种事情发生。本文所述的欺诈并非局限于转让本身是欺诈性获取的这一单独情况。一旦为了使受益利益无效而建立转让的绝对性质时，适用于该原则的欺诈即产生，而且在这种欺诈中，无法获取合算交易的书面证据时，《反欺诈法》或《1925年财产法》相应规定也无法

[33] (1984) High Court, Trinidad and Tobago, No 913 of 1967 (unreported). See also *Thompson v Hulse* (1980) 1 Belize LR 399. 该规则的近期且有些不寻常的适用发生于 *De Bruyne v DeBruyne* [2010] 2 FLR 1240。

提供援助。[34] 无论如何,若在本案中被告以缺失书面备忘录为理由,则就应这样申辩。见《高等法院规则》第 18 号命令第 8 条规则。在 *Rochefoucauld v Boustead* 案[35]中,法院判决(见第 206 页):

"……通过一系列案例进一步确立,《反欺诈法》并不阻碍欺诈证据,这一点的适当性现已无异议;而且,当一人就作为受托人而被转让了土地且对此转让知情的,此人对信托的否认并宣称土地为本人所有的,其行为确属欺诈。因此,尽管制定法有所规定,主张土地被转让给他人之人也有资格通过口头证据证明该转让是以为了原告的信托形式而作出的,并证明受让人明知事实,却为了使自己保留土地而否认信托并以转让的形式和制定法为借口。"

更贴切的是,Hosein J 在最近的 *Bisram v Samaroo* 案[36]用不同的话表达的类似的观点:

"……尽管缺乏书面证据,若财产被绝对转让给了他人,但在该转移/转让之时,若存在令人信服的证据以证明转让人明确表示尽管受让人的受益利益表面看起来是绝对性的,但受让人是以某种信托形式(受让人已同意该信托的生效)而持有该财产的,则受让人将被要求执行该信托,哪怕它缺失书面形式。"

制定法不得被用作欺诈工具这一原则的另一个例子是 *Bannister v Bannister* 案。[37] 在该案中,被告是原告的嫂子。她以非常优惠的价格将两栋小屋出售给了原告,条件是通过口头协议约定原告将允许她在其中一个屋子里无限期居住。小屋的转让中未提及被告的居住权。除了被告居住的其中一个底楼房间外,被告放弃了对小屋的占有权。原告随后对该房间主张占有,声称被告是一名不定期地产保有人,而

---

〔34〕 *Bannister v Bannister* [1948]2 All ER 133 at 136, per Scott LJ.

〔35〕 [1897]1 Ch 196 at 206.

〔36〕 (1983) High Court, Trinidad and Tobago, No 3417 of 1979 (unreported).

〔37〕 [1948]2 All ER 133.

他已发出离开通知。被告辩称，原告在被告生前都是为了她而以信托形式持有该小屋。原告反驳称，既然财产为土地，且不存在《1925 年财产法》第 53 条第(1)款第(b)项要求的对宣称的信托声明的书面证据，那么根本就不存在任何信托。上述法院驳回了原告的论点，并判决原告在被告生前都是以推定信托形式而为被告持有该小屋。推定信托产生的理由是，允许原告通过拒绝履行口头合同而对被告实施欺诈，这是不公平且违背良心的；而且因为第 53 条第(2)款的规定，不作任何书面形式要求。

31

第3章　三个确定性

只有在满足“三个确定性”的情况下明示信托才生效：即(a)言词确定性(又称意图确定性)；(b)标的物确定性；和(c)受益人确定性。

言词确定性(又称意图确定性)

基本原则是，明示信托产生于委托人表示了这样做的意图。正因如此，委托人必须充分确定地指示出，其意图是设立一项信托而非施加一项单纯的道德义务。委托人是否有意设立信托，这属于对遗嘱或信托文件[1]中的言词，连同任何可采纳的外在证据的解释问题。既然对于所使用的言词而言，“衡平法追求的是意

---

〔1〕 *Barclays Bank plc v Kenton Capital Ltd* [1994－95] CILR 489, at 498, *per* Smellie J(Grand Court, Cayman Islands). 当不存在须解释的遗嘱或文件，即宣称口头声明了信托时，也可产生意图的确定性。见下文第5章。当不存在设立信托的真实意图时，表面上的信托可能会被认为是虚假且无效的：参见 *Midland Bank plc v Wyatt* [1995] 1 FLR 696; *Rahman v Chase Bank(C1) Trust Co Ltd* [1991] Jersey LR 103。

图而非形式”,那就不要求使用任何精准的技术性表示。

当立遗嘱人使用了“恳求性”语言,也就是说,使用了类似“希望”“期待”“渴求”“充分相信”之类的用语时,经常产生意图确定性的问题。恳求性言词的使用是单纯的道德义务的表面证据,而非信托意图的表面证据,但意图问题的最终答案只能在解释了整个遗嘱之后才能给出。在 *Adams and the Kensington Vestry* 案[2]中,立遗嘱人将其所有财产都给了他的妻子并“充分相信她将正确地在我的子女之间分配该财产,无论是在她生前分配还是在她死后通过遗产分配”。法院认为,既然从遗嘱整体来看,其使用的“充分相信”一词所施加的是一项单纯的道德义务而非可强制执行的信托,那么委托人就并未设立任何信托。

在巴巴多斯的 *Stuart v Fields* 案[3]中,立遗嘱人的遗嘱包含了以下条款:

> ……如果可能的话,我希望在我死后能设立一项信托以确保此土地永远在 Stuarts 手中,而且,我的侄辈们将永远享有该土地上的利益,也可将该利益留给他们的继承人和继受人。

在该遗嘱另外两个条款中,立遗嘱人表示,其渴望将从土地运营中产生的全部收益在其儿子、侄子、侄女以及阿姨中以规定的比例分配,且“无论何时,都不得出售属于我[儿子]的那部分土地”。

Chase J 认为,基于对该遗嘱的合理解释,“立遗嘱人意图在 Blowers 地区为其儿子和那些他在遗嘱中定义为受益人的亲属设立一项信托”。

有关法院处理意图确定性问题的方法,还有三个其他的案例,分

---

[2] (1884)27 Ch D 394.

[3] (1991) High Court, Barbados, No 579 of 1988(unreported).

别是 *Rosaline v Singh* 案、*Codrington* 案和 *Da Costa v Warburton* 案。

在 *Rosaline v Singh* 案[4]中，N 立下遗嘱，将财产留给与她共同居
32 住的 R——她孩子的父亲，“按照他认为符合他本人及其孩子的利益的方式进行处置”。上诉中的一个问题是，N 是否有意在该财产上设立信托，或者说，R 是否可受益性获得该财产。圭亚那上诉法院认为确已设立了一项有约束力的信托。Persaud JA 解释道：

> 那位精通法律的法官判定，立遗嘱人 Nasiban 所使用的语言，即“按照他认为符合他本人及其孩子的利益的方式进行处置”，其性质不是恳求性而是强制性，而且，这设立了一项有约束力的信托，其范围延伸至被上诉人涉及的财产的三分之一。我同意这个观点。Lindley LJ 在 *Williams* 案[5]中阐述了在面对遗嘱的解释问题时，法院的任务是什么，Douglas CJ 在 *Codrington*，*USPG v AG* 案[6]中也引用了他的观点：
>
> ……我们的任务是解释眼下的遗嘱，而其他的案例对这个任务则毫无作用，除非那些案例就此建立了某些法律原则。除了从立遗嘱人所使用的言词来确定他的意图，并在确定意图的同时确定其法律后果并使其生效之外，不存在任何原则。
>
> 在那个案子中，立遗嘱人使用的言词是“完全信任她将落实我的如下希望”。法院认为，这些言词并未设立一项信托。在 *Lambe v Eames*[7]案中也是如此，“她去世时或去世前，她希望将上述财产在其认为最值得和支持的相关联之人之间分配”，法院判决这一表述并未设立信托。
>
> 类似地，在 *Adams and The Kensington Vestry* 案[8]中，所使用的言词是，“充分相信她将依其认为正确的做法，在她生前或死后通过遗嘱

[4] (1974)22 WIR 104(Court of Appeal, Guyana).

[5] [1897]2 Ch D 12.

[6] (1970)16 WIR 87 at 90.

[7] (1871)6 Ch App 597.

[8] (1884)27 Ch D 394.

在我的子女之间进行处置”,法院认为遗孀对财产享有绝对权益,不受任何惠及子女的信托的约束。但在 *Malim v Keighley* 案[9]中,立遗嘱人使用了“特此将它托付给我的女儿”,以及在 *Pierson v Garnet* 案[10]中,使用了“这是我的临终请求”。在这两个案子中,法院都将这些言词解释为设立了一项信托。

在目前的案子里,很明显立遗嘱人的意图是该财产不仅仅是父亲的利益,也应是子女的利益。认为立遗嘱人有意愿将整个财产都转让到其外界认为的丈夫供其单独使用,而忽略她的两个孩子,而根据证据披露,其中一名(被告的)孩子在遗嘱做出之时才13岁,确实这一观点很奇怪。我的观点是,法官就该事项作出的结论是正确的。

Codrington 案[11]涉及 Christopher Codrington——背风群岛前总督的遗嘱,并于1711年在巴巴多斯在遗嘱认证中被采信。遗嘱包含了一项以下列条款规定的动产遗赠:

> 我给予并遗赠我在巴巴多斯的两个种植园给由我已故的贤主 King William Ⅲ创建的基督教对外传播协会,我希望种植园可保持其完整并至少留有300名黑人,且其中维持的适当量的教授和学者必须就其财产、贞洁和服从发誓,这些教授和学者有义务研究和实践药学和神学,通过前者对全人类的益处使得他们都可受人民喜爱,并使他们在照顾身体时能有更好的机会做出对人类的灵魂有益的事情,至于组建过程的细节问题我就将它留给由智者和善者组成的协会去解决。

自1712年以来,该协会使用了该遗产的全部收入以落实立遗嘱 33

---

[9] (1795)2 Ves 529.

[10] (1786)29 ER 126.

[11] Codrington, *USPG v Attorney General*(1970)16 WIR 87, High Court, Barbados. See also *Bannochie*(1994) High Court, Barbados, No 893 of 1991(unreported).

人的愿望。从 1830 年起,该协会使得科德林顿学院(该学员以 Christopher Codrington 名字命名)作为一所高等教育学院维持下去,且该学院的学生也接受了神学和古典学的课程教育。然而,该协会从 Codrington 的遗产处获得的收入变得不足以维持学院的现存状况和立遗嘱人所规划的授课。协会因此向法院寻求指示。

需要回答的主要问题是,该遗嘱是否设立了有约束力的信托,尤其是考虑到立遗嘱人并未采用强制性言词,而是使用了"希望"这一恳求性言词。

Douglas CJ 认为确已设立了一项有约束力的信托。他讲道:[12]

眼下看来,或许适合作出一两个似乎适用于本遗嘱解释的一般性原则。首先,遗嘱的解释必须遵从在遗嘱做出时,即 1702 年时有效的法律。正如 Lindley LJ 在 *March, Mander v Harris* 案[13] 所述:

"……就解释而言,必须研究在遗嘱做出之时为大众所接受的规则中的那些有关遗嘱可被公正地推定为已通过的规则。"

其次,遗嘱的解释必须根据立遗嘱人基于其在立下遗嘱时认知范围内的周围环境而使用的语言;见 *Williams* 案。[14]

最后,法院不会注重遗嘱中的某一特定条款并通过该条款解释遗嘱本身,相反,法院将从整体角度审视遗嘱以确定立遗嘱人的意图;见 Lindley LJ 和 Lopes LJ 在 *Hunter* 案[15] 的判决。

在 *Eales v England* 案中,掌卷法官 Sir George Trevor 陈述道:[16]

"……遗嘱中的建议用语和希望总是被论述为遗赠,而此处的 B 却是一名受托人……若受托人死亡时无继承人,则复归土地的领主将依普通法拥有此土地,但在这种情况下将受信托的约束。"

---

[12] (1970)16 WIR 87 at 89,90.

[13] (1884)27 Ch D 166 at 169.

[14] [1897]2 Ch 12.

[15] [1897]2 Ch 105.

[16] (1702)24 ER 96 at 97.

上述 *Williams* 案审查了恳求信托的整个原则。Lindley LJ 在其上诉法院判决中表达了他的观点,认为一项表示可以在形式上是强制性的。他还评论道:[17]

"……我们的任务是解释眼下的遗嘱,而其他的案例对这个任务则毫无作用,除非那些案例就此建立了某些法律原则。除了从立遗嘱人所使用的言词来确定他的意图,并在确定意图的同时确定其法律后果并使其生效外,不存在任何原则。

在再次转向本案待解释的遗嘱之前,我将试图总结那些我将用于确定立遗嘱人在遗嘱中所述意图的规则:

(a)遗嘱的解释必须依照 1702 年时有效的法律进行解读;

(b)遗嘱用语的解释必须考虑到立遗嘱人在立下遗嘱之时其所知的周围环境;

(c)必须将遗嘱作为一个整体看待。

法官阁下审视了遗嘱的各个条款并总结道,立遗嘱人"设想了一个学院协会,该协会以宗教团体的方式进行管理,履行培养神职人员以服务殖民地的职能",并认为立遗嘱人的计划"是考虑到他拟使获益之人的需要后,所产生的结果"。他继续说道:

我判决认为,我被请求给予解释的遗赠符合法律规定的标的物确定性要件。此处的标的物是 Codrington 的遗产。意图确定性也已满足。我总结认为,立遗嘱人的意图是,该协会应以信托形式持有遗产以维持一个高等教育住宿院舍,培养艺术、药学和神学方面的学者以便在海外地区为自己的君主服务。鉴于我将这份遗赠解释为慈善赠与,并为了立遗嘱人的赠与对象的利益而具有可强制执行性,第三个确定性——受益人确定性——并不适用。 34

[17] [1897]2 Ch D 12 at 22.

第三个例子是 *Da Costa v Warburton* 案,[18] 由牙买加上诉法院作出判决。在该案中,立遗嘱人通过遗嘱对其妻子做出了一定的动产和不动产遗赠,并将她任命为执行人。其中一份赠与条款规定:“我给予并遗赠我的妻子 Josephine Lucille 我位于金士顿地区北街第 52 号的财产。”遗嘱还包括以下指示:“我指示我的上述执行人 Josephine Lucille,当她出售上述位于金士顿地区北街第 52 号的财产时,她必须经过我的女儿 Thelma Kelly 同意,将扣除开销后的收益的 1/4 给我的孙子女。我指示,在我死后且当我妻子死亡时……若上述财产……尚未被出售,则该财产将通过我的女儿 Thelma Kelly 归复我的孙子女。”在立遗嘱人死亡之时,她的女儿 Thelma Kelly 仍在世,而且是一位有着 8 个小孩的母亲。

基于遗嘱解释,执行人是否为位于北街第 52 号财产的绝对受益性所有权人,或其是否担任其孙子女的受托人一事,执行人就此向法院寻求裁决。

法院判决,该财产以非限嗣继承权方式给予了这名遗孀/执行人供其为了自己的利益而使用,且她通过立遗嘱人为了孙子女的利益而做出的指示,无偿获得了非限嗣继承权,而这是矛盾且无效的。根据 Fox JA 的观点:[19]

本案标的物已明确,即北街第 52 号财产。但三个确定性里只有这一个确定性已满足。解释立遗嘱人所使用的言词时,不可能总结认为他意图设立一项信托。他无疑希望自己的孙子女受益。尽管如此,如果他希望的不仅如此,并有意使他的愿望通过向其遗孀施加受托人的强制性义务从而得以落实,那么这份意图应以强制性形式或其他充

[18] (1971) 17 WIR 334 (Court of Appeal, Jamaica).

[19] At 337, 338.

分明确的形式予以表述。看样子,将遗嘱作为整体来看时,种种迹象都表明立遗嘱人的意图是原告就其对财产的享有、处置和管理都应享有完全的行动自由。这是法律认可的绝对所有权的附带条件。遗嘱中没有任何规定表示信托内在的障碍和限制一定会减少这些附带条件。

此外,还缺少受益人确定性的要件。若财产于原告生前被出售,必须将出售收益的 1/4 给孙子女。而并未对剩下的 3/4 的归属做出任何指示。也未指定受益人,可能是原告,也可能是立遗嘱人的女儿 Thelma Kelly,也可能两者都是。证明受益人具确定性的义务由宣称信托有效的一方承担:见 *Saxone Shoe Co Ltd's Trust Deed* 案。[20] 该确定性可根据或然性权衡得以证明。在本案中,上述证据并无可用的标准,因此支持信托的主张是站不住脚的。赠与中的言词未能设立信托时,赠与作为绝对赠与生效:*Lambe v Eames* 案。[21]

标的物确定性 35

标的物确定性的要件有两个方面,即:

(a)应以信托形式持有的财产确定;和

(b)各受益人应接受的受益利益确定。

就(a)项而言,遗嘱或其他设立信托的文件必须明确受信托约束的财产是什么。在 *Sprange v Barnard* 案[22] 中,立遗嘱人通过遗嘱将财产给予她的丈夫以"供其单独使用",并指示"在他死后,他所剩下的任何不想自己使用的东西"都将分配给立遗嘱人的兄弟姐妹。法院认为既然不确定丈夫死后还剩下什么东西,那就不存在任何信托。丈

〔20〕 [1962]1 WLR 943.

〔21〕 (1871)6 Ch App 597.

〔22〕 (1789)29 ER 320.

夫因此享有绝对的权利。在 *Palmer v Simmonds* 案[23]中,当立遗嘱人基于信托给出“我剩余遗产的大部分”,法院认为信托失败,理由是信托财产数量不确定。

而就(b)项而言,各个受益人应获得的受益利益必须充分确定。若并非充分确定,则信托将失败,且受托人将以一项为了立遗嘱人遗产代管人的归复信托形式持有财产。因此,在 *Boyce v Boyce* 案[24]中,一名立遗嘱人将两栋房屋遗赠给了受托人,使其以信托形式将两栋房屋中“她自行选择的那一栋”转让给 Maria,而另一栋转让给 Charlotte。Maria 先于立遗嘱人死亡,且生前未做出选择。法院认为 Charlotte 无权以信托为由提出权利主张,因为她和 Maria 各自应得的受益利益不确定。因此存在对立遗嘱人遗产的归复信托。另一方面,在 *Golay* 案[25]中,一名立遗嘱人指示其执行人允许其遗孀“在她生前享有我的某一栋公寓,并从我的其他财产中获得合理收入”,法院认为“合理收入”这一言词并非不确定,因为就法院在必要情况下能够适用的数量而言,他们指示了一项客观的决定因素,因此赠与并未因不确定而失败。

可对比 *Golay* 案与 *Kolb's Will Trusts* 案,[26]后者中,一名立遗嘱人通过遗嘱指示其受托人,除其他事项外,还应将信托财产出售的收益投资在由受托人自行选择的“蓝筹股”中。法院认为该指示因不确定性而无效,因为通过指明“蓝筹股”证券,立遗嘱人表现出的意图是采用纯主观标准——这也是不明确的标准——判别要求投资的类型。

当受托人就各受益人将获得的精确数额收到指示时,不存在因不确定性而导致的失败。首先,这些作为自由裁量信托是有效的。其次,当财产是以为了某一首要受益人、同时受其他受益人的不确定份

---

〔23〕 (1854)51 ER 704.

〔24〕 (1849)60 ER 959.

〔25〕 [1965]2 All ER 660.

〔26〕 [1961]3 All ER 811.

额约束的信托形式而持有时，那些不确定的信托将会失败，且首要受益人将对整个[27]财产享有权利。最后，若受益利益不确定，尤其是在家族信托中，法院可适用"平等即衡平"箴言，在受益人之间均等分配财产。

在 *Hunter v Moss* 案[28]中，M 声明自己为某公司 5% 的已发行股份的受托人，该公司股份共计 1000 股，其中 950 股的登记所有权人为 M。法院认为，就 M 的 950 股中的 50 股而言，设立了一项信托。M 主张信托因标的物不确定而无效，因为未能判别具体哪些股份是以信托 36
形式持有的，此主张被法院驳回。法院的观点是，标的物确定性的检验标准并不必然要求信托财产的隔离或占用。若在信托声明之后，法院能够立即下令执行该信托，则信托是充分的；而且，既然所有的股份都是同一类别、并因此同等地有资格履行信托义务，则标的物不确定性这一问题就可以通过确定信托股权数量的方式得以解决。Rimer J 是这样解释他的决定的：[29]

> 尽管我未能查阅到任何专门处理这一点的英国权威案例，但这一点却是密苏里州最高法院在 *Rollestone v National Bank of Commerce in St Louis* 案[30]的判决标的。法院在该案中认定，Milliken 先生旨在将他本人声明为原告 Rolleston 先生的受托人，信托财产为 Golden Cycle Mining Company（一家矿业公司）的 100 手面值 1 美元的股份，该股份属于 Milliken 先生持有的更多股份的一部分。那 100 手股份并未特别指明。
>
> 有主张认为，这表示信托因标的物不确定而无效，对此，Regland J 说道：[31]

---

〔27〕 *Lassence v Tierney* (1849) 41 ER 1379.

〔28〕 [1993] 1 WLR 934.

〔29〕 Ibid., at 947.

〔30〕 (1923) 252 SW 394.

〔31〕 Ibid., at 398.

“有人认为，既然证据并未显示将任何特定份额的股票留给Rollestone并就此出具证书，那么宣称的信托只能因缺乏肯定确切的标的而失败。但从Milliken先生的陈述来看，很明显他是为了Rollestone而持有该矿业公司100手的股份。在那时，该公司登记簿中，Milliken先生名下的股份已经超过了1万手，且所有股份的种类和价值都是完全一样的。这些股份中没有哪个股份不同于其他股份，以至于给它标记上额外价值或重要性。他们就像具有统一质量的谷物，一蒲式耳与另一蒲式耳的谷物在种类和质量上并无差别：*Caswell v Putman*案。[32] 因此，‘100手股份’这一言词提现了对公司中明确的财产权的精确描述。上述数额的股份证书能证明的也不过如此：*Richardson v Shaw*案。[33] 上诉人就此提出的论点被驳回了。”

有一点除外，通过类比为如几蒲式耳的谷物之类的有形资产来回答这一问题，尽管我并不完全认为这一方法是合适的，但我认为这些论点是有说服力的，且我同意这些论点。对我来说，这些论点在目前的案子中是直击要害的……

在我看来，*Rollestone*案[34]的判决反映了正确的原则，而且我也会在目前的案件中使用同样的方法。结果就是，我总结认为被告声明的信托并不因缺失标的确定性而无效。

受益人确定性

信托的“受益人”是指可从信托中获益之人，也就是信托的对象。受益人确定性要件的意思是一项信托（慈善信托除外）中的受益人的身份必须充分可确定。若提及了特定受益人的姓名（例如，“以信托形

〔32〕 120 NY 153,157 NE 287.

〔33〕 (1908)209 US 365,28 Sup Ct 512.

〔34〕 (1923)252 SW 394.

式为了我阿姨 Alice 和我叔叔 George"),则此要件已明确满足。同样,当委托人并未对受益人指名道姓,而是进行描述时,例如,"以信托形式为了我的第一个出生的儿子而成为代理人",则也具备充分的确定性,尽管无法马上知道受益人的身份。但当信托是为了某一类人的利益,例如"我的受扶养人"或"我的老朋友"时,可能存在一些困难。 37
若不可能确定哪些人是受扶养人或老朋友,则将存在受益人不确定性,且以这一类人为受益人的信托将失败。

受益人确定性的检验标准将因信托是"固定的"还是"自由裁量的"而有所区别。固定信托指的是委托人在各个受益人之间分配了具体的受益利益的信托,例如,当委托人"以我侄子和侄女为受益人,享有均等份额的信托形式"将5万美元给了受托人。自由裁量信托指的是受托人就哪一类受益人将从信托财产中受益和(或)受益人各自将获得的份额(例如,当委托人"以我的雇员和前雇员为受益人的信托形式,其各自份额由我的受托人以其绝对自由裁量进行决定",而将10万美元转让给受托人)。

在固定信托的情况下,除非受托人有可能列出所有受益人的完整清单,否则信托将失败,因为不可能在缺失此清单的情况下将信托财产依照委托人的指示进行分配。同样的原则也曾适用于自由裁量信托,因此若财产以信托形式持有,例如,为了"由我的受托人以其绝对的自由裁量从我的雇员及其亲属中决定的那些人"的信托,除非有可能列出所有雇员及其亲属[35]的清单,否则信托失败。但是在 *McPhail v Doulton* 案[36]这个首要判例中,上议院认为,确定性的严格检验标准不应适用于自由裁量信托,而且,适用于自由裁量信托的规则应是适用于指定权的规则,即若能确定地说出任何给定原告是否是自由裁量类别中的成员,那它就是充分的。

---

〔35〕 *IRC v Broadway Cottages Trust* [1954]3 All ER 120.

〔36〕 [1971]AC 424.

在 *McPhail's* 案中,委托人希望为了 Matthew Hall and Co Ltd 公司的员工及其亲属和受扶养人的利益而设立一项信托。他采取的方式是为了"任何(该公司的)雇员或前雇员或其任何亲属或受扶养人,其数额和条件由受托人依其认为合适的标准决定"而设立一项自由裁量信托。有人主张应宣布该信托无效,除非有可能列出全部的雇员、前雇员及其亲属和受扶养人的完整清单——而这当然是不可能的。有人主张完整的清单是不可或缺的,理由是:

· 只有在能够考虑到每个权利请求人时,受托人才能履行分配的义务;且

· 若受托人未能做出分配,法院将被请求进行此分配,且法院仅能基于"平等即衡平"的原则进行分配,而这就要求一份完整的清单。

这两个主张都被法院驳回了。就第一个主张而言,在信托权力(或自由裁量信托)的情况下,相比单纯的权力而言,更为广泛和复杂的质询范围确实是必要的,但两者之间的差别仅仅是程度的不同而已,且受托人并不是非得能够做出个完整名单不可。至于第二个主张,当受托人未能执行信托时,法院能够在没有完整清单的情况下就执行信托,正如 Lord Wilberforce 强调[37]的那样:

> ……这并不意味着只有在均等分配的情况下才能执行。理由是,均等分配原则适用于信托,这一观点在目前看来毫无疑问是荒谬的。
> 38 均等分配当然是委托人最不希望发生的事情;对所有人的均等分配有可能导致无人获益。为什么会认为法院会参与这么异想天开的执行?而且,就权威案例而言,我并未发现信托的本质或法院对信托的权力需要任何这种死板的规矩。在将一个有限类别的人群作为受益人的家庭信托中,均等分配可以是合乎情理的,而且也有过这种裁决。在这种情况下,"平等即衡平"这一箴言确实存在,但相反的案例却不计

〔37〕 Ibid. ,at 451.

其数，而且也下令过不同类型而适合实际情形的执行。

法官接下来提出，若法院被请求执行一项自由裁量信托或信托权力，将按照“计算出的能实现委托人或立遗嘱人的意图的最佳方式”去做，例如，通过指定新的受托人，或通过指示一类受益人中的代表以准备一项分配计划，“或者，甚至当分配的合理基础出现时，法院自身指示受托人这样去分配”。

概念上的（语言上或语义上的）不确定性和证据上的困难

在 *McPhail v Doulton* 案[38]后，我们已经看到，有关自由裁量信托和信托权力的受益人确定性的检验标准是，必须有可能“确定地说出某个给定个人是否在受益人类别范围之列”，以及信托将“不会仅仅因为无法确定受益人类别中的每个成员而失败”。该检验标准有时候被称为“给定申请人检验标准”。Lord Wilberforce 补充[39]道，在那些“当法院未解决时将导致赠与无效”的语言性不确定性或语义性不确定性，与“确定该类别成员的存在和位置的困难性，这个问题可由法院基于指示申请而合理地处理”的证据不确定性之间，必须加以区分。因此，在适用“给定申请人”检验标准时，对类别的描述不得太过于模糊以至于妨碍受托人判定任一给定原告是否属于该类别。构成概念上的不确定性的模糊性例子是这种表述：对委托人“有道义要求的任何人”；和委托人的“任何老朋友”。另一方面，从这个意义上讲，[40]委托人划分的“平辈中的堂/表兄弟/姐妹”这一类别明显并不是不确定的。

〔38〕 Ibid.

〔39〕 Ibid. ,at 457.

〔40〕 Ibid.

一项自由裁量信托只要存在概念上的确定性或语言上的确定性,那它就是有效的,哪怕可能存在证据上的不确定性,在这个意义上,可能很难甚至无法证明某人在这个概念之内的这一事实。因此,例如,在某些情况下可能很难证明某些特定原告是否为平辈中的堂/表兄弟/姐妹,但那将不会影响该信托的有效性。

管理上的不可行和变化无常

Lord Wilberforce 在 *McPhail* 案中对"给定申请人检验标准"施加了另一项限制,即若"受益人的定义的广泛程度已经到了无法组成任何类似于某种类别的东西的地步,以至于该信托在管理上不可行",[41]则该自由裁量信托将是有效的,例如,为了"大伦敦内所有的居民"而设立的自由裁量信托。这种信托也会因为变化无常而失败,
39 因为信托的条款"感受不到任何委托人的意图","大伦敦的居民"是"偶然聚集的一类人,与委托人或任何机构都没有任何可识别的联系"。

在 *R v District Auditor, ex p West Yorkshire Metropolitan County Council* 案[42]中,因受到中央政府的废除威胁,社区委员会设立了信托以在两年之内为了使"西约克郡的所有或任何居民"受益而花费掉该信托中 40 万英镑的资本金及收入,其花费的方式包括协助他们的经济发展,为青年团体、文化族群和少数民族提供协助,以及将社区委员会可能废除的后果通知利益相关方,等等。没有人认为这项信托是慈善性的,因此它将受到适用于私益信托的受益人确定性要件的约束。法院认为,既然潜在受益人的数量为 250 万人,信托即因管理上的不

[41] Ibid. ,at 457.

[42] (1986)26 RVR 24.

可行而失效;尽管它并不是“变化无常的”,因为社区委员会无论如何都希望使西约克郡的居民受益,并且为此制订了详细的计划。

McPhail 检验标准的适用

在作为 *McPhail v Doulton* 案后续的 *Baden's Deed Trusts*(*No* 2)案[43]中,上诉法院被申请,以 *McPhail v Doulton* 案为基础,宣布 McPhail 的“受扶养人”和“亲属”这两个词汇是否充分确定。上诉法院的所有三名法官一致回答了这个问题,但他们解释 *McPhail* 检验标准的方式各有不同。Sachs LJ 的观点是,原告必须证明他属于受益人类别,而该类别必须在概念上是确定的。若他不能证明,则他将被推定为不属于该类别:

> 一旦应获益之人的类别在概念上是确定的,则任一申请人是否经查证而被证明了归属于该类别,这一点就成为了一个根据证据决定的事实问题;若未这样证明,则他并不属于类别。无论应获益的类别是小范围的(例如“同辈的堂/表兄弟/姐妹”)或大范围的(例如“某工会成员”或“曾在英国皇家海军服役过的人”),这一地位都不会改变。因为无法证明一名给定个体不属于某一相关类别,因此该信托无效——这一观点是个不折不扣的谬论。[44]

另一方面,Megaw LJ 说道:[45]

> 在我看来,若能确定地说至少相当数量的受益人是被包括在某一

[43] [1973]Ch 9.

[44] Ibid. ,at 20.

[45] Ibid. ,at 24.

> 信托内的，则这一检验标准就已满足；哪怕是存在相当数量的其他人因为一些杜撰的理由未能将其纳入考虑范围，答案也只能是“未证明他们是否被包括在信托内”，而不是“他们不被包括在信托内”。什么才是“相当数量”，这很可能是个常识性的、就某一信托的程度问题：尤其是当使用一个温和的词汇提出，在关于亲属和受扶养人的公平、合适和合乎情理的信托管理中，将产生操作性困难——这将是一个不符合实际的想象的情况时，而当下的案件情况正是如此。

Stamp LJ 不同意 Sachs LJ 和 Megaw LJ 的观点，并且采用了一个严格的方法，认为[46]任何个人必须有可能正面回答他是否属于该类别，因为只有这样受托人才能够做出一个潜在的受益人范围调查。在
40 Stamp LJ 看来，如果不可能做到这样，那信托就是无效的。就目前案件的事实而言，Stamp LJ 能够通过定义“亲属”和“最近亲属”而非“拥有共同祖先的后裔[47]”来满足他的严格检验标准。

在 *Baden*(*No* 2)案中提出的三个检验标准中，Stamp LJ 的标准似乎是最不可能被后人遵循的，因为它看起来几乎是要重拾已被抛弃的“完整清单”准则。Megaw LJ 可能受到批判，理由是它是给定申请人检验标准的淡化版本，某种程度上可以说，该标准通过使委托人规定的类别多样化，使其仅包含“相当数量”的受益人，从而创造了“一类人中的一类人”方法。这种被减少的类别与委托人类别相矛盾——这一点是有争议的。正如 Lord Upjohn 所说的那样：[48]

---

〔46〕 Ibid. ,at 28.

〔47〕 类似地，在 *Elias v Matouk*(1993)3 TTLR 5 案中，一名受托人获指示，使用立遗嘱人的剩余遗产，“以协助有需要的人，并只作家庭用途之用”。Rajack J 引用 *Pigg v Clarke*(1876)3 Ch 672 一案，陈述道，“家庭”一词可以有三种含义：(i)指整个家庭，包括仆人，也有可能包括房客；(ii)每个有血缘关系的人(可能还包括这些人的配偶)；或者(iii)只指子女。其中第三个含义，即只指“子女”，是主要含义，并且，如果将这一解释放在“家庭”一词上，“则法院在确定某人在任何给定时间内是否为拟从信托中受益的某类成员一事上将不会有任何困难”。

〔48〕 *Gulbenkian's Settlements* [1970] AC 508 at 524.

受托人有义务在赠与人指定的某类人中选择哪些人应成为从赠与人那里接收赠与物的受赠人;他并未授权他们任何单纯地从已知的且在该类别范围内的原告中做出选择的任何权力,因为那将构成一个更小范围的类别,且赠与人并未给他们这样做的权力。

Sachs LJ 的观点也并非无可挑剔的,因为当仅存在一名属于该类别的合格受益人时,它有可能导致信托获得法院的支持——而这种方法在 *Gulbenkian' s Settlements* 案[49]中被上议院驳回了。

McPhail v Doulton 检验标准在加勒比的适用例子之一是巴哈马的 *Butler, Oakes v Oakes* 案。[50] 在该案中,立遗嘱人的遗嘱包含了以下规定:

我给予并遗赠给我的受托人,让他在我的上述朋友和亲属中那些在我死亡之际尚且在世的人之间,分配我届时拥有的珠宝艺术品和其他动产,其份额和数量由受托人自行选择和指定。而我的受托人未指定的珠宝则应作为我剩余遗产的一部分进行处置。我希望在做出上述选择和指定时,我的受托人可以将我生前对他们提出的建议作为指导。

Malone Snr J 坚定地认为"亲属"一词是充分确定的。某人(X)的亲属指的是可与 X 追溯到共同祖先之人。"亲属"一词不满足 *Gulbenkian* 和 *McPhail v Doulton* 检验标准,因为尽管有可能说出某一给定个人是 X 的亲属,但它却不能确定地说出某一人不是 X 的亲属——这一观点被驳回了,正如 Brightman J 在 *Baden' s Trusts*(*No* 2)

---

〔49〕 Ibid.

〔50〕 (1987) Supreme Court, The Bahamas, No 539 of 1987 (unreported).

案[51]的一审中所说的：

> 在我看来，这个观点是错误的。在实践中，“亲属”这一表述的使用根本不会导致任何的障碍。严格意义上讲，拟向其授予财产的亲属有义务出示相关出生证明、结婚证明或其他充分证据，以证明其与职员或前职员、雇员或前雇员的关系。如果这种关系经充分证明，受托
> 41 人将有权做出授予。我不明白法院为何仅仅因为有无数人不能证明他们的关系，甚至对证明他们的关系不感兴趣，而受托人又不打算让他们获益，便要使信托无效。

关于“朋友”一词，尽管如 Roxburgh J 所评论的那样，“友谊的轮廓特别模糊”，[52]但仍有可能适用 Browne-Wilkinson J 在 *Barlow's Will Trusts* 案中提出的准则来对朋友做出界定，如下所示：[53]

(a)这段关系一定是由来已久的；

(b)这种关系必须是一种社会关系，而不是一种商业或职业关系；以及

(c)虽然在很长一段时间内，立遗嘱人和申请人所处的情况导致他们无法见面，但在情况确实允许的情况下，他们必须经常见面。

Malone Snr J 总结建议道，如果在任何情况下，受托人对请求人是否适格一事确有质疑的，可向法院申请就此事宜作出裁决。

---

[51] [1972] Ch 607 at 626.

[52] *Coates* [1955] Ch 495 at 499.

[53] [1979] 1 All ER 296 at 300. 有人主张，由于 *Barlow* 一案所涉及的是取决于某个先决条件而非自由裁量信托制约的赠与，该案中对确定性采取的不那么严格的做法就不适用于信托案件。参见 Hanbury and Martin, *Modern Equity*, 15th edn, pp. 109, 110。

第 4 章　信托的构成

42

我们已看到，为了设立一项明示信托，委托人必须有设立信托的意图，[1]而且必须遵守所有必要的制定法上的手续，[2]例如书面手续。然而，还存在一项其他的要件，即信托必须完全构成。这意味着信托财产中普通法上的财产权必须适当归属于受托人。有两种做法：

(a)由普通法上的所有权人将财产的普通法上的所有权转让给受托人，并指示受托人应为了受益人的利益而持有该财产；或者

(b)财产的普通法上的所有权人将自己声明为受益人利益的受托人。

因此，信托声明不仅仅是在持有何种财产以及为了何人而持有这两种意义上的声明，也是财产归属于受托人这一意义上的声明。

---

〔1〕 见上文第 31 页及以下。

〔2〕 见上文第 2 章。

普通法上的所有权转让给受托人

为了做到这一点，对一特定财产类型必须使用该类型所适用的方法。例如，转让土地的，必须存在转让契据；转让动产的，必须存在实物交付或赠与契据；转让汇票的，必须存在背书；而股份转让的，则必须执行股份转让格式合同，然后在公司登记册上登记新的普通法上的所有权人。在 *Milroy v Lord* 案[3]这一首要判例中，未能成功地将普通法上的所有权归属于受托人。

在 *Milroy v Lord* 案中，财产授予人自愿执行了一项契据，为了原告的利益，拟将路易斯安那州银行的50股份以信托形式转让给 Lord。股份的普通法上的所有权仅能通过受让人在银行账簿上的登记才能转让。Lord 持有一份授权书，由委托人执行，这将使他有权利转让这些股份。委托人将股份证书转交给了 Lord 并指示其以自己(Lord 的)名义获得股份登记书，但该转让未登记致 Lord 行使权力失败。问题在于，是否就该股份设立了为了原告利益的信托。

法院判决没有设立任何信托。不存在对原告的股份赠与，也不存在对预期受托人的任何股份转让。不仅如此，法院将不会推定委托人是原告的受托人。Turner LJ 说道：

我认为本法院适用的法律已经是一个完善的法律了，即为使自愿财产授予有效且有作用，委托人若想要转让该财产，以及使该财产授予对授予人产生约束力，就必须根据该财产授予中包含的财产的性质，完成一切必需事项。至于如何去做，他当然可以通过将财产实际
43 转让给他有意提供财产之人，且该提供届时将生效，并且，他若依据财

[3] [1861 – 73] All ER Rep 783.

产授予将财产转让给受托人，或声明他本人为了上述同样目的而以信托形式持有该财产，这也将同样生效；而且，若该财产系动产，根据我的理解，信托的声明既可通过书面形式，也可通过口头形式；但是，基于我对本法院所适用法律的理解，为使该财产授予产生约束力，必须在这些模式中任选一个进行，因为没有任何衡平法能使本法院完善一项不完全赠与。我认为这个案子进一步来讲，如果要以我所提及的模式之一来使财产授予生效，法院将不会通过适用其他模式来使其生效。若意图通过转让生效，法院将不会判决该意图转让作为信托声明运行，因为那将使每一个不完全文件都能通过被转换成完全信托而生效。这些是我坚信的本案审讯所必须依照的原则。

那么，在该案中适用这些原则时，不存在某一类股份或某一类财产授予客体的转让，且因此问题只能是：是否已就所有或任何这些股份，在被告人 Samuel Lord 或授予人本人中为这些对象设立了有效而有作用的信托。现在，很明显将自己设立为银行股份的受托人并不是财产授予或委托人的意图。意图是信托应归属于被告 Samuel Lord，且我因此认为，若判决，通过委托人做出的财产授予或任何口头声明，委托人本人依据财产授予成为了这些股份的受托人，这是不公正的。通过这样做，我们应把财产授予或口头声明转换为一种完全不同于它所打算达到的目的，以及，正如我所说的那样，从一项不完全交易中设立一项完全信托。

委托人或赠与人在其转让权力范围内可以做任何事情

似乎已确定的是，如果赠与人已尽其所能地将股份的普通法上的所有权转让给受赠人，而其余的手续又不在他的权力范围之内，则该财产在衡平法上将被视为已经有效转让，而赠与人将被视为以信托形式为受让人持有普通法上的所有权。因此，如果赠与人意图做出股份赠与，为了转让普通法上的所有权，他必须进行股份转让，然后公司必须将受让人的姓名登记为新的普通法上的所有权人。如果赠与人做出了适当转让,但公司董事拒绝将受让人的姓名列入登记册(私营公司的董事有权这样做),则不存在普通法上的有效股份转让;但在衡平法上,根据 *Rose* 案,一旦将股份转让提交给了公司,赠与人就变成了为受赠人持有股份的受托人,而受让人也因此成为该股份的衡平法上的所有权人。同样的原则也适用于当委托人意图将财产普通法上的所有权转让给受托人,使其为了受益人而以信托形式持有该财产的情况。因此,若委托人执行了一项惠及受托人的股份转让并向公司提交了该转让,而该公司已声明了一些惠及某受益人的信托,则受托人成为衡平法上的所有权人,以惠及受益人的下位信托形式持有该财产。若转让在之后登记,受托人则成为普通法上的所有权人,以惠及受益人的信托形式持有财产,且委托人应退出。

这些原则衍生于 *Roes*, *Rose v IRC* 案,〔4〕在该案中,1943 年 3 月 30 日,委托人将一家无限公司的 200 手股份转让给了他的妻子。这些转让是按照公司章程规定的形式进行的。根据章程,董事有权拒绝登记转让,但该转让实际上是在 1943 年 6 月 30 日登记的。当委托人去世时,问题是转让的生效日期是 3 月 30 日还是 6 月 30 日,因为如果是后者,将须就这些股份缴纳遗产税,但如果是前者,则不须缴纳遗产税。法院判决,转让已于 3 月 30 日完成并生效,因为当时委托人已尽其所能转让股份。

44 Evershed MR 推论道:

……如果一人执行一份转让其全部衡平法上的权益(例如股份权益)的文件,意图作为转移而运行并且确实是这样运行的,则该文件将作为一项信托而产生并生效,因为转让人将会成为该股份的普通法上的财产权的受托人,其受益人则是转让人为其利益〔5〕而做出转让

〔4〕 [1952]1 All ER 1217.

〔5〕 Ibid. ,at 1222.

之人。

Evershed MR 在 *Rose* 案的推论被有力地批判了[6]理由是必须存在以下二者之一:

(a)一份在普通法上有效的股份转让;或者

(b)一项信托声明,否则声称的转让将无法产生任何效力。

基于这个观点,若正如 *Rose* 案,很明显赠与人或委托人无意将自己声明为受托人,不存在任何衡平法上的权利转移问题,因为衡平法不会完善一项不完全赠与。

可将 *Rose* 案与 *Fry* 案[7]进行对比。在本案中,居住在美国的预期赠与人执行了一家英国公司的股份转让,其中一部分是通过赠与方式给了他的儿子,一部分是给了一家信托公司,并将这些转让提交给了该公司以进行登记。该公司未能登记转让,因为财政部的同意并不是依照《金融安全条例》获得的,而该条例禁止英镑区之外的居民在未获得国防部事先同意的情况下转让任何证券。获得此同意所必需的表格已提交至授权人,此人已签署并交还,但在给出同意之前就已死亡。

法院判决,信托未能完全构成,且因此股份既未移交给儿子也未移交至信托中,而是组成了剩余遗产的一部分。为完善此交易,授权人有必要在给出同意后使确认性转让生效,而他的死亡则断绝了这个可能性。因此,不能断言授权人已尽其所能地完成了股份的转让。

牙买加 *Desulme* 案[8]可看到对这些原则的有趣的适用。在该案中,D 做出了一项财产授予,其中包括其持有多数股份的两家私人公司的股份,并执行了对受托人有利的股份转让手续,但他在受托人能够注册为普通法上的所有权人之前就已死亡。本案的系争点之一是,

---

〔6〕 See Hanbury and Martin, *Modern Equity*, 15th edn, p. 118.

〔7〕 [1946] Ch 312.

〔8〕 (1997) Supreme Court, Jamaica, No E352 of 1994 (unreported).

D 作为财产授予人,是否已尽其所能地转让了普通法上的所有权,以依照 *Rose* 案的原则将衡平法上的所有权归属于受托人。在同意对 Evershed MR 在该案件[9]中的推理的批判后,Clarke J 接着认为,本案中的财产授予人无论如何都“没有尽其所能地确保转让得到适当的登记”,鉴于此,请不要忘记他对两家公司都有控制权益,他却未能确保为了批准该转让登记而举行这个适当组成的董事会会议。Clarke J 说道:

45 有权力为其股份转让登记做出合适安排的委托人……未能在其权利范围内做出全部的必要事宜以将股份的普通法上的所有权归属于受托人……因此,由于他的缘故,在他去世之前,未能向财产授予的受托人有效转让财产,没有任何衡平法能完善一项不完全赠与——这一原则使得声称的自愿财产授予信托不完全构成,并因此无效且不可执行。

在自愿转让经登记的土地情况下,受让人直至其姓名作为新的所有权人而载于登记册之前,都尚未成为普通法上的所有权人。*Mascall v Mascall* 案[10]就是这一主张的权威案例,即如果尚未做出最后一步,但转让人已尽其所能地进行了转让(例如通过执行转让表,并连同土地所有权证或所有权证明副本一并交付受让人),则转让人将被视为以可由受让人强制执行的信托形式持有该财产。在 *Mascall* 案中,一位父亲对其儿子(无偿受让人)执行了房产转让,并将土地所有权证也转交给了这位儿子。该转让被提交至国内税务署加盖印花并归还。还剩一个步骤,即这些文件必须送交土地登记处,以便儿子可以被登记为所有权人并取得普通法上的所有权。在完成此步骤之前,二人产

〔9〕 见上文。

〔10〕 (1984)50 P&CR 119.

生了争议，而父亲要求声明该转让无效。法院判决赠与完整；父亲已尽其所能地完成了转让，而剩下的步骤——向登记处申请——可由儿子做出，父亲无权从儿子那里收回转让文件。

开曼的 *Millwood v Brown* 案[11]试图援引 *Mascall* 案的原则，但失败了，在该案件中，转让人已签署了一份土地登记相关转让表，但从未将其交付受让人。Murphy J 认为本案中未能将转让表移交给受让人，这一点有别于 *Rose* 案和 *Mascall v Mascall* 案。他解释道：[12]

> 必须牢记，声称的转让是一项赠与而非合同。赠与可在交付之前的任何时间撤回。困难在于无法识别归还点。这是赠与人的意图和行为的问题。被告律师的观点是，赠与在赠与人签署转让表时即完善。我不同意这一观点。至少在转让表交付给受赠人之前，赠与都未完善。在这方面，法律坚定地规定了对意图的客观检验……*Rose* 案和 *Mascall v Mascall* 案的情节区别颇大，要么是赠与人的明确意图（*Rose* 案），要么是赠与人已通过将权力标志置于其收回或重申权力请求的权力范围之外，以客观上交付该权力标志（*Mascall* 案）这一事实。

"赠与人"已尽其所能地使一项转让生效——英国上诉法院 *Pennington v Waine* 一案[13]最近审议了这一概念，在该案中法院作出的饱受争议的判决貌似将一更大程度的不确定性引入了这一领域。在该案中，赠与人 A 希望将一家私人公司的 400 股的股份转让给她的侄子 H，以便后者有资格担任董事一职。A 填好了一份股份转让表并交给了她的会计 P，但 P 未能将此表转交给公司或 H。由于未能交付此表，股份并未转让给 H。后来，A 签署了一份表，同意 H 成为公司的董事，但根据她的遗嘱，她给出的股份并不足以使 H 获得该公司的控

---

〔11〕 [1998]CILR 344.

〔12〕 Ibid. ,at 354.

〔13〕 [2002]4 All ER 21.

股权。如果 A 在去世前将那 400 股的股份转让给了 H,H 就会获得此控股权。

46 Arden LJ 认为,如果赠与达到了使赠与人的撤回显失公平的地步,该赠与在衡平法上就是完善的,这一观点获得了 Schiemann LJ 的支持。在本案中,鉴于 A 拒绝将那 400 股的股份转让给他是显失公平的,因此股份的衡平法上的权益已经转让给了 H。Arden LJ 继续说道:[14]

> 为了法律确定性起见,必须存在一个明确可确定的时间点以宣称赠与已完成,且这一时间点必须在有原则的基础上到达。有一些反补贴政策考虑因素会妨碍人们支持赠与已完全构成这一观点。这将包括实现而不是阻挠赠与人的明确且持续的意图,并防止赠与人以显失公平的方式行事。以下是纯粹的法律问题:[赠与人]是否有必要将转让表交付[侄子]?……我所查阅到的 *Rose* 案的判决理由是,该案中的股份赠与在赠与人执行股份转让并将其交付受让人时即完整构成,尽管这些股份在后来的某个日期前并未在公司股东名册上注册……哪怕我的观点——上诉法院认为在 *Rose* 案的情况中,要求进行股份转让交付——是正确的,这也并不意味着该交付在某些情况下不可以被免除。在该案中,法院明确认定[赠与人]意图做出直接赠与。[侄子]也就此收到了通知。此外,我已明确表达了我的观点:已经达到了[赠与人]取回赠与显失公平的程度。因此,她的遗产代理人在她死后拒绝将股份转让给[侄子]也是显失公平的。在我看来,在这些情况中,就赠与完善而言,她生前所做的股份转让交付是不必要的。

Pennington 案的判决受到了有力的批判,理由在于,其一,"显失公平"检验标准引入了一个不确定性——什么程度上的失败的绝对赠

[14] Ibid., at 230,231.

与才可在衡平法上生效，受益利益是否转移，什么时候转移的（这可能是对税务目的至关重要的问题）；以及，其二，鉴于赠与人明显未能尽其所能地使转让生效，该判决似乎是浮于赠与人有权利改变主意并拒绝转让财产[15]这一原则的表面。

当委托人或赠与人是衡平法上的所有权人时

当赠与人并非既是财产的衡平法上的所有权人，也是普通法上的所有权人，而仅仅是对其享有衡平法上的利益之人时，将该利益以书面形式转让给受托人这一行为，只要符合英国《1925 年财产法》第 53 条第（1）款第（c）项、《1677 年反欺诈法》第 9 条，以及巴巴多斯第 236 章《1979 年财产法》第 60 条第（3）款之规定，即可完全构成一项信托。衡平法上的所有权人没有必要完成将普通法上的所有权从现存受托人转让至新的受托人这一过程。因此，在 *Kekewich v Manning* 案[16]中，受托人以信托形式持有股份，在该信托中，A 终生享有权益，而 A 死后的剩余遗产则由 B 享有，且 B 将其衡平法上的权益以为了 D 的信托形式而转让给了 C，法院判决，这设立了一项有效的对衡平法上的利益的信托，尽管该普通法上的所有权仍归属于原始受托人。C 因此以为了 D 的下位信托形式而持有财产。或者，B 也可以将自己的衡平法上的利益以书面形式直接转让给 D，他还可以通过书面形式指示原始受托人自此以后为了 D 的利益而持有该财产。

声明自己为受托人 47

财产所有权人可有效地声明自己自此以后为了受益人的利益而成为财产的受托人。唯一的要求不过是必须存在声明他自己为受托人的意图。任何明示的言词，例如“我特此声明我自己为受托人”之类

---

〔15〕 See M Halliwell [2003] Conv 192; H Tjio and T Yeo [2002] LMCLQ 296.

〔16〕 (1851) 21 LJ Ch 577.

的话都是没有必要的，只要明确了[17]存在声明一项信托的意图即可。对书面形式也未作要求，除非该财产是土地，在这种情况下，英国《1925年财产法》第53条第(1)款第(b)项、《1677年反欺诈法》第7条，以及巴巴多斯第236章《1979年财产法》第60条第(2)款都对此作了书面证据要求。

在*Paul v Constance*案[18]中，C抛弃了自己的妻子并与P女士同居。C在一件人身伤害赔偿诉讼中获得了近1000英镑的赔偿金，而他用这笔款项在银行开设了一个存款账户。为避免尴尬，该账户置于C的单独名义下。在许多情况中，C对P女士说她对该账户中的款项享有与自己同等的权利。在C死亡后，法院判决，在该案情节中，存在充分的证据证明C声明自己为了P女士的利益而成为该账户中属于他那一半款项的受托人，而她因此对该款项的一半份额享有权利。

普通法上的所有权人有效地将自己声明为受托人的另一个例子是一个加拿大的案例——*Shabinsky v Horwitz*案，[19]在该案中，法院判决宾馆顾客账单中增加的服务收费是由该宾馆所有权人以信托形式为了餐饮服务人员而收取的。Fraser J对这一立场解释如下：

我坚决认定，人们将15%或其他比例的赏金支付给被告，是基于一个印象——他们是将钱付进了一个替代了个人小费的基金，并据此做出支付的。人们如何形容这种印象并不重要。这不是一个需要高度技术性的措辞问题，而是在实质上，他们认为他们被收费是为了避免小费的必要性。将上述收费赠加到宾馆账单中并不是件罕见的做法。有充分的证据表明，在贸易中，在与作为款项支付目的功能相关的工作人员之间这样操作和处置这一做法并不罕见。我在这里特别提到我们所关注的领域，在这些领域中，人们不是在给个人小费，而是

[17] *Richards v Delbridge*(1874) LR 18 Eq 11 at 14,15.

[18] [1977] 1 All ER 195.

[19] (1973) 32 DLR (3d) 318.

通过提供一些东西来补充帮助。我也认定,这笔钱已经付出去了。在这些事项中,这是一种众所周知的做法,其用意并不是给被告任何受益利益,而是基于公平在这些功能相关的工作人员成员之间进行分配。我认定,被告导致或允许了人们认为他们是为了该目的而进行支付的。他们仿佛真的是为了这样而被收费一样,然后这些钱就仅仅是用来支付一般性工资开支和诸如此类的事宜了,而我看不到任何证据足以授权被告从支付给他的基金中获取相当于受益利益的资金,并将其用于与支付资金不同的其他目的。

在目前的案件中,信托标的物是明确的。金额是商定的,账单上也显示了在相关期间内这些赏金的数额。在我看来,同样清楚的是,向该基金付款的人无意使被告在该基金中取得任何受益利益,而被告Horwitz完全清楚这一点。不幸的是,信托的目的并没有被很精确地说明,但我认为,根据我面前的证据,我确信,在这种情况下,若要按照通常做法进行确定并做出适当的分配,并不会有任何严重的困难。这可能是一项枯燥乏味的工作,但我相信这项工作是可以完成的,而且也很容易确定预期获益之人。因此,我必须认定,被告是为了我较为笼统地形容为餐饮服务人员或在有关期间曾从事餐饮服务工作的人士而持有这些款项的。 48

另一方面,在 *Jones v Lock* 一案[20]中,九个月大婴儿的父亲J出示了一张900英镑的支票,当着证人的面说,"你看,我把这个交给宝贝",然后把支票放到了婴儿的手中。J的妻子担心孩子会撕毁这张支票,于是J又说:"没关系,这是他自己的,他可以随心所欲地用它做他想做的事。"然后J就把支票拿回来并锁在了他的保险箱里。J于六天后去世,人们在他的私人物品中发现了这张支票。问题在于该婴儿是否对该支票享有权利。鉴于J并未背书,他没能把支票的所有权有效

〔20〕 (1865) LR 1 Ch App 25.

地转让给这名婴儿。我们也不能说他将自己声明为该资金的受托人，因为他打算给出一份直接赠与，而且没有证据表明他打算担任受托人职位，这将对他施加各种义务，其中之一就是对这笔钱进行投资。因此，该支票所代表的款项构成了 J 的遗产的一部分。该案阐明了一项原则——不完全赠与将不会被解释为信托声明。

加勒比 *Surejpaul v Ramdeya* 案和 *Ross v The Royal Bank Trust Co (Barbados) Ltd* 案也阐明了这一原则。在 *Surejpaul v Ramdeya* 案[21]中，房屋所有权人 G 通过把一个移动拖车房中的一个房间租给了一名承租人。G 给承租人发了一份通知，其中规定："我在此通知，位于基蒂村巴尔街 3 号的房子现在是我女婿 Surejpaul 的财产。由于他是上述房产的现有所有权人及业主，因此你日后须向他缴付所有租金。"该通知送达时 Surejpaul 并不在场。

法院认为，既然不动产的转让只有在过户才能生效，则对承租人做出的通知在普通法上不能作为对 Surejpaul 的房产交付，Duke J 认为不能将该通知解释为信托声明。他说道：

文件表明，Gejadhar 根本就没想过信托问题，且该文件的意图是，无论原告何时准备好，都能通过转让完善赠与。

在 *Richards v Delbridge* 案[22]中，Sir George Jessel MR 说道："一人可通过下列任意一种方式，在不存在有值对价的情况下转让其财产：其一，他可做出等同于普通法上的财产转让或让与行为，并因此完全剥夺自己普通法上的所有权，在这种情况下因这些行为而获得财产之人将视情况而定是受益性或以信托形式取得的；或者，财产的普通法上的所有权人也可通过法律承认的等同于有效信托声明的某种模式，将自己设为受托人，并且，在未实际转让普通法上的所有权的情况

[21] [1942] LRBG 309, Supreme Court, British Guiana.
[22] (1874) LR 18 Eq 11 at 14, 15.

下也可这样处理财产，以剥夺自己对该财产的受益性所有权并声明自己将从那时起以信托形式为他人持有该财产。确实，他不需要使用"我宣布我自己为受托人"这一措辞，但他必须做出一些等同于这一措辞的行为，并使用具有该含义的表述，因为无论法院多么急于执行一人的意图，也无法任意对其进行解释，而只能按照其合适含义来进行解释……在我看来，真正的区别是显而易见的，而且是无可争议的：一人要想成为受托人，就必须有成为受托人的意向，而目前赠与表述显示，他打算将财产移交给另一个人，且无论如何都不能将该赠与物保留在赠与人手中，无论是出于信义目的还是其他目的。"

Sir George Jessell MR 在 *Richards v Delbridge* 案中陈述道，Turner LJ 在 *Milroy v Lord* 案[23]中做出的下列评论包含了这一主题的整个法律：

如果一项财产授予的目的是以我所提到的其中一种模式来实现的，法院将不会采用另一种模式来实施该模式。如果其意图通过转让而生效，法院将不会将意图转让判决为信托声明，因为这将导致每一项不完全文件都能通过被转换为完全信托而生效。 49

当 Sir George Jessel MR 和 Turner LJ 的这些判决被适用于1940年3月14日的文件以及本案的事实和情节时，我们将看到，本院无法将该文件解释为信托声明。存在一项不完全赠与，且文件中没有任何东西能够从中推断出使 Gejadhar 成为受托人的意图。

在 *Ross v The Royal Bank Trust Co(Barbados)Ltd* 案[24]中，死者在其死亡前不久在加拿大皇家银行存款31,008加元。在批准死者遗嘱检验后，其遗嘱执行人持有该银行另一支行的一个保险箱，其中包含了一封署有书写签名并标记为"个人"的信封。该信封内含有死者名

---

〔23〕 [1861 -73]All ER Rep 783.

〔24〕 (1979)1 OECSLR 29(St Kitts,Nevis and Anguilla).

下的31,008加元的存款单。执行人就该款项属于上诉人的财产还是死者的遗产一事向法院寻求指示。有举示证据表明死者的意图是那31,008加元应属于上诉人。

东加勒比上诉法院维持了承审法官原判,判决该31,008加元组成了遗产的一部分,理由是既不存在该款项的完全赠与,也不存在任何信托声明或“死因赠与”。用Peterkin JA的话来说:

有人代表上诉人提出,这些事实构成了有效的信托。律师辩称,除制定法外,无论是生前信托还是遗嘱信托,无论是关于动产还是不动产,在设立信托或处理衡平法上的利益方面都不存在任何书面要求或其他手续要求。他提到了证据,并请求法院在本案中作出必要的推论。

在处理这个问题时,承审法官陈述道:

“这样一来,法律就很明确,不完全赠与不会被解释为信托声明,因为衡平法不会为了完善一项不完全赠与而加以干涉,并且,赠与人要想成为受托人的,必须明确将自己声明为受托人,或做出或使用有同等效果的行为或表述。本案中的事实当然不能清楚明确地得出这一结论。”我同意这一观点。

在最近的*Choithram (T) International SA v Pagarani*案[25]中出现了一个新奇的情况,枢密院对英属维尔京群岛的判决不服而提起上诉。一名富有的企业家T在其死前不久执行了一项信托契据,出于慈善目的而成立了一个基金会。T是该基金会的受托人之一。在其签署该契据后,T立即口头声明他将自己位于英属维尔京群岛的包括存款余额和股份在内的所有资产都给予该基金会。但是,T生前并未执行任何股份转让。承审法官和英属维尔京群岛上诉法院判决,T意图

[25] (2000) *The Times*, 30 November.

对该基金会做出一项直接绝对赠与,但未能将财产归属于受托人;因此,存在一项不能对抗 T 的遗产执行的不完全赠与;该不完全赠与也不能被解释为信托声明。然而,Lord Browne-Wilkinson 在送交枢密院的判决中,揭示了这一推理的荒谬。在提到这种情况的新颖性之后,他指出,虽然衡平法不会帮助无偿受让人,但它也不会过分殷勤地力争击败一项赠与。在本案中,既然除了由基金会信托契据声明的信托 50
之外,该基金会不具备任何法律存在,"我给予基金会"这一表述将只能意味着"本人将信托契据给予基金会受托人,使他们以基金会信托契据的信托方式持有该契据。"因此,尽管 T 的言词表面上是完全赠与,本质上却是信托形式的赠与,并且,既然 T 本人也是受托人之一,该信托便已完全构成。原则上可能是:

> ……赠与人声明自己为某受赠人或某目的的唯一受托人的情形,与赠与人声明自己为了该受赠人或该目的而成为受托人之一的情形,这二者之间并无差别。在这两种情形中,其良心都受到了影响,且若允许该赠与人撤销其赠与,都将会与衡平法原则相矛盾。

设立的契诺

若一委托人并未有效地将自己声明为受托人,也未有效地将信托财产转让给受托人,而仅仅是与受托人做出契诺(即通过契据做出承诺),承诺其在未来某个时间会将财产以信托形式转让给他们的,则在该财产上并未完全构成信托。正如 Maudsley 和 Burn 所说的,"这种问题通常产生于涉及家庭财产协议的情形中,无论是契诺人未能遵守设立财产协议的契诺的情况,还是作为婚姻财产授予受益人的配偶,做出契诺,承诺对事后取得的财产设立信托而未能这样做的情况"。[26]

---

〔26〕 *Trusts and Trustees: Cases and Materials*, 5th edn, 1996, p. 124.

应区分:(a)已为该允诺给出对价之人;与(b)无偿受让人。规则是,无偿受益人不得要求强制执行这种契诺,正如我们所见,受托人也无法代表此人强制执行。但已付对价的受益人可要求强制执行该契诺。这里的"对价"是指金钱或具有金钱价值之物,在婚姻财产授予中,名义上给出对价之人系"在婚姻对价范围之内"的人,即丈夫、妻子和婚生子女。婚姻对价范围之外的人,例如最近亲、前任婚姻或继任婚姻中的子嗣等都是无偿受让人。另一方面,当通过将信托财产普通法上的财产权归属于受托人而完全构成信托时,任何受益人都可要求强制执行该信托,与受益人是否为无偿受让人无关。此外,当财产以遗嘱方式给出时,既然立遗嘱人的财产因其死亡而归属于其遗嘱执行人,而执行人必须执行遗嘱中那些为了无偿受益人的利益的条款,那么有关信托构成的规则就不适用。

已为契诺付出对价的受益人的地位与无偿受益人的地位之间的区别在 *Pullan v Koe* 案[27]和 *Plumptre's Settlement* 案[28]中有所阐明。在第一个案件中,于 1859 年做出的婚姻财产授予中包含一份由妻子做出的契诺,承诺其将在未来收到的任何不低于 100 英镑的财产上都设立相同的信托。1879 年,她收到一份 285 英镑的赠与,但没有把这笔钱转给受托人。她花掉了其中的一部分,其余的以她丈夫的名义投资在了不记名债券中,直到 1909 年丈夫去世。该婚姻财产授予的受托人代表婚生子女向丈夫的遗嘱执行人对债券提出权利主张。法院判决,受托人就普通法上的契诺提起的任何诉讼在那时都已逾时效,但妻子接收的款项自接收之时起便受婚姻财产授予的约束;因此,婚生子女享有使遗嘱执行人将债券转让给婚姻财产授予受托人的衡平法上的权利。

51 在 *Plumptre's Settlement* 案[29]中,一名丈夫和妻子在结婚后,与

〔27〕 [1913]1 Ch 9.

〔28〕 [1910]1 Ch 609.

〔29〕 Ibid. See also *Jefferys v Jefferys*(1841)41 ER 443.

他们的受托人做出契诺,在妻子事后取得的财产上设立信托,受益先后顺序为妻子本人的终生利益、其丈夫的终生利益、婚生子女的利益,然后是妻子的最近亲的利益。丈夫以妻子的名义购买了一些股票,而妻子随后将其出售并将收益投资于其他股票。随后,妻子死亡且无任何子嗣,他的丈夫成为了她的遗产管理人。法院判决,作为无偿受让人的最近亲无法对抗作为遗产管理人的丈夫要求强制执行妻子的契诺;受托人也无法就契诺的违反提起损害赔偿诉讼,因为该索赔已逾时效。

另一方面,在 *Cannon v Hartley* 案[30]中,一位丈夫于 1941 年执行了一项分居协议,其妻子和女儿推定,这名丈夫将为了妻子和女儿的利益,在他未来从父母任意一方的遗嘱中获取的超过 1000 英镑的财产的其中一半财产上设立财产授予。1944 年,丈夫继承了价值 1000 多英镑的财产,但未能做出财产授予。妻子于 1946 年去世。女儿就契诺的违反而向父亲提起了损害赔偿诉讼并胜诉,理由是她是契诺的当事人。若她并非契诺的当事人,她将作为一个无偿受益人且无法强制要求父亲做出财产授予。

受托人提起的损害赔偿诉讼

正如我们所见,无偿受让人无法直接强制执行一项以信托形式做出财产授予的契诺。下一个问题是,契诺的受托人是否可以契诺的违反为由提起普通法上的损害赔偿诉讼,并为了受益人而以信托形式持有赔偿金。多个案例都对这一问题给出了彻底的否定回答。在 *Pryce* 案[31]中有一项于 1887 年做出的婚姻财产授予,其中妻子做出契诺,承诺就其婚后获得的财产做出财产授予。丈夫于 1907 年死亡,二人并无婚生子女。在这种情况下,存在一项妻子的最近亲作为受益人的最终剩余遗产,该最近亲为无偿受让人。妻子不希望执行该契诺。Eve J

---

〔30〕 [1914]1 All ER 50.

〔31〕 [1917]1 Ch 234.

判决,既然法院将不会通过直接指示给予[无偿受让人]那些他们无法通过直接程序获得的财产,受托人就不应采取任何直接措施[32]强制妻子转让其事后取得的财产。在 *Kay's Settlement* 案[33]中,法院的做法更加彻底,直接指示了受托人不得为了无偿受让人而提起诉讼要求强制执行事后取得的财产授予契诺,也不得因契诺的违反获得赔偿。

另一个受益人就契诺的违反而通过提起损害赔偿诉讼这一媒介获得赔偿的障碍是,哪怕受托人能够就契诺提起诉讼,也不清楚他们能够获得的究竟是实质的损害赔偿还是仅仅是名义上的损害赔偿,因为他们自己其实并未遭受任何损失。在 *Cavendish-Browne's Settlement Trusts* 案[34]中,存在一项自愿财产授予,其中包括契诺人就其依据两个人的遗嘱而享有权利的动产和不动产做出财产授予的契诺。当契诺人死亡时,她依据遗嘱而有权利享有的那部分位于加拿大的尚未转
52 换的不动产还没有转让给受托人。问题在于,是否应通过契诺的违反赔偿方式向受托人支付该土地的价额。法院判决,受托人有权利从契诺人的遗产代理人那里获得契诺违反的实质性损害赔偿,赔偿金的计算方法应为,若确实履行[35]契诺后,受托人手中应持有的财产价值。然而,可以指出的是,*Cavendish-Browne* 案涉及的是确定特定财产授予契诺,而非 *Pryce* 案和 *Kay* 案所述的事后取得的财产,因此,在后一类案件中,受托人是否可以追回实质性损害赔偿仍是一个悬而未决的问题。

标的为允诺的信托

诸多评论人都认为,*Pryce* 案和 *Kay* 案遭受了错误的判决,因为在这些案件中存在完全构成的允诺利益信托,可由受托人或无偿受益人

---

〔32〕 Ibid. ,at 241.

〔33〕 [1939]1 All ER 245.

〔34〕 [1916]WN 341.

〔35〕 Ibid.

自行[36]执行。在这个意义上，受托人之所以成为受托人，并不是因为财产本身——因为财产并未转让给他们——而是因为允诺，这是一项权利动产。引用的权威案例是 *Fletcher v Fletcher* 案。[37] 在该案中，Ellis Fletcher 通过自愿契据，做出契诺，承诺向其受托人支付 6 万英镑使其以信托形式持有该财产，信托中的最终受益人是他的非婚生子 Jacob。他尚未履行这一允诺便死亡。受托人拒绝就这笔款项提起诉讼。法院判决，Jacob 可在将受托人作为共同被告的情况下，自行要求强制执行该契诺，因为已存在一项为了他的利益而完全构成的、标的物为允诺的信托。

然而，此案的权威性并不高。首先，早在这一规则建立之前，在 1844 年就有判决规定：要想设立一项合同利益的信托，必须证明受托人意图为了第三方的利益而特别地以受托人身份签订合同。[38] *Fletcher* 案中是根本不存在这种意图，因为受托人直至 Ellis Fletcher 死亡之前都不知道契诺的存在，而当他们确实知道后，他们也并不希望和这件事情扯上任何关系。其次，在 *Cook's Settlement Trusts* 案[39]中，Buckley J 否认了标的物为允诺的信托在事后取得的财产上设立财产授予的可能性。他的观点是，*Fletcher* 案的原则仅适用于存在于"可作为直接信托标的物"[40]的"在普通法上可强制执行的债"。在 *Cook's Settlement* 中，Sir Francis Cook 签订了一项自由财产授予，其中他与自己的父亲和受托人做出契诺，若他出售了一些其父亲转让给他的有价值的油画，则在其生前，他将把销售净收入支付给受托人并使其以财产授予信托的形式持有该收入。他随后将其中一幅画（一幅伦勃朗的作品）给了他的妻子，而后者希望将其出售。法院判决，财产授

---

〔36〕 Eg, D Elliott (1960) 76 LQR 100; JA Hornby (1962) 78 LQR 228; WA Lee (1969) 85 LQR 213; J Barton (1976) 91 LQR 236.

〔37〕 (1844) 67 ER 564.

〔38〕 见上文。

〔39〕 [1965] Ch 902.

〔40〕 Ibid., at 913, 914.

予中的受益人并未就该允诺付出任何对价，他们无法要求受托人采取措施强制执行该允诺；而既然情况如下，他们也并非标的物为允诺的信托受益人：

> ……在我看来，我所考虑的契诺并未产生一项在普通法上可强制执行的债，即财产权，它虽然只能在未来且基于某个未来事件才能产生孳息，但它能够作为直接信托的标的物，正如 *Fletcher v Fletcher* 案的情况一样。它也并不是像 *Williamson v Codrington* 案中与作为直接信托标的物的财产相关联的契诺。契诺也不像 *Cavendish-Browne' s*
> 53 *Settlement Trusts* 案一样与届时属于契诺人的财产相关联。和这些所有的情况都不同，在我看来，基于真实解释，本案中的信托应是一项对特定基金或资金做出财产授予的待执行合同，而此合同在契诺做出之时尚不存在且有可能以后永远也不会存在。这类似于就某个期待做出财产授予或就事后取得的财产做出财产授予。我判断，本案涉及的是合同法而非信托法。[41]

另一方面，Buckley J 在 *Cook* 案中，在对特定款项额（如 *Fletcher* 案一样，"在法律上可执行的债"）做出财产授予的契诺，与对事后取得的财产做出财产授予的契诺，这二者之间划出的区分十分离谱，因为这种区分未能考虑到两种情况下信托中的标的不是允诺的财产而是允诺本身——权利动产这一点，而且，权利动产关系到的究竟是特定款项额还是事后取得的财产这一点并不重要。

---

〔41〕 Ibid.

“衡平法不会帮助无偿受让人”以及“衡平法不会完善一个不完全赠与”箴言的例外

死因赠与

死因赠与是指以死亡为条件的生前赠与。旧称“两栖”(amphibious)赠与,[42]意味着它是在生前做出的,但直至赠与人死亡前都不会生效。死因赠与中存在三个要件:[43]

· 赠与必须由赠与人在死亡预期时做出;

· 赠与标的物必须已交付受赠人;以及

· 就赠与人而言,必须存在一项若他未死亡,则财产应归复给他的意图。

死亡预期

赠与人必须在其预期自己将在不久的未来死亡的某个时间点做出赠与,例如,当他患上严重的疾病并准备就医时;[44]或当他是一名军人并准备上战场时;[45]或当他准备开始一段极其危险的旅途时(例如,攀登者打算攀登珠穆朗玛峰时)。[46] 但是,航空、航海和陆地等一般性风险预期并不充分;[47]出于公序良俗目的,自杀预期的赠与也是无效的。[48]

---

〔42〕 *Beaumont* [1902] 1 Ch 889 at 892, *per* Buckley J.

〔43〕 *Cain v Moon* [1896] 2 QB 283 at 296, *per* Lord Russell CJ; *Craven's Estate* [1937] Ch 423 at 426.

〔44〕 *Greenidge v Bank of Nova Scotia* (1984) 38 WIR 63.

〔45〕 *Agnew v Belfast Banking Co* [1896] 2 IR 204 at 221.

〔46〕 Hanbury and Martin, 14th edn, p. 140.

〔47〕 *Thompson v Median* [1958] OR 357.

〔48〕 *Dudman* [1925] 1 Ch 553.

Wilkes v Allington 一案[49]确立,哪怕在赠与人因其预期的原因以外的其他原因死亡的情况下,死因赠与也依然有效。在该案中,赠与
54 人患上癌症并相信自己已时日无多。事实上,他早于自己预期的时间死亡了——因为肺炎。法院判决赠与有效。至于当赠与人死于完全不一样的其他原因时,赠与是否有效,这一问题尚无定论。正如老一套的考题一样,假设赠与人患上重疾,相信他自己濒临死亡,并在就医之前做出了赠与,但运送他的救护车发生意外,而他当场死亡:此时赠与是否有效?似乎没有理由认为 *Wilkes v Allington* 案不得被延伸至这一情况,但是就这一点而言也没有出现任何有力的权威案例。

交付

赠与人必须将标的物本身或获取标的物的方式以实物形式交付受赠人。此处的基本原则是,财产的转交必须伴随分离赠与人生前对财产的支配权或控制权的意图,并且,是否表现出了转让支配权的意图,这一点是一个事实问题。为妥善保管而做出的转交是不充分的。[50]

动产交付将因实物的转交而生效,或通过转交保存该实物[51]的容器的钥匙而生效,同样的程序适用于可通过交付转让的票据。当动产过于庞大而无法实物转交的,赠与人也可转交受赠人可借此占有的方式,只要赠与人有效地将自己从处置该动产的权力分离出去,该转交即有效。例如,当赠与人希望赠与一辆汽车,将车钥匙转交给受赠人,这就构成充分交付;[52]但若赠与人保留了同一套钥匙,这可能被解释为赠与人意图不分离支配权[53]的证据。

这一问题产生于巴巴多斯的 *Neblett v Bentham* 案,在该案中,原

---

〔49〕 [1931]2 Ch 104.

〔50〕 *Hawkins v Blewitt*(1798)170 ER 489.

〔51〕 *Lillingston* [1952]2 All ER 184;*Sen v Headley* [1991]2 All ER 636.

〔52〕 *Woodland v Woodland* (1991) 21 Fam. Law 470; *Shebaylo v Crown Trust and Guarantee Co* [1948]2 WWR 1.

〔53〕 *Craven's Estate* [1937]Ch 423 at 428.

告作为W(死者)的遗产管理人,对一辆大发汽车提起权利主张。这辆车由被告占有,被告主张其因W生前做出的死因赠与而拥有这辆车。Williams CJ(Ag)参考了一些权威案例,这些案例确立,死因赠与形式车辆交付可通过车钥匙的转交而生效,但当赠与人保留了同一套钥匙时,不存在支配权的分离。在目前的案件中,有证据表明W在住院期间已经给了被告一套钥匙,但他自己也保留了同一套钥匙,并且,“不管他在住院期间到底跟被告说了什么,他都不会将该车的支配权转让给被告,也不会做出任何有效的死因赠与”。那位博学的法官继续说道:

Wilton事实上是否预期到自己即将死亡而赠与了被告这辆车,这是一个有待证据决定的问题。证明赠与已做出的这一举证义务由被告承担,且她必须通过明确且不含糊的证据来履行这个义务。必须谨记Lord Chelmsford在*Cosnahan v Grice*案[54]的陈述:

“这种类型的案件要求最严格的核查。没有道德原则的人面临如此多的机会和如此强烈的欲望以假冒临终前的赠与,以至于完全捏造的情况一直存在。若无任何欺诈手段的归罪,将极容易误解因致命的疾病而日渐衰弱之人的意思,以及通过将言词稍作改动,将其意图受 55
益的表述转换为实际财产赠与,这种行为无论如何都不应奏效,除非经最为明确和最不含糊的证据证明。”

[然后,Williams Ag CJ细想了他面前的所有的证据并总结道:]

被告败诉的原因是,我判断该诉讼所依据的证据实属捏造,而我也拒绝采纳这个证据。在Wilton住院期间,被告占有并使用该车辆,并因此在此期间持有该车辆的钥匙。但我不认为,Wilton在住院期间

〔54〕 (1862)15 ER 476.

就该车辆向被告做出了任何赠与,也不认为当回家之后,他对该车辆做出了任何声明或给了被告任何钥匙。

Birch v Treasury Solicitor 案的规则

当赠与标的物无法交付时,情况更为复杂。当赠与人希望就一项权利动产——例如在银行储蓄账户中的款项、股份或保险单——做出临终前的赠与时,分别由银行存折、股份证书、保险单文件所代表的款项或财产的普通法上的所有权无法仅仅通过这些文件的交付而进行转让。但是,*Birch v Treasury Solicitor* 一案[55]确立,当权利动产的所有权并未通过单纯的文件交付而移交时,若存在"所有权或占有权的实质性标志或证据,或使拟获得赠与的占有人对该款项或财产享有[56]权利的某种产物",便足以构成有效的死因赠与。基于此,法院判决,由下列文件代表的权利动产可通过转交文件的死因赠与而有效地给出:应付给赠与人的未背书支票;[57]保险单;[58]储蓄单;[59]以及抵押契据。[60] 正是在这种情况下,死因赠与构成了"衡平法不会完善一个不完全赠与"箴言的例外,因为,赠与人的死亡后,其遗产代理人将以信托形式为受赠人持有财产,且受赠人可强制要求遗产代理人完善其权利。

为构成权利的实质性标志,必须证明文件产物是使其占有人获取财产的渠道所必不可缺的。巴巴多斯 *Greenidge v Bank of Nova Scotia* 案[61]并未满足这一要件。在该案中,死者在住院前不久已将其储蓄账户的存折交给了原告,并告诉他:"若我发生任何不测",该账户内的

---

〔55〕 [1950]2 All ER 1198.

〔56〕 Ibid. ,at 1207.

〔57〕 *Clement v Cheesman*(1885)27 Ch D 631.

〔58〕 *Witt v Amis*(1861)121 ER 655.

〔59〕 *Darlow v Sparks* [1938]2 All ER 235.

〔60〕 *Duffield v Elwes*(1827)4 ER 959.

〔61〕 (1984)38 WIR 63(High Court,Barbados).

全部资产都绝对地属于原告。他还告诉原告,他已在银行做出安排,这样原告就能和自己一样从银行取钱;但事实上他并未执行将该账户变更为共同账户的程序。死者死亡之时,该账户中尚存 22,646 巴巴多斯元的余额。原告主张在该余额上存在一项对自己有利的死因赠与。

Williams J 判定,不存在就该款项的死因赠与,理由是:

(a)通过在转交存折后尚且保留对账户中的款项的处置权利,死者已表明了保留对该财产的支配权的意图;并且

(b)既然存款人可在不出示其存折的情况下就从账户中取款,那 56
么存折就并非该款项的实质性权利标志。

赠与的附条件性

赠与人必须有意图做出以死亡为条件的赠与,以便,例如,当他在合理时间内[62]康复的情况下该赠与将自动撤回。除了这种自动撤回以外,赠与人还可通过收回对标的物的控制或支配来明示撤回赠与;[63]尽管为安全保管财产而做出的收回不等同于撤回;[64]且赠与人也不得通过遗嘱撤回,因为当赠与人死亡时受赠人的权利即已完全构成。[65] 以死亡为条件的赠与的另一个结果是,若受赠人先于赠与人死亡,则赠与失效。[66] 赠与的附条件性是最常被表达出来的,例如通过"若我死亡",或:"若我遭遇任何不测"之类的言词,但也可以通过情形和赠与人重病在身的事实默示。[67]

无法通过死因赠与转移的财产

某些财产类型无法成为死因赠与标的物。其中包括:

---

〔62〕 *Staniland v Willott*(1852)42 ER 416.

〔63〕 *Bunn v Markham*(1816)129 ER 90.

〔64〕 *Hawkins* [1924]2 Ch 47.

〔65〕 *Jones v Selby* (1710)24 ER 138,143.

〔66〕 *Tate v Hubert* (1793)30 ER 548.

〔67〕 *Lillingston* [1952]2 All ER 184.

(a)赠与人自有支票[68]或本票,[69]因为前者仅仅是委托赠与人银行支付一笔款项,而这可通过"停止"支票而撤回,而后者不过是一个无偿允诺。但若在银行收到赠与人死亡通知前出示并支付赠与人自有支票的,或者该支票经有价转换的,[70]则赠与人自有支票的赠与有效。由第三方开出的、支付给赠与人的支票可成为死因赠与标的物,无论其是否经赠与人背书。[71]

(b)股票和股份。尚不清楚这些财产是否能成为死因赠与标的物。在 *Staniland v Willott* 案[72]中,法院判决,公众公司的股份可通过死因赠与转让;另一方面,法院也判决不得转让铁路公司股票、[73]住房建筑互助会[74]和南海年金。[75]

(c)土地。在 1991 年前,人们普遍认为,土地不得成为死因赠与
57 标的物。Lord Eldon 在 *Duffield v Elwes* 案[76]尤其支持了这一观点,尽管他在该案中判决,通过土地按揭担保的资金赠与可以是有效的。Lord Eldon 的观点是基于分离土地支配权这一明显的困难性,而各个英联邦法域也都遵循了这一判例。但在 *Sen v Headley* 案[77]中,英国上诉法院推翻了 Mummery J 的判决,果断否决了他的观点,并判决可以通过死因赠与移交土地。

在该案中,原告与死者 H 作为夫妻同居多年,H 曾在其去世前的住院期间告诉原告,"房子是你的了,Margaret。钥匙已经给你了,就在你包里。契据在那个铁盒子里"。在死者死后,原告发现她持有一串

---

〔68〕 *Beaumont* [1902]1 Ch 889.

〔69〕 *Leaper* [1916]1 Ch 579.

〔70〕 *Tate v Hilbert*(1793)30 ER 548.

〔71〕 *Clement v Cheesman*(1885)27 Ch D 631.

〔72〕 (1852)42 ER 416.

〔73〕 *Moore v Moore* (1874)LR 18 Eq 474.

〔74〕 *Weston* [1902]1 Ch 680.

〔75〕 *Ward v Turner*(1752)28 ER 275.

〔76〕 (1827)4 ER 959.

〔77〕 [1991]2 All ER 636.

钥匙，明显是H在她某次去医院看望他的时候偷偷放进去的。其中的一个钥匙是唯一一把能打开装有地契的铁盒子的钥匙。同时，原告还持有一套房屋的钥匙，而H自己也保留了一套钥匙。原告主张，通过地契的推定交付，该房屋的死因赠与已生效。H的最近亲反对这一主张。在原审法院[78]中，Mummery J判决最近亲胜诉，理由如下：

(a)不能说地契的转让能够使土地的支配权生效；且

(b)遵循*Duffield v Elwes*案[79]的判例，土地不得成为死因赠与标的物。

然而，上诉法院推翻了Mummery J的判决，认为：[80]

(a)既然转交未登记土地的地契足以构成转让——并且也确实转让了——房屋支配权，那就存在充分的支配权分离；在这种情况下，H对房屋钥匙的保留不能作为保留所有权的充分证据；且

(b)可通过产生了推定信托推断的死因赠与来移交土地。

*Strong v Bird*案的规则

若一人企图做出不动产或动产的直接财产赠与，但因其并未能使用将普通法上的所有权归属于受赠人的适当手续，从而未能移交有效的所有权，则受赠人将无法获得任何东西，且衡平法也不会完善这个不完全赠与。但是，根据*Strong v Bird*案[81]的规则，若预期受赠人随后成为了赠与人的遗嘱执行人或遗产管理人，他就获得了普通法上的财产，且其权利将被完善。在衡平法对抗死者遗嘱或无遗嘱死亡的受益人而执行赠与人使受赠人获益的意图的情况下，此规则构成了"衡平法不会完善一个不完全赠与"和"衡平法不会帮助无偿受让人"箴言的例外。

---

〔78〕 [1990] Ch 423.

〔79〕 (1827) 4 ER 959.

〔80〕 See *M Halliwell* [1991] Conv 307; G Kodilinye (1991) 1 Carib LR 100; JWA Thornely (1991) 50 CLJ 404.

〔81〕 (1874) LR 18 Eq 315; as explained in *Stewart*. See G Kodilinye [1982] Conv 14.

Strong v Bird 案的规则同样也适用于当 D 对 C 负债，而 C 任命 D 作为其遗嘱执行人的情况。在这种情况下（正如 *Strong v Bird* 案本身的情况），任命 D 作为遗嘱执行人的行为免除了 D 的债务。

58 要使此规则适用，必须证明：

(a)赠与人意图做出一项特定财产的直接生前赠与；且

(b)该意图一直持续到赠与人死亡。

直接赠与

赠与人必须有做出一项直接赠与的意图，而它唯一的失效理由只能是未能遵守移交权利的法定手续。因此，当赠与人的意图是该赠与仅在其生前某个未来的时间点生效或者基于其死亡而生效的，无法适用此规则。早期的案件大多涉及自称的遗嘱赠与，且这些案件判决的依据是，一人在未遵循遗嘱处置相关规定手续的情况下不得处置其死后财产。在 *Vavasseur v Vavasseur* 案[82]中，一位父亲告诉他的两个女儿（原告），当自己去世时，他们将有权利享有某些因死亡生效的人寿保险单的收益。这位父亲在遗嘱中将两位女儿任命为遗嘱执行人，但并未提及这些保险单。Channell J 认为，既然"立遗嘱人明示了在其死后应做出某些行为的个人愿望，且若一人为了实现其目的，确实以他不得不采取的方式而通过遗嘱的正常格式表达其愿望，那么原告就无法援引 *Strong v Bird* 案的规则以对抗剩余动产受遗赠人对保险单收益提出权利主张。"[83]

Strong v Bird 案的规则不适用于赠与人无意做出直接赠与而只是允诺基于未来某个条件给予的情况，而之后的案件确立了在此情况下适用的一个更为广泛的原则。在 *Freeland* 案[84]中，X 在允诺在其生前会给原告一辆车。她并未这样做，但她将原告任命为她的遗嘱执行人。原告主张，被任命为遗嘱执行人这一事实已经完善了她的权利，

---

〔82〕 (1909)25 TLR 250.

〔83〕 Ibid. ,at 252.

〔84〕 [1952]1 Ch 110.

这一主张败诉了,因为很明显,并不存在意图的直接赠与,而仅仅是允诺在未来给予。

意图的直接赠与要件在两个案件,即 *Broadbent v French-Mullen* 案和 *Burke v Jones* 案中得到了进一步阐释。

一开始,在 *Broadbent v French-Mullen* 案[85]中,立遗嘱人 WVT 在 1951 年同意向 Reynolds Jamaica Mines Ltd 公司以 4.5 万英镑的价格出售两份财产。协议规定,买方应立即向 WVT 支付 2 万英镑,且尾款应在其死后 6 个月支付。双方还约定,买方应基于某些条件就尾款向 WVT 支付 2.5% 的利息,且 WVT 直至死前都应有权利保留这些财产的占有。买方获得了购买土地上的牲畜的期权。还有证据表明,MVT 在其生前曾明确表示,有意使他的女儿 MB 享有那 2.5 万英镑以及牲畜的出售收益以供她自己受益性使用。MB 被任命为 MVT 的遗嘱执行人,而该遗嘱并未明确处置那 2.5 万英镑或牲畜的出售收益。在 MVT 死后,MB 主张其对那 2.5 万英镑和牲畜的出售收益——2800 英镑——享有受益性权利,理由是 MVT 在其生前已经就该财产和牲畜对 MB 做出了直接赠与,并且,即便这些赠与无效,根据 *Strong v Bird* 案的规则,将 MB 任命为遗嘱执行人这一事实也已经完善了这个赠与。牙买加最高法院的 Phillips J 认为,既然立遗嘱人在生前收到了购买款项利益的这一事实证明了他的意图是做出一个未来的而间接的赠与,那么 *Strong v Bird* 案的规则就不适用。他说道: 59

> 这个事情的关键在于,立遗嘱人无论是否已经将本来不完全但因将受赠人任命为其遗嘱执行人之一的这一事实而变得完全的普通法上的所有权,直接赠与了他的女儿,即原告。这涉及 *Strong v Bird* 案[86]的既定规则的适用,该规则经 *Stewart*, *Stewart v McLaughlin*

---

〔85〕 (1961)4 WIR 247, Supreme Court, Jamaica.

〔86〕 (1874)LR 18 Eq 315.

案[87]和后续的案例得以延伸。Jessel MR 在 *Strong v Bird* 案中做出的原则是：

"……当立遗嘱人在其生前表示意图将自己的个人财产给予成为了其遗嘱执行人的人时，无论受赠人是唯一的遗嘱执行人还是多个执行人中的其中一位，给予的意图都持续存在，受赠人有权利为自己的利益而持有该财产……"

在我看来，目前案件中的事实表明，移交家庭财产和地契，与受赠人在该场所的免租居住，这二者并无类似性。我判决，那 2.5 万英镑的赠与系一项遗嘱处置，且应已通过《遗嘱法》要求的手续而生效。若一人在立遗嘱时说："我把我的摩托车给我的儿子 John"，那就是一项明确的给予意图，但受赠人无法在立遗嘱人死之前就直接去拿走那辆摩托车，因为这个赠与直至立遗嘱人死亡之前都不会生效。若在不属于遗嘱文件的其他文件使用了同样的言词，给予的意图也是明确的。但若想这种意图是直接的，就必须存在某种可以从中推断出立遗嘱人在该时间、该地点做出了一项完全赠与，有时候也称没有任何附加条件的赠与。除非是明确且不含糊的，否则无法适用 *Strong v Bird* 案的规则，因为这样做将不仅仅是个完善普通法上的所有权的问题，而是会成为一个设立一项从未存在过的新权利的问题。允诺在未来给予与试图在当下实际赠与之间存在明显的区别：只有后者才能通过适用 *Strong v Bird* 案的规则得以完善。

在 *Burke v Jones* 案[88]中，Banks Barbados Breweries Ltd 公司的员工 CB 在 35 岁时因意外溺水死亡。其死亡时，他尚未结婚并与其父母一同居住。CB 的父亲 AB 被授予了 CB 的遗产管理委托书。根据 CB 雇主的集体人寿保险单，应就 CB 的死亡支付 9.6 万巴巴多斯元。CB

---

〔87〕 [1908]2 Ch 251.

〔88〕 (1987) High Court, Barbados, No 1219 of 1968 (unreported).

已将 AB 指定为这些死亡保险金的受益人,且有证据表明,CB 在生前曾在多个场合告诉 AB,如果自己先于 AB 死亡,他希望 AB 能够将保险单中产生的钱“取出来”,但若 CB 结婚了,他会将“一切都变更到”他妻子名下。有关其在担任集体人寿保险的受益人的同时还兼任 CB 的遗产管理人,这一情况是否使他有权利为了自己的利益而绝对持有这些收益,还是说他是以 CB 遗产的信托形式持有这些收益,AB 就此向法院寻求指示。

Williams CJ 在巴巴多斯高等法院判决,AB 无法依照 *Strong v Bird* 规则对该款项提出权利主张,因为情节显示,CB 的意图并非是对 AB 做出一项该款项的直接生前赠与。他解释道:

本案中的判决取决于 *Strong v Bird* 案[89] 中经 *Stewart*, *Stewart v McLaughlin* 案[90] 和后续案例延伸的规则是否适用。在 *Strong v Bird* 案中,立遗嘱人试图通过告知其债务人债务已免除的方式来免除一项债务,而这在法律上不得作为正式免除。债务人随后被任命为立遗嘱人的遗嘱执行人,而 Sir George Jessel MR 则阐明,不管立遗嘱人是否 60
实际在法律意义上给出了债务数额,他都是有在法律意义上给出的意图的。他判决,后续将债务人任命为遗嘱执行人这一事实已经在法律意义上有效地免除了债务。

在 *Stewart* 案中,Neville J 延伸了这一规则,使其不仅仅适用于债务免除的情况,还适用于为了完善一项特定财产赠与的不完全赠与情况中。

对我而言,同时也是大众普遍接受的观点是,这位儿子所采用的言词并不构成信托声明。他所表示的不过是希望在他尚未结婚就死亡的情况下,他的父亲(以及母亲)能够从这份保险单中获益。此外,

---

〔89〕 (1874) LR 18 Eq 315.

〔90〕 [1908] 2 Ch 251.

他还考虑到了当他确实结婚的情况下,他是会改变主意的,而在我看来,这就与他意图为了他父亲的利益而将自己设为保险单款项的受托人这一结论相冲突。受托人的身份是否成立,这不是通过这种方式确定的。

这名儿子是否对其父亲做出了赠与?在我看来,若他结婚了,他将会把所有的一切都改到他妻子的名下——这一意图就使得我们无法推断说他有意图向其父亲就该保险单款项做出生前赠与。如果他希望当结婚后把所有的一切都变更到他妻子的名下,那他就不可能存在向他的父亲做出赠与的意图。一人不可能把送出去的东西又收回来。在 *Freeland* 案中,Evershed MR 说道:[91]

"……初步看来,若我就某个动产做出或者有意做出一项绝对赠与,然后宣称一项为了我任何合适的目的、根据我认为合适的条款、在我认为合适的时间内而使用它的权利,这种权利的宣称对我来说似乎与绝对赠与不符合,尽管倒是可能与允诺在未来某个日期给出相符合。"

这怎么可能符合绝对赠与?而当预期赠与人在思考并宣称当他结婚后将变更保险单款项的处置时,又怎么能说他有意给出一项绝对赠与?

就亡时应付保险单收益而言,这位儿子的想法应该是只要他未结婚,这些钱就应属于他的父母。但他考虑到了,如果他结婚了,他将修改这份安排。用 Neville J 在 *Stewart* 案中的话来说,他有做出遗嘱善行的意图,既然如此,就应遵守遗嘱处置的规定手续。*Strong v Bird* 一案的规则也无法帮助到原告。

相应地,对于传票中提出的问题,其答案就是,原告为了其儿子

---

〔91〕 [1952]1 Ch 110 at 113.

Colin Kirkpatrick Burke[92]的遗产而以信托形式持有该保险单的收益。

给予的持续意图

是否存在对受赠人做出赠与的持续的意图——这是一个事实问题,其举证义务由提出权利主张的受赠人承担。因此,当一名立遗嘱人曾声称做出某些投资的财产授予,而之后又忘记了并仍然将这些财产视作她自己的[93]情况,以及当对 X 做出了一项无效的财产赠与,而赠与人随后又做出遗嘱,明确规定将财产遗赠给 Y[94]的情况,法院都判决不存在持续的意图。另一方面,当立遗嘱人宽恕了一项债务,反复告诉债务人,他并不欠立遗嘱人任何东西的情况,和[95]当立遗嘱人 61
定期口头地[96]宽恕了一项债务的情况,以及在立遗嘱人死后[97]在一个契据盒子里发现了各种声明了相关财产属于原告的、由立遗嘱人记名的文件的情况,都构成持续的意图。

对受托人的无效转让

尚待解决的问题是,在不是直接给受赠人而是以信托形式为了受益人而给予受托人的有瑕疵的转让中,*Strong v Bird* 案的规则是否适用。因此,当委托人为了第三方的利益,已将财产以信托形式给予受托人后,将该受托人任命为自己的遗嘱执行人的,在立遗嘱人死后是否有完全构成信托的效力?在加拿大的 *Halley Estate* 案[98]中,Winter J 对这一问题给出了否定的回答。[99] 在他看来,*Strong v Bird* 案的规

---

〔92〕 至于死者将 AB 指定为人寿保险单利益的受益人这一行为是否有效——若有效,则 AB 可作为被指定人对那 9.6 万巴巴多斯元提出权利主张——还是说,因其作为不符合巴巴多斯《1981 年继承法》第 249 章规定的遗嘱处置而无效,本案未做讨论。

〔93〕 *Wale* [1956] 3 All ER 280.

〔94〕 *Morton v Brighouse* [1927] SCR 118.

〔95〕 *Renwick v Renwick*(1962) 33 DLR(2d) 649.

〔96〕 *Ariell*(No 2) [1974] Qd R 293.

〔97〕 *Hince* [1946] SASR 323.

〔98〕 (1959) 43 MPR 79.

〔99〕 Ibid., at 83.

则仅适用于当被任命为遗嘱执行人之人是受益利益的受赠人的情况，而不适用于此人是为了他人而成为该利益的受托人的情况。在得出这一结论时，Winter J 依据 Neville J 在 *Stewart* 案中的陈述，大意是"立遗嘱人将受益利益给予遗嘱执行人的意图可充分对抗遗嘱受益人的衡平权益，立遗嘱人已将普通法上的财产权归属于遗嘱执行人"。[100]

然而，在赠与人已表现出直接生前转让的意图，只是因为某些技术原因而未能生效的情况下，认为 *Strong v Bird* 不得适用于对受托人的无效赠与，这无论如何看起来都是毫无理由而言的。另一方面，它不应适用于对事后取得的财产或特定财产做出财产授予的无偿契诺，因为在这种情况下存在的仅仅是在未来做出给予的允诺。

财产禁反言

根据财产禁反言（或由默示所生之禁反言）规则，当 P 因为相信自己已获得或者将会获得 D 的土地有效的所有权，而在该土地上进行建筑工作从而导致开销，且 D 鼓励或默认该开销时，法院将通过出具其认为合适的命令以确认 P 的"衡平权益"，例如，下令 D 必须将该非限嗣继承权转让给 P，或 P 应就其花费金额对该土地享有抵押权或留置权，又或者，P 应享有占有该土地的永久许可。

当 D 已经对 P 做出了土地的不完全赠与，或者当他已经允诺在未来将该土地转让给 P 且 P 已经在土地的建设工作中产生了开销的，衡平法将强制 D 完善该转让或实现其允诺——从这个意义上讲，该规则是衡平法不会完善一个不完全赠与这一规则[101]的例外。

财产禁反言原则的适用在加勒比地区有很多例子，尽管其中大多数涉及的都不是不完全赠与而是占有土地许可，并因此不属于本章讨

---

〔100〕 [1908]2 Ch 251 at 254. *Halley Estate* 案的汇编错误地将这一陈述归咎于 Jessel MR 在 *Strong v Bird* 案的判决。

〔101〕 *Dillwyn v Llewellyn* [1861 –73] All ER Rep 384; *Chalmers v Pardoe* [1963]3 All ER 552.

论范围之列。该规则适用于不完全赠与的两个案例分别是 *Sealy v Sealy* 案和 *Khan v Khan* 案。

在 *Sealy v Sealy* 案[102]中，被告邀请并鼓励了其儿子（原告）在被告土地的半英亩范围内建造一个住房，并允诺当该住房达到某个阶段时，他将以赠与方式把将该土地转让给原告。被告未能实现他的允诺。 62

King J(Ag)判决，已经产生了一项惠及原告的衡平权益，这将通过法院下令被告将该地块转让给原告而实现。他陈述道：

Lord Westbury 在 *Dillwyn v Llewellyn* 案中［说道］：[103]

"若A让B占有一块土地，并告诉他'我把它给你，你可以在上面盖个房子'，而B基于此允诺和对A的了解，在建造房屋上花了一大笔钱，我毫不怀疑受赠人从后续的交易中获得了权利以要求赠与人履行该合同并强制执行做出的不完全赠与。"

由此可见，一旦出现了衡平法上的权利，受赠人可以强制要求赠与人实现其允诺。换句话说，本案中的原告可提起诉讼以要求履行承诺，且本院对此享有听审和裁决的管辖权。

在声明第236章《财产法》第47条和第60条不适用于本案后，King J(Ag)继续说道：

被告不仅仅是邀请并鼓励了原告，还在建造这个房子上下了功夫……在与原告争吵后，被告未能实现其承诺。

原告有权利获得什么救济？被告曾提出，可执行一项声明——基于原告的开销，被告以信托形式为了原告持有809.70平方米的土地。

[102] (1990) High Court, Barbados, No 1492 of 1987 (unreported).

[103] Ibid., at 387.

原告已就该半英亩土地的非限嗣继承权的转让做出了最后答辩。

在 *Chalmers v Pardoe* 案中，Sir Terence Donovan 说道：[104]

当土地所有权人鼓励他人基于所有权人的土地将转让给做出该花费之人的这一保证或允诺，从而在所有权人的土地上产生开销的，初步来讲，衡平法与将要求该所有权人通过适当转让以履行他的义务：以及，例如，当出于所有权的原因，无法做出上述转让的，衡平法院可宣布产生了此开销之人就其开销额享有衡平法上的抵押权或留置权。

我已经仔细考虑了所有引用的权威案例，并选择依照上述观点结合 *Pascoe v Turner* 案[105]判决的指导，该案评论了大量的案件并推荐了对这些事项应采取的方法。所有的这些权威案例都指向一个结论：此处的原告对被告的非限嗣继承权的转让享有权利。

在 *Khan v Khan* 案[106]中，两位原告分别为被告的儿子和儿媳。两位原告购买了一块土地，他们有意在该土地上建造他们的婚房，但被告劝说他们去自己的房子里和自己一同居住，并保证说他将在遗嘱中把这栋房子留给他们俩，两位原告就听从了他的劝说。随后，在被告
63 的鼓励之下，两位原告将他们的钱用于修缮被告的房子并造了一间车库。后来，双方产生了一些分歧，被告命令两位原告离开他的房子。

Shah J 判决，两位原告已因禁反言而获得了被告房屋的衡平权益，而这将通过法院下令被告将其在房屋上的终身份额转让给自己终身享有，而在其死后则以非限嗣继承权的方式由两位原告享有的方式，实现原告的权利。

---

〔104〕 [1963]3 All ER 552 at 555.

〔105〕 [1979]2 All ER 945.

〔106〕 (1994) High Court, Trinidad and Tobago, No 1022 of 1993 (unreported).

第 5 章　秘密信托和相互遗嘱 64

秘密信托

通常当立遗嘱人为秘密的受益人，如情妇或非婚生子女设立信托，而又不愿使这些人的名字出现在遗嘱中的时候，就会使用秘密信托，因为遗嘱一经遗嘱认证，就会成为公开文件，这样就毫无秘密可言了。因此，立遗嘱人在世的时候，会与一位可靠的亲人或朋友 T 商议，告知其将在遗嘱中给 T 留下一笔财产，用于为秘密的受益人设立信托，而该受益人的身份也会披露给 T。若 T 同意立遗嘱人的提议，秘密信托就此生效，且在立遗嘱人去世后可对抗 T 强制执行。只要存在充分证据证明秘密信托，根据衡平法就不会允许 T 就该财产主张受益性权利，而是会强制 T 以信托形式持有。Viscount Sumner 对这一原则解释如下：[1]

衡平法院裁定，若某款项系通过有效遗嘱

〔1〕 *Blackwell v Blackwell* [1929] AC 318 at 334.

取得的遗赠,对其享有普通法上的绝对权利的所有权人,基于与立遗嘱人的动机和行为相关的事实,该普通法上的所有权人不得按照自己的意志行使普通法上的权利。这似乎是对衡平法上的一般管辖权的完美行使。但事实通常(并非必须)涉及普通法上的所有权人的不道德的和自私的行为。衡量这一问题的必要要素为意图、沟通和消极承诺。立遗嘱人意图绝对赠与以其本人希望的方式适用,而非以被授权人希望的方式;并通过明示允诺或默示允诺——后者意味着消极承诺,将这一意图告知被授权人,被授权人使他相信自己的意图会实现,并基于这种相信而遗赠这笔钱。

关于遗嘱的立法,如英国《1837 年遗嘱法》第 9 条,特立尼达拉岛和多巴哥岛《遗嘱与遗嘱认证法》第 9:03 章第 42 条,巴巴多斯第 249 章《继承法》第 61 条,以及牙买加《1840 年遗嘱法》第 6 条,均要求遗嘱处分须与立法的形式要件一致,即任何基于立遗嘱人死亡而生效的赠与和信托,都必须含有由立遗嘱人签署并经两位见证人证明的书面文件。任何不符合法律规定的宣称的遗嘱处分均无效。有人一度认为,秘密信托原则是对遗嘱立法的藐视,但当"秘密受托人"以秘密信托不符合制定法为由而辩称其无效,并为了自己而对财产提出主张时,这对立遗嘱人而言是一种欺诈,在这种意义上,制定法不应被用作欺诈工具,因此,秘密信托原则被证明是合法的。[2]

有观念认为,鉴于秘密信托主义在遗嘱之外运行,它并非对遗嘱立法的藐视,这一理论替代了最初关于秘密信托原则的基本原理。[3]根据这一理论,立遗嘱人在世时有效设立的信托实为生前信托而非遗嘱信托,只是这种生前信托只有经立遗嘱人死亡时向秘密受托人(遗嘱中的"受益人")授予财产后才完全构成。因此,某种程度上,该信

---

〔2〕 *McCormick v Grogan*(1869)LR 4 HL 82.

〔3〕 *Snowden* [1979]2 All ER 172 at 177, per Megarry VC.

托依赖遗嘱，但在遗嘱之外运行。该“秘密受托人”虽然按遗嘱取得了普通法上的所有权，但其良知须受到其同意设立的信托所依据的衡平法约束。

秘密信托可以是完全秘密信托，也可以是半秘密信托。 65

完全秘密信托，是指财产通过遗嘱表面上被绝对授予被授权人，但事实上是以信托形式为秘密受益人持有的。比如，“我将 5 万元遗赠给好朋友 Jack Jones，Jones 同意以信托形式为 Cindy Smith 持有该财产。

半秘密信托，是指遗嘱明示以信托形式授予财产，但信托受益人身份保密。比如，“我将 5 万元遗赠给好朋友 Jack Jones，使其为了我之前跟他沟通的目的而持有该财产”（而该目的就是以信托形式为了 Cindy Smith 持有财产）。

近来，对秘密信托的核心要素的重申如下：[4]

（a）立遗嘱人设立信托的意图须满足传统要件的三个“确定性”（即确定的命令性语言、确定的标的物和确定的对象）；

（b）就信托与动产受遗赠人的沟通；及

（c）动产受遗赠人对信托的接受，包括以沉默的消极承诺方式的接受。

沟通与接受

涉及**完全秘密**信托的，**立遗嘱人在世时**[5]必须与秘密受托人沟通并获其接受。若“秘密信托受托人”在立遗嘱人去世后才知道其意图，那么该受托人将受益性获得财产。[6] 另一方面，若“秘密信托受托人”在立遗嘱人在世时就接受了信托，而在其去世后才知道**受益人**

〔4〕 *Marguiles v Marguiles* [2000] 2 ITELR 641 at 658, 659.

〔5〕 在遗赠于立遗嘱人死亡之时生效前，接受秘密信托的立遗嘱人和动产受遗赠人均可自由改变主义：同上。

〔6〕 *Wallgrave v Tebbs*（1855）69 ER 800.

身份的，那么受托人将以一项为了立遗嘱人遗产代管人的归复信托形式持有该财产。[7]

在 *Boyes* 案[8]中，立遗嘱人将其全部动产和个人遗产留给了他的事务律师，该律师同意按照其后续收到的信函中的指示来处置财产。但直到立遗嘱人去世后，律师才收到了那封信函。事务律师承认，他以受托人身份持有财产，并表明若获允许，他将愿意执行这项秘密信托。但死者的最近亲却反对执行信托。他们辩称，秘密信托是无效的，理由是受益人身份未在立遗嘱人去世前公布。因此，他们认为应存在一对遗产的归复信托，据此，财产应为他们所有。最终，死者的最近亲继承了胜诉。

必须存在足够的证据以表明，遗嘱中所给出的财产是意图以信托形式持有的，同时必须出具信托条款的口头或书面证据。在 *McCormick v Grogan* 案[9]中，Westbury J 陈述道，若要确认系秘密信托而非遗嘱处置的绝对条款，必须存在最明确且最无争议的证据，但高度证明标准似乎已经不必要了，因为在 *Snowden* 案[10]中，Megarry
66 VC 认为，当不存在欺诈和其他特殊情况时，证明标准就是普通民事标准——盖然性权衡。在 *Snowden* 案[11]中，立遗嘱人是一位 86 岁的遗孀，不确定该如何处置自己的剩余遗产。因此，她将全部遗产留给了她的哥哥，理由是“他知道该如何处置这笔财产”。遗嘱执行后 6 天，她就去世了，不久之后，她的哥哥也去世了，财产由其唯一的儿子继承。很显然，遗孀的遗嘱是依据他们兄妹之间的某些安排达成的，但问题在于：

(a)该安排施加的是一项有约束力的信托还是一项单纯的道德义务；和

---

[7] *Boyes*(1884)26 Ch D 531.

[8] Ibid.

[9] (1869)LR 4 HL 82 at 97.

[10] [1979]2 All ER 172. See also *Marguiles v Marguiles* [2000]2 ITELR 641.

[11] Ibid.

(b)如果确实是施加了一项信托,那信托条款又是什么?

法院判决,该安排仅相当于一种道德义务,而并非意图使之具有法律约束力。相应地,她的哥哥无须履行任何秘密信托即可取得遗产,而其子享有绝对利益。然而有人主张,[12]本案的真正意图是设立一项惠及某一类别之人(遗孀的近亲)的秘密信托——在这些近亲中进行选择的权利交给了她的哥哥(如 *Burrough v Philcox* 案[13]),虽然她的哥哥在生前不能被强制分配该财产,但在他去世后,应将该财产均等分配给遗孀的各位近亲,而不是由他的儿子继承所有权。

秘密受托人以信托形式持有自己财产的义务

根据立遗嘱人遗嘱而遗赠给秘密受托人的财产上通常会被施加一项秘密信托。然而,在圭亚那的 *Nisa v Khan* 案中——也是目前加勒比国家中唯一涉及了并非以遗嘱遗赠方式给予秘密受托人财产的案件:秘密受托人允诺以信托形式持有那些已经属于她的财产。基于案件事实,可能更愿意将这种安排视为要求受遗赠人履行某种义务(即受遗赠人以信托形式持有自己的财产)的附条件不动产遗嘱,而不是秘密信托。确实,Boland J 援引 *Norris v Frase* 一案[14]中法官意见时,似乎就是考虑到了这种解释。

在 *Nisa v Khan* 一案[15]中,立遗嘱人是两个女儿的父亲,上诉人是大女儿,被上诉人是小女儿。立遗嘱人有几份财产,其中一份财产被称为 Lot 21,Peters Hall,他将其作为生前赠与转让给了上诉人。立遗嘱人做出遗嘱之后,上诉人向其允诺,在他去世后,会把上述财产转让给被上诉人,立遗嘱人强调,如果上诉人不这样做,他就会修改遗嘱。基于上诉人的允诺,立遗嘱人最终没有做出新遗嘱或遗嘱补正书。按

〔12〕 See D Hodge [1980] Conv 341.

〔13〕 (1840) 41 ER 299.

〔14〕 (1873) LR 15 Eq 318.

〔15〕 [1947] LRBG 170, West Indian Court of Appeal, on appeal from the Supreme Court, British Guiana.

照遗嘱，上诉人可以获得数量可观的财产，包括一个种植园的终身权益和剩余遗产一半的份额。上诉人拒绝履行自己向立遗嘱人允诺的义务。

西印度上诉法院裁定，上诉人拒绝兑现其允诺——该允诺是立遗嘱人未更改遗嘱的原因，这犯了欺诈罪。受衡平法约束，上诉人应以
67 秘密信托方式将该财产转让给被上诉人。根据 Boland J 的观点，本案中，秘密信托中的标的物并非像通常案件一样是立遗嘱人的财产，而是秘密信托受托人自己的财产，这一点无关紧要。[16]

> 博学的承审法官判决，其所发现的事实使该案受衡平法上有关执行秘密信托的规则约束。衡平法不会允许《反欺诈法》或《遗嘱法》等以防止欺诈而设计的制定法被当作欺诈工具，这是该规则的精髓和基础。因此，若立遗嘱人做出或不撤销遗嘱，其中规定将财产交给另一个出于某些并非不合法的目的而以受托人身份承担超出遗嘱之外职责的人时，衡平法不允许此人为其自己保留财产上的受益利益，也不允许其通过——提出立遗嘱人的指示无效，因为其未以书面形式或制定法要求的形式作规定——这种欺诈性答辩而无视信托。法院也认为，依据同样的原则，如果死者基于他履行信托的允诺，而没有做出他本可为信托对象提供的遗嘱，那么凭其自身的权利而通过无遗嘱死亡下的财产转移获得不动产的普通法上的继承人，将受信托声明的约束，即使该信托声明并非以书面形式。
>
> 而通过文件——可以是契据或遗嘱——表面明确可见的、未明示以信托形式授予的财产，通常属于赠与人可按其意志自由转让的财产。应意图获益之人的请求，这些案例中衡平法所授予的救济可采用为了他的利益的信托声明形式。衡平法基于文件指定的受赠人的良心行事，不允许此人从信托中自由取得赠与人的财产，从而通过自己

[16] At p. 172.

的欺诈受益。

上诉人的律师辩称，该规则不得援引于类似目前的这种案件中，在本案中，正如承审法官认定的一样，上诉人允诺的是其自有不动产而非属于立遗嘱人的财产。上诉人的律师承认，有可能强制执行一项会影响受赠人资金或其他个人财产的信托，方法是，通过对信托的适当履行担保，设立一项对土地的控制抵押，而授予该土地之人是信托拟向其给予基金或动产之人。这似乎与副御前大臣 Bacon 对 *Norris v Fraser* 一案[17]判决中的观点一致，在该案中，就受赠人人对立遗嘱人允诺向第三方每年支付 300 英镑年金一事，这位博学的御前大臣说道：

“要支付的资金是一个不相关的问题。如果他说‘我会把遗产留给你，条件是你每年要从其他财产中支付 300 英镑’，假设受赠人是一位**单身妇女**，这也并未给予她权利以在不履行从某个其他财产中支付的情况下就保留其所得的遗产；它也不能剥夺年金受赠人说‘如果你不能满足我的要求，你就得不到遗产’的权利。”

我们充分意识到，当秘密信托所施加的不动产并非为赠与人所有时，就会产生问题，因为在并非属于同一土地的情况下，这种信托是无法履行的。在有些情况下，执行这种信托会违反衡平法原则。比如，在立遗嘱人死亡和信托声明之间的这段期间内，受赠人的财产和遗嘱授予的财产都可能发生变化。立遗嘱人在被授权人做出允诺或承诺很久之后才去世的话，就很可能出现这种情况。但我们的观点很明确，衡平法院并非无力阻止遗嘱中的受赠人实施欺诈犯罪，尽管其承诺的信托与其自有的不动产有关。依衡平法赋予的救济，其本质应由个案中的事实决定。

而在当前讨论的案例中，立遗嘱人死亡时，离 Kudratun Nisa 承诺将执行其意愿才一个月。在这种情况下，财产的价值在其死亡前不太 68

[17] (1873) LR 15 Eq 318 at 330.

可能发生变化。

通过遗嘱处置财产的义务

在绝大多数涉及秘密信托的案例中，秘密受托人的义务是在生前将财产转交给秘密受益人，通常是在立遗嘱人死后在可行的情况下尽快转交。然而，在 *Ottaway v Norman* 一案[18]中，秘密受托人的义务却是按其遗嘱为秘密受益人的利益处置财产。该案的事实是，立遗嘱人与一位叫 Eva 的女士一起生活，Eva 曾是他的管家。立遗嘱人将房子及其内容物"绝对地"遗赠给了 Eva，但他们私下约定，Eva 将按其遗嘱，为了立遗嘱人儿子（原告）的利益，将房子遗赠给他。但 Eva 去世时，情况与其承诺的正好相反，她将财产留给了被告。那么，房子算不算是以完全秘密信托的方式为原告持有的呢？它又能否按照 Eva 的遗嘱而被转让给被告呢？

Brightman J 定，此处适用秘密信托原则。这是无先例可循的案件，因为秘密受托人（又称"初始受赠人"）并未同意以信托形式立即为原告持有财产，而只是同意通过自己的遗嘱将财产处置给原告，尽管如此，这仍然属于秘密信托原则调整的范围，但其义务的履行是基于对秘密受托人良心所施加的义务，至于立遗嘱人意图履行义务的机制如何，则是不相关的因素。

有一点要注意，在 *Ottaway v Norman* 一案中，毫无疑问是不涉及"欺诈"的，因为秘密受托人 Eva 并没有为自己主张绝对利益。竞争存在于秘密受益人和 Eva 遗嘱中的受益人之间。

像 *Ottaway* 案之类的案件引发的一个问题是，秘密受托人在世时信托财产的状态问题。[19] 房子在 Eva 去世后以信托形式为原告持有，这是立遗嘱人生前有效的宣言，而信托的构成是通过将房子归属

---

〔18〕［1971］3 All ER 1325. See S Bandali（1973）36 MLR 210；J Hackney［1971］ASCL 382.

〔19〕相互遗嘱中也产生了同样的问题。见下文。

于 Eva。信托在立遗嘱人去世时就生效了吗？还是在 Eva 去世时才生效的呢？看起来信托肯定在立遗嘱人去世时就生效了，否则，Eva 就可按其意愿随意处置财产了，因为她在世时，财产是不受任何信托约束的。另一方面，认定信托在立遗嘱人去世时产生，就会存在一些问题，因为 Eva 将成为房子的终身地产保有人，而根据《限制授予土地法》的规定，她应有能力出售这个房子。这就明显与立遗嘱人的意图相悖，因为这就意味着他的儿子不能在 Eva 去世时继承这个房子本身，而只能获得房子的出售收益。

遗赠给共同保有人和混合共同保有人

Stead 案[20]确立了，当涉及完全秘密信托时：

(a)财产通过遗嘱授予混合共同保有人(比如，“将均等份额授予 Jack Jones 和 Jill Johnson”)的，完全秘密信托对立遗嘱人在世时与之沟通的一方(且接受信托一方)有约束力，而对未接受一方无约束力。 69

(b)财产通过遗嘱授予共同保有人的：

· 若一方在遗嘱订立之前就已接受信托，则双方均受信托约束，

· 若一方在遗嘱订立之后才接受信托，则只有接受方受信托约束。

半秘密信托的沟通

两条针对半秘密信托的规则似乎已经固定：

(a)不可采信与遗嘱明示条款相冲突的信托条款证据；和

(b)信托的沟通与接受应先于遗嘱订立，或与其**同时进行**。

上述规则确立于 *Keen* 案，[21]在该案中，立遗嘱人将 10,000 英镑遗赠给受托人，使其“以信托形式持有，信托受益人为我在世时可能向

---

〔20〕 [1900]1 Ch 237.

〔21〕 [1937]1 All ER 452.

其发出通知之个人或慈善组织”;若我未发出任何上述通知,则这些财产将落入剩余遗产。[从解释的层面来说,遗嘱中提到的是一种**未来**沟通。]就在遗嘱做出的前不久,立遗嘱人交给受托人一个密封的信封,内含预期受益人的姓名,并指示受托人在其去世前不得打开。法院认为,这个密封的信封的移交是对信托的沟通,而既然这发生在做出遗嘱之前,它就与指向未来沟通的遗嘱明示条款相冲突。因此,半秘密信托失败。

Wright J 判决,[22]即使遗嘱的内容可解释为先前沟通或未来沟通都是可行的,半秘密信托也同样无效,因为,正如 Viscount Sumner 在 *Blackwell v Blackwell* 案中所述:“立遗嘱人不能单纯地通过指定受托人而不明确信托目的,就为自己保留在未来无见证人的情况下处置财产的权力。”[23]

Keen 一案的规则,即半秘密信托的沟通应在遗嘱订立之前或与其同时进行,在后来的 *Bateman's Will Trusts* 一案[24]中为 Pennycuick VC 所采用,他认为这一立场很“明确”,但也因[25]以下问题而收到了批判:

(a)如果这一说法正确,它应该同样适用于完全秘密信托;但 *Boyes* 一案[26]却表明,完全秘密信托的沟通在立遗嘱人死亡之前任何时候都是有效的;和

(b)这一说法没有考虑秘密信托在遗嘱之外运行。

70 有人认为,[27]在已经适当执行的遗嘱性文件中,如果立遗嘱人提到的是先前的未认证的文件,那么后者将并入遗嘱的一部分,鉴于这一点,Keen 案的原则并未认真考虑到以参考形式将文件并入遗嘱相

---

〔22〕 Ibid. ,at 459.

〔23〕 [1929]AC 318 at 339.

〔24〕 [1970]3 All ER 817 at 820.

〔25〕 See Hanbury and Martin,*Modern Equity*,14th edn,pp. 159 – 61.

〔26〕 (1884)26 Ch D 531.

〔27〕 Hanbury and Martin,above,p. 160;Pettit,above,p. 123.

关规则。为了并入遗嘱,未认证的文件必须在执行遗嘱之时就已经存在,且必须作为既存文件[28]被提及。很明显,这一原则与 *Keen* 案的规则相似,但绝对没有任何正当理由能将其移植到在遗嘱法律之外运行的秘密信托相关规则之中。

遗赠的增加

就任何增加或添加最初协商一致的以信托形式持有的财产,立遗嘱人应与秘密受托人进行沟通;否则,增加数额将不受秘密信托约束。因此,在 *Colin Cooper* 案中,[29]立遗嘱人将 5000 英镑遗赠给两位受托人,使其“以已沟通的信托方式持有”。立遗嘱人事实上已经与受托人确定过信托条款。后来,立遗嘱人通过遗嘱补正书将以秘密信托方式持有的财产增加至 10,000 英镑,他说:“受托人知道我对这份财产的希望是什么”。因此,他并没有通知受托人这一增加事宜。最后,法院判决,先前的 5000 英镑属于秘密信托财产,但增加的部分不是,因此最终落入剩余遗产。*Colin Cooper* 一案的判决涉及半秘密信托,但似乎这一原则也同样适用于完全秘密信托。[30]

在遗嘱之外运行的秘密信托

在比较秘密信托被用于防止欺诈的这一理论时,就已经讨论过这一原则。[31] *Young* 案和 *Gardner*(*No* 2)案这两个案子解释了这一原则的适用。

在 *Young* 案中,[32]立遗嘱人将动产遗赠给他的妻子,并指示在她去世的时候,应为了之前沟通过的目的遗赠部分财产。其中一个目的是,她应该在她的遗嘱中将 2000 英镑遗赠给司机。司机见证了立遗

〔28〕 *In b Smart* [1902] p. 238.
〔29〕 [1939] Ch 811.
〔30〕 Parker and Mellows, *Modern Law of Trusts*, 6th edn, p. 53.
〔31〕 见上文。
〔32〕 [1950] 2 All ER 1245.

嘱人的该遗嘱,有人主张根据《1837 年遗嘱法》第 15 条规定了授予见证人及其配偶的遗赠无效,因此这名司机丧失了他的权益。法院判决,司机作为秘密受益人,并未丧失受益利益,因为他拥有的权益并非源于遗嘱,而是在遗嘱之外的,源于施加于立遗嘱人妻子的衡平法上的义务。

而在 *Gardner*(*No* 2)案[33]中,问题在于当秘密信托受益人先于立遗嘱人去世时,其权益是否失效。根据《1837 年遗嘱法》第 25 条的规定,**遗嘱中**的动产或不动产受遗赠人先于立遗嘱人去世的,遗嘱赠与失效,且不得被主张为该动产或不动产受遗赠人的遗产。Romer J 认为,**秘密信托**受益人的权益在动产受遗赠人或秘密受托人就信托获得沟通且表示接受之时起即取得。因此,秘密受益人生前在立遗嘱人遗嘱之外获得了权益,在其死后,该权益则移交至其遗产代理人。因此,此处不存在权益失效,也可以主张该权益属于其遗产的一部分。

71 而 *Gardner*(*No* 2)案的裁决遭到了学者[34]强烈批判,理由是直至信托完全构成前,信托受益人无法取得任何权益,而在立遗嘱人死亡之时将信托财产所有权归属动产受遗赠人/秘密受托人之前,是不可能完全构成信托的。因此,秘密受益人在其死亡之时不可能取得权益。似乎只有在死者[35]生前完全构成一对其有利的信托的情况下,这一判决才是合理的。

另一方面,可以确定的是,根据该法第 25 条的规定,动产受遗赠人/秘密受托人先于立遗嘱人死亡的,遗赠失效,且**如果**该信托为**完全秘密信托**,则信托失败,"因为信托所依赖的不动产或动产的遗赠本身已经失败了"。[36] 然而,若该信托为半秘密信托,则有效,"因为对遗

---

〔33〕 [1923]2 Ch 230.

〔34〕 See, eg, Hanbury and Martin, *Modern Equity*, 14th edn, pp. 166, 167.

〔35〕 See Oakley, *Constructive Trusts*, 2nd edn, p. 121.

〔36〕 Parker and Mellows, *Modern Law of Trusts*, 6th edn, p. 47; *Maddock* [1902]2 Ch 220 at 231.

嘱表面上的受托人做出的赠与永远不会因其先于立遗嘱人死亡而失效”,[37]衡平法不会允许信托因缺失受托人而失败。

秘密信托受托人是否可以主张遗嘱中的利益?

在半秘密信托的情况下,如果半秘密信托失败,则遗嘱指示的为秘密受益人以信托形式持有财产的动产受遗赠人,无权为其自己主张遗赠财产。当上述失败发生时,如果遗嘱中涉及剩余遗产赠与,那么受托人为了剩余动产或不动产受遗赠人持有信托;如果不涉及剩余遗产赠与,则受托人就为了因无遗嘱死亡而享有权利之人持有信托。换句话说,在这种情况下将存在一项为了立遗嘱人的遗产代管人的归复信托。

若完全秘密信托失败,或执行完全秘密信托或半秘密信托后存在盈余,可能有人就会认为秘密受托人应该有权为自己对该财产或盈余提出主张。他是否可以这么做将取决于两个问题的答案:

· 秘密受托人获益是立遗嘱人的意图吗?

· 秘密受托人可在何种程度上举证说明该意图?

就第一个问题而言,必须解释遗嘱所用的语言,以明确立遗嘱人的意图是否是:

(a)使动产受遗赠人/秘密受托人成为全部赠与财产的受托人;或

(b)以受托人履行某些义务为条件,从而对其做出受益性赠与。

如果是(a)的情况,则任何盈余将以遗产的归复信托形式持有;如果是(b)的情况,则秘密受托人将有权利为自己保留剩余。

就第二个问题而言,衡平法院一直保持警惕,以免秘密受托人对立遗嘱人实施欺诈。在 *Rees' Will Trusts* 案[38]中,立遗嘱人将其朋友和事务律师任命为遗嘱执行人和受托人,并将其全部遗产“绝对性地

---

[37] Ibid. *Smirthwaite's Trusts*(1871)LR 11 Eq 251.

[38] [1950]Ch 204.

给予我的受托人,他们很清楚我在此财产上的意愿”。立遗嘱人告诉受托人,支付一些款项后,可以自行保留任何盈余部分。但法院裁定,受托人无权对实际留存的盈余提出主张,因为按照对遗嘱真实解释,
72 全部遗产以信托形式持有,表明受托人享有权益的证据不可采信。此外,半秘密信托受托人永远不能享有权益。

然而,似乎在 *Tyler* 一案[39]中,关于所有信托条款的证据均可被采信,包括那些有利于受托人的证据;尽管法院不情愿采信这些证据。

秘密信托是明示信托还是推定信托?

这是一个涉及大量理论的问题。明示信托是由委托人声明的,而推定信托是由法院施加的。多数学者(如 Pettit、[40] Underhill[41]和 Snell[42])都认为秘密信托是明示信托。但将秘密信托归类于明示信托的做法也存在问题,因为根据《1677 年反欺诈法》第 7 条、英国《1925 年财产法》第 53 条第(1)款第(b)项,以及巴巴多斯第 236 章《1979 年财产法》第 60 条第(2)款的规定,明示土地信托须经书面形式证明。在 *Ottaway v Norman* 一案[43]中,存在一项有关土地的秘密信托,但不存在任何书面证据。法院在维持对信托的裁决时,并未提及书面证据这一要件。因此,法院肯定是认为这种情况下的信托是不要求书面证明的推定信托了(《1925 年财产法》第 53 条第(2)款;第 236 章《1979 年财产法》第 60 条第(5)款第(a)项)。

其他学者(例如 Sheridan[44])认为完全秘密信托是推定信托,而认为半秘密信托是明示信托,理由是半秘密信托须浮于遗嘱表面,而完

---

〔39〕 [1967]1 WLR 1269.

〔40〕 *Equity and The Law of Trusts*, 7th edn, p. 118.

〔41〕 *Law of Trusts and Trustees*, 14th edn, p. 195 *et seq.*

〔42〕 *Principles of Equity*, 29th edn, p. 108 *et seq.*

〔43〕 [1971]3 All ER 1325.

〔44〕 (1951)67 LQR 314.

全秘密信托则不是。另一方面,*Nathan* 和 *Marshall*[45] 认为二者均是推定信托。Hanbury 和 Martin[46] 则主张,鉴于半秘密信托是明示信托,因此如果涉及土地,应出具书面证明,而完全秘密信托既可以被认为是明示信托,也可以被认为是推定信托。他们的推理是,完全秘密信托最初的实施缘由是防止欺诈,远在运行于遗嘱之外这一理论出现之前。因此,可以认为它们是推定的,从而像 *Ottaway v Norman* 案[47] 这种涉及土地秘密信托的,不作书面证据要求。然而,这一推理不具较强的说服力,因为 *Ottaway* 一案不属于秘密受托人为自己主张利益的案件,从而不存在欺诈问题。欺诈不是 *Ottaway* 一案的要素,除非"欺诈"被广义地定义为"使立遗嘱人的目的落空"。根据这一定义,该案既涉及对死者的欺诈(因为其信任被辜负了),也涉及对秘密受益人的欺诈(因为其权益被剥夺了);因为如果秘密受托人未表明自己愿意执行信托,立遗嘱人肯定会做出其他安排以使秘密受益人受益。

相互遗嘱

相互遗嘱,是指"双方,通常(但并不一定)指丈夫和妻子之间,就其财产处置达成一致协议,各方依据该协议执行了一份遗嘱,两份遗 73
嘱内含比照(*mutatis mutandis*)条款"。[48] 或者,双方同意订立一份共同遗嘱,"但不作为一份遗嘱而是作为独立遗嘱各自生效,依次进行遗嘱认证后成为各自的遗嘱"。[49]

在相互遗嘱或共同遗嘱中,一方授予另一方自己财产的绝对权益、终身权益,或不授予对方任何权益,并剩余财产留给其他人,通常

---

〔45〕 *Casebook on Trusts*, 7th edn, p. 453. See also R Burgess(1972)23 NILQ 263.

〔46〕 *Modern Equity*, 14th edn, p. 167.

〔47〕 [1971] 3 All ER 1325.

〔48〕 Pettit, *Equity and The Law of Trusts*, 7th edn, p. 124.

〔49〕 Parker and Mellows, *Modern Law of Trusts*, 6th edn, p. 286.

是他们的婚生子女。比如，甲和乙是夫妻，同意订立包含实质内容相似的条款的遗嘱，各方授予幸存者享有甲或乙遗产的终身权益，并将剩余遗产按相同份额留给各个婚生子女。

意思表示一致的必要性

必须存在充分的证据以表明当事人之间就订立类似遗嘱且**不撤销遗嘱**达成了一致协议。这种协议的最好证据就是遗嘱中有这种效力的事实陈述部分。[50] 如无事实陈述部分，可举示旁证以证明当事人意图使其遗嘱不可撤回地有约束力。证据可能包含，如表明这种意图[51]的家庭谈话，而法院可从各当事人的行为和做出遗嘱[52]的周围情况中推断出这种协议。但两份遗嘱以相似的形式做出这一单纯的事实本身并不足以表明遗嘱不可撤销的意图。[53] 在 *Oldham* 案[54]中，丈夫和妻子以相似形式做出了遗嘱，各方相互授予另一方自己财产的绝对权益，同时均规定了当另一方死亡时的相同的替代性条款。在丈夫死后，妻子再嫁，[55]重新做出了一份遗嘱，与原来的内容完全不同。虽然很明显各方就相似遗嘱做出意思表示一致，但并证据表明存在遗嘱不得撤销的意思表示一致，且法院拒绝推定存在这种意思表示一致。因此，法院判决，第二份遗嘱应该生效。正如 Astbury J 所解释的：[56]

---

〔50〕 Ibid.

〔51〕 *Cleaver* [1981] 1 WLR 939; *Charles v Fraser* [2010] EWHC 2124 (Ch).

〔52〕 *Green* [1951] Ch 148. See also the extraordinary decision of the Court of Appeal in *Fry v Densham-Smith* [2010] EWCA Civ 1410, where there was little evidence that mutual wills had actually been made.

〔53〕 *Cleaver*, above.

〔54〕 [1925] Ch 75.

〔55〕 Carnwath J 在 *Goodchild* [1996] 1 All ER 670, at 677 一案中判决，在第一位立遗嘱人去世后，产生的"浮动信托"不受幸存者之后的再婚影响。然而，这可能将不撤销的这一协议解释为通过除婚姻以外的其他方式撤销：*Williams on Wills*, 7th edn, vol 1, p. 22; *Marsland* [1939] 3 All ER 148。

〔56〕 Ibid., at 88. See also *Goodchild*, above.

> 两份遗嘱以相似的条款做出,这一事实并不意味着除此之外的任何意思表示一致……没有证据表明……相互遗嘱中的信托在任何情况下都不得由享有权益的幸存者撤销的这一协议。

各方将遗产“绝对地”授予对方,这一点很重要。他们可能认为可以很安全地信任对方,但:

> ……这与他们承认自己受一种在任何情况下均可运行的信托约束完全是两码事。

事后的自力救济 74

订立且不撤销相互遗嘱的这一协议在普通法上具有约束力。如果先死亡的一方(X)违背了协议,那么他的遗产应用于赔偿[57]幸存者(Y)。如果 Y 违背了协议,那么依据[58] *Beswick v Beswick* 案[59]的原则,X 的遗产可能获得针对 Y 的强制履行的裁决。

当双方均在世时发生违背合同的,且无辜方获违背方通知,那么违背方的意思表示一致将被解除,可撤销其遗嘱。[60]

婚姻所致的遗嘱的自动撤销本身不等同于对协议的违背,因此,不存在提起损害赔偿[61]之诉的合理依据,但存在信托救济(见下文)的合理依据,仿佛遗嘱已被蓄意撤销一样。

信托的施加

除合同责任外,如果 Y 撤销其相互遗嘱(在普通法上,一人确实

---

〔57〕 *Robinson v Ommanney*(1883)23 Ch D 285.

〔58〕 See Hanbury and Martin, *Modern Equity*, 14th edn, p. 313

〔59〕 [1968] AC 58.

〔60〕 *Stone Hoskins* [1905] P 194.

〔61〕 *Robinson v Ommanney*, above.

有权利这么做)，衡平法会进行干预，且在其去世时，会强制其遗产代理人以信托形式持有其遗产以履行相互遗嘱协议，理由是，如果 Y 违背协议，这就是对 X 的欺诈，因为 X 已经死亡，再无撤销其遗嘱的可能。[62] 换句话说，出于对 Y 遵守协议的这一允诺的信赖，即使是在 X 去世后，设立一项惠及预期受益人的信托这一协议持续有效。

直到现代的 *Dale* 案，[63] 我们仍然不确定，为适用相互遗嘱原则，幸存者是否会如遗嘱授予其绝对权益或终身权益那样，在先去世的一方的遗嘱中必须已经获得了某种利益。*Dale* 案确立了，这种权益并不是必要的。在该案中，一位父亲和一位母亲做出了相似的遗嘱，且就遗嘱不可撤销达成协议，在各自的遗嘱中，他们将各自的遗产以均等份额遗赠给了两个孩子。这位父亲直至去世时都未修改遗嘱。此后，这为母亲重新做出了一份遗嘱，将 300 英镑留给其中一个孩子，而将剩余遗产全部留给另一个。Morritt J 判决，这名妻子应受信托约束，将其遗产以均等份额遗赠给两个孩子。她个人未能从死者遗嘱中获益的这一事实是无关紧要的。他解释自己的立场如下：[64]

> 所有的案例都显示，当第二位立遗嘱人从第一位立遗嘱人的遗嘱中获益时，此原则适用。但是，如果协议是各个立遗嘱人应将自己的遗产留给特定受益人(如他们的子女，而不是彼此)时，我无法理解这为什么不是对第一位立遗嘱人的欺诈。应该假设，他们有充分理由这样做，而且在任何情况下这都是他们所希望的。每个案件中，都存在一份具有约束力的合同；每个案件中，第一位立遗嘱人都基于对第二位立遗嘱人允诺的信赖而履行该合同；每个案件中，只要第二位立遗嘱人被允许违背其协议，就会构成对第一位立遗嘱人的欺骗并对其造成损失。

---

〔62〕 *Hagger* [1930]2 Ch 190 at 195.

〔63〕 [1993]3 WLR 652.

〔64〕 Ibid. ,at 665.

既然这一原则的目的是要防止对第一位立遗嘱人的欺诈，我认为没有理由将这种原则局限于这种第二位立遗嘱人受益的情况中。涉及欺诈第一位立遗嘱人的案件也包括第二位立遗嘱人受益的情况，但我认为没有理由将这一原则局限于这类情况中。因此，我的判决与所有权威判例相符且经其中一些判例的支持，也是为了促进衡平法干涉欺诈案件的初审管辖权。 75

（相互遗嘱）信托于何时产生?

有人认为，[65]信托可能在以下三个时间产生：

（a）做出一致意思表示之后；

（b）第一位立遗嘱人去世之时；以及

（c）幸存者去世之时。

首先，有一点很明确，信托不可能在达成协议之时生效，因为当事人同意彼此解除，且任何一方[66]都可在另一方去世前通过向其发出通知而予以撤销。如果先去世一方（X）撤销了，幸存者Y就不能对抗X的遗产设立任何信托，因为只要他愿意，他曾经是有机会撤销遗嘱的。[67]他只能以违反合同为由起诉X的遗产代管人。此外，即使双方在世时没有任何撤回通知，当X通过做出违背相互遗嘱的新遗嘱来撤销遗嘱的，应视为Y已知悉该撤销，因此未产生任何信托。[68]

同样，信托似乎也不会因幸存者Y的死亡而产生，因为*Hagger*案[69]判决，受益人的死亡时间先于X且后于Y的，受益人的遗产代管人可主张其权益，理由是该权益是既定的且并未失效。这就意味着，信托在X死亡之时肯定就产生了。因此，根据相互遗嘱原则，信托似乎在第一位立遗嘱人死亡时即产生了。

---

〔65〕 J. Mitchell（1951）14 MLR 137.

〔66〕 *Dufour v Pereira*（1769）21 ER 332.

〔67〕 *Stone v Hoskins*［1905］P 194.

〔68〕 *Dufour v Pereira*, above.

〔69〕 ［1930］2 Ch 190.

哪些遗产受信托约束?

首先,这一问题的答案取决于对相互遗嘱的适当解释。在 *Green* 案[70]中,协议明确规定各方应将遗产绝对地遗赠给另一方,且在幸存者死亡时,其一半的剩余遗产将被视为其自己的遗产,一半将被视为依据先去世的立遗嘱人的遗嘱收到的遗产。根据对这一明示协议的解释,法院判决,只有依据先去世的立遗嘱人的遗嘱收到的遗产(而非幸存者自己的财产)才受信托约束。

无法通过遗嘱言词明确各方意图使哪些财产受信托约束的,似乎存在以下几种可能性:[71]

76 (a)Y 依据 X 遗嘱收到的财产受信托约束。

(b)Y 在 X 去世时拥有的全部财产(包括依据 X 的遗嘱收到的财产)受信托约束。

(c)Y 在自己去世时拥有的全部财产受信托约束。

(d)Y 在 X 去世后的任何时间拥有的全部财产受信托约束。

显然,Y 根据 X 的遗嘱收到的财产受信托约束。如果遗嘱只授予 Y 享有遗产的终身权益,那么 Y 不能处置其资本,而应由剩余地产权人以信托形式持有。如果遗嘱授予 Y 享有遗产的绝对权益,那么衡平法赋予的惠及最终受益人的信托将实际上使该权益降为终身权益。[72]

而 Y 自己的财产,即 Y 通过 X 遗嘱之外的方式取得的全部财产,又当如何呢? *Hagger* 一案[73]表明,Y 在 X 去世后取得的全部财产均受信托约束,因为法院判决,在那种情况下,受益人在 X 死亡之时就会立即获得一项既定利益。这意味着,Y 对其在 X 去世时所拥有的财产

---

[70] [1951] Ch 148.

[71] See Hanbury and Martin, *Modern Equity*, 14th edn, p. 315.

[72] Ibid.

[73] [1930] 2 Ch 190.

进行任何转让都将等同于违反信托。

其次，另一个问题是，Y 在 X 去世后通过自己努力取得的财产是否也受信托约束。有人认为，即便财产应受信托约束，既然 X 通过自己努力而在后来获得的财产在相互遗嘱中也是包括在**他自己**的遗产，那么 Y 后来取得的财产也应受信托约束。[74] 这一推理将使 Y 成为**其全部财产**的终身保有人，因此她可以使用自有财产的收益，但只能以信托形式为最终受益人持有资本金。似乎这一结果不符合各方的意图——Y 应有权利按自己的意志处置自有财产，也可能包括处置由 X 根据协议条款绝对授予 Y 的财产。

如果按照后一种方式解释各方意图就会产生问题，因为 Y 可以通过转让或挥霍资产来破坏意思表示一致的标的物，信托将变得过于不确定以至于事实上变得无用。Dixon J 在澳大利亚的 *Birmingham v Renfrew* 一案[75] 中，对合理解释这一立场提供了建议。他认为，相互遗嘱的目的应该使 Y 为了自己的利益而享有自有财产和根据 X 遗嘱而获得的财产的完全所有权，并按自己的意愿出售或使用。但要求她在享有财产之后，按照协议中的方式在自己的遗嘱中遗赠全部的剩余遗产。Y 生前的义务是"浮动的"或"中止的"，但在其去世时，就"具体化"为信托。

Nourse J 在 *Cleaver* 案[76] 中，采用了 Dixon 的推理，他判决，幸存者在生前可作为绝对所有权人享有财产，前提是他必须受到受信义务的约束，而这种义务在其去世时具体化，且只是使其丧失自愿生前处置的权利，即旨在使协议落空的处置。不反对幸存者做出数额较小的普通赠与。然而，如果受益人直到幸存者去世后都没有发现自己享有这种权利，那么任何不得挥霍生前资产的义务都将无法强制执行。

---

〔74〕 Hanbury and Martin, *Modern Equity*, 14th edn, p. 315.

〔75〕 (1936) 57 CLR 666.

〔76〕 [1981] 1 WLR 939.

77

第6章　归复信托

在这种信托中，受益利益的“结果”回到委托人处，因此被称为归复信托。它们与明示信托的区别如下：

(a)它们产生于委托人暗示的或推定的意图，而不是其明示的言语；

(b)设立这类信托无须依赖书面形式之类的手续；

(c)它们的对象无须立即可辨认；以及

(d)未成年人不可能成为明示信托的受托人，却可以成为归复信托的受托人。[1]

在 *Vandervell's Trusts* (*No* 2) 案[2]中，Megarry J 区分了“自动的”和“推定的”归复信托，这一区别就此确立。就前者而言，正如在 *Vandervell v IRC* 案[3]中，归复信托不取决于委托人的任何意图，而是委托人处置财产受益利益失败的自动结果。另一方面，在委托人将财产自愿转让给“无关方”的情况下，或在以无关

[1] *Vinogradoff* [1935] WN 69.

[2] [1974]3 All ER 205.

[3] [1967]1 All ER 1.

方名义购买财产且可推定委托人意图通过此举使受益利益属于自己的情况下，即产生“推定的”归复信托。

自动归复信托

根据 Diplock LJ，“衡平法厌恶利益真空”。[4] 如果委托人将财产转让给受托人，但未宣布谁以信托形式持有该财产的，或当明示信托因受益利益或对象不确定，或因不符合书面形式等制定法要件而失败的；[5] 或只处置了部分受益利益，或执行明示信托后仍有盈余资金，在上述所有情况下，财产会以自动归复信托形式返还至委托人，委托人已去世的，将返还至其财产代管人。在后一种情况下，如果存在剩余遗产赠与，将由剩余动产或不动产受遗赠人取得财产；如果不存在剩余遗产赠与，或失败的赠与系剩余遗产的赠与，那么财产将由因无遗嘱死亡而对财产享有权利之人取得。

明示信托失败

归复信托在明示信托（无论因何种原因）失败时产生。因此，如果财产以信托形式授予受托人，但未声明任何信托的，财产将以自动归复信托形式返还至委托人，如同在 *Vandervell v IRC* 案[6] 中，受托人持有期权以回购以归复信托形式为 Vandervell 持有的股份。第二个例 78
子是 *Barclays Bank v Quistclose Investments Ltd* 案，[7] 在该案中，因 Roll Razor 公司的清算，支付 Rolls Razor 股份的股息这一信托失败，产生了一项惠及 Quistclose——为了支付股息这一明示目的而出借资金

---

〔4〕 *Vandervell v IRC* [1965]2 All ER 37 at 46.

〔5〕 依据英国《1925 年财产法》第 53 条第（1）款第（b）项；巴巴多斯第 236 章《1979 年财产法》第 60 条第（2）款规定。

〔6〕 [1967]1 All ER 1. 见上文。

〔7〕 [1968]3 All ER 651(see above, pp. 10,11).

的公司——的自动归复信托。第三个例子是 *Ames' Settlement* 案,[8] 在该案中,在颁布一项婚姻无效判决后,一项婚姻财产授予被宣告无效。既然该判决的结果是婚姻自始不存在,则对价完全失败,且财产授予的资金以归复信托形式为了委托人的遗产代理人而持有。

执行私益信托后的盈余

这种情况的典型例子是 *Abbott* 案。[9] 在该案中,为了维持两位聋哑妇女的生活,以认捐形式筹集了一笔资金。二位均去世后,受托人手中还剩了一部分资金。法院判决,盈余部分以归复信托形式为赠与人持有。

另一个涉及资金盈余的归复信托例子是 *Gillingham Bus Disaster Fund* 案,[10] 但该案对归复信托的认定结果远远无法令人满意。在该案中,一辆客车冲向沿街行进的皇家海军学员,导致 24 名学员死亡及多人受伤。一个纪念基金会由此成立,且国家报纸也公告其目的是为了"支付丧葬费、优抚受伤的学员,以及其他由吉灵厄姆市市长决定的有价值的理由"。公众捐赠了约 9000 英镑,部分可辨认的金额来自个人认捐人,但大部分来自街头募捐。受托人花费了约 2500 英镑,就盈余资金应如何处置向法院寻求指示。Harman J 驳回了该盈余应该作为无主财产(*bona vacantia*)缴存王室的观点,并判决该盈余应该属于为认捐人持有的归复信托,理由是每一位"捐赠人并未彻底分离其资金,而只有受限于其所希望的意图的那部分……应被实行",[11] 而一个匿名的捐赠者也不过是一个推定意图彻底分离其资金的可辨认的捐赠人。

对 *Gillingham* 案的判决显然令人头疼,因为那些把钱放进捐款箱

---

〔8〕 [1946]1 All ER 694.

〔9〕 [1900]2 Ch 326.

〔10〕 [1958]2 All ER 749(CA), affirming the decision of Harman J [1958]1 All ER 37.

〔11〕 [1958]1 All ER 37 at 41.

的匿名捐赠人已不可追回；而最终那笔钱将缴存法院。如果信托基金为专门性慈善目的设立，倒是有可能根据“近似”原则[12]将盈余资金用于类似的慈善目的，但本案信托目的并非是专门性慈善。

另一方面，在 *West Sussex Constabulary's Benevolent Fund Trusts* 案[13]中，信托基金是为去世警官的遗孀及其受扶养人而设立，Goff J 拒绝遵循 *Gillingham* 案对募捐盈余资金作出的判决。他认为，街头募捐取得的收益不应以归复信托形式为匿名赠与人持有，而应作为无主财产缴存王室，因为这些赠与人意图彻底分离其资金。此外，他认为， 79
通过娱乐活动、抽彩售货、买马筹集的资金，不能以归复信托形式为参与者持有，原因有两点：

(a)因为参与人支付演出、抽彩、买马费用，是基于与发起人的合同。他并不是把资金用于信托，只是用于交换其所接收之物；和

(b)在那种情况下，根本不存在对资金直接出资——如果有，也是从活动中最终以信托方式接收的利润。因此，这种接收是作为无主财产移交的。

另一方面，Goff J 继续判决，可辨认的捐赠和遗赠是以归复信托形式持有的。

非法人团体的解散

若非法人团体解散，其盈余资金应视为以归复信托形式为团体成员按照出资比例持有。*Printers' and Transferrers' Society* 案[14]就适用了这一解决办法，在该案中，成员每周出资，其目的之一是为罢工和停业提供利益。团体解散时，法院判决，盈余资金将按照出资比例在解散时的成员中分割。

另一个处理解散非法人团体资金盈余的方式是，将资金视为成员

---

〔12〕 见第 9 章。

〔13〕 [1970]2 WLR 848.

〔14〕 [1899]2 Ch 184.

彼此之间的合同权利和义务。在 *Cunnack v Edwards* 案[15]中,一家互助会为了向成员遗孀提供利益而成立。在其解散时,法院判决,成员的遗产代理人不能对盈余资金份额提出主张,因为出资成员已经以其遗孀的养老金的形式接收了他们合同约定的全部资金。因此,王室将盈余视为无主财产,后来 Goff J 在 *West Sussex case* 案[16]中,就前任和现任成员的直接出资作出判决时,也适用了这种解决办法。

Hanbury 和 Martin[17] 建议,如果权利基于归复信托,资金盈余应在所有团体成员中(包括前任和现任成员)按照各自的出资比例分配,但若资金计算过于困难的,可排除前任成员。然而,他们和其他评论家均认为,如今法院已经不再乐意采用归复信托这一解决办法了。

Walton J 在 *Bucks Constabulary Funds Friendly Society* (*No* 2)案[18]中采用的方法似乎才是当前更为人接受的,在该案中,一家基金会为了向某警察部队的成员及其受扶养之人而成立,该部队与其他部队是混合在一起的。Walton J 批判了 *West Sussex* 案中的无主财产这一解决办法,并判决,除非一个团体已奄奄一息,且全部成员或除一位成员外其余的全部成员全部死亡或辞职,该团体基金才应纳入无主财产;在其他任何情况下,该基金会都应在解散时在现有成员之间均等
80 分割,但团体有其他分割规定的除外。在目前的案件中,资金将在成员之间均等分割。

受益人之间的盈余分配

在一些案件中,法院判决,当为特定受益人设立信托基金时,出资人的意图是使受益人应有权利对其盈余提出主张,因此,不存在为出资人或认捐人持有的归复信托。*Andrew's Trust* 案[19]就适用了这一

---

〔15〕 [1891]2 Ch 699.

〔16〕 [1970]2 WLR 848, above.

〔17〕 *Modern Equity*, 14th edn, p. 244.

〔18〕 [1979]1 WLR 936.

〔19〕 [1905]2 Ch 48.

解决办法,在该案中,为去世的神职人员的孩子的教育而成立了一个基金会。当这个孩子成年并完成学业后,该基金还有一些盈余。法院判决,盈余部分应由这个孩子受益性获得。未产生任何为认捐人持有的归复信托,因为该基金虽然主要用于让这个孩子受教育,但其一般目的是使这个孩子受益,并且认捐人出资时也意图彻底分离资金。*Osoba* 案[20]也适用了同样的方法。在该案中,立遗嘱人将财产以信托形式留给了他的遗孀,用于“维持她的生活,抚养我的女儿 Abiola 直至她大学毕业,以及赡养我年迈的母亲”。母亲先于立遗嘱人去世;遗孀于 1970 年去世;女儿于 1975 年大学毕业。法院判决,立遗嘱人意图将财产绝对赠与受益人,而提及学业和生活费只是一个动机表示。因缺失区分性文字,受益人作为共同保有人取得财产,因此女儿在她母亲去世时,对全部基金享有生存者财产权。因此 Buckley LJ 对这一立场解释如下:[21]

如果立遗嘱人将一笔资金——无论是资本金还是收入——授予受益人,包括直接授予或通过受托人手段授予,若不存在任何相反证据,他将被视为表现出了使该受益人从标的物中全面受益的意图,尽管他可能已明示该赠与是为特定目的而做出的,而这一特定目的经证明履行不可能或没有用尽标的物。这是因为立遗嘱人授予了整个基金;他所授予的并非是由受托人或其他任何人决定的基金数额,而是整个基金。这肯定与立遗嘱人指定了赠与目的的情况一致。这种一致性是通过将对目的的提及单纯地视为立遗嘱人赠与动机的陈述。任何其他对赠与的解释都将使立遗嘱人明确的意图——整个标的物都应为了受益人的利益而使用——落空。我认为,在涉及标的物为立遗嘱人剩余遗产的情况下,这些考虑会添加效力,使任何赠与失败都

---

〔20〕 [1979]2 All ER 393.

〔21〕 Ibid. ,at 402.

会导致无遗嘱死亡的产生。赠与所指定的目的被认为是不如立遗嘱人的处置行为重要，后者设定了立遗嘱人意图使受益人受益的程度。

Osoba 案和 *Andrew's Trust* 案中的判决就不容易与 *Abbott* 案[22]的判决结果一致了，但 Pettit[23] 指出了一种可能性，即受益人死亡（如 *Abbott* 一案）和受益人仍在世的案子的情况可能有所区别。在第一种情况中，法院更易于判决为归复信托，因为信托的主要目的已不能再
81 执行。然而，如果受益人还在世，为受益人提供利益的主要目的还可以完成，因此它们可受益性持有。

养老金盈余

公司养老金计划终止的，无论是正在清盘还是在其他情况下，养老金计划中的资金盈余都将以归复信托持有，但这会产生一个问题，信托究竟是为雇员持有的还是为公司持有的？已有人指出，就养老金盈余所有权的问题还没有一致意见。[24] 有观点认为，养老基金应被视为一种信托，这种信托的设立源于公司和员工之间签订的合同，此合同保证了一项固定受益，但除非养老金计划条款明确规定将盈余基金所有权授予雇员，否则后者无法取得盈余的权益，因此，盈余将被视为由公司作为计划资助者而持有的财产。还有观点认为，养老基金是一种受益人是雇员的信托，因此公司无法对盈余主张所有权。[25]

在决定养老金盈余归属时，首先应解释该特定信托契据的条款。比如，在 *Rees v Dominion Insurance Co of Australia Ltd* 案[26]中，

---

〔22〕 [1900]2 Ch 326.

〔23〕 *Equity and The Law of Trusts*, 6th edn, p. 143.

〔24〕 Report of the Task Force on Inflation Protection for Employment Pension Plans (Government of Ontario, 1988).

〔25〕 Ibid. See Austin, "The role and responsibilities of trustees in pension plan trusts: some problems of trustlaw", in *Equity, Fiduciaries and Trusts*, p. 115 et seq.

〔26〕 (1981)6 ACLR 71.

Waddell J 判决，作为信托契据的一个解释问题，成员和公司均不得参与盈余清算，因此，这种情况下不可能存在惠及成员或公司的归复信托。因此，盈余将作为无主财产缴存王室。

在 *Wilson v Metro Goldwyn Mayer* 案[27]中，其中一个系争点是信托契据可否被修改为使公司对养老金盈余享有权利。在该案中，基金资产价值为 35.5 万澳元，成员共享有 8 万澳元。公司提议根据信托契据条款对基金进行清算，这些条款规定在信托存续期间，公司可据其自由裁量指示将盈余资金用于公司出资或支付现任成员、前任成员或其被扶养人的上述利益。此外，信托契据还规定，在清算之时，受托人有义务将盈余资金按照公司届时可能做出的指示用于为这些成员的提供利益。因此，虽然公司被授权在信托存续期间为自己设立“缴费休假”，但不得参与盈余资金清算。然而，信托契据也授予了公司和受托人对信托契据进行修改的共同权力——只要公司认为这种修改并未使成员的任何“担保权益”受损。就公司是否可以通过修改有关授予清算盈余的权利条款来修订信托契据，从而支付公司的盈余资金一事，受托人向法院寻求指示。Kearney J 判决：

（a）作为一项对信托契据的解释性问题，在修订权力时参照的“担保权益”包括固定受益权利和成员就盈余享有的权利。因此，此处不存在以损害成员参与清算盈余权利的方式修改信托契据的权力；和 82

（b）修改权力是一种受信人权力，因此公司不能为使自己受益而执行该权力。

在 *Courage Group' s Pension Schemes* 案[28]中，Millett J 没有必要裁定“这一个更广泛更具争议性的问题……盈余是否应为雇主获得，还是说它属于全体或部分的成员”。[29] 然而他却对雇主和雇员对于

---

〔27〕 Supreme Court, New South Wales, 26 November 1980 (unreported). See also *Re UEB Industries LtdPension Plan* [1992] 1 NZLR 294, *Re Reevie and Montreal Trust Co of Canada* (1986) 25 DLR(4th) 312; *ReNational Trust Co and Sulpetro Ltd* (1990) 66 DLR(4th) 271.

〔28〕 [1987] 1 WLR 495. See also D J Hayton [1993] Conv 283.

〔29〕 Ibid., at 514.

盈余权利的本质做出了如下评论:[30]

> 雇员有义务为工资缴纳固定份额或由雇主不时决定的其他较低数额。即使基金出现赤字,也不能要求他们额外支付;而如果基金出现盈余,他们也不能要求减少或暂停出资。相比之下,雇主仅有按照该计划责任的要求(如果有的话)出资的义务。如果基金出现赤字,雇主有义务进行弥补;如果出现盈余,雇主没有义务继续支付。当基金出现盈余时,只要雇主要求雇员继续缴纳而其自己不缴纳的,雇员也无权起诉。如果雇主选择减少或暂停其出资,他这样做是出于恩惠(*ex gratia*)和为了维持良好的劳资关系。
>
> 由此出现以下两种后果。首先,雇员无普通法上的"缴款休假"权利。其次,任何盈余都产生于先前的超额筹资,该超额并非由雇主和雇员按各自出资分摊造成的,而是由雇主独自在过去充分出资造成的,且只受限于雇员约束。

Millett J 推理的关键是,当雇主有义务弥补基金中的任何赤字时,其任何盈余都将被视为雇主做出的超额筹资,因此雇主对自己向自己出资的上述数额享有权利;而且,只有在此权利得到支付后,雇员才对盈余享有权利。然而 Millett J 还指出,若雇主欲获得一项偿还的权利,通常需要[31]提供一份信托契据的修正书。

在 *Davis v Richards and Wallington Industries Ltd* 案[32]中,养老金计划中的盈余基金有三种来源:

(a)以合同义务方式扣除雇员工资的5%;

(b)由其他养老金计划转让而来;以及

(c)雇主按照合同义务方式支付的任何养老金计划必要之物。

---

[30] Ibid. ,at 515.

[31] Ibid.

[32] [1990] 1 WLR 1511. See J Martin [1991] Conv 364,366.

本案主要的系争点在于，盈余应以归复信托形式使用，还是应被视为无主财产。有人认为，养老金计划赋予的权利是合同规定的，而不是信托规定的，因此，归复信托原则并不适当。然而，Scott J 认为，养老金计划中的权利源于合同这一点并不妨碍归复信托；合同订立人已取得所有合同协商全部所得的这一事实也并不会将归复信托排除在外。然而，当前案例不适用归复信托原则，原因有以下两点：

(a)其难以执行，因为每一位雇员的出资都是为了获得特定权益， 83
这些权益各不相同，取决于在职年限和年龄等，且一些雇员已经行使了退还出资的期权；和

(b)养老金计划以立法为基础，立法规定了雇员有权利获得的财政收益的最大限度。

鉴于这些原因，不可能推定雇员应以归复信托形式享有盈余的意图。相应地，法院判决，由雇员出资的盈余的任何部分均系无主财产。

在最近的 *Air Jamaica Ltd v Charlton* 一案[33]中，航空公司员工养老金计划的资金由雇员工资中扣除的部分及由公司相对应的出资构成。信托契据的部分规定为：

(a)公司出资的资金在任何情况下都不需要归还给公司（第 4 条）；

(b)公司有权力不时地修改该计划（第 13.1 条）；以及

(c)公司可以随时中止该计划，但中止不得导致基金的任何部分可被成员和其他对该计划项下的利益享有权利之人以外的人使用（第 13.2 条）。

更具体地说，第 13.3 条规定，如果计划中止，任何余额都应首先用于为现存的及未来的养老金领取人购买年金，然后才是由受托人自由裁量为成员及其遗孀或者指定受益人提供额外利益。1994 年，牙买加政府决定处置其在该公司中的控股权益。在进行了裁员并赔偿了

---

〔33〕 [1999]1 WLR 1399.

失业雇员应得的全部利益,公司打算从养老基金盈余中拿出 4 亿牙买加元来偿还其未还的债务。该计划中的成员声明中止养老金计划,并认为应按照第 13.2 条处置基金。公司建议依照第 13.1 条的权力修改信托契据,以使能将盈余支付给公司。枢密院维持了牙买加上诉法院的判决,并判决:

(a)公司有义务使用权力以善意地修改养老金计划,但修改目的不能是使公司获得信托基金的任何权益——第 4 条明文规定在任何情况下禁止这种行为;和

(b)养老金计划中止后,信托基金余额并非作为无主财产归复王室,而是以归复信托形式持有。信托契据第 4 条仅仅是阻止了将公司依照该计划条款做出的出资归还给公司,但并未禁止公司通过一般归复信托原则保留受益利益。相应地,可归属到公司出资的那部分盈余都归复给公司。另一方面,应归属于员工出资的那部分盈余应以归复信托形式为基金成员持有,并且在成员和已逝成员的遗产代管人中按各自出资比例分割,而不管他们已经接收[34]的权益价值。

84 推定的归复信托

当受益人支付价款但将财产转让至受托人名下的,或转让至他自己和受托人的共同名下的,或受益人将自己的财产无偿转让给受托人的,就产生了一项惠及受益人的推定的归复信托。当两人或多人支付价款,并将财产转至其中某一人名下时,就产生了一项惠及那些按比例出资的人的归复信托。在上述所有情况下,衡平法都推定,支付价款的人都意图使自己享有受益利益,且法院将通过要求 T 以信托形式

〔34〕 枢密院在 *Scully v Coley*(2009) PC Appeal No 51 of 2008(unreported)[Carilaw JM 2009 PC 7]一案中做出了类似的指示。

持有这些出资来实现这一意图。这一衡平法上的利益将优先于后续设立的任何衡平法上的利益,比如由受托人为银行设立的衡平法上的抵押。[35]

可通过证明受益人的真实意图,比如,证明他意图将财产赠与受托人,来推翻这种推定。此外,如果受益人是受托人的父亲或者丈夫,就产生了有利于受托人的预付(或赠与)推定。这种推定同样可以通过证明不存在赠与的意图予以推翻。

无偿转让

动产的无偿转让和**土地**的无偿转让似乎存在区别。

就动产转让而言,若受益人无偿(无须支付对价)将财产转让给受托人而未作任何信托声明或赠与,或者受益人无偿将财产转让至自己和受托人共同名下,归复信托的推定即产生。因此,在 *Vinogradoff* 一案[36]中,V 将一些股票转让至自己和 4 岁女儿共同名下。V 去世之后,法院判决存在一项惠及 V 的遗产代管人的归复信托。然而,这一推定很快就被一项证明存在赠与意图的证据推翻了。

就土地转让而言,这一立场就不那么明确了。意图通过赠与无偿转让土地的,必须明示该土地是供受让人使用或使其从中受益的,否则就会产生一项衡平法上的利益的归复信托,一切普通法上的财产权将根据《1535 年用益法》而回到让与人手中。英国《1925 年财产法》第 60 条第(3)款规定,在一项土地无偿转让(包括租赁保有)中,不得**仅**以未明示是供受让人使用或使其从中受益为由而默示为一项为了让与人的归复信托。然而,该条款似乎并无任何规定禁止通过以其他原因或以衡平法原则的普通适用而默示为一项归复信托,因此,如果转让人希望赠与土地,为免存疑,他应该在转让时明示规定该转让不

---

〔35〕 *Mapp v Barclays Bank International Ltd* (1992) Court of Appeal, Barbados, Civil Appeal No 8 of 1986 (unreported).

〔36〕 [1935] WN 68.

得默示[37]为归复信托。另一方面，巴巴多斯《财产法》第 64 条第（3）款进一步排除了土地无偿转让上的归复信托，其规定，“不得仅以缺失有值对价、实质性对价或推翻归复信托的明示言词，或仅以未明示供受让人使用或从中受益为由而默示为一项为了让与人的归复信托”。

85 因此这一立场似乎可以被理解为，在适用 1926 年之前的英国规则的法域，无偿转让土地会产生归复信托，除非使用“以供受让人使用或就从中受益的”这一明确的言词；而在巴巴多斯岛，不可能仅以转让是无偿的为由而产生归复信托的推定。

另一方面，还表明，如果转让人有一项惠及自己的归复信托生效的意图，则法院会支持归复信托。这一点在 *Hodgson v Marks* 一案[38]中有所阐明，在该案中，年长的 H 夫人无偿将自己的房子转让给她的寄宿人 E，她依赖于 E 为自己打理事务。经口头协商，H 夫人仍是受益性所有权人。随后，E 将房子出售给了 M，而 M 是对 H 夫人的权益不知情的善意购买人。问题在于 H 女士是否可以对抗 M 而受到保护。法院判决，H 夫人是衡平法上的受益性所有权人，根据《1925 年土地登记法》而享有优先权益。H 夫人和 E 之间的明示的口头信托声明，因缺失书面文件而无法执行，但因 H 夫人意图保留受益性所有权人，因此确实产生了一项为了 H 夫人的归复信托。本案未讨论《1925 年财产法》第 60 条第（3）款。

以他人名义购买

自 *Dyer v Dyer* 案[39]以来，就已确立，当受益人为不动产支付价款后，无论受益人将该不动产转让还是登记至受托人名下或受托人与该

---

〔37〕 See Hanbury and Martin, *Modern Equity*, 14th edn, pp. 249, 250; Underhill and Hayton, *Law of Trusts andTrustees*, 14th edn, p. 290.

〔38〕 [1971] Ch 892.

〔39〕 [1775 – 1802] All ER Rep 205. 主张受益性权益之人必须出示充分证据以证明其已支付了购买价款：*Olton v Olton* (1991) High Court, Trinidad and Tobago, No117 of 1974 (unreported)。

受益人共同名下,均推定受托人为受益人持有一项归复信托。这一原则已被延伸至动产。比如,在 *Howes* 案[40]中,立遗嘱人将500英镑存入其侄女的存款账户,却并未告知侄女本人。立遗嘱人自留存款票据,并打算通过遗嘱处置这笔存款。法院判决,即使这不是严格意义上的购买,也会产生一项为了立遗嘱人及其遗产代管人的归复信托。

Dyer v Dyer 案的原则同样适用于涉及两名或多名共同购买人,但转让至一人名下的情况。在 *Bull v Bull* 案[41]中,一位儿子预付了2/3的购房款,其母亲预付了1/3:房子转让至这名儿子一人名下。法院裁定,在这种情况下,产生了一项为了母亲的归复信托,信托中的金额为她缴纳的1/3的份额。但必须证明这笔款项是通过购买形式预付的。如果该笔款项是单纯地通过贷款预付的,那么就不存在归复信托,且贷方是单纯的债权人。

另一个例子是 *Savage v Dunningham* 案[42](在该案中,法院判决未产生归复信托),涉及非正式的公寓共享安排。本案中,房屋以被告一人的单独名义保有,但租金和其他开销由被告和其他公寓共享人(原告)平摊。法院判决,"购买价款"不包括租金,因此不存在为了原告的归复信托。

Bull v Bull 案的原则的另一个适用的例子是特立尼达岛的 *Rampaul v Mohammed* 案[43]。在该案中,K、F、S三兄弟决定凑钱购买 86
某处房产,每人大约支付1/3的购买价款。根据三人的安排,部分的购买价款将通过向丰业银行贷款筹资,为便于操作,K和F将自己的款项存入了S的银行账户。房产最终购买完成,普通法上的所有权也转让到了S一人名下。S去世后,K和F请求声明S为该房产的受托人,而S本人、K和F为受益性混合共同保有人,且S的遗产管理人应

---

〔40〕 (1905)21 TLR 501.

〔41〕 [1955]1 QB 234; followed by the Jamaican Court of Appeal in *Forbes v Bonnick* (1968)11 JLR 67. Seealso *Gibson v Walton*(1992)28 Barb LR 113(High Court, Barbados).

〔42〕 [1974]Ch 181.

〔43〕 (1975)High Court, Trinidad and Tobago, No 854 of 1971(unreported).

执行关于将两份房产 2/3 的股权转让给 K 和 F 的备忘录。

DesIles J 判决，根据 *Bull v Bull* 中的原则，产生了一项房产的归复信托，起受益人是 K 和 F，信托财产为各自的出资份额，他们对转让备忘录享有权利。

另一个涉及购买价款归复信托的加勒比案件是 *Griffith v Griffith* (*No* 1)〔44〕案，在该案中，原告和被告是一对已婚夫妻，决定在巴巴多斯购买一处房产。他们找到一处合适的房产，并将其转至二人共同名下。证据显示，除丈夫支付的少量用于清偿按揭款的款项之外，妻子（原告）支付了所有的购买价款，且在决定购买时，双方的意图是房产应属于原告。

因此 Rocheford J（Ag）判决，双方均以受托人身份持有该房产普通法上的财产权，但其妻子独享受益性所有权。他解释道：

> 我认为，双方在决定购房之时的真正意图是使原告成为购买人，因此，我认为在这种情况下并无证据证明存在有推翻一项为了原告的归复信托推定的反意。
>
> 此外，我还注意到，被告律师提到了 Lord Upjohn 在 *Pettitt v Pettitt* 案〔45〕中的陈述：
>
> "在缺乏任何证据的情况下，如果丈夫将自己的财产转让至妻子名下，就意味着他意图将财产赠与妻子，但如果丈夫将财产转至二人共同名下，则（在缺乏其他任何证据的情况下）应推定为共同受益性保有。如果妻子将财产转让至其丈夫名下，在缺乏所有证据的情况下，这可能意味着丈夫是妻子的受托人，但在实际操作中，几乎总会存在对这一（当前）相当不寻常的情况的解释（无论这种解释多么微弱）。如果妻子将财产转让至二人共同名下，我自己可能会认为他们意图使

---

〔44〕 (1981) 16 Barb LR 291 (High Court, Barbados).

〔45〕 [1969] 2 All ER 385 at 407.

房产为二人共同保有,因为除此之外,我想象不到其他的可能。

但当夫妻双方均为取得该房产出资时,我将认为(当然,在缺乏证据的情况下),他们意图成为共同受益性所有权人,这就是为什么要以共同名义或者其中一人的单独名义购买。这就是适用归复信托推定的结果。即便财产转让至妻子一人名下,我自己也不会将这一事实视为一种证据——使妻子可以对预付款提出主张,因为除非丈夫出资比例极小,否则这将对抗该案的一切可能性。"

既然我已认定并非夫妻双方均为取得房产进行了出资,而是只有妻子一人出资,上述引用的第二段陈述就是不相关的。而就第一段陈述而言,我接受妻子关于同意将财产转让至二人共同名下的解释,且我认定并无共同受益性保有房产的意图。也不存在为了丈夫[46]的预付推定。因此,双方以受托人身份持有普通法上的财产权,原告独享受益性所有权。

推翻归复信托推定 87

如证明存在将财产赠与受让人的意图,或表明款项预付的方式是贷款而非信托,则归复信托的推定可以被推翻或部分推翻。在加勒比国家,在涉及银行共同账户的情况下,归复信托的推定常常被推翻。

在 *Bank of Nova Scotia Trust Co(Caribbean)Ltd v Smith-Jordan* 案[47]中,立遗嘱人在去世前不久在银行开设了他本人和被告的共同账户,被告是他的"伙伴、贴身仆人和管家。"在银行与存款人的协议条款中,有一条规定了如果存款人中任何一人死亡,则幸存者可提取账户中所有款项。账户中所有款项均由立遗嘱人提供。在立遗嘱人去世前,被告曾多次从账户中取钱以供自己使用,到立遗嘱人去世时,贷方余额为 103,460 巴巴多斯元。被告将其全部取出。作为立遗嘱人

〔46〕 巴巴多斯《财产法》第 192 条第(2)款规定,当妻子以其丈夫名义购买财产或将财产无偿转让给丈夫的,预付推定产生。见下文第 97 页。

〔47〕 (1970)15 WIR 522(High Court,Barbados).

的遗嘱执行人，原告主张被告只是作为受托人为了立遗嘱人财产的受托人。

Douglas CJ 判决，既然鉴于二人之间的长期关系，立遗嘱人明显意图使被告受益性享有这笔现金，那么被告就已推翻了这个为了立遗嘱人的归复信托。

在回顾了一些英国和加拿大的关于共同存款账户的判例后，这位博学的首席法官（Douglas CJ）继续说道：

在结束这个案子之前，我将参考澳大利亚 *Russell v Scott* 一案。[48]因为我援引的判例要么涉及丈夫和妻子，要么涉及血缘关系。而当前这件案子涉及的则是雇主和贴身仆人及伙伴的关系。因此我将援引 DixonJ 和 Evatt J 在澳大利亚[49]高等法院联合判决 *Russell* 案时的判决词：

"丈夫和妻子之间的案件产生的事实只会影响举证责任。在不涉及预付推定的案件中，证明存在授予受益利益意图的符合要求的肯定性证据为这一推定提供了空间。一旦出现这种推定，就像当前的案例一样，就存在银行账户贷方余额应属于幸存者的这一意图，那么在我们看来，这些案件就变得难以辨别了。"

我就眼前的事实认定，由于被告长期而忠诚的服务，立遗嘱人认为自己有义务为他提供生计；他确实在遗嘱中为他提供了生计；他通过赠与契据将 Hampton Court 这一财产转让给了被告；他向 Hinds 先生和 Rouse 先生均表明了使被告获益的意图；他签署了法庭上展示的联合存款协议；以及，立遗嘱人意图在二者均在世期间允许被告自由提取账户中的款项，且在立遗嘱人死亡后，所有余额应属于被告。

我认为，证据压倒性地对被告有利。被告为个人使用而取出现金

---

[48] (1936)55 CLR 440.

[49] Ibid. , at 453.

这一事实非常重要,因为这是立遗嘱人赞同的取款方式。此外,遗嘱和赠与契据中的明确声明已经使立遗嘱人的意图变得毋庸置疑。被告有举证义务以推翻其是因归复信托而成为共同账户余额的受托人的这一推定。我判决,被告已履行了这一义务。

Pearson v Cayman National Bank 案[50]是更近的一个推翻共同账户资金的归复信托的案例。在该案中,T 得了重病,决定将姐姐 P 增加为其名下三个银行储蓄账户的签字人。T 和 P 签署了一般性修正表,其中列明了账户的变更并规定了该账户为“或式”账户(“either/or” account)。银行在该账户上添加了 P 的名字,并出具声明以表明 P 是共同账户持有人。就在 T 去世前几天,他改变了主意,写信给银行要求在该账户上使用多个第三方的名字以替代 P。主要系争点在于,P 是否应作为幸存共同保有人而对该账户中的资金享有受益性权利,还是说她是以归复信托形式为 T 的遗产代管人持有该账户中的财产。此外,法院还须决定,T 向银行指示替换 P 的共同账户持有人身份的这一行为是否导致了共同账户保有的分离。 88

Sanderson J 推翻了因转让资金至无偿“无关方”——P 名下而产生为了 T 的归复信托的这一推定,因为有证据显示 T 意图授予 P 该账户的普通法上的共同所有权及受益性所有权,使 T 和 P 均可为个人目的而取款。这是“或式”账户的效力。此外,T 随后的主意变更不会导致共同保有法分离。相应地,该账户权益并未转让至上述第三方,且 P 可通过生存者财产权享有完整的普通法上的权益和受益性权益。

另一方面,在 *Harper, Brathwaite v Harper* 案[51]中,巴巴多斯高等法院的 Sir David Simmons CJ 得出的结论是,该案不存在对归复信托推定的推翻。该案事实是,在去世前不久,H 以自己、其兄(B)和其非

---

〔50〕 [2000] CILR 246.

〔51〕 (2007) 72 WIR 40.

婚生[52]儿子(S)的名义在银行开设了一个共同储蓄账户。银行与三位签字人的协议规定,若其中任何签约人死亡,“幸存的两名签约人或其中一人,或唯一幸存者均可提取”账户中的款项。H 去世那天,B 将账户中的资金全部取出,但随后,根据法律咨询,又将这些钱交由第三人暂时代为保管,以待解决其权利争议。有待法院决定的问题是,尤其是考虑到与开户行签订的协议条款后,那些现由第三人代管的现金应因生存着财产权而属于 B,还是应因归复信托而归属于 H 的遗产。Simmons CJ 首先指出,多年以来,共同银行账户已引起了不计其数的诉讼,此类诉讼是法律中“对事实极其灵敏且高度依赖于事实的”一个领域,许多案件的结果取决于个案事实。然而,他接下来重申了他认为适用于目前案子的基本原则,如下所示:

(i)当设立了共同存款账户,且其中所有的资金都由 H 提供,则签字人在普通法上对这些资金享有普通法上的**所有权**;[53][54]

(ii)在 H 生前或在其死后均无明示声明资金的**受益利益**[55]的归
89 处,但衡平法承认,当 H 以三人名义开设共同存储账户时,剥夺自己对账户资金的排他性所有权及控制权,并使 B 和 S 成为共同保有人的这一意图并不存在。因为衡平法不赞成(受益利益的)共同保有,因此资金将被推定为以归复信托形式为 H 持有,尽管这一推定可能因显示 H 开设账户的真实目的的相关事实证据和情节证据而被推翻。

(iii)法院的任务是确定 H 在开设共同账户并由三方签署协议之

---

〔52〕 Simmons CJ 判决,依据预付推定,在巴巴多斯,“子女”应被理解为全部子女,包括非婚生子女。见下文第 90 页,脚注 59。然而,在当前案件中,预付推定要么不适用,要么即便是适用,也会被事实推翻。

〔53〕 原文为斜体。

〔54〕 *Standing v Bowring*(1885)31 Ch D 282.

〔55〕 原文为斜体。

时的意图。确定此意图须考虑全部的证据而不仅限于与银行[56]签订的协议。本案的情况与 *Marshall v Crutwell* 案[57]和 *Ashby v Thornhill* 案[58]一样,证据表明开设共同账户并非意图给予 B 和 S 的任何受益利益,而是为了方便,因为 H 病得很严重,需要有人协助他管理家庭和经济事务。在开设账户后,H 生前仍然享有用益权且并未剥夺自己对财产的控制权,这一点尤其重要。H 允许 B 从账户中取出少量现金,但须事先征求 H 同意。简单来说,三位签字人均视该账户为 H 的个人财产。

因此,结论是,资金是以归复信托形式为 H 持有的,且应依照 H 遗嘱中的条款来进行分配。

在除共同银行账户外的情况下部分推翻归复信托推定的例子是特立尼达的 *Sookradge v Ward* 案。[59] 在该案中,S(原告)和 W(死者)以"普通法上的"结合关系作为男人和妻子共同生活。1960 年,S 同意从 M 处购买一片土地,并委托 W 向 M 支付购买价款。W 向 M 付了款,转让契据以 W 的名字开立。在此之后,S 和 W 一致同意,W 随后将以自然爱与感情为对价将财产转让给 S。1962 年,S 自己花钱将该土地上的"垃圾屋"换成了以胶土和石膏建成的、带镀锌铁板屋顶的房子,内含六个房间。随后,S 和 W 就居住于此,直到 1978 年 W 去世。随着的 W 死亡,关于财产所有权的争议就产生了。

---

[56] 参考 *Reid v Jones*(1979)16 JLR 512 at 514 一案中的方法,在该案中,Bingham J 陈述道,"共同账户收入的全部收益可能是由死者[妻子]提供的,如果委托人向银行指示,或者如果遗嘱执行人在生前试图控制该账户中的款项并将其丈夫排除在外,那么这一事实只能使她的丈夫成为受托人。"在本案中,双方均有权力从银行账户中取款。法院判决,丈夫因生存者财产权而受益性享有权利。

[57] (1875)LR 20 Eq 328.

[58] (1992)High Court,Barbados,No 832 of 1987(unreported),在该案中,丈夫病重,将其个人名下的银行账户变更至自己与已分居的妻子名下的共同账户。Belgrave J"确信该丈夫此举并非意图将任何利益转让给妻子……而只是便于妻子在他离世之前管理事务……[且]妻子也知晓这一情况。"相应地,丈夫去世后,妻子将以信托形式持有丈夫的财产。参见 *McLean v Vessey* (1935)4 DLR 170;*Re Mailman Estate* [1941] SCR 368。

[59] (1989)High Court,Trinidad and Tobago,No 4001 of 1984(unreported).

Warner J 判决：

(a)自 S 提供土地购买价款且普通法上的所有权归属于 W，就产生了归复信托的推定；

(b)这一推定被部分推翻，因为此处存在一项应使 W 获益的明确意图，尽管这并不将 S 排除在外；

90 (c)既然衡平法倾向于支持受益利益的混合共同保有而反对共同保有，则 W 以一项为了本人和 S——二人均为受益混合共同保有人——的信托形式持有财产。因此，她的遗产代管人和 S 各享有一半份额的财产；以及

(d)或者也可以是，自从修建新房子开始，W 为了作为混合共同保有人的自己和 S 持有信托，这一结论的基础是，土地是 W 的出资购买的，而房子则是 S 出资修建的。

父亲和子女

若父亲无偿将财产转让给婚生子女，[60] 或以婚生子女的名义购买财产，则他将被推定"预付"，也就是说，将财产赠与了子女。在此类案件中，预付推定的理由是有力的，且很难被轻易推翻。比如，在 *Roberts* 案[61] 中，一位父亲为自己的儿子买了保险，并支付了保费。这位父亲明示成为保单的受托人。在其去世后，就产生了一个争议，即保费是否可由其遗产代管人收回。法院判决，支付的每一笔保费都是单独预付给他的儿子的；预付推定未被推翻；保费不可收回。在 *B v B*

---

〔60〕 在 *Harper, Brathwaite v Harper*(2007)72 WIR 40 案中，Simmons CJ 判决，在巴巴多斯，预付推定适用于所有子女，无论其是否婚生。因为相关数据表明，在巴巴多斯社会，数据显示大部分孩子都是非婚生子女，如果从狭义的角度解释"子女"一词，就不符合社会现实。为支持这一提议，《家庭法》明确地承认婚外结合，并在满足某些前提条件的情况下，将这种结合的地位等同于婚姻，以使在这种结合关系中出生的子女与婚生的子女地位相同；《子女地位改革法》废除了非婚生地位，并强制自 1980 年 1 月 1 日起，所有子女享有平等地位。"子女"包括收养的子女：*Edwards v Edwards*(2010) Supreme Court, Jamaica, No HCV 2006 1353(unreported)。

〔61〕 [1946] Ch 1.

案[62]中,父亲以其12岁的女儿的名义买了一张赌金全赢制的赛马票,该票赢得了50,000英镑,法院判决,不应推翻预付推定且这些钱属于他的女儿。

预付推定被推翻的两个案例是*Gooch*案和*Warren v Gurney*案。在*Gooch*案[63]中,一位父亲以他的儿子的名义购买了一家公司的股份,使其有资格成为该公司的董事。儿子将股息及股权证书交给了父亲。法院判决,预付推定被推翻。在*Warren v Gurney*一案[64]中,一位父亲为他的女儿购买了一套住房以供后者居住。房子转让至了女儿名下,但其父亲保留着所有权契据。在父亲去世15年后,女儿对该住房提出受益性所有权主张。法院判决,有利于女儿的预付推定被其父亲保留所有权契据的这一事实以及购买之时的其他证据推翻。

近期,在牙买加*Scott v Scott-Robinson*案[65]中,预付推定也被推翻。在该案中,原告以其自己和女儿——被告——的共同名义购买了一处房产。该房产一直以来都被原告作为其婚房使用,而被告居住在英格兰,只是偶尔来牙买加。所有权证明的原件副本由原告占有。他宣称,他将女儿的名字加到所有权证明上,是为了在自己死后,她可以 91
作为幸存共同保有人享有该房产的普通法上的所有权,这样就减少了不便和费用;他声明,他从未意图在自己生前使她成为该房产的受益性所有权人。

在得出预付推定被推翻的这一结论之时,Brooks J援引了最近的*Lavelle v Lavelle*一案,[66]在该案中,一位父亲以他的女儿的名义购买了一间公寓,后来,这一推定被成功地推翻,因为事实证明父亲用女儿名义购买公寓是为了避免遗产税。尽管他每年只有三个月待在公寓里,但从一开始,这个公寓就是按他的需要进行的装修,在该案中,这

〔62〕 (1976)65 DLR(3d)40.
〔63〕 (1890)62 LT 384.
〔64〕 [1944]2 All ER 472.
〔65〕 (2010)Supreme Court, Jamaica, No 2009 HCV 01885(unreported).
〔66〕 [2004]EWCA Civ 223.

一事实很重要;此外,还有证据显示,其他家人每周都会去公寓。Lord Phillips 在英国上诉法院作出判决时建议,就推翻预付推定的证据可采性而言,当前的趋势是不适用 *Shephard v Cartwright* 案[67]中的刚性规定。相反地,他认为,"衡平法寻求转让人的主观意图……简言之,转让人若在交易许久之后后悔自己的慷慨行径的,法院对其做出的对自己有利的行为陈述几乎很少甚至完全不予考虑。法院更为重视与交易本身相关的言词和行为,因为这些言词和行为本质上就构成了整个画面的一部分。若受让人是成年人,且意识到转让人的言词和行为但未抗议或质疑时,转让人的言词和行为的重要性会变得更高。"

和 *Warren v Gurney* 案[68]一样,这一点在 *Scott* 案中也很重要,在该案中,一位父亲保留了对财产所有权证明原件副本的占有,该财产是"一片土地的支撑"。相应地,基于案件事实和情节,Brooks J 判决,"Scott 先生推翻了预付推定。在我看来,双方当时商定的意图是 Scott-Robinson 夫人的权益仅在 Scott 先生去世后才生效。"

当转让人是作为代行父母义务者(*in loco parentis*)将财产转让给受让人的,也存在预付推定,但根据英国法,**母亲和子女**[69]之间不存在此类推定,因为衡平法不承认母亲应向子女提供任何生计的义务。尽管母亲有抚养子女[70]的制定法上的义务。父亲和母亲在这方面的区别明显已经过时了,法院还指出,在实际操作中,母亲赠与子女[71]的意图相对来说更容易证明。澳大利亚和加拿大的一些法官偏爱将这一推定延伸至母亲/子女的关系[72]中。

---

〔67〕 [1955]AC 431. 尽管在 *Antoni v Antoni* [2007]WTLR 1335 一案中,枢密院在未作评论的情况下就适用了这一规则。

〔68〕 [1944]2 All ER 472.

〔69〕 *Sekhon v Alissa* [1989]2 FLR 94. See G Kodilinye,[1990]Conv 213.

〔70〕 Parker and Mellows, *Modern Law of Trusts*, 6th edn, p. 194.

〔71〕 *Bennet v Bennet*(1879)10 Ch D 474 at 478, per Jessel MR.

〔72〕 See, eg, *Dullow v Dullow* [1985]3 NSWLR 531; *Cohen v Cohen*(1985)60 Alberta Rep 234.

在圭亚那的 *Cunje v Cunje* 案[73]中,就父亲以儿子名义购买财产或无偿将财产转让给儿子的情况中预付推定所适用的原则,Bollers CJ做出了如下解释:

> Lord Hardwicke 在[*Grey v Grey*]案[74]中所说的是,当A以B名义购买财产,并将财产转让至B名下,在缺少案件事实,例如将财产转让给B(无关方)的意图这一事实的解释时,衡平法会推定A意图使B 92
> 以信托形式为其持有财产,但如果B是A的儿子,则情况就有所不同,因为自然的爱与感情会提供必要的对价且会产生对儿子的赠与预付推定——使他所谓的“推定信托”(constructive trust)的这一推定落空,但现代权威判例将他所谓的“推定信托”视为归复信托或默示信托。因此在后一案件中,如果该父亲意图使一项为了自己的信托生效,他应该在购买时就做出这种声明。预付推定的运行是可作证据的,而且,既然推定可被推翻,它就可由真正购买人的真实和实际意图推翻,而如果父亲在购买之时就已表明了预付的意图,则他后续的行为和声明不能推翻这种意图。在 *Grey v Grey* 案中,父亲后续的行为是从转让、租赁、收取罚款,圈占草地以及出售谈判中获益,而儿子被视为受益性持有人。后续的权威判例认为,这一证据不可证明设立了一项信托。

近期在一个加拿大案例(*Northern Canadian Trust Co v Smith* 案[75])中,一位父亲以他儿子的名义买了一套房子。这位父亲和他的家人都免租住在这里,而父亲和母亲均为房子的修缮花了一些钱。曼尼托巴上诉法院判决,这些事实并未取代预付推定。在该案判决过程中,法院援引了 Riddell J 对 *Empey v Fick* 案[76]的判决,那位博学的法

---

〔73〕 (1975) Supreme Court, Guyana, No 1153 of 1968 (unreported). See also *Cuny v Johnson* (1988) Supreme Court, The Bahamas, No 721 of 1875 (unreported).

〔74〕 (1677)2 Swans 594.

〔75〕 [1947]3 DLR 135.

〔76〕 (1907)15 OLR 19 at 29.

官在该案的意见如下：

“但据说该交易不谨慎，因此站不住脚。然而，如果该父亲以交易不谨慎为由提起诉讼要求废除契据的，则该案就可能站得住脚，就像 *Watson v Watson* 案[77]一样，但我认为这并非是某种特殊情况——在这种情况下，遗产管理人在父亲去世后可以做一些如果父亲在世，他自己也不可能做出的事情。法律并未要求子女证明赠与的合理性。”

因此，究竟是产生了默示信托或归复信托，还是说预付推定应占优势，这一问题纯粹是一个委托人的意图问题，在后一推定的情况下涉及父亲和儿子的，这一推定只能由委托人在以儿子名义购买财产之前或同时做出的声明和行为来推翻。*Shephard v Cartwright* 案[78]就清楚地阐明这些原则。

在该案中，一位去世的父亲和一位合伙人创办了几家私人公司，涉及大量股份，他意图将股份分给三个子女，其中一个尚未成年。这些公司非常成功，这位父亲和这位合伙人又创办了一家公众公司，该公司用大量资金(包括现金和股份)，收购了其他所有公司的股份。各个子女在父亲的要求下签署了必要文件，但并不理解此行为的意义。父亲收下了现金，并在不同时间出售和接收子女在新公司股份的出售收益。然后，他分别将旧股份精确数额的现金分别以子女的信贷形式存入各个单独存款账户内，并在每个相当于新股份出售收益的情况下都筹集资金。后来，他使子女们在对内容不知情的情况下就在有关文件上签字，授权他从这些账户中提款，并在他们不知情的情况下，从他们的账户中取款，这些账户内的钱后来都用尽了。部分取出的款项是为了孩子的利益，但很大一部分原因不明。孩子在起诉亡父的执行人时表明，父亲以他们名字登记的股份是对他们的预付，上议院判决，在考虑到证据后，预付推定生效。在判决中，Viscount Simonds 说道：[79]

---

〔77〕 (1876)23 Gr 70.

〔78〕 [1955]AC 431.

〔79〕 Ibid. ,at 445.

“我相信,法律已经明确指出,如一方购买股份并登记在无关方名 93
下,会产生一项为了购买人的归复信托;但另一方面,如果股份登记在其子女的名下或购买人以代行父母义务者的身份购买的,就不存在归复信托而是预付推定。同样,法律也明确指出,这种假定可能被推翻,但是,正如 Lord Eldon 所言,不能因为情节轻微(如 *Finch v Finch* 案[80])就妥协。”

Shephard v Cartwright 案[81]确立:

……当事人购买之前或之时的行为或声明,或随后构成交易一部分的行为或声明,可作为证据采信以支持或反对做出行为或声明之人;而后续的行为和声明只能作为反对而非支持做出行为或声明之人的证据。

这意味着,当涉及推定为预付款项的情况时,宣称的捐赠人后续的行为和声明只有在违背其利益(即支持推定的情况)时,才能作为证据被采信,因为,“若规则并非如此,那么即使在购买之时他们的真实意图是将财产[82]赠与孩子(或受赠人),事后也很容易捏造证据”。因此,在圭亚那的 *Samuels v McKoy* 案[83]中,一位父亲以其 15 岁女儿的名义购买了一座农舍,并以其名义登记土地保有,这位父亲后来支付了土地租金并负责了土地的主要修缮工作这一事实,并不能推翻预付推定。正如 Khan J 解释的那样:

在 *Halsbury's Laws*(3rd edn)一书的第 159 页中,作者讲道:

“对未成年人做出的财产生前赠与,事后不能撤销。如果赠与是完全的,就会产生支持赠与有效的推定。”

---

〔80〕 (1808)15 Ves 43.

〔81〕 [1955]AC 431.

〔82〕 *Warren v Gurney* [1944]2 All ER 472 at 473, *per* Morton LJ.

〔83〕 [1968]GLR 30.

涉事房产是以原告的名义购买的，且后续以其名义登记了土地保有，这些事实使得该赠与成为了完全的赠与。被告与原告之间是信义关系，且这种交易应以有利于原告——被告的孩子的方式予以解释：参见 *Halsbury's Laws of England* 一书（第三版），第 201 页，第 446 段。

此外，父亲以子女单独名义购买不动产或动产的，推定该父亲欲将财产赠与子女。这种情况中也存在预付推定：即使被告在世时实际接收了收入也租赁了财产，仍然可能存在赠与意图的推定。

在 *Shephard v Cartwright* 案[84]中，一位父亲以他的儿子的名义（在后者不知情的情况下）投资证券，并于其在世时按照授权委托书接收了股息，法院判决存在一种预付。

在判决中，Viscount Simonds 陈述道：[85]

"我毫不犹豫地认为，我唯一能得出的结论就是，死者的原始意图是将自己打算为孩子提供的款项是为了永久预付。他很可能在之后改变主意，但那时已经太晚了。他很可认为，自己做出了绝对赠与后还可以撤销。反正谁也不知道他的想法。依照法律做出的推定将不能因此被推翻。如果我有义务对这些事项做出推测的话，我的最后一
94 个问题将会是，为什么死者要将这些股份以其妻子和三个孩子的名义交由六个不同的公司持有，除非他打算为妻子和孩子提供生计，并且，既然律师未能提出他应该这样做的任何合理的理由，我应得出结论，法律推定的意图实际上就是他的意图……"

此处不存在购买之前或之时的行为或声明，或后续构成交易一部分的行为或声明表示反意。而后续的行为和声明只能作为反对而非支持做出行为或声明之人的证据。

而 *Shephard v Cartwright* 一案中的规则，不仅适用于涉及推定赠

---

〔84〕［1955］AC 431.

〔85〕At 449, 450.

与的情形(即存在预付推定的情形),也同样适用于推定的归复信托和明示赠与的情形。然而,在牙买加的 *Reid v Grant* 案[86]中,法院判决,当捐赠人或购买人在交易之时,通过同时声明以明示对交易标的物的挪用保留控制权的,无论是绝对的权利还是附条件的权利,都不适用这一原则。在 *Reid' s* 案中,立遗嘱人于1963年8月15日在银行以自己和孙女(被告)的共同名义开设了一个存款账户。立遗嘱人和被告在开立账户时签订的文件,其中的内容之一是授权该银行承兑提款,前提是该提款由立遗嘱人签署或由立遗嘱人授权签署的。法院还进一步规定,可通过由立遗嘱人或被告向银行发出书面通告而使对文件的总体撤回生效。账户中全部金额均由立遗嘱人提供。8月17日,立遗嘱人写信给银行,指示其"如果我们中的任何一人死亡,将账户中所有金额将归幸存者所有"。9月21日,立遗嘱人以书面形式建议银行,鉴于被告返回英国,这违背了他的意愿,因此指示银行"不得按照她的付款指令进行任何支付"。

立遗嘱人去世之时,账户里还剩6000英镑余额。有待法院决定的主要问题在于,这6000英镑应构成立遗嘱人的遗产还是属于被告。

牙买加上诉法院判决,依据立遗嘱人8月17日的信件,鉴于被告是立遗嘱人去世后的幸存者,她就已经取得资金的受益利益,但这一受益利益已被9月21日的信件撤回。因此,被告作为幸存共同保有人,对权利动产享有普通法上的所有权,但该财产并非为其自己利益而持有,而是以归复信托形式为立遗嘱人的遗产持有。

Watkins JA 说道:

在共同账户……设立之时,死者作为让与人,不仅明示保留了其今后排他性行使提款和解除义务事项的权利,而且在任何一方认为合适的情况下,共同账户本身的延续可通过书面形式的明示通知予以终

[86] (1976)23 WIR 91.

止。因此，必然的推论是，死者作为让与人，将资金的受益性所有权问题保留了未来的决定权。那么，无论死者在设立共同存款账户时最初的意图是什么(如果他真的有什么已经确定的意图的话)，他通过在事发之时明确保留未来对资金的完全自由行动和控制权，已经足够谨慎了……很显然 *Warren v Gurney* 案[87]中的排他性规则，和 *Shephard v Cartwright* 案中阻止了捏造证据的基本原理，无论从原则上还是理论上都不能适用于这种情形……因此，我们认为，死者交易后的行为和声明作为证据采信是适当的，且赋予这种行为及声明效力也是合理的。

95 丈夫和妻子

丈夫无偿将其财产转让给妻子的，或以其妻子名义购买财产的，存在一项丈夫意图将财产赠与妻子的推定。

在 *Changlee v Changlee* 案[88]中，一位丈夫以其妻子名义登记了一套自己出资购买的房子，Viera J 说道：

当 A 预付资金购买财产但转让至 B 名下的，那么在缺失任何解释性事实(如授予 B 财产的意图)的情况下，就会产生对 A 有利的归复信托，这是衡平法的基本原则。

但是，若出现此处当事人是丈夫和妻子的情况，还会产生另一种衡平法上的推定，即预付推定。丈夫以妻子名义购买或转让财产或进行投资，若无证据表明反意，则推定为对妻子的赠与，不会产生归复信托问题。这同样适用于以夫妻共同名义转让财产的情况，在这些情况下，妻子将对一半的份额享有权利。

此外，妻子以丈夫名义或共同名义购买、转让财产或进行投资的，

---

〔87〕 [1944]2 All ER 472.

〔88〕 [1967]GLR 507 at 517(High Court,Guyana).

推定也不适用。在上述所有情况下，若无证据表明反意，则推定丈夫为妻子的受托人。

预付推定仅作为证据使用，可被真正购买者的真实意图推翻，这一点尤其重要。

那么本案中，被上诉人的真实意图是什么呢？很显然，在我看来，他将竣工后的房子登记在妻子名下，有两点原因：

(i)如果自己出现任何意外，出于其对妻子和孩子的自然爱与感情；和

(ii)欺骗他的债权人。

在 *Gascoigne v Gascoigne* 案[89]中，法院判决，即使丈夫在妻子默许的情况下用妻子名义是为了欺骗债权人，仍应推定为财产赠与。

因此，我确信在1953年，被上诉人指示监督人以其妻子名义登记房产是意图将房产赠与妻子，我还进一步确信，这一推定并未被其本人以任何方式推翻。

而牙买加法庭[90]着重适用丈夫和妻子之间的预付推定，尽管在 *Pettitt v Pettitt* 案[91]中，Lord Diplock 建议，现代社会已经大幅度降低了推定的有力性，在他看来，用此来推定现代的年轻夫妻的意图是不正确的，这些年轻夫妻处于不同的社会主流环境。

丈夫购买财产并将其转移至他和妻子的共同名下的，如果妻子是幸存者，那么就会产生一项绝对地为了妻子的预付推定。但如果丈夫是幸存者，那么财产将归复给作为幸存共同保有人的丈夫。[92]

共同银行账户

丈夫和妻子开设共同账户的情况，可总结为以下几种。

---

〔89〕 [1918]1 KB 223.

〔90〕 *Harris v Harris* (1982) Court of Appeal, Jamaica, Civil Appeal No 1 of 1981 (unreported); *Ulett v Ulett*(1988) Supreme Court, Jamaica, No E 157 of 1986(unreported).

〔91〕 [1969]2 All ER 385 at 414.

〔92〕 *Eykyn's Trusts*(1877)6 Ch D 115 at 118.

96 在不存在反意的前提下：

(a)双方均在世时，夫妻各方，无论出于双方共同利益还是出于各方单独利益，均有权力从账户中取钱；相应地，如果夫妻一方动用账户中的钱购买动产，或以自己的单独名义投资，那么就该动产或投资而言，该方既是普通法上的唯一所有权人，又是衡平法[93]上的唯一所有权人；

(b)夫妻一方死亡后，幸存者将有权利作为幸存共同保有人[94]享有账户中的余额；

(c)仅出于方便(如丈夫病重)而以共同名义开设的账户，账户中的余额可以信托形式为了丈夫单独持有，预付推定将被推翻；[95]以及

(d)婚姻关系解除时，衡平法规定，夫妻双方均享有账户中一半余额以及丈夫用账户[96]中的钱以他的名义投资的一半份额，但如果投资以妻子的名义购买，则通常将推定为预付。[97]

推翻预付推定

如有证据证明不存在赠与意图，则预付推定可被推翻。因此，比如在 *Anson v Anson* 一案[98]中，丈夫保证妻子银行账户，并根据担保被要求强制付款。法院判决，丈夫可从妻子处收回这些款项，因为该交易显然不是赠与。

另一方面，丈夫基于非法目的将财产转让至妻子名下的，将适用“求助于衡平法者自身必须清白”原则，这是早已确立的。而且，衡平

---

[93] Pettit, *Equity and the Law of Trusts*, 5th edn, p. 126; *Campbell v Campbell* (1997) Supreme Court, Jamaica, No E337 of 1990 (unreported).

[94] Ibid.

[95] *Marshall v Crutwell* (1875) 2 LR 20 Eq 328. 在 *Ashby v Thornhill* (1992) High Court, Barbados, No 832 of 1987 (unreported)一案中，丈夫病重，将其自己单独名下的银行账户变更为自己与已分居的妻子名下的共同账户。Belgrave J“确信该丈夫此举并非意图将任何利益转让给其妻子……只是便于她在他离世之前管理事务……[且]她也知晓这一情况。”相应地，在丈夫去世后，她将以信托形式持有其丈夫的财产。

[96] *Jones v Maynard* [1951] 1 All ER 802.

[97] Parker and Mellows, *Modern Law of Trusts*, 5th edn, p. 129.

[98] [1953] 1 QB 636.

法不会允许丈夫以财产转让中的非法目为借口推翻预付推定。例如，在 *Emery's Investment Trusts* 案[99] 中，丈夫为了逃避所得税而将美国债券置于其妻子名下。法院判决，预付推定不得因转让财产的目的是避税为由而被推翻。因此，妻子可继续持有债券，尽管她也牵涉了这一计划。在 *Tinker v Tinker* 案[100] 中，刚开始创业的丈夫将婚姻住房转让至了妻子名下，以便当生意失败时可对抗潜在债权人，因为丈夫意图欺骗债权人的目的是不合法的，所以他被禁止提供证据以证明转让的真正目的。相应地，妻子绝对性地享有财产。

当存在归复信托推定的情况下，主张因对购买财产做出的支付而享有受益利益的人，不受与购买财产相关的任何非法性的影响，因为他可以独立于非法交易[101] 而设立一项衡平法上的所有权。 97

男人和情妇之间不存在预付推定

在 *Austin v Austin* 案[102] 中，一个男人以其自己和与其同居的女士的共同名义购买了一块土地，Worrell J 判决：

> ……以被告和第一原告的共同名义购买土地，不存在预付的问题，她当时只是他的情妇；根据证据，此处产生了一项非限嗣继承权的一半份额的归复信托，该份额因其普通法上的共同保有人身份而归属于这名情妇。

在 *Mahadai v Ragabir* 案[103] 中，针对当事人是男人和情妇关系的情况，Vieira J 判决：

---

〔99〕 [1959] Ch 410. See also *International Credit and Investment Co (Overseas) Ltd v Adham* [1996] CILR 89 (GrandCourt, Cayman Islands).

〔100〕 [1970] 1 All ER 540.

〔101〕 See *Murphy v Quigg* (1996) 54 WIR 162 (Court of Appeal, Eastern Caribbean States).（外国受益人不因受托人未能按照安提瓜和巴布达《非公民土地持有管制法》的规定取得执照而受影响）也见 *Tinsley v Milligan* [1994] 1 AC 340。

〔102〕 (1978) 31 WIR 46 at 49 (High Court, Barbados).

〔103〕 [1967] GLR 535 at 543 (High Court, Guyana).

……诉讼当事人并未合法登记结婚的，应视为无关方，因此不存在预付推定，因而存在一项为了原告的归复信托，数额为她为维修和重建涉事房产而出资的800圭亚那元，而我认为这一数额已基本相当于该房产一半的价值。既然如此，衡平法不会允许任何一方妨碍另一方的利益，因此各方有权利与对方同时占有、使用和享有该财产。

妻子和丈夫之间的预付推定

如今在巴巴多斯，如果妻子为了被转让至丈夫名下或二人共同名下的财产支付了做出了支付的，或当妻子无偿将自有财产转让至其丈夫名下的，根据《财产法》第192条第(2)款的规定，存在一项为了丈夫的预付推定。

第7章　推定信托

本质上,推定信托是依法而非由于当事人明示或默示的意图而产生的信托关系。但关于推定信托还没有清楚且全面的定义,有人认为,法院故意使其界限模糊不清,以免妨碍其未来的发展。[1] 在某些法域,尤其是美国和加拿 98
大,推定信托被视为一种法律救济手段,若被告的行为被认定为显失公平的,法院就会利用该手段以防止其不当得利。有一段时间,尤其在 Lord Denning 的影响下,英国法律似乎通过发展"一种新模式的推定信托"向北美法律靠拢,这种信托似乎适用于一切"正义和良心所须之处",[2]但在20世纪最后的几十年里,英国法院似乎摒弃了这种"新模式",尽管其仍然适用于部分加勒比地区涉及住房[3]的情况。因此,传统观念认为在英国法律中,推定信托只适用于某些既定情况,比如:

---

〔1〕 *Carl Zeiss Stiftung v Herbert Smith and Co* [1969]2 WLR 427 at 444, *per* Edmund Davies LJ.

〔2〕 *Hussey v Palmer* [1972]2 All ER 744 at 747.

〔3〕 见下文106页及以下。

(a)受信人利用其地位获益;和

(b)信托无关方知情接收信托财产,或不诚实协助受托人违反信托的情况。

除了上述情况以外,还包括住房[4]推定信托以及其他杂项分类,如秘密信托、[5]相互遗嘱[6]、可强制履行的土地和(或)私人公司[7]股份出售合同中产生的推定信托——重新采纳这种传统观点,或许才是正当的。

受信人获利

正如第 11 章讨论的一样,明示受托人承担了不得从受托人职位中获利的严格义务,否则他将以推定受托人身份而归还所有此类获利。

处于受信地位之人将以推定受托人身份有义务归还任何利用地位获得的利益,这一原则不仅适用于受托人与受益人之间,也适用于财产归还义务不依赖于欺诈或恶意证据的代理人、[8]合伙人和公司董事。在 *Boardman v Phipps* 案[9]的首要判例中就适用了这一原则。该案中,Phipps 家族信托财产中包括某私人公司 30,000 股股份中的 8000 股。原告 John Phipps 是该信托的受益人之一。被告是 Boardman——负责该信托的事务律师,以及 Tom Phipps——也是信托的一名受益人。被告不同意管理公司的方式,因此代表信托大量查询
99 了公司的事务,获得了有关公司的大量保密信息。他们尤其发现,公

---

[4] 见下文第 104 页。

[5] 见上文第 5 章。

[6] 见上文第 5 章

[7] 见上文第 25 ~ 26 页。

[8] *Attorney General of Hong Kong v Reid* [1974] AC 324. (见上文第 5 页)

[9] [1967] 2 AC 46.

司资产价值高但利润低，因此他们意识到出售公司的某些非赢利资产将是十分有利的。经受托人同意后，被告收购了公司的控股权益并执行了抛售非赢利资产这一计划。该计划利润极高，因此信托就其股权而言是增加了的，而被告就其自己收购的股份而言也获得了收益。Boardman 认为他已就该计划向受托人及受益人做出了充分披露，并已邀请受托人考虑是否可将这些股份收购进信托中，但他们不能也不愿意这样做。因此，毫无疑问，被告自始至终都是善意的。尽管如此，法院判决他们应将获利归还至信托中，主要理由是他们利用出席董事会会议和参与股份收购谈判所得的知识及信息，为个人谋取了利益，而这一切都是通过他们以为了信托行事为由在所有必要的时间内出席而完成的。既然该公司是私人公司，他们无法以其他任何方式获取公司的信息。正如 Lord Cohen 所解释的：[10]

仅是受托人或代理人使用在其受托或代理的过程中所获得的任何知识或机会，并不必然使他有归还义务。在当前案例中，如果该公司是上市公司，且[被告]在市场上收购股份的，我认为他们就没有归还义务。但该公司是私人公司，他们购买这些股份的信息甚至机会均由 Fox 先生（其中一名受托人）在公司董事会上的介绍而获得的，且在第二阶段……Boardman 先生纯粹是代表受托人而与该公司董事会进行谈判。

然而，在判决被告承担归还义务后，上议院大多数议员认为，原告受益人是“幸运之人，因为衡平法的严格性使他能够同享利润”，并规定，就被告在获得股份和赚取利润方面的工作和技能，应允许他们应获得一些慷慨的付款。

Boardman v Phipps 案的原则也被适用于 *Cayman Islands News*

---

〔10〕 Ibid.，at 100.

Bureau Ltd v Cohen 案。[11] 在该案中，原告公司在近10年的时间里与开曼群岛政府和开曼群岛航空公司订立了各种信息服务、公共关系和促销合同。原告聘任C为总裁，负责公司一切日常经营和预算。C同时兼任D的顾问，D是该公司董事会主席及主要股东。C在职期间了解到政府对D的工作表现并不满意，便私下鼓励政府将合同转让给C公司——一家由C建立及管理的公司。

Harre J在大法庭上判决：

(a)C对原告公司的受信义务等同于受托人的义务，要求遵守忠实善良的一般标准，规避个人利益与义务的冲突。因此C和C公司均
100 有义务将合同中的利益归还给原告。而由于D和政府之间的关系恶化，政府可能无论如何都不会与原告公司签订新合同，这一点无关紧要；

(b)就依据与政府签订的合同开展相关工作而产生的合理开支，C公司有权利获得补贴。

信托无关方的责任

本语境下的"无关方"是指未处于信托明示受托人地位的人。此人在下列任一情况中也可能会以推定受托人身份承担责任：

(a)接收了信托资金，并明知该资金是信托财产且支付给他的款项系挪用的资金(即"知情接收")；或

---

〔11〕 (1988－89)1 Carib Comm LR 404 and 439(Grand Court, Cayman Islands). 对比 *Attorney General of St Christopher and Nevis v Mitcham* (2005)68 WIR 281案，在该案中，被告在担任政府部长期间，接收了其作为政府控股银行的法律顾问的费用，法院判决被告无须以推定受托人身份归还这些费用，理由是：(a)被告不是政府代理人，及(b)首相和内阁大臣充分清楚律师费的支付情况。

(b)未接收任何信托资金,但不诚实地协助受托人违反信托(即“不诚实协助”)。

知情接收

首先,应区分对人性救济和对物性救济。很明显,除了有偿善意购买人以外的人接收了信托财产的,则财产将受到受益人的权利约束,受益人有权追回并收回落入受领人手中的财产或其收益。[12] 但是,只有当受领人拥有财产或其收益时,追回救济才能存在;如果其不再拥有该财产或其收益,则该救济终止。另一方面,如果受领人有义务归还信托财产,则他对于财产价值[13]负有个人责任,无论其是否仍然占有财产或其收益。很显然,知情接收信托财产的无关方有归还义务,且不仅仅受追回救济约束。

若要判决受领人有归还义务,则其对财产是违反信托转让而来的信托财产一事是否必须知情,还是说仅仅是推定通知便已充分,这是一个有争议的问题。判例法中存在大量相互矛盾的附带意见。推定通知便已充分的观点似乎是基于这样一种观念,即既然“不诚实协助”案件是基于过错,而“知情接收”案件是基于不当得利和返还原物[14]的概念。而在最近的 *Bank of Credit and Commerce International (Overseas) Ltd v Akindele* 案[15]中,Nourse LJ 认为推定通知尚不充分,他援引了 Lindley LJ 的话:[16]

在处理土地财产问题时,所有权就是一切,且所有权是可以慢慢

---

〔12〕 *Hampshire Cosmetic Laboratories Ltd v Mutschmann* [1999] CILR 21 at 30 (Grand Court, Cayman Islands). 也见下文第14章。

〔13〕 这可能包括要求归还利润和支付复利: *Hampshire CosmeticLaboratories Ltd v Mutschmann*, *ibid*。

〔14〕 *Powell v Thompson* [1991] 1 NZLR 597 at 607.

〔15〕 [2000] 3 WLR 1423.

〔16〕 *Manchester Trust v Furness* [1895] 2 QB 539 at 545.

调查的；而在商事交易中，占有就是一切，且没有时间去调查所有权；如果我们将推定通知的原理延伸至商事交易中，我们将不停地捣乱，使国家贸易瘫痪。

101 Nourse LJ 对 Megarry VC 在 *Montagu's Settlement* 案[17]的意见明确表示认同，Megarry VC 在该案中认为，施加推定信托而产生的个人义务超越了单纯的财产权利，因此，最基本的问题是当为这种施加辩护时，受领人的良知是否受到影响。相应地，Nourse LJ 建议，"知情接收"情形的唯一检验标准应该是"该受领人的知悉情况[是否]能够让其昧着良心保留接收的收益"。[18] 在他看来，这种检验标准使得法院在判决涉及大量"知情接收"诉讼的商事案件时，能够作出更符合常识的决定。

执行性收据

事务律师或银行家之类的代理人利用其执行性职位收受信托资金并依委托人指示处置资金的，无须作为推定受托人[19]承担责任，除非其：

(a) 不诚实地协助其委托人违反信托；[20]

(b) 为自己的利益（如，银行利用资金减少透支）[21]接收财产；或

(c) 其通过行使带有受托人特性且行超越了代理人[22]义务之事干涉信托（即当他成为因侵权而成的拟制受托人的情况）。

---

〔17〕 [1987] Ch 264 at 285.

〔18〕 [2000] 3 WLR 1423 at 1439. 就控制并运营某公司的自然人（即董事）而言，知悉将被推定给公司：*Belmont Finance Corp v Williams Furniture Ltd*（No 2）[1980] 1 All ER 393 at 404, *per* Buckley LJ; *Elliott v Associated Bahamian Distillers*（1997）Supreme Court, The Bahamas, No 782 of 1996（unreported）, *per* Allen J。

〔19〕 *Mara v Browne* [1896] 1 Ch 199.（尽管他可能承担过失责任）

〔20〕 见下文第 102 ~ 103 页。

〔21〕 *Agip（Africa）Ltd v Jackson* [1991] 3 WLR 116.

〔22〕 *Williams-Ashman v Price and Williams* [1942] Ch 219 at 228.

同样确定的是，如果代理人不知道资金是信托财产，只要其在代理范围内诚实行事且遵循委托人指示，即使是可能存在一些可疑情况下需要接受调查，他也无须承担责任。[23]

不诚实协助

未实际接收信托财产但不诚实地协助受托人实施违反信托行为的，可能作为从犯承担责任。严格来说，此人不可能成为推定受托人，因为其未接收任何信托财产，尽管如此，推定信托这一术语在判例法中用于描述从犯的责任。

关于这一主题的首要判例现为 *Royal Brunei Airlines Sdn Bhd v Tan* 案。[24] 在该案中，原告指定了一家公司（BLT）作为旅行代理商。Tan 是 BLT 的主要股东和董事，他通过利用售票收益为公司业务牟利，因此违反了信托，后 BLT 破产，原告寻求使 Tan 作为违反信托的从犯承担责任。虽然很显然 Tan 是知情协助违反信托的，文莱上诉法院却判决他无须承担责任，因为 BLT 的信托违反行为并未被证明具有欺诈性质；根据法院意见，从犯和受托人必须被证明存在不诚实行为。然而，枢密院判决，受托人不诚实并非构成要件；唯一需要的，不过是证明从犯存在不诚实行为；因此，Tan 因不诚实地协助 BLT 违反信托而负有个人责任。正如 Lord Nicholls 解释的一样：[25] 102

关键在于被要求承担责任的第三方的精神状态，而不是受托人的精神状态。受托人即便是善意行事，也需要对违反信托负责，除非信托文件的免责条款或法院免除了他的责任。至于第三方是否因违反

---

〔23〕 *Competitive Insurance Co Ltd v Davies Investments Ltd* [1975] 3 All ER 254; *Toukhmanian v Ansbacher (Bahamas) Ltd* (1997) Supreme Court, The Bahamas, No 561 of 1997 (unreported).

〔24〕 [1995] 2 AC 378.

〔25〕 Ibid., at 385. Followed in *Islena Airlines v Jefferson* [1998] CILR 148.

信托对受益人承担负责，这一问题与受托人的精神状态本质上并不相关。如果第三方的责任是基于过错，那么第三方过错(而非受托人的过错)的性质才是关键。这样看来，无论违反信托的受托人的精神状态如何，第三方不诚实似乎已足以让其负责。因此，如果第三方不诚实地协助违反信托，为什么判定他的责任还必须具备进一步的先决条件，即受托人也一定是不诚实地行事，这一点就难以理解了。另一种观点是，如果受托人不诚实，则不诚实的第三方就有责任，但如果受托人没有不诚实的行为，这本身就会免除不诚实的第三方的责任。那就没有道理了。

Royal Brunei Airlines 案也坚定地认为，若要证明一人为从犯以使其作为推定受托人承担归还责任，必须确定其“不诚实”，而不仅仅是“知情协助”。[26] Lord Nicholls 驳回了将单纯的过失作为归还责任的依据，理由是银行家、代理人和经纪人等从犯无论如何都要为过失行为向受托人承担责任，但没有充分理由要求他们也对受益人承担责任。至于“不诚实”的含义，Lord Nicholls 认为，[27]“不诚实的行为，或缺乏正直之类的同义词，仅意味着在这样的情况下不会像诚实的人一样行事”，这是一个客观的标准；然而，此处还涉及一个主观要素，即当法院根据“从犯当时实际知悉的情况，而不是一个理性人应当知道或领会到的情况”来评估从犯的行为。他继续说道：[28]

在多数情况下，很容易判断一个诚实的人会如何行事。诚实的人不会蓄意欺骗他人，让其蒙受损失。诚实的人不会在接收他人财产。除非存在非常充分和令人信服的理由，否则诚实的人如果知道交易涉

---

〔26〕 See *Barclays Bank plc v Kenton Capital Ltd* [1994 - 95] CILR 489 at 501 (Grand Court, Cayman Islands), *per* Smellie J.

〔27〕 At 389.

〔28〕 Ibid.

及会使受益人蒙受损失的信托资产挪用行为,就不会参与其中。诚实的人在这种情况下也不会因为唯恐知道了一些他宁愿不知道的事情,就选择视而不见或置若罔闻,或故意不提出质疑,而不管不顾地继续去做。[29]

枢密院在 *Barlow Clowes International Ltd v Eurotrust International* 103
Ltd 一案[30]中肯定了这一方法,在该案中,Lord Hoffmann 指出,如果被告明知自己不可能诚实地参与该交易,或者他明明对交易有所怀疑,却故意不调查,则可确认他不诚实。主观要件是被告人实际知悉的情况,而客观要件是指诚实的人将会认同的适当性标准。因此,正如上诉法院后来在 *Abou-Ramah v Abacha* 案[31]中所强调的那样,为了判定被告因知情协助而应承担责任,没有必要证明他意识到了自己不当行为:只需要证明他的行为不符合诚实行为的适当性标准即可。

为取得或改良财产而出资

通常根据一些非正式的家庭安排,有人会为了取得或改良财产而出资,特别是当出资人无法在任何现行的衡平法[32]原则下获得权利的时候,法院可能会施加一项为了出资人的推定信托以满足正义的要求。这是上文提到的"新模式"推定信托,有人认为它与归复信托实质上几乎没有任何区别。因此,在 *Forde v Forde* 案[33]中,被告根据其家

---

〔29〕 从犯"视而不见或置若罔闻"的例子可见 *Agip(Africa) Ltd v Jackson* [1992]4 All ER 385 案,在该案中,Millett J 推定会计师根据案件的秘密情况,应该知道他们在为欺诈者洗钱;cf *Lipkin Gorman v Karpnale Ltd* [1991]2 AC 548。

〔30〕 [2006]1 WLR 1476.

〔31〕 [2007]1 All ER Comm 827.

〔32〕 *Hussey v Palmer* [1972] 3 All ER 744; *Jessamy v Babb* (1999) High Court, Barbados, No 222 of 1993(unreported), *per* Blackman J.

〔33〕 (1991) High Court, Barbados, No 283 of 1986(unreported).

庭各成员之间的非正式安排，支付了将活动木屋改造为墙体建筑的费用，法院裁定，被告以推定信托形式就其出资比例享有该财产的受益利益。同样，在 *Mitchell v Baxam* 一案[34]中，原告从6岁起就与其阿姨A一起生活。其在完成学业之后在学校任职，并从自己的工资里出钱在A的土地上修房子。遵循 *Hussey v Palmer* 一案，Collymore J 裁定，被告（A的权利继受人）以推定信托形式为原告持有财产的非限嗣继承权，因为正义和良知要求以这种方式体现公平。

然而，如果强加一项推定信托违背了当事人的共同意图，法院就不应该这样做，这一点很重要。在 *Prashad v Sudan* 案[35]中，原告是一名寡妇，她与被告（一对年轻夫妇）达成了一项安排，后者可无偿与她一起住在她的房子里，如果他们在她的余生中照顾她，她将通过遗嘱把全部财产都留给他们，包括这个房子。原告照此立下遗嘱，但过了一段时间，被告就开始虐待她，因此她另立了一份赠与契据将财产留给了他人，并最终给了被告迁出通知。被告声称，由于他们在改善住房方面产生了开销，在该房子上产生了一项为了他们的推定信托，而他们有权利享有受益利益。Ramlogan J 驳回了被告的主张。他说道：

> 必须证明存在被告受益性享有财产的共同意图，且被告的行为使
> 104 他们蒙受了损失……Prashad 夫人显然从未打算让被告……在自己生前获得任何受益利益。这就是为什么她在1977年立下了一份使被告获益的遗嘱而非契据……她从她丈夫处获得的财产将属于“关心”她的任何人。
>
> 她不止一次强调，因此我认为被告也知道这一点。以她的年龄、背景和受过的教育，在这种情形下如果没有对被告这样说，我才会感到惊讶。虽然她明显记性不好了，但仍然反应敏捷、头脑清醒。在她

---

〔34〕 (1983) High Court, Trinidad and Tobago, No 3557 of 1981 (unreported).

〔35〕 (1991) High Court, Trinidad and Tobago, No S 1210 of 1987 (unreported).

丈夫去世后，她独自生活也没有子女。这笔财产是她和她丈夫毕生工作所得。如果她不能再照顾自己，她想将财产留给能够照顾她的人。

家庭住房

婚姻住房的财产利益受财产法的一般原则管辖。这些原则是在妻子不太可能像如今这样赚钱的时候确立的，因此没有考虑到妻子对伴侣关系的贡献。归复信托为了支付了全部或部分价款的妻子或情妇而产生，但没有考虑到妻子或情妇的非创收型贡献，如家政义务，也没有考虑到他们为供一般家庭开支而非购买价款所产生的花费。

在涉及已婚夫妇的案件中，某些法域的法院在调整配偶财产权方面享有广泛的制定法上的权力，例如，在巴巴多斯《家庭法》第214章和牙买加《2004年关于配偶权利的财产法》[36]中，范围是包含了普通法上“结合”时间不低于5年的当事人；但在其他情况下，法院必须适用一般的衡平法原则，而这一点被证明是很难的。主要的问题还是妻子或情妇的“间接贡献”。按照传统方法，只有当财产的取得可归因于这种贡献的情况下，才会产生一项为了妻子或情妇的受益利益，例如，妻子支付家庭开支使丈夫的工资可以自由支付按揭分期付款的，或者，妻子在家族企业中的无偿工作使丈夫能够积累资金用于取得财产；但是，仅仅在家里做家务不会使妻子获得任何权益。

这一原则在加勒比的适用情况体现在 *Griffith v Coward* 案和 *Cupid v Thomas* 案。在 *Griffith* 案[37]中，丈夫于1983年去世，他在遗嘱中将某些其单独名义下的财产遗赠给了妻子以供其生活，剩余的部分以售产信托形式成为了他人持有。在妻子去世后，作为其遗嘱执行人的原告主张，她丈夫称她在婚姻中因做出努力和贡献而获得的财产，其中一半的受益利益应归属于她的遗产。原告辩论说，在该妻子

---

〔36〕 See also Married Persons(Property) Act, Ch 45:04(Guyana), s 15(as amended).

〔37〕 (1986) High Court, Barbados, No 468 of 1985(unreported).

的丈夫去世时,他是妻子的一半实益股份的受托人。Douglas CJ 驳回了原告的论点,指出巴巴多斯没有夫妻共有财产制度,为了胜诉,原告必须证明,对于丈夫作为受托人有义务给予的财产,妻子享有受益利益。最高法院首席法官认定,“没有可信的证据表明妻子为取得处于丈夫名下的财产做出了贡献,也没有任何共同的意图表明她应当对该
105 财产享有受益利益”。同样,也没有证据表明,妻子对了任何其收益被用于购买财产的生意做出了贡献,也没有……证据表明,她对 *Falconer v Falconer* 一案[38]中提到的家庭开支做出了某种“实质性贡献”,使得能够产生信托的推论。

同样,在 *Cupid v Thomas* 案[39]中,原告和被告在大约 11 年的时间里一直保持亲密关系,并生下了四个孩子。原告主张,她有权获得这对夫妇居住的一所三居室的一半份额,理由是她为取得该财产做出了实质性贡献。承审法官根据证据认定,被告私生活混乱,同时还是其他妇女所生子女的父亲;他从未使原告相信他们之间的关系会长久;且原告对取得财产的贡献“微不足道”。承审法官判给原告房屋 1/5 的份额。东加勒比国家上诉法院遵循 *Burns v Burns* 案[40]的判决,推翻了下级法院的裁决,认为既然原告没有为取得财产做出任何实质性贡献,她就无权享有任何受益利益。

Bishop JA 说道:[41]

> 从法庭上记录的证据来看,我不能说原告对家庭开支做出了实质性的财务贡献。我已经表明了我对争议事实的此案件,我先申明,我没有试图贬低她作为母亲甚至情妇的身份,只是受到了事实不足的约束。
>
> 我无法将双方当事人的共同意图推定为是原告对该财产有受益

---

〔38〕 [1970]3 All ER 449.

〔39〕 (1985)36 WIR 182(Court of Appeal, Eastern Caribbean States).

〔40〕 [1984]1 All ER 244.

〔41〕 (1985)36 WIR 182 at 196.

利益。事实上,此处最多只存在原告单方面的意图,尽管在我看来,既然她曾与被告共同生活,现在分开了即将各自生活,她就应该通过获得她所谓的"工作所得部分"而得到补偿,这不过是原告的一种准道德观点。在我看来,她并无令人信服的证据以证明此处存在一种使她应享有这所房子的权益的默示共同意图。

我认为,在认定了原告的贡献微不足道(换言之,并未为取得财产而做出实质性财务贡献)后,承审法官的判决十分慷慨,但判给她钻石村财产 1/5 的份额是错误的。在我看来,她无权享有该财产的受益利益中任何份额。

另一方面,在 *Hack v Rahieman* 一案[42]中,圭亚那上诉法院确实认定了被告享有准婚姻住房的受益份额的共同意图。在该案中,H 和 R 自从于 1944 年举行了一次穆斯林结婚仪式后,以事实婚姻关系在一起生活了超过 28 年。1955 年,他们买下了一所房屋并转让至 H 一人名下,以作为两人的住房。H 用自己的钱支付了 700 圭亚那元的首付,其余的以分期付款的方式还清,月供则由 H 的工资支付。在诉讼之时,这所房子价值 1 万圭亚那元。R 没有为购买房子而直接出资,但她使用从生意中获得的利润为家庭开支做出了实质性财务贡献。没有证据表明存在一份规定了 R 应享有财产份额的明示协议,也没有任何使她作为受益人的信托声明。承审法官判给 R 该财产 1/3 的份额,理由是该财产的取得可归因于她对家庭开支实质性出资,因为这种出资使得 H 能够支付按揭分期付款。在上诉中,圭亚那上诉法院判 106
决,从 H 接受 R 对家庭开支的贡献可以推断,当事双方的共同意图是 R 应分得一份受益利益,而承审法官已正确估计为 1/3。法院的判决基于归复信托推定,但法院的推理似乎同样适用于推定信托的施加。事实上,这一案例明确地支持了 Lord Diplock 的观点,即在家庭住房

〔42〕 (1977)27 WIR 109.

这一类案例中，将信托描述为“归复”还是“推定”[43]并不重要。

基于“新模式”推定信托的另一种办法使法院能够设立一项为了配偶或情妇的信托，这些配偶或情妇与另一方生活过一段时间，但无法证明自己对购买家庭住房有任何直接或间接的贡献。根据 Lord Denning 的说法，此类信托可应“正义和良知的要求”[44]而设立。此外，在 *Harrinarine v Aziz* 一案[45]中，Sharma J 提到了特立尼达和多巴哥及其他加勒比社会的“普通法上的婚姻的独特地位”，并准备好了判决“在我们的法域内，以普通法关系一同居住之人中的‘妻子’在长期共同生活中，如果用她的收入来照顾子女（无论是丈夫与其他人的子女，还是他们自己的子女），照顾家庭和支付其他开支，这就构成她应享有普通法中丈夫单独名下财产的受益利益这一共同意图的表面证据……在我们的社会中，没有一个理性的人面对目前的情况会得出任何其他不同的结论。这会与任何正派人士的正义感都背道而驰”。

这一做法被适用于巴巴多斯的 *Edey v Nurse* 案。[46] 在该案中，原告和被告以事实婚姻关系生活在一起。原告以 12,000 巴巴多斯元购买了一所活动木屋，其中被告出资了 1500 巴巴多斯元。被告还清理了放置房屋的地点，建造了地基、为建造化粪池而挖了一口井、油漆了外墙，还种植了果树。David J(Ag)裁定，原告以推定信托形式为其本人和被告持有财产，其中原告和被告分别占有 75% 和 25% 的受益利益。他说道：

我确信，被告在原告购买房屋时给了她 1500 巴巴多斯元，而被告随后又为房屋的建造和修缮做出了其他贡献。因此，我认为适当的救济应是在一部分份额上设立推定信任，具体份额则按公平要求来决

[43] See *Gissing v Gissing* [1970]2 All ER 780 at 790.

[44] *Hussey v Palmer* [1972]3 All ER 744 at 747.

[45] (1987) High Court, Trinidad and Tobago, No 1,992 of 1982 (unreported). See also *Maharaj v Mahadeo* (1995) High Court, Trinidad and Tobago, No 1,202 of 1991 (unreported).

[46] (1990) High Court, Barbados, No 1,446 of 1988 (unreported).

定。为了支持这一点，我要援引 *Hussey v Palmer* 一案。在该案中，Lord Denning 在谈到所产生的[47]信托时说："视情况而定，信托既可能在取得财产之初产生，也可能在之后产生……因此，我们频频判决，当某人为房子的购买价款出资时，所有权人根据其出资比例以推定信托形式为其持有财产，即使他们之间不存在协议、不存在信托声明，也没有任何设立信托的意图的证据。"

Davis v Vale 案[48]也参照了这一办法。该案涉及的是婚姻住房，且产生了一些有趣的问题，首先是首付问题，其次是后续修缮的费用问题。Lord Denning 对此评论如下：[49]

"另一方面，有些人认为，在当代，这种争议的决定应按照那些承 107
认丈夫和妻子并非无关方，而是作为合营中合伙人一样结合的衡平法规定。根据这一指导，如果房子一开始就是属于妻子的，而之后丈夫用自己的钱对房子进行实质性的修缮，那么他在衡平法上就应对修缮后的房子的享有一部分权利，除非他同意放弃。"

他补充道："因此，维持本庭对于 *Jansen v Jansen* 案[50]的原判及根据衡平指导所适用的原则。对于这一点，我将援引 *Gissing v Gissing* 一案[51]的说明，该案的说理部分表明，受益利益不是通过合同法授予的，而是通过认定一人为另一人持有信托来授予的。可以是一种无须书面形式的归复信托、默示信托或推定信托。"

特立尼达岛的 *Villariouel v Clarke* 案[52]就适用了这一原理。该案的事实表明，被告和原告于 1941 年相遇，并开始以丈夫和妻子的身份生活在一起。他们随后一共有了 6 个孩子，最后一个于 1949 年出生。

---

〔47〕［1972］3 All ER 744 at 747.

〔48〕［1971］1 WLR 1022.

〔49〕Ibid. , at 1025.

〔50〕［1965］3 All ER 363, CA.

〔51〕［1970］2 All ER 780, HL.

〔52〕(1980) High Court, Trinidad and Tobago, No 1,048 of 1973 (unreported).

1954年,为了修建住房,他们决定租一块地,并以原告名义保有。1955年,他们利用共同收入开始建造房子,这些共同收入并未分开存放,而是混合在一起的,也未规定各自缴纳的数额。双方都贡献了自己的劳动力,原告的工作"超出了通常对女方的期望",帮助清理土地上的树木、将材料从公路运到现场,以及搅拌混凝土。1957年,他们在未完工的情况下就搬了进去。不久之后,因为缺少资金,原告将土地保有转让到了被告名下,使后者能够获得25年的租约作为贷款担保。被告获得了贷款,房子也完工了。被告用自己的工资偿还贷款,原告继续用她的收入维持家庭开销。双方于1966年分开,被告将准婚姻住房留给了后来与自己结婚的女人。原告继续占有房子。1972年,被告购买了这片土地的完全保有归复地产权,并将其转至他和他妻子的共同名下,而原告对此并不知情。原告主张她对该财产享有受益利益。

Deyalsingh J 判决,原告对以推定信托形式持有的财产的一半份额享有权利。他解释道:

Gissing v Gissing 案[53]涉及丈夫和妻子和婚姻住房的问题。丈夫是普通法上唯一的所有权人,但妻子为购买家具和维持家庭开支做出了开支。该案的系争点在于,妻子是否可因其"间接的"贡献而取得婚姻住房中的一项权益。依据事实,法院判决,不可能得出此处存在一项使妻子应对婚姻住房享有任何受益利益的共同意图。法院审查了一个妻子在这类案件中提出主张的依据,并澄清了在 *Pettitt v Pettitt* 案[54]中,似乎正试图将夫妻共同财产概念引入普通法。*Gissing* 案中,法院一致同意:

(1)如果:

(a)夫妻双方出资购买婚姻住房而转让至其中一人单独名下的;

---

〔53〕 [1970]2 All ER 780,HL.

〔54〕 [1969]2 All ER 385,HL.

(b)不存在夫妻之间就分享婚姻住房受益利益的讨论、协议或协定的;以及

(c)名义上购买婚姻住房的配偶,经证明其不存在使出资的配偶享有受益利益的意图的; 108

出资的配偶是否对婚姻住房的受益利益享有权利,取决于有关信托的法律。

(2)直接出资购买婚姻住房的配偶与间接出资购买婚姻住房的配偶,他们的法律地位没有区别,尽管在后一种情况下,配偶享有受益利益的相关股份相对不容易评估。

因此在 *Gissing* 案中,Lord Diplock 简单地说明了相关原则:[55]

"无论是归复信托、默示信托还是推定信托——就当前目的而言,没有必要对这三者做出区分——均由受托人与信托受益人之间就前者取得土地的普通法上的地产权相关的交易而设立的,无论该受托人是在什么时候引导自己认为否认信托受益人对所取得土地享有受益利益一事是不公平的。如果受托人通过言行诱使信托受益人做出有损于自己的行为,使其有合理理由相信如此行事是在取得该土地的受益利益,那么该受托人即被视为已如此行事。"

我完全同意这一点,并欣然遵循由 Lord Diplock 阐明且为上诉法院所采纳的原则。我只能说,法律早就该如此发展了,特别是在这个国家,因为涉及所谓的"普通法"婚姻关系、建立"婚姻住房",以及几乎与合法婚姻一样地维持家庭的人并不少。如果允许这种严苛的法律盛行,就会造成对这类群体的不公平,因此衡平法必须伸出援手,而它确实也这样做了。即使英国衡平法限制这种做法,我敢说用不了多久,Lord Diplock 所阐述的原则或类似的原则就会在这个国家的衡平

---

〔55〕 [1970]2 All ER 780 at 790.

法土壤中生根发芽。

有一点需要注意，归复信托、默示信托或推定信托的原理不仅适用于丈夫和妻子的情况，还甚至适用于男人与其情妇的情况。Lord Diplock 阐述这一原则时采用了非常广义的角度……

考虑到所有的证据，我明确的推论认为，当事人同意以现金或实物方式出资而为他们自己及其子女建造房子，这是双方着手执行的协议。我认定，协议中隐含了一项条款，即房屋应由各方均等分享。除此之外再无其他可能。援引 McKinnon CJ 在 *Shirlaw v Southern Foundries Ltd* 案[56]中的言辞："……如果，当双方正在协商时(也就是说，决定建造住房时)，一个爱管闲事的旁观者建议该房产应由他们共同拥有，他们通常会说'哦，当然'试图让他闭嘴。"如果不是这样的话，就必须对信托的情况进行审查。原告提供了大量的资金和服务。在所有情形下，我都将这种情况视为产生房产自始就是他们的共同财产的这一共同意图。此外，同意为该家庭共同建造一所住房，并已说服原告将土地保有转让至他名下，以获得贷款以购买"婚姻住房"，随后让原告继续为购买该房屋而付出劳动力和资金，在这种情况下被告否认原告对房产享有受益利益是不公平的。因此，法律将推定或强加推定信托，被告以这种信托形式为原告和他本人持有房产。那么，原告应占股多少呢？在考虑到所有证据后，我认为本案原告享有房产一半份额比较恰当。

109 **近期发展**

虽然 *Pettitt v Pettitt* 案[57]和 *Gissing v Gissing* 案[58]中的原则并未

---

〔56〕［1939］2 All ER 113 at 124.

〔57〕［1969］2 All ER 385.

〔58〕［1970］2 All ER 780.

被推翻，事实上还被加勒比地区的法院[59]频繁援引和适用，但后续的判例法已经证明，在一些情形中，可以适用替代性的甚至是革命性的办法来解决住房受益利益的识别和定量的难题。尽管改革性的制定法，如巴巴多斯《家庭法》第214章和牙买加《2004年关于配偶权利的财产法》等，已大大削弱了这些法域中一般衡平法原则对已婚夫妇和同居了不低于5年的未婚伴侣的重要性，但这些原则仍然没有确定下来。

就一般信托法律而言，现代观点可总结为：

(1)普通法上的所有权归属于双方的情况

任何关于权利凭证中的受益利益的明示声明都将是决定性的。此外，上议院最近在 *Stack v Dowden* 案[60]中确认，如果一项家庭财产的普通法上的所有权在双方名下，则推定这些受益利益为共同所有，且各方有权享有该财产一半的份额。同样，财产的普通法上的所有权登记在一方单独名下的，将存在一项完整受益性所有权的推定。举证责任在于声称受益性所有权不符合普通法上的所有权的当事人，而在以共同名义购买的情况中，证明当事人对购买财产的贡献不平等这一点不足以推翻共同受益性所有权的推定。[61] 此外，大部分法官认为

---

〔59〕“牙买加上诉法院一贯认为，*Pettittv Pettitt* 案和 *Gissing v Gissing* 案中大多数法官所宣布的法律是适用于牙买加的”：*per* Sykes J in *Findlay v Findlay*(2008) Supreme Court, Jamaica, No 723 of 2004 (unreported) [Carilaw JM 2008 SC 55]。参见 *Abrahams v Williams* (2008) Supreme Court, Jamaica, No HCV 1779 of 2005 (unreported), per Sykes J [Carilaw JM 2008 SC 105]。

〔60〕[2007]2 WLR 831.

〔61〕*Fowler v Barron* [2008] WTLR 819 案也采用了这一方法，在该案中，法院判决女方享有房屋50%的受益利益，该房屋置于二人普通法上的共同保有并由男方占有。尽管他支付了定金、所有的按揭贷款和所有的直接支出，他还是无法推翻均等共享的推定。这一方法在牙买加早已适用：见 *Jones v Jones* (1990) 27 JLR 65 at 67, *per* Rowe P，其陈述道：“适用于这种性质案件的法律已经完全确立了。如果丈夫和妻子以共同名义购买财产，意图在双方共同生活期间该财产应属于双方的持续性财产，那么，即使他们出资不均等，法律也倾向于认为受益利益应均等共享。”另见类似的以共同名义购买婚姻住房的案件，*Sterling v Sterling* (2008) Court of Appeal, Jamaica, Civ App No 69 of 2006 (unreported) [Carilaw JM 2008 CA 11]。在该案中，Smith JA 说：“证据清楚地表明……在取得该财产时，当事各方对该财产的所有权并没有达成共同意图。他们婚姻美满，他们唯一担心的问题是他们对财产的享有。他们没有考虑婚姻最终会破裂的情况。”

以财产购买出资情况为基础的严格归复信托方法已经不再被看好；相反地，为了推翻平均分享的推定，法院应根据当事人的整体行为来找到共同意图。比如，购买时的任何讨论、将普通法上的所有权登记在共同名下的原因、购买是如何支付的、购买价款是如何筹集的和当事
110 各方是如何安排其财务的，以及当事人是否有子女使得他们有责任成立家庭等等，这些都是相关的因素。在 *Stack v Dowden* 案中，一对未婚夫妇和他们的 4 个孩子共同生活了近 20 年，这一案件的特殊点在于，尽管该住房普通法上的所有权是登记在共同名下，双方却并未共享资源，他们拥有独立账户，也单独进行投资。法院判决，女方推翻了平均分享的假定，她有权获得 65% 的份额，这也接近其购买出资比例。

Lord Neuberger 赞同这一判决，但不赞同该案的大多数法官的推理，他偏向于基于该案事实采用归复信托方式得出同样结果。他指出，根据已确立的原则，受益利益的评估应在取得财产[62]时决定。如果一方随后大量出资用于房屋修缮的，可以重新评估，但一般不受当事人后续行为的影响。在 Lord Neuberger 看来，“当事人的整个处理过程”这一概念太过含糊，强调“公平”而不是实际出资的这一做法是错误的。除此之外，*Stack* 一案中大多数法官所适用方法还因其他理由而被批判了，即这种方法标志着重返“家庭财产”的理论 Lord Denning 的观点——前者已在 *Pettitt v Pettitt* 案[63]中被果断驳回，后者也随后被英国的法院驳回了，但加勒比地区还是存在一些适用的情况[64]，后者的观点是，法院在家庭财产纠纷中可强加一项信托，但不

---

〔62〕 尽管在许多年后法院可能会被申请作出这一决定。在 *CIBC CaymanLtd v Christiansen* [2008] CILR 103 案中，双方在其结婚之日达成了一项协议，而是在财产取得之后很久才结婚的。Henderson J 认为很难理解为什么要区别对待后续达成的协议与取得财产时达成的协议。

〔63〕 [1969] 2 All ER 385.

〔64〕 见上文第 106 ~ 108 页。

是基于当事人的协定或明示意图,而是基于“公正和公平”。[65]

(2)普通法上所有权归属于单独一方的情况

财产转让至一方单独名下的,在缺少所有权证书受益利益的任何明确的宣言时,他或她将被推定为独享受益利益。正如 Anderson J 近来对牙买加 *Plummer v Plummer* 案[66]的解释:

> 正如享有普通法上的共同所有权对应共同受益性所有权,享有唯一的普通法上的所有权就应该对应完整的受益性所有权。试图证明受益性所有权不同于普通法上的所有权的一方承担举证责任。因此在涉及完整所有权的案件中,非所有权人一方须证明其是否享有任何权益。[67]

因此,在大部分通常的案件中,若普通法上的所有权在男方(丈夫)一人名下,女方(妻子)将无受益利益。然而,只要证明以下任意一点,她就可以获得受益利益:

> (i)授予其权益的明示合同;
>
> (ii)使她成为受益人的信托声明,须以书面形式证明; 111
>
> (iii)口头信托声明,未经书面形式证明但已依该声明采取行动,从而产生了推定信托;
>
> (iv)妻子对财产购买的直接出资;
>
> (v)某些情况下,妻子对财产购买的间接出资。

---

[65] *Hussey v Palmer* [1972]3 All ER 744, at 747.

[66] (2009) Supreme Court, Jamaica, No 864 of 2006 (unreported) [Carilaw JM 2009 SC 57]

[67] 在 *Jackson v Jackson* (2010) Supreme Court, Jamaica, No FDI 015 of 1999 (unreported)案中,Brooks J 指出:“随着时间的推移,已婚人士不能再以不知道婚姻住房所有权手续的重要性为借口。他们必须提供证据以解释未以配偶双方的名义取得婚姻住房的原因。”

口头明示协议或声明

未经书面形式证明的口头明示协议不可强制执行;[68] 同样,关于土地的单纯的口头信托声明也不可强制执行。[69] 然而,存在证据以证明当事人之间存在口头协议或安排的,法院将强加一项推定信托,无须书面形式。在 *Lloyds Bank plc v Rosset* 案[70] 中,Lord Bridge 陈述道:(a)法院认定当事人之间存在协议、安排或协定的,无论当事人对此印象有多么的模糊,条款内容有多么的不准确,只要存在明确讨论的证据,受益利益将共有;和(b)若原告基于对协议的信任而做出一些对自己造成损失或使自己的财务状况发生重大改变的行为,将产生一项惠及原告的推定信托。

Grant v Edwards 案[71] 就是涉及明示协议或协定要件伴随损害的著名案例。在该案中,房子的购买是为了供 E 和原告(原告那时实际上已经嫁给了其他人)共同居住。1969 年,房子以 E 和其哥哥的名义购买。E 告诉原告,暂时不会将她的名字登记上去,这样就可以避免她和她丈夫在未决离婚诉讼中可能产生的问题。然而,E 的实际意图是不想原告享有该房产的普通法上的所有权。E 支付了房子定金以及绝大部分按揭贷款。原告通过将其收入用于共同家庭开支,包括做家务和养育子女,从而对偿还按揭贷款做出了实质性的间接贡献。1980 年,这对夫妻分开了,原告对财产的受益利益提出主张。法院判决,原告享有该房产一半的份额。E 为未将普通法上的所有权登记在共同名下而找的借口,是一项原告不应享有财产权益的共识或意图。此外,原告对于一般家庭开支的花费已经超出了一般出资的期待值,而且如果没有这些实质性贡献,E 就不能按时偿还按揭贷款。基于这些对购买房屋的间接出资,原告的行为使自己受损,而她原本不可能

[68] 见上文第 2 章。
[69] 见上文第 2 章。
[70] [1990]2 WLR 867.
[71] [1986]3 WLR 114.

这样做的，除非她享有财产权益。据枢密院意见，一旦存在共同意图，就不难发现女方的行为可被归因于创设以及一项对她有利的受益利益。[72]

直接出资 112

正如我们所见，按照直接出资购买财产的传统方法，该出资会产生一项惠及出资人的归复信托，而各方[73]的受益利益将按照各自出资比例享有。分期偿还按揭贷款将被视为直接出资，前提是付款人在购买财产[74]时已同意了承担此出资的责任。*Lloyds Bank v Rosset* 案[75]首次对将归复信托适用于家庭财产案件的方法提出了怀疑，上议院在该案中判决，此类出资产生的是推定信托而不是归复信托，最近在 *Stack v Dowden* 案中，这一意见也得到了多数法官支持，Lord Walker 陈述道，[76]在涉及"婚姻住房或准婚姻住房（无论合法所有权人登记在一人名下还是两人名下）受益性所有权的案件中，归复信托不应该视为法律的推定"。上议院在审理 *Stack* 一案时，明确认同上诉法院对 *Oxley v Hiscock* 一案[77]的推理，其中指出，如有证据表明有分享的共同意图，但没有证据表明各自份额大小的，或如能从直接出资中推断出共同意图的，没有必要推断当事人的份额应与出资成比例。*Oxley* 案中的方法要求法院顾及当事人之间的"整个交易过程"，法院的目的是判定当事人的意图，而不是强加法院自己认为公平的结果。

间接出资

同居者的间接出资是否会产生受益利益，这一问题尚无定论。妻子为购买婚姻住房间接出资的，即通过支付家庭开支使其丈夫可用其

---

〔72〕 在最近的 *Hammond v Mitchell* [1991] 1 *WLR* 1127 案中，一名女性同居者，根据一项口头协议，作为男性同居者的无偿商业助理支持他创业，此外她还承担了做家务和照顾子女的工作，法院判决她对财产的一半份额享有权利。

〔73〕 见上文第 104 页及以下。

〔74〕 *Springette v Defoe* (1993) 65 P&CR 1; *Roger's Question* [1948] 1 All ER 328.

〔75〕 [1990] 2 WLR 867.

〔76〕 [2007] 2 All ER 929 at 941.

〔77〕 [2005] Fam 211.

收入自由偿还分期付款的，法院判定其有权享有受益利益。另一方面，如妻子仅履行家务职责则不享有受益利益。以 *Gissing v Gissing* 案[78]为例，一位妻子花费200多英镑购置家具和铺设草坪，还包括一些家庭开支，法院裁定其无权享有受益利益。而在 *Lloyds Bank v Rosset* 案[79]中，Lord Bridge 指出，有必要对直接出资进行证明，且"至少对那些人们会怀疑对若未达到此金额会如何的资金进行证明。"当然，如果证明了原告应享有受益利益的明确的共同意图，间接出资也可享有受益利益（如 *Grant v Edwards* 一案[80]），除此之外，必须为直接出资。比如在 *Hammond v Mitchell* 一案[81]中，女方以无偿工作助理的身份帮助其伴侣投资，打理家务照顾子女，却因为缺乏明确的共同意图，无权主张受益利益。

113 在 *Stack v Dowden* 案中，Lord Bridge 观点的有效性遭到了严重质疑，而枢密院在审理 *Abbott v Abbott* 案[82]（东加勒比国家组织上诉法院的上诉案件）时，确认了这一新方法。在本案中，男方（丈夫）为安提瓜岛人，而女方（妻子）为加拿大人。他们在1983年结婚时，丈夫的母亲将名下位于安提瓜岛的土地转让至丈夫一人名下。随后丈夫在安提瓜岛行医。妻子在丈夫的诊所工作了一段时间，同时也在一家旅行社工作，但生下第一个孩子后，她就辞职了，直到1995年之前都没有工作。1990年至1991年，他们在其母亲转让的那片土地上建造了一所婚姻住房，房子的建造花费部分由其母亲出资，部分由临时贷款支付，后改为按揭贷款。作为普通法上的所有权人，丈夫对该财产执行了抵押，但妻子还要求自己承担支付贷款本金和利息的共同连带责任，这笔贷款也由他们各自的人寿保险单担保。这对夫妻的全部收入都存入共同的账户，用于支付分期按揭贷款和保费。1996年他们分开

---

〔78〕 [1970]2 All ER 780.

〔79〕 [1990]2 WLR 867.

〔80〕 [1986]Ch 638.

〔81〕 [1991]1 WLR 1127.

〔82〕 [2008]1 FLR 1451.

了,妻子从婚姻住房中搬了出去。Mitchell J 在安提瓜和巴布达高等法院判决,双方对婚姻住房享有同等的受益利益,原因有两点:(i)没有理由相信丈夫的母亲意图将土地赠与给丈夫一人;相反,其意图看起来是将土地给予他们两人用于修建婚姻住房,因为结婚初期他们的财务资源有限;(ii)因为他们就偿还抵押贷款的共同连带责任以及人寿保险单担保。Mitchell J 还权衡了这对夫妻将全部收入存入共同银行账户的这一事实。另一方面,东加勒比上诉法院的 Gordon JA 认为,此案不存在任何事实基础能将土地推断为对双方的赠与。援引 Lord Bridge 对 *Rosset* 一案的个人意见,他认为,妻子只能通过直接出资偿还按揭贷款来取得受益利益,而不予考虑偿还贷款的共同连带责任和妻子人寿保险所提供的额外担保。枢密院偏向于 Mitchell J 的推理,恢复了原审法院的判决。Baroness Hale 在作出枢密院的判决时说道,东加勒比上诉法院过分重视 Lord Bridge 对 *Rosset* 案的判决意见——大意是为了获得受益利益,必须直接出资购买。她强调,从那时起,这项法律就已"前行"。在确定双方对财产所有权的共同意图时,必须考虑到双方与财产有关的整个行为过程。

制定法制度

巴巴多斯和最近的牙买加都通过立法颁布了对婚姻住房或其他资产的受益利益的量化规则:

(a)根据巴巴多斯第 214 章《家庭法》第 57 条,在涉及已婚或已结合(至少五年)当事人的财产诉讼中,法院可作出其认为适当的命令,变更双方对财产的权益。在考虑下达何种命令时,法院的考虑因素必须包含为取得、保护或改善财产直接或间接做出的任何财务贡献;双方的年龄、健康状况和财力;以及任何一方是否有照顾及管束婚生未成年子女的行为。似乎没有一项原则规定,资产的均等分割是依照该

114 法量化受益利益的合适的起点，无论如何，法院都必须针对个案情况[83]采取公正和公平的做法。

(b)2004 年牙买加《关于配偶权利的财产法》第 13 条于 2006 年 4 月生效。其中第 4 条规定，该法规定取代了普通法和衡平法适用于配偶之间交易的规则和推定。第 6 条授予配偶享有家庭住房[84] 50% 的推定权益。"配偶"一词不仅包括合法已婚人士，还包括与单身异性[85]同居 5 年以上的任何单身人士。第 13 条规定，配偶有权利在解除婚姻、终止同居或分开后的 12 个月内向法院申请财产分割，法院有

---

〔83〕 *In the Marriage of Mallett* (1984) 52 ALR 193. Cf *McLean v McLean* (1983) High Court, Barbados, No 131of 1982 (unreported); *Shorey v Shorey* (1987) High Court, Barbados, No 49 of 1984 (unreported). Morerecent cases are *Proverbs v Proverbs* (2002) 61 WIR 91; *Carter v Carter* (2003) High Court, Barbados, No 233 of 2002 (unreported) [Carilaw BB 2003 HC 15]; *Noel v Noel* (2004) Court of Appeal, Barbados, Civ App No 27 of 2001 (unreported) [Carilaw BB 2004 CA 26]; *Williams v Williams* (2004) Court of Appeal, Barbados, Civ App No 12 of 1998 (unreported) [Carilaw BB 2004 CA 17]; *Cox v Cox* (2007) Court of Appeal, Barbados, Civ App No 19 of 2005 (unreported) [Carilaw BB 2007 CA 19]; *Wilson v Wilson* (2007) Court of Appeal, Barbados, Civ App No 5 of 2003 (unreported) [Carilaw BB 2007 CA 6]; *Williams-Towner v Towner* (2010) Court of Appeal, Barbados, Civ App No 1 of 2009 (unreported) [Carilaw BB 2010 HC 15].

〔84〕 "家庭住房"在第 2 条中被定义为"由配偶双方或其中一方整个拥有，并经常或不时地被配偶双方用作唯一或主要居所，并完全或主要用于家庭目的的住房。"在 *Shirley-Stewart v Stewart* (2007) No 0327 of 2007 (unreported) [Carilaw JM 2007 sc 112] 案中，Sykes J 说道，家庭住房是指配偶的"永久或经常居住地"。在 *Murray v Murray* (2009) Supreme Court, Jamaica, No 3700 of 2007 (unreported) [Carilaw JM 2009 SC 34] 案中，配偶于 1989 年购买他们的住房后，在牙买加和英国之间"往返"，他们打算退休后就回到牙买加永久居住。采纳 Sykes J 对"家庭住房"的定义，Williams J 判决，由于没有证据表明该夫妻在牙买加停留期间在房子里住了多长时间，因此不能说这所房子是他们的"永久或经常居住地"。因此，涉事房产应被视为"财产而不是经常居住地"(第 14 条第(1)款)。

〔85〕 在 *Nelson v Brown* (2009) Supreme Court, Jamaica, No HCV 3493 of 2007 (unreported) [Carilaw JM 2009 SC 78] 案中，Sykes J 判决，"单身"是指"法律上的单身"，而不是合法结婚但与另一人像合法夫妻那样同居生活的人。因此，已婚人士不是该法所指的单身人士，无论此人与其合法配偶以外的人同居了多长时间。此判决的后果是，结合关系中的一方与诉讼中的原告或被告以外的人存在合法的婚姻关系时，对受益利益提出的任何主张都"只能根据一般的财产法、信托和衡平法提出。"

权力延长这一期限。[86] 在进行财产分割时,法院将适用 50:50 的缺省规则,除非法院认为,出于某种原因,应当采取另外的分割方式。第 14 条规定,如果配偶一方根据第 13 条申请财产分割,法院可以在考虑到婚姻持续时间和配偶对财产的取得、保护或改善所作的任何直接或间接的财务或其他贡献等因素,依其认为合适的方式分割"除家庭住房以外的财产"。此外,"出资"不仅包括为取得或维护财产所支付的款项,还包括与财产有关的工作或服务的履行情况。

[86] See *Bernard v Bernard* (2008) Supreme Court, Jamaica, No 1865 of 2006 (unreported) [Carilaw JM2008 SC 33].

115

第8章 非慈善目的信托

非慈善目的信托,是指信托目的不符合慈善地位且必须作为私益信托生效或完全失效的信托。非慈善的目的包括:为与教育机构无关的年度体育盛事设立[1]奖项或奖杯(如赛艇);举行俱乐部年会;建造和维护墓碑;[2]以及喂养立遗嘱人的宠物。[3]

非慈善目的信托可因以下全部或部分理由宣布无效:

(a)缺失受益人;

(b)具有不确定性;以及

(c)永续性。

另一方面,许多离岸金融中心还颁布了立法来使(a)足够确定,(b)合法,且(c)不违背公共秩序的非慈善目的信托生效。[4]

---

〔1〕 *Nottage* [1895]2 Ch 649.

〔2〕 *Hooper* [1932]1 Ch 38.

〔3〕 *Dean*(1889)41 Ch D 552.

〔4〕 参见,例如,巴巴多斯《2004 年目的信托法》第 3 条第(1)款;百慕大《1998 年关于信托修正法的特别规定》第 12A 条;英属维尔京群岛《1993 年受托人法》;伯利兹《1992 年受托人法》第 15 条。

受益人原则

根据 *Morice v Bishop of Durham* 案[5]中的规则，如果不存在特定受益人使信托得以执行，则私益信托无效，因为"法院必须为了某人的利益来作出判决"。[6]

因此，如果信托出于私益目的而设立，那么除非它可被解释为对那些能被视为受益人之人做出的赠与，否则它可能被判决无效。一项信托是为某些人设立还是为某些"纯粹"的目的而设立，这是一个解释性问题。比如，为某些孩子受教育而设立的信托基金，可被解释为一种以这些孩子为受益人的信托（正如 *Osoba* 一案），[7]如果就满足了受益人原则；而为促进猎狐运动[8]设立的信托，可能就会被视为以猎人个体为受益人的信托。另一方面，在 *Astor's Settlement Trusts* 一案[9]中，除其他外，用于"维持国际友好关系"和"维护报纸独立性"的信托必须被解释为纯粹的目的而设立的信托，且因其不符合受益人原则而失效；在 *Leahy v Attorney General for New South Wales* 案[10]中，Viscount Simonds 指出，如果信托因某协会的"一般目的"而设立（如 *Leahy* 案，在该案中，立遗嘱人规定，为了受托人自行选择的天主教会的修女的命令而以信托方式持有一大片牧场：

> ……人们不禁会问，这是什么信托？受益人又是谁？赠与对象可 116

---

〔5〕 (1804)9 Ves Jun 399.

〔6〕 Ibid. ,at 404,*per* Grant MR. 根据各离岸信托中心的立法，这一职能是通过由委托人任命的一名"实施者"来履行的。

〔7〕 [1979]2 All ER 393. 见上文第80页。

〔8〕 See *Thompson* [1934]Ch 342.

〔9〕 [1952]1 All ER 1067.

〔10〕 [1959]2 All ER 300.

以是人(包括公司法人)但不能是某一目的或目标;同理,信托可为信托受益人的利益而设立,但不能为了某一目的或目标而设立,除非此目的或目标具有慈善性质……因此,通过无视“为协会的一般目的”这一言辞……而将赠与视为对个人的绝对赠与以供此人持有。[11]

私益目的信托似乎可被认为是为了个人的利益,尽管这些个人并未取得信托基金的任何对物性财产权益。比如在 *Abbott* 一案[12]中,法院判决,为赡养两位聋哑女士而设立的信托有效,尽管她们并不是信托基金的任何对物性财产权益的所有权人;类似地,在 *Gillingham Bus Disaster Fund* 案[13]中,法院判决,为受伤学员和其他“有价值的目的”而设立的信托有效,尽管法院承认这些学员不享有信托基金中资金的任何对物性财产权益。

有人建议称,最佳分析办法是,将这些案件视作惠及以特殊方式获益的受益人的信托例子——这一推理随后也被 *Denley's Trust Deed* 案采纳了。[14] 在该案中,一片土地以信托形式转让给了受托人,使其“以修建娱乐或运动场所为目的,主要是为公司员工的利益持有,其次为受托人允许之人(如果有的话)的利益持有”。

Goff J 判决信托有效,因为该信托是为了确定的受益人——公司员工——而持有的,即他们将以使用娱乐场所这样一种特殊的方式获益。他说道:[15]

我认为此处可能存在一项目的信托或目标信托,执行该信托会使某人或某些人受益,但如果该利益是过于间接的或无形的,或受到过多框架的束缚以至于不给予这些人向法院申请强制执行信托的陈述

---

〔11〕 Ibid. ,at 307.

〔12〕 [1900]2 Ch 326. 见上文第 78 页。

〔13〕 [1958]2 All ER 749. 见上文第 78 页。

〔14〕 [1968]3 All ER 65.

〔15〕 Ibid. ,at 69.

权的，在我看来，在此情况下可以适用受益人原则以使信托失效，而不涉及任何不确定性或永久性的问题。如果出现这种情况，可予以考虑。但依我所见，当前案件并不属于这种类型，信托契据第 2 条第(d)款明确指出，根据受托人的条例和规定，公司员工对该土地享有使用和享用的权利。除了这一可能例外的情况以外，依我所见，*Astor's Settlement Trusts* 案[16]中的受益人原则——在 *Endacott* 案[17]中也得到了认可，只适用于抽象的或非私人的目的信托或目标信托。反对理由不在于信托本质上是为某目的或目标持有，而在于其中不存在受益人……因此，如果信托直接或间接地有利于某人或某些人，即便是明确表示是为了某种目的而设立的，在我看来，它通常都不在受益人原则不明确的范围内。

不确定性

委托人试图设立慈善信托(此种信托不会受不确定的影响)但因无法起草而导致信托失败的，通常会引发目的信托的不确定性异议。例如，一项“以慈善或有价值的理由”而设立的信托既不能视为慈善，因为它不是专门性慈善；[18]也不能视为私益信托，因为“有价值的理由”太不确定了。Sir William Grant MR 基于法院无法控制一项过于不确定的信托，而解释了关于不确定性的反对理由：[19] 117

若本法院对其实施控制的，则信托不存在；因为法院无法控制的处置权是所有权而非信托。如果存在明确的信托，但信托对象不确

〔16〕 [1952]1 All ER 1067.

〔17〕 [1959]3 All ER 562.

〔18〕 见下文第 140 页及以下。

〔19〕 *Morice v Bishop of Durham*(1804)9 Ves Jun 399.

定,那么财产——信托标的——将不受处置;这种信托的利益就会归复于因前任所有权人未能处置财产而被普通法赋予其所有权的人。

Endacott 案[20]就是一个因为不确定性而导致信托失败的例子,在该案中,立遗嘱人向教区委员会遗赠2万英镑,“目的是为自己留下一些有用的纪念”。法院判决,这种信托“过于宽泛和不确定,其性质不符合所援引的案件类别”,[21]也就是说,超出了墓碑和纪念碑案件的范围,具体见下文的解释。

永续性和不可让与性

绝对所有权人让与其财产的权利不得被加以限制,这是一项基本的普通法原则。因此,对让与施加限制的条件是无效的。类似地,信托法律也规定,若信托基金超出“永续期”——在世或生存之人终生加上21年,[22]则不得成为不可让与的基金。这一原则仅影响非慈善目的信托。其不影响慈善信托,也不影响为特殊目的而设立的信托。

“针对不可让与的规则”或“反永续信托规则”规定,欲而保留信托基金资本金以将其产生的收入用于某目的,例如维护立遗嘱人的墓碑或照顾其动物,该保留不得超过永续期,否则,信托将失效。Hayton和Marshall对该原则的解释如下:[23]

针对不可让与的规则(也称反永续信托或永久性信托规则)使目

〔20〕 [1959]3 All ER 562.

〔21〕 Ibid. ,at 568,*per* Lord Evershed MR.

〔22〕 在加勒比的某些法域,制定法规定的是80年或者100年的永续期;例如,巴巴多斯第236章《财产法》第169条规定的是80年;英属维尔京群岛《1961年受托人条例》第68条第(1)款规定的是100年。

〔23〕 *Cases and Commentary on the Law of Trusts*,8th edn,1986,p.175.

的信托无效，除非其从一开始就可以确定当永续期结束时，信托基金可自由用于非信托目的。永续期和普通法中的间接规则一样，该规则确保在永续期结束时，受益人将获得既定利益，使他们能够按自己的意愿处置信托基金。该期限为合理相关的最后一名幸存者逝世后的21 年……

若纯粹目的信托违反受益人原则仍然有效，则此类例外的情形下就可能产生针对不可让与的规则，这些信托的合法性在 *Denley* 案[24]中得到证实，这些信托被视为是虽然以某种目的而设立的，但直接或间接地有利于某类人，但这类人没有 *Saunders v Vautier* 案[25]中在永续期结束时终止信托或对信托基金提出主张的权利，例如，为公司现存及未来雇员的利益而得以维持并用作运动场所的土地信托，或为大量“不能明示”的群体的利益而持有的信托……

只有当委托人或立遗嘱人显示出了一种意图，即将财产——通常 118
是金钱——单独存储为资本金，并将该资本金或由此所得的收入用于某一特定目的，才能援引针对不可让与的规则。若立遗嘱人说留下5000 英镑给他的遗嘱执行人，和为艾尔登律师俱乐部而持有信托的受托人，这样的意图是不明确的。如果这笔动产遗赠被解释为一种为方便支付一般费用而使用这 5000 英镑的信托，那么它将是有效的。然而，如果将其解释为一种将遗赠的收入用于俱乐部以使现存和未来的雇员受益的信托，那么财产就会变成一项捐款，会因违反针对不可让与的规则而无效。

异常情形

作为目的信托缺少特定受益人则无效的这一一般规则的例外，两

---

〔24〕 [1968]3 All ER 65.

〔25〕 (1841)49 ER 282.

种信托——用于维护墓穴的信托和用于饲养特定动物的信托可获法院的支持,前提是信托必须限制在永续期内。然而,这两类信托虽然有效,但无法就对受托人提起强制执行之诉,因为不存在可提起诉讼的受益人。受托人如愿意,可执行信托,但不能被强迫这样做。因此这类信托也叫作"不完全义务信托",其效力更像权力而不像是信托。任何未用于信托目的基金将以归复信托形式为立遗嘱人的遗产代管人而持有。

墓穴和纪念碑

为建造和维护墓碑、纪念碑或墓场而设立的信托若在永续期内,则有效。比如,在 *Hooper* 案[26] 中,立遗嘱人将资金遗赠给受托人,使他们以信托形式持有这些资金,以在合法的期限内维护某些家族墓场和纪念碑及教堂窗户上的纪念牌。法院认为,该信托在 21 年内都是有效的。同理,在 *Trimmer v Danby* 一案[27] 中,画家 Turner 将 1000 英镑的动产遗赠给其遗嘱执行人,让其"在圣保罗大教堂建造一座纪念碑",这一信托也被法院判决是有效的。

通常而言,为建造墓穴而设立的信托不存在永续性的问题,因为法院会假定墓穴在其去世后立即就会开始建造。然而,为维持和维护墓穴而设立的信托必须明示其有效期为 21 年以内的期限,否则将会无效。这一立场在 *Mussett v Bingle* 案[28] 中得到阐明,在该案中,一位立遗嘱人首先遗赠了 300 英镑以为妻子的第一任丈夫建造纪念碑,其次又将这笔钱的利息——200 英镑用于维护纪念碑。法院判决,第一笔赠与有效,但第二笔无效,因为其违反了永续期规定。如果违反永续规则,法院尽管不会提供过多的解释,因为正如我们所看到的,如果立遗嘱人规定信托将在"法律允许的期限内"存续,则法院就会判定其

---

〔26〕 [1932]1 Ch 38.

〔27〕 (1856)25 LJ Ch 424.

〔28〕 [1876]WN 170.

有效期为21年。

如果法律允许的话,立遗嘱人自然会希望他的墓碑能无限期地保留下去。有一种方法可以实现这一目标——立遗嘱人可对慈善机构甲做出一项财产赠与,同事规定若立遗嘱人的墓穴未由慈善机构甲[29]修理维护的,则应将赠与慈善机构甲的资金转赠给慈善机构乙。假设赠与数额足够大,慈善机构甲认为维护墓穴对自己很有价值,那么这笔赠与可能成为使甲愿意维护墓穴的诱因。但是有一点很重要,即立遗嘱人并未通过要求将这笔资金的任何收益用于非慈善目的,从 119
而对慈善机构甲施加一项维护墓穴的义务或信托;因为如果立遗嘱人这样做,信托将失效且整个计划将失败。[30] *Chardon* 案[31]认可了另一种确保墓穴得到永久维护的方法,在该案中,只要墓地公司愿意维护一座坟墓,立遗嘱人就将赠与该公司一项收入。因此法院判决授予该公司的可终止的权益是有效的。它没有违反针对不可让与的规则,因为墓地公司和对归复的不确定权益享有权利之人可以随时联合起来出售他们的权益。这样做的结果是,一旦维护坟墓失败,这一可终止权益就会终止,归复的不确定权益就会生效。

动物

为了动物的利益而设立的信托通常都具有慈善性质,[32]但只为照顾特定动物而设立的信托则只能被视为私益信托。法律规定,为特定动物利益而设立的信托,应作为符合"受益人原则"[33]例外情况的信托而生效,前提是该信托的期限未超过永续期。*Dean* 案[34]是该原则的首要判例,在该案中,North J 判决,将立遗嘱人赠与的财产,按照

---

〔29〕 *Christ's Hospital v Grainger*(1849)19 LJ Ch 33;*Tyler* [1891]3 Ch 252.

〔30〕 *Dalziel* [1943]Ch 277.

〔31〕 [1928]Ch 464.

〔32〕 *Wedgwood* [1915]1 Ch 113.

〔33〕 *Pettingall v Pettingall*(1842)11 LJ Ch 176.

〔34〕 (1889)41 Ch D 552.

每年750英镑并持续50年的标准,用来饲养其马匹和猎狗(如果它们的寿命有那么长的话)。奇怪的是,尽管North J声称,“只要它持续的时间不要太长”,这种信托就不存在任何有异议的地方,但他并没有谈到永续的问题,尽管立遗嘱人规定了50年的期限。该信托似乎应被宣布为无效,因为该信托的持续时间超过了21年,除非,也许,North J假定涉事动物的寿命不可能超过21年,或依据永续规则,[35]可能将动物的寿命作为了衡量生命的标准。

非法人团体信托

Hanbury和Martin将非法人团体定义为“由两人或多人通过相互承诺、各自承担相互责任和义务,为一个或多个共同目的联系在一个组织中,该组织对于其控制人及资金归属人的确定都作出了规定”。[36]

非法人团体(如成员俱乐部或社团)并非单独的法人,不能成为财产所有权人,也无法成为普通法上权利和义务的主体。当财产被交给这类团体的,财产通常由该团体的受托人、委员会或职员根据该团体的章程和规则而持有,这些章程和规则也构成了团体成员之间的合同。

为非法人团体设立的信托,可能被解释为以下四种情况中的任意一种,如*Recher's Will Trusts*一案:[37]

(a)作为对该团体时任成员个体的赠与,使其为了自己的利益以共同保有人或混合共同保有人身份持有,这样他们就可以立即协商——如果他们愿意的话——在他们之间分割赠与的财产。

---

[35] See Hanbury and Martin, *Modern Equity*, 14th edn, p. 373.

[36] Ibid., p. 365.

[37] [1971] 3 All ER 401 at 409, citing *Neville Estates Ltd v Madden* [1961] 3 All ER 769 at 778, 779, per Cross J.

(b)作为对现存和未来成员不确定限期的赠与，这种情况下它将因违背针对不可让与的规则而无效。 120

(c)如作为对该团体的受托人的赠与，使其以信托形式为执行团体目的而持有财产。按照这一解释，它将因违反 *Morice v Bishop of Durham* 案的规则而无效。

(d)作为对团体既有成员的赠与，成员不以共同保有人或混合共同保有人身份享有财产，而是受成员之间相互合同权利义务约束，以防止个别成员对财产份额提出主张。按此解释，该赠与将有效。

在 *Recher* 案中，一笔遗产通过遗嘱被赠与伦敦和省反活体解剖协会（London and Provincial Anti-Vivisection Society），一个非慈善的非法人团体。该协会在立遗嘱人去世前就已不再存续，如果不是这样的话，该赠与将作为对成员的受益性赠与而生效，这种赠与不是授权他们获得直接分配额，而是根据协会规定享有协会基金的自然增值部分。该协会是以某特定目的（反活体解剖）而不是为了成员本身的利益而存在，这一点无关紧要，因为成员可以投票修改章程和规定以放弃该目的，并在内部分割基金。

Lipinski's Will Trusts 案[38]适用了这一原则，在该案中，一位立遗嘱人将其剩余遗产遗赠给受托人，使其以信托形式为赫尔市犹太人马卡比协会（Hull Judaeans（Maccabi）Association）持有，为协会修建和（或）维护新场地。虽然这显然为达成某种目的而设立的信托，但 Oliver J 能够将其解释为对协会成员的赠与——并非以共同保有人身份享有财产，而是因受协会成员彼此之间的合同权利和义务约束而享有财产。他继续说道：

在我看来，就常理而言，所描述的目的显然是为了已确定或可确

〔38〕 [1977]1 All ER 33.

定的受益人的利益,特别是那些有权力使资本成为他们自己的资本的受益人,与根本没有受益人(如纪念某个最爱的宠物)或者受益人不能确定(如 *Price* 案[39][对大不列颠人智学协会的赠与])的情况,存在明显区别。

Lipinski 案中的这一原则只适用于:

(a)团体制定了一些规则,这些规则构成了成员间的合同的情况;和

(b)成员有权力修改这些规定以使资产在他们内部分割的情况。

Leahy v Attorney General for New South Wales 案[40]缺失第一个要件,因为宗教界人士不受任何上述合同的约束;因此,不可能采用 *Lipinski* 案中的解释方法,且如果没有制定法救助,对宗教界的赠与将作为永久的捐赠基金人无效。*Grant's Will Trusts* 案[41]缺失第二个要件,在该案中,一笔给工党地方选举团体的赠与被以不可让与为由而宣判无效,因为选举团体的成员没有权力修改规定以使资产在他们内部分割,因此,该赠与不能被解释为对成员的赠与,而只能解释为对选举团体的赠与。

---

〔39〕 [1943]2 All ER 505.

〔40〕 [1959]2 All ER 300.

〔41〕 [1979]3 All ER 359.

第 9 章　慈善信托

慈善信托的特权

慈善信托被称为公益信托,因为人们认为其对整个社会来讲是具有价值且十分重要的。慈善信托可由总检察长代表国家执行。而与慈善信托相比,私益信托寻求的却是使特定的人或更为狭窄领域的公众受益,而且,正如我们在第 8 章所见,一个私益目的信托通常会因为没有受益人强制执行而无效。

慈善信托基本上遵循与私益信托相同的规则,但是由于其公共性,它们被赋予了后者无法获得的某些特权。慈善信托可以按以下类别进行分类:

(a)受益对象确定性;

(b)反永续规则;以及

(c)财政特权。

受益对象确定性

与私益信托不同,慈善信托不会因为受益对象的不确定性而失败。举个例子,“出于由受托人选择的慈善目的”而对受托人做出的动产遗赠是有效的。同样,一份“以为了慈善对象的信托形式”的赠与也是有效的。在这种情况下,法院享有管辖权以制定资金申请计划及指定将受益的特定慈善对象。

然而,已经确定的是,为了取得慈善的资格,信托必须用于“专门性慈善”目的。因此,如果信托基金既能够用于慈善目的,也能够用于非慈善目的,那么赠与可能被判决无效。这个话题将在下文详细讨论。[1] 适用该规则的一个例子是 *IRC v City of Glasgow Police Athletic Association* 案,[2]其系争点在于该协会是否是一个慈善团体。上议院认为它不是,因为该协会的主要目的是为协会成员提供体育和娱乐设施——这是非慈善目的,而且,该协会的对象附带性地促进了一个慈善的目的,即提高警察部队的效率,这一事实不足以赋予其慈善地位。Lord Normand 这样解释了这个立场:[3]

> 被告主张的协会属于 Lord Macnaghten 慈善组织分类的最后一类,而且它还是仅为慈善目的而设立的。在确定其成立的目的时,我从其规章制度着手。第 2 条列出的目的——鼓励和促进各种形式的体育运动和一般娱乐活动——不属于慈善目的。但并不仅仅如此,下一步是要注意到,会员的认购只花在他们自己的运动和娱乐上。问题
> 122 是,依照规章制度所显示的,该协会成立的目的是什么?其活动及其与警察部队和公众的关系如何?客观地看,在本案情形下,被告必须证明的是,该协会是为了公共目的而成立的,带给成员的私人利益是追求公共目的过程中不请自来的结果,因此可以当作附带性结果而被忽略。而这却是我不能接受的观点。成员的私人利益是本质性的。成员的娱乐本身就是目标,若不实现这一目标,公众目的将永远不会

[1] 见下文第 140 ~ 144 页。
[2] [1953]1 All ER 747.
[3] Ibid. ,at 751.

出现在人们的视野中。如果成立该协会的结果是会员在不感兴趣的情况下，发现自己参与了枯燥无味的活动，其效率就会受到影响、成员人数会减少，因此就会对公众造成损害而非带来益处。协会成立的目的是使成员私人受益，因此不能说这是一个仅为公共慈善目的而成立的协会。

因此，原则上，如果一个协会有两个目的，一个是慈善性的而另一个不是，且如果这两个目的是如此地联系在一起，以致非慈善目的不能被认为是慈善的附带目的，则该协会就不是仅为慈善目的而成立的团体。

反永续规则

慈善信托不受反永续信托规则的约束（也就是说，针对不可让与的规则）。确实，许多慈善团体（如学校和教会）都是无限期的，并且严重依赖于永续的捐赠来维持生存。然而，慈善信托与私益信托一样，都受制于反永久归属规则，因此，如果一份慈善赠与可能在超过一个生命永续期21年后授予，则该取决于未来某个不确定事件发生的赠与将是无效的。因此，在*Lord Stratheden and Campbell*案中，[4]100英镑的年金被遗赠给“伦敦中央游骑兵队任命的下一个中校”，这份赠与被认为违反了反永久归属规则而视为无效，因为这一任命可能不会在永续期内做出。Romer J指出：[5]

如果慈善信托赠与本身取决于未来不确定的事件，则根据我们的判断，它必须遵从的规则和原则，与那些基于先决条件而存在的任何其他遗产所取决于的规则和原则一样。如果从未满足该条件，遗产也就不会产生；如果该赠与的时间如此之久远且期限无法确定，以至于超过了法律规定的时间限制，则该赠与自始（*ab initio*）失败。

---

〔4〕［1894］3 Ch 265.

〔5〕Ibid.，at 266.

除非任命下一个中校,否则年金将不予支付;若没有任命中校,则既不产生也不支付年金。既然有这般的条件,我能说此条件必须在反永续法律规定的时间内出现吗?很遗憾地说,我不能。

慈善机构对反永续规则的适用有一个例外,即对A慈善机构的赠与,并当未来某个不确定事件发生时,对B慈善机构做出转赠,尽管未来事件可能发生在永续期外,该转赠仍将是有效的,前提是对A慈善机构的赠与在规定期内生效。但是对非慈善机构的赠与并附带对慈善机构的转赠(反之亦然)都受该规则约束,因此,当转赠发生在永续期外时,它是无效的。

123 **财政特权**

所得税

在大多数法域,慈善信托免缴所得税。例如,牙买加《所得税法》第12条第(h)款[6]免税规定如下:

……仅为宗教、慈善、科学或教育目的而组织和经营的任何公司或协会的收入,该公司或协会净收入的任何一部分都不会确保让任何私人股东或个人受益。

前提是委员会应自行裁量一公司法人或协会是否在本条文所指的范围内。

慈善目的

在巴巴多斯,第243章《慈善法》第3条列出了慈善目的;在加勒

[6] 参见巴巴多斯第73章《所得税法》第4条。

比的其他地方,慈善目的是依一般法确立的。[7] 值得注意的还有,英格兰和威尔士《2006 年慈善法》第 2 条列出的慈善目的主要是依一般法确立的。

《1601 年伊丽莎白法》的序言最早列举了一些被认可为慈善的目的,其中部分包括:

(a)救济年长者、体弱者和贫困者;

(b)维持患疾和伤残士兵和水手生活;

(c)资助学术机构、义学和大学奖学金;

(d)修复桥梁、港口、教堂和公路;

(e)资助对孤儿的教育;

(f)帮助年轻商人、有先天缺陷之人和衰老之人;以及

(g)救济囚犯或赎回俘虏。

《1601 年伊丽莎白法》的序言仍然被法院用来指导判断某一信托是否具有慈善性质。但是序言列举的目的有点过时,而现今通常指导法院的是 Lord Macnaghten 在 *Commissioners of Income Tax v Pemsel* 案[8]中提出的现代分类方法。根据该分类,为以下目的而设立的信托是慈善的:

(1)贫困救济;

(2)发展教育事业;

(3)发展宗教事业;和

(4)其他有益于社会的目的(在《伊丽莎白法》序言的文字或精神范围内)。

〔7〕 在伯利兹第 202 章《1992 年信托法》第 14 条列出了与 *Pemsel* 分类法大致对应的慈善目的。

〔8〕 [1891] AC 531.

124 **贫困救济**

《伊丽莎白法》的序言在其对象中涵盖了"对年长者、体弱者以及贫困者的救济"。从那以后,人们已经确定,这些词必须分开解释,[9]以便被救济的人可能是年长者、或体弱者或贫困者。

若要符合"年长者"资格,需要救济的人似乎必须超过 60 岁,[10]"体弱者"被认为是"残疾人"。[11] 至于"贫困"的含义,显而易见,要受益的人不需要忍受饥饿或贫穷,就可以满足慈善意义上"穷人"的资格。只要他们处于"贫困的环境"中、[12]或在生活中不得不处于"短缺"的地位,[13]就足够了。因此,"为收入有限的女士"而设立的信托[14]、其目的是为收入欠佳的家庭提供疗养院、[15]为教区居民提供施食处、[16]帮助灾难的受害者,[17]以及建立邻里法律中心[18]等都属于这一类慈善。

牙买加的一个例子是 *McGrath* 案,[19]死者的遗嘱补正书规定了他的财产——被称为"查尔蒙特"(*Charlemont*)——应长期收取充足的费用以支付"每年为埃瓦顿和罗斯山街区的穷人提供的圣诞救济金或款待费用"。Parnell J 认为,一个有效的济贫信托已经设立。他评论道:

……当我还是个小孩子的时候,大地主会在圣诞节来临时给老人

〔9〕 *Cottams*, [1955] All ER, 704.

〔10〕 See Parker and Mellows, *Modern Law of Trusts*, 6th edn, 1994, pp. 312, 313.

〔11〕 Ibid.

〔12〕 *Scarisbrick* [1951] Ch 622.

〔13〕 *Coulthurst* [1951] Ch 661 at 665, 666, *per* Evershed MR.

〔14〕 *Gardom* [1914] 1 Ch 664.

〔15〕 *Clarke* [1923] 2 Ch 407.

〔16〕 *Biscoe v Jackson* (1887) 35 Ch D 460.

〔17〕 *North Devon Relief Fund Trust* [1953] 2 All ER 1032.

〔18〕 Pettit, *Equity and the Law of Trusts*, 8thedn, 1997, p. 230.

〔19〕 (1975) 23 WIR 406.

和穷人一个地块,这种做法很常见。收到地块的主要是他庄园里的退休工人和住在他大房子附近的穷人。每个人收到的包裹里都会有一块刚宰杀的肥牛犊肉,这些牛犊肉分别代表了每个人将收到的地块上的种植物。遗嘱中的条款表明,这种我已熟悉40多年的习俗,尚未被这个国家全部的富有的地主所遗忘。

三项原则是:

(a)若赠与未排除不需要帮助的人,则这种赠与不是慈善的。因此,为特定地区的男孩提供服装的赠与不是慈善的,因为富裕的孩子没有被排除在外;[20] 此外,"在彭布罗克码头为工人阶级及其家庭提供生活来源"[21] 的赠与也不具慈善性,因为"工人阶级"并不等同于贫困。另一方面,当立遗嘱者鉴于塞浦路斯住房严重短缺的情况,提供了一笔钱用于在该地区建造一家工人宿舍,则可认为该赠与起到了济贫的作用,因此是具有慈善的;[22]

(b)"救济"一词表示,受益者需要一些基本必需品,如食物、遮蔽所和衣物,但以他们自身的资源却很难满足上述需求;和

(c)这并不意味着,受益者无须为他们所获得的利益成本做出 125
贡献。[23]

发展教育事业

为学校、学院、大学和其他教育机构提供资金的信托在这一分类下显然是慈善的,事实上,在《伊丽莎白法》的序言中也提到了"资助学术机构、义学和大学奖学金"和"孤儿的教育和优待"。在现代,法院已经将"教育"一词宽泛地解释为包括"除了纯粹的专业或职业课

---

〔20〕 *Gwyon* [1930] 1 Ch 225.
〔21〕 *Sanders' Will Trusts* [1954] 1 All ER 667.
〔22〕 *Niyazi's Will Trusts* [1978] 1 WLR 910.
〔23〕 *Resch's Will Trusts* [1969] AC 514.

程以外的几乎任何形式的有价值的指导或文化发展”。[24] 教育不局限于学术学习或学校活动，还包括美学教育，如对艺术、音乐和戏剧的赏析。

在加勒比国家，为发展教育而设立的信托在 *Codrington, USPG v Attorney General* 案中得到了法院的支持，[25] 该案毫无争议地认定，建立和维持神学院的信托是具慈善性的；在关于“甘地—泰戈尔学院”的 *Ramoutar* 案中，[26] 及在涉及为学校的学生提供奖学金的 *Collymore* 案中皆是如此。[27] 在 *Wiles v Barbados National Trust* 案中，[28] 有一份赠与是为博物馆提供古董家具，Williams J 认为，该赠与毫无疑问是慈善的，隐含在发展教育事业的分类下。另一方面，在 *Attorney General of the Bahamas v Royal Trust Co* 案中，[29] 针对巴哈马儿童和青年人的“教育和福利”的信托被法院认为不具慈善性质，理由是“福利”包括了不是专门性慈善的目的，而在 *D' Aguiar v Inland Revenue Commissioner* 案中，[30] 对一个组织的赠与——其目标之一是促进成人教育和技术培训，因此被法院认为是非慈善的，理由是该组织的某些其他目的显然超出了慈善的界定。

在该分类下，信托被认定为是慈善的其他例子有：在医学院成立学生联合会的基金（理由是为学生提供物质、文化和社会服务以帮助学生在该机构的学习）；[31] 提供法律报告（理由是报告的目的是准确记录判例法的发展和适用情况，从而传播法律知识）；[32] 对动物园的

---

[24] Hanbury and Martin, *Modern Equity*, 15th edn, 1997, p. 388.

[25] (1970) 16 WIR 87，见上文第 32 页及第 33 页。

[26] (1988) High Court, Trinidad and Tobago, No 2,225 of 1988 (unreported).

[27] (1959) 1 WIR 316.

[28] (1975) 26 WIR 50.

[29] [1986] 3 All ER 423.

[30] [1970] 15 WIR 198.

[31] *London Hospital Medical College v IRC* [1976] 2 All ER 113.

[32] *Incorporated Council of Law Reporting for England and Wales v Attorney General* [1971] 3 All ER 1029.

赞助;[33] 词典的编纂;[34] 为学生玩足球提供设施的条款;[35] 推广合唱、[36] 戴留斯的音乐、[37] 古典戏剧和表演;[38] 以及伦理原则的研究和传播。[39] 此外,教育目的还包括辅助事项,如提供资金以支付教师和 126
行政人员的工资。[40]

只有在具有教育价值的情况下,出于美学或艺术目的的信托才会被视为该分类下的慈善信托。*Pinion* 案[41] 阐明了这一原则,当时一名立遗嘱人向全国慈善信托总会提供了自己的工作室、绘画作品(有些是他自己画的)、古董家具及其他物件,以求在博物馆中完好保存。如果全国慈善信托总会拒绝了该信托(事实上它确实拒绝了),该立遗嘱人授权任命受托人以执行该信托。提交至法院的专家意见一致认为,这些收藏品没有艺术价值;因此,该信托不具有慈善性且失败。Harman LJ 表示"无法想象把这么多垃圾强加给公众有什么用处。该收藏既无公共用途,也无教育价值"。[42]

另一类不被视为慈善的信托是出于政治目的的信托。因此,当一个信托试图以推动教育的名义宣传一个政党的教义时,该信托就会无效,因为"伪装成教育的……政治宣传不是《伊丽莎白法》中规定的教育",[43] 尽管在一个案例[44] 中,用于"促进保守原则和宗教及精神改善"的收入信托被认为是慈善的;以及一个旨在通过组织内涵"政治意

---

[33] *Lopes* [1931]2 Ch 130.

[34] *Stanford* [1924]1 Ch 73.

[35] *IRC v McMullen* [1980]1 All ER 884.

[36] *Royal Choral Society v IRC* [1943]2 All ER 101.

[37] *Delius* [1957]Ch 299.

[38] *Shakespeare Memorial Trust* [1923]2 Ch 398.

[39] *South Place Ethical Society* [1980]3 All ER 918.

[40] *Case of Christ' s College, Cambridge* (1757)96 ER 49.

[41] [1965]Ch 85.

[42] Ibid., at 107.

[43] *Hopkinson*[1949]1 All ER 346 at 350, *per* Vaisey J. See also *Southwood v Attorney General*[2000]ITELR 94.

[44] *Scowcroft* [1898]2 Ch 638.

味”的会议来推动某教育项目工作的信托，但并为促进任何特定政党的利益，也未寻求改变法律或政府政策的，则也会被认为是本类别下的慈善信托。[45] 最后，尽管正如我们所见，学生会是一个慈善机构，辅助大学或学院达到其教育目的[46]（尽管学生会是在其政治俱乐部内），但禁止将学生会资金用于政治目的或任何非教育目的。因此，例如，使用学生会资金支持恢复为学龄儿童免费提供牛奶的运动遭到禁制令的禁止，理由是这种使用是政治性的。[47]

Slade J 在 *McGovern v Attorney General* 案中，提出了为研究提供资金的信托是否符合本分类下的慈善性质的问题，并总结了这些原则：[48]

（i）为研究而设的信托通常符合慈善信托的资格，但前提是，

（a）拟议研究的主题是一个有用的研究对象；和

（b）研究成果所获得的知识被认为是将会传播给其他人；和

（c）该信托是为了公众的利益，或者是足够重要的一部分公众的利益。

（ii）然而，在无相反语境的情况下，法院很容易将研究信托解释为包含后续对研究结果的传播。

（iii）此外，如果用于研究的信托将构成发展教育的有效信托，就没有必要，

127 （a）考虑师生关系，或者

（b）要求将因研究知识而受益之人是已经开始接受传统意义上的教育之人。

（iv）在任何法院必须确定以研究为目的的动产遗赠是否属于慈善性质的情况下，它必须适当考虑任何可采纳的、可用来解释涉事遗

[45] *Koeppler's Will Trusts* [1986] Ch 423.

[46] *London Hospital Medical College v IRC* [1976] 2 All ER 113.

[47] *Baldry v Feintuck* [1972] 2 All ER 81.

[48] [1981] 3 All ER 493 at 518.

嘱措辞或其起草的情形。

发展宗教事业

慈善意义上的宗教发展不仅包括传播宗教教义,还包括维护教堂和其他礼拜场所(包括墓地)、宗教服务的改善(包括支持教堂唱诗班),和赞助神职人员等"卫星目的"。

有人认为,任何形式的"一神论"都将被视为一种宗教信仰。[49] 宗教意味着对神力抱有的某种精神信仰,有别于传播伦理原则,即"宗教与人类与上帝的关系有关",而"伦理涉及人类与人类的关系"。[50] 此外,为了具有慈善性质,信托必须是为了宗教的"发展",这意味着"从广义上促进精神教导和维护其所依赖的交易,以及有助于促进和表现该宗教的仪式——而不仅仅是可能与之相关的基础或源头"。[51] 有人认为,为共济会分会而设立的信托不是慈善的,因为共济会组织虽然要求信徒相信神的存在并以最高的行为标准行事,但并不构成慈善意义上的宗教;[52] 而以协助犹太人在巴勒斯坦定居为目的的信托也并不属于这一分类下的慈善性质。[53] 另一方面,最近有人认为,为"信仰疗法"团体的利益而设立的信托属于此分类下的慈善。[54]

法院认为,在衡平法上存在"普遍宽容",所以对发展任何宗教或宗教教派的信托都可以是慈善的,前提是它没有"颠覆所有的道德"。[55] 如果信托的目的"是宗教性的,则除非有相反证明,否则法院

---

〔49〕 *Bowman v Secular Society* [1917] AC 406.

〔50〕 *South Place Ethical Society* [1980] 1 WLR 1565 at 1571, *per* Dillon J.

〔51〕 *Keren Kayemeth Le Jisroel v IRC* [1931] 2 KB 465 at 477, *per* Hanworth MR.

〔52〕 *United Grand Lodge of Ancient Free and Accepted Masons v Holborn Borough Council* [1957] 3 All ER 281; cf *Bank of Nova Scotia Trust Co of Jamaica Ltd v District Grand Lodge of Jamaica* (1980) Supreme Court, Jamaica, No E 74 of 1975 (unreported). (见下文第135~137页)

〔53〕 *Keren Kayemeth Le Jisroel v IRC* [1931] 2 KB 465; affd [1932] AC 650.

〔54〕 *Funnell v Stewart* [1996] 1 WLR 288.

〔55〕 *Thornton v Howe* (1862) 54 ER 1042; *Watson* [1973] 3 All ER 678.

将推定它是存在公共利益的”。[56] 相应地，对于宗教或宗教派别是否应信奉正统的宗教思想，或其追随者的数量大小，这并无要求。

虽然发展宗教的概念最初仅局限于基督教教义，但显然，非基督教的其他宗教同样具有资格。促进犹太宗教的赠与在几起案件中都得到了法院的承认，[57] 而在 *Singh* 案[58] 中，英属圭亚那最高法院认为，将土地永久赠与一些以促进印度教发展及以穷人的教育为目的的
128 印度教团体及寺庙，属于贫困救济及发展宗教分类下的慈善性质。Worley CJ 说：[59]

> 有关该殖民地慈善机构的法律载于第 6:01 章《英属圭亚那民法条例》第 8 条，其规定如下：
>
> 在满足下列条件的情况下，适用于慈善机构的法律应为英国的普通法：
>
> (a) 任何遗嘱性或其他形式的动产遗赠或赠与，均不得仅因其为迷信用途或目的而无效；
>
> (b)“慈善机构”应指由《1888 年禁止土地死手和慈善用途法》第 13 条所保留的《伊丽莎白女王第 43 年法》第 4 章之序言的意思、范围和解释内所通常理解的慈善机构。
>
> 穷人的救济和教育是《伊丽莎白女王第 43 年法》含义所承认的慈善目的，并不局限于任何特定宗教的穷人。
>
> “发展宗教”也属于该法项下的慈善目的，且这些词语被广义解释为促进精神教导，和维护其所依赖的教义及有助于促进和表现该宗教的仪式（参见 *Keren Kayemeth Le Jisroel v IRC* 案）。[60] 但是，正如沃

---

〔56〕 *Watson ibid* at 688, *per* Plowman J.

〔57〕 Eg, *Neville Estates Ltd v Madden* [1961] 3 All ER 769.

〔58〕 [1949] LRBG 120.

〔59〕 Ibid., at 121.

〔60〕 [1931] 2 KB 465 at 477, *per* Lord Hanworth MR.

丁顿的 Lord Parker 在 *Bowman v Secular Society* 案[61]中所说的："衡平法一直承认为宗教目的而设立的信托是有效的慈善信托，但是据我所知，究竟是什么构成了这一规则下的宗教——尚无明确的先例来处理这一问题"。《泰森的慈善遗赠》(*Tyssen's Charitable Bequests*)(第二版)一书的第 95 页写道：

"根据救济法和法院后续的裁决，为传播任何宗教信仰的赠与都是允许的慈善赠与，但是一份破坏所有宗教或道德的赠与是违反公共政策的，是无效的……"

我大胆地将普通法总结如下：如果一种赠与是为了促进任何一神教的精神教导，或维护任何此类宗教的教义和仪式，那么这种赠与就是慈善的；前提是这些表现形式保持在恰当的秩序、尊重和正直的范围内，进一步说，前提是这种宗教的教义不会对国家构成危险，也不会违反公共政策。正如 Lord Sumner 所指出的，这第二个限制既是时代问题也是事实问题。

在最近的 *Gilmour v Coats* 案[62]中，法律对各种宗教形式的宽容或中立的立场再次得到了证明。Lord du Parcq 在第 858 页说道：

"必须记住的是，英国法律承认至少所有基督教承认和信奉的各种形式都可以是慈善捐赠的适当对象。"

且 Lord Reid 则认为：[63]

"英国的法律一向支持出于宗教目的的赠与。现在，在这个问题上，它对所有宗教一视同仁。它假定人类拥有并信奉一种宗教是有益的，但是当一种信仰被一种宗教接受而被另一种宗教拒绝时，法律对其则既不能接受也不能拒绝。无论一个宗教所信奉之信仰是否真实，其都应被支持，这一立场是法律所必须接受的。"

但是，尽管现在法律对所有的宗教信仰都表示宽容，其依然规定，

---

〔61〕 [1917] AC 406 at 448.

〔62〕 [1949] 1 All ER 848, HL.

〔63〕 Ibid., at 862.

并非所有出于宗教目的的赠与都是慈善的。如果赠与目的缺乏公共利益的要素(这将由法院确定),它将不会是慈善的,且如果它创造出了永续,也将是无效的(参见上文 *Gilmour v Coats* 案)。

129 我面前的证据表明,印度教所做的传播——正如制定法上的陈述书中所言的四个指定的寺庙和恒法大会的目的之一——满足了有效慈善目的全部有关条件。正如我已说过的,他们的另一个目标——对穷人的援助和教育——无论宗教问题如何,都符合慈善的目的。

出于这些原因,我宣布这份赠与是一份有益的慈善赠与。

其他有益于社会的目的

这类慈善信托(通常称为"第四类")只包括符合《伊丽莎白法》序言之文字或精神的目的。这是 Lord Macnaghten 分类的剩余类别,涵盖了各种各样的信托方式。第四类没有定义的界限,但是以下目的显然是可以接受的。

提升健康水平

资助医院的信托属于第四类慈善性质。因此,在 *Bank of Commerce Trust Co (Barbados) Ltd v Mother of Sorrows Convent* 案中,[64]-[65]一位立遗嘱人向圣约瑟夫医院做出了一份剩余赠与,Williams CJ 认为,初步看来,为医院而做出的赠与是一份有效的慈善赠与,不仅仅是因为《伊丽莎白法》序言中使用了"体弱"一词,还因为,为病人提供医疗服务在现代被视为一项公共利益,使得慈善机构可享有特权。

无论是为病人支付费用的私人医院,还是富人和穷人均可获益的事实,都不是反对其慈善地位的理由;但一家私人经营的、以营利为目的的养老院不是慈善的。[66] 关注提高所提供服务的质量,例如为病

〔64〕 (1989) High Court, Barbados, No 1,685 of 1988 (unreported).

〔65〕 (1989) High Court, Barbados, No 1,685 of 1988 (unreported).

〔66〕 *Resch's Will Trusts* [1969] 1 AC 514.

人的亲属提供住宿,[67]以及为增加向护理人员发放的工资或福利而提供资金[68]的这种“卫星目的”,也是慈善的。

救灾

在 *Chapman v Attorney General* 案[69]中,为筹集资金援助在重大洪灾中遭受损失的公众,巴巴多斯洪水救济委员会成立。Douglas CJ 认为该信托符合《伊丽莎白法》的意图,所以是慈善的。大法官特别提到了“对年长者、体弱者和贫困者的救济”,这是该制定法中提及的慈善目的之一。因此,不清楚他认为洪水救济金是属于贫困救济还是属于第四类下的“其他有益于社会的目的”。后一种情形似乎更为可取。巴巴多斯第243章《1979年慈善法》第3条第(d)款特别提到了将“减轻国家灾难或突发灾祸造成的痛苦”认定为一项慈善目的。

安置老年人和残疾人 130

在 *Joseph Rowntree Memorial Trust Housing Association v Attorney General* 案中,[70]住房信托的受托人计划建造多个小型独立住房,以长期租赁保有的方式有偿出售给年长者。英格兰及威尔士慈善事务委员会拒绝将该计划认定为具有慈善性质,理由是其收益是通过合同而非赠与提供的,所以该计划仅是商业性质的。在上诉中,Peter Gibson J 认为该计划是慈善性的,因为它的目的是使有需要的年长者受益,而他们得支付住宿费用的事实并不妨碍该计划的慈善性。[71]受益者也无须是“贫穷”之人,因为《伊丽莎白法》序言中的“年长者、体弱者和贫困者”这三个词汇须分开解读。他说道:[72]

---

〔67〕 *Dean's Will Trusts* [1950]1 All ER 882.

〔68〕 *Bernstein's Will Trusts*(1971)115 SJ 808.

〔69〕 (1976)11 Barb LR 3.

〔70〕 [1983]1 All ER 288.

〔71〕 类似地,私立学校可能因其属于发展教育事业类别而具备慈善性质,虽然学生们为其所接受的教育支付了学费:*Abbey Malvern Wells Ltd v Minister of Local Governmentand Planning* [1951]2 All ER 154。

〔72〕 [1983]1 All ER 288 at 297.

救济的年长者不必是贫穷的年长者,众多判例已经有力地证实了这一观点的正确性。换句话说,序言中的“年长者、体弱者和贫困者”这三个词必须分开解读。*Glyn* 案〔73〕、*Bradbury* 案〔74〕、*Robinson* 案〔75〕、*Cottam* 案〔76〕,以及 *Lewis* 案〔77〕中的判决都认为,能造福年长者或体弱者的目的就充分符合慈善目的,再无更多要求。但是这都是初审时的判决,我很尊重作出这些判决的法官,但在我看来,他们似乎对“救济”一词毫不在意。我毫不犹豫地倾向于采用 *Neal* 案〔78〕和 *Resch's Will Trusts*〔79〕案中所采用的处理方法,即必须有一种因慈善赠与而得到救济的需求,这种需求可归因于将受益的年长者或体弱者的状况。我注意到 Picarda 所著《慈善事业的法律与实践》(*The Law and Practice Relating to Charities*,1977)一书在第 79 页也采用了类似的方法。

无论如何,在当前的案例中,正如我已经指出的那样,原告并不承认该拟议计划仅因有利于老年人而具备慈善性质。原告已经以所提到的方式,确定了为年长者提供特殊住房的特殊需求,对我而言,从任何角度来看,这都是一个慈善目的。

正如我所说的那样,委员会提出的第一个反对意见认为该计划是基于合同以交易而非赠与方式为老年人提供优惠。而无数案件证明,受益人只能通过交易的方式从慈善机构获得利益。*Cottam* 案〔80〕和 *Resch's Will Trusts* 案〔81〕就是例子。另有一类案例与付费学校有关:例如 *Abbey Malvern Wells Ltd v Ministry of Local Government and*

〔73〕 (1950)66 TLR(Pt 2)510.
〔74〕 [1950]2 All ER 1150.
〔75〕 [1951]Ch 198.
〔76〕 [1955]3 All ER 704.
〔77〕 [1954]3 All ER 257.
〔78〕 (1966)110 SJ 549.
〔79〕 [1969]1 AC 514.
〔80〕 [1955]3 All ER 704.
〔81〕 [1969]1 AC 514.

*Planning*案。[82] 还一个案例涉及以收取租金方式为女教授提供休养所的赠与：*Estlin* 案。[83] 在所有这些案例中，赠与提供的服务不是为了服务供应商的私人利益，这一点当然至关重要。

如果住房协会是一个合作社，需要住房协会提供住房的人依据协会的章程对住房享有合同权利，这无疑不会是慈善的，但这与像信托 131
和协会一样设立的机构有很大差别。在我的考虑中，按照该计划申请住房者在申请时应不享有任何住房的权利。利益的给予是以合同形式，这一事实对于提供这种利益的慈善目的而言是无关紧要的。从慈善事务委员会的反对意见中，我并未发现任何能挫败这些计划的慈善性质的内容。

进一步的反对意见是，这些计划是为了私人利益，而不是为了某个慈善类别。我不接受这样的观点。这些计划是为了某慈善类别的利益，即有某些存在从他们那里得到救济的需求的年长者。一旦协会和信托选择了从住房中受益的个体，这些个人即被认作私人个体，这个事实在我看来并不能使住房的提供变成非慈善目的，就像当选择对贫困的个体做出赠与，济贫信托也未丧失慈善目的一样。

还有一个反对意见是，这些计划属于能够为受益人创造利益的商业性质。我已经讨论过一些案例，表明对所提供的慈善服务收取经济对价并不能使提供服务的目的沦为非慈善的，当然，前提是服务供应商没有积累任何利润。按计划，租户确实可能收回超过其投入的钱，但这至多是慈善目的的附带结果，而不是主要目标。利润——如果将资产增值称为利润是正确的，以区别于仅以避免通货膨胀的影响而产生的增值——不是以慈善机构的费用所产生的利润，事实上，如果存在利润的话，该利润应归于没有提供资本的慈善机构，而不是提供了大部分（如果不是全部）资本的租户——这可能被认为是不适当的。

---

[82] [1951]2 All ER 154.

[83] (1903)72 LJ Ch 687.

同样，我认为这类反对意见不会损害这些计划的慈善性质。

动物福利

Wedgwood 案[84] 中已经确立，用于全体动物福利的信托是慈善的，理由是其“倾向于促进和鼓励对动物的善心，并改善野生物生存的条件，从而激发人类对低等动物的仁慈和慷慨之情，通过这种方式来普遍提升人道和道德，镇压残暴，从而使人类更加高尚”。[85] 动物福利信托也有可能是属于发展教育事业这一类下的慈善性质，例如，当该信托的目的是维护动物园时。[86]

被判定为慈善的动物福利信托例子有：对防止虐待动物协会的赠与、[87] 小狗之家、[88] 动物医院，[89] 以及用于促进人道宰杀的赠与。[90] 而另一方面，建立动物保护区，以保护动物、鸟类和其他生物免受人类干扰的信托，被视为非慈善的，理由是全面剥夺了人类参与的保护区对公众没有益处。此外，保护区将为强壮的物种滋扰弱小的物种提供机会，这对动物本身不利。[91] 在 *National Anti-Vivisection Society v IRC*[92] 案中，法院认为，支持废除活体解剖运动的信托不是慈善的，因为：

132 (a)只要废除活体解剖的前提必须是修改法律，这就是一个政治目的；和

(b)废除活体解剖给动物带来的好处比不上保留解剖给人类带来的好处。

---

[84] [1915]1 Ch 113.

[85] Ibid. ,at 122,*per* Swinfen Eady LJ.

[86] 见上文第125页。

[87] *Armstrong v Reeve* (1890)25 LR Ir 325.

[88] *Douglas* (1887)35 Ch D 472.

[89] *London University v Yarrow* (1857)44 ER 649.

[90] *Tatham v Drummond* (1864)34 LJ Ch 1.

[91] *Grove-Grady*[1929]1 Ch 557.

[92] [1947]2 All ER 217.

其他目的

第四种分类下慈善信托的其他例子还包括：

(a)维护公共服务，如消防队[93]或警察部队；[94]

(b)改善农业；[95]

(c)为普通大众提供娱乐设施；[96]

(d)保护环境和维护国家遗产；[97]

(e)为了地区的利益，如城镇或村庄，即使没有说明其具体的慈善目的；[98]和

(f)国防，如资助和供养一个军团。[99]

公共利益要件

即使信托明显属于四个类别中的某一个，但除非它满足公众或部分公众的利益要求，否则它不会满足慈善目的要件。如果其目标是使某些私人个体受益，则无论受益人群再多，它都不是慈善的。具体而言，法院已经明确，教育特定个人[100]的亲属或特定公司[101]雇员的信托不是慈善的，因为根据与特定个人或团体的关系而选择的这类人并不

---

[93] *Wokingham Fire Brigade Trust* [1951]1 Ch 373.

[94] *IRC v Glasgow Police Athletic Association* [1953]1 All ER 747.

[95] *Hadaway v Hadaway* [1955]1 WLR 16.

[96] *Hadden* [1932]Ch 133.

[97] 参见 Parker and Mellows, *Modern Law of Trusts*, 6th edn, p. 333。根据巴巴多斯第243章《慈善法》第3条规定，“慈善目标”包括“促进和改善国家遗产，无论是物质的、环境的、艺术的、文化的还是其他的”。因此，在 Bannochie(1994) High Court, Barbados, No 893 of 1991(unreported)案中，根据立遗嘱人遗嘱中的言词，大意是“我热切希望仙女座花园能够保存下来，为那些在里面散步和工作之人带来快乐”，法院认为这一言词为公众利益设立了一个慈善信托，将由巴巴多斯国家信托基金执行。

[98] *Norton's Will Trusts*[1948]2 All ER 842.

[99] *Good* [1905]2 Ch 60.

[100] *Compton* [1945]Ch 123.

[101] *Oppenheim v Tobacco Securities Trust* [1951]AC 297.

构成慈善意义上的部分公众群体。[102] 作为一般规则的例外，济贫信托是慈善性质的，即使其仅限于捐助者的亲属[103]或某一公司的雇员。[104]

在 *Collymore* 案[105]中，立遗嘱人设立了一个奖学金基金，以造福父母是巴巴多斯本地人的“白人男孩”。遗嘱中的其他资金则是向所
133 有种族开放的奖学金。该案的主要系争点在于，立遗嘱人“确保社区的白人群体可获得有色人种无法获得的利益的这一意图，是否满足公共利益的标准”。Stoby CJ 认为满足了公共利益的要件。

这似乎难以想象，提倡种族歧视的信托如今居然会被认为是为了公众利益（即使假设“白人男孩”构成了慈善意义上的部分公众），甚至在 20 世纪 50 年代判决该案件的背景下，这个判决都是特别的。此外，正如 Evershed J 在另一个“颜色栅栏”* 案例，即 *Dominion Students' Hall Trust* 案[106]中指出的那样，歧视性条件“可能会引起学生的敌对情绪，无论是白人还是有色人种，而维持慈善事业的目的恰恰是这些人的支持和善意”。这种信托也不能满足巴巴多斯第 243 章《1979 年慈善法》第 4 条规定的“公共利益”的检验标准，该章将“公共利益”定义为“大多数公众成员，或参照某一特定地理区域而确定的部分公众可获得的利益”。同样重要的是，英国《1976 年种族关系法》第 34 条规定以肤色划分类别进行歧视的这一行为是非法的。

在 *Compton* 案中，存在一份信托赠与，以用于立遗嘱人指定的三位亲属的子女教育。法院认为该信托不是慈善的，因为立遗嘱人的亲属并不构成本规则目的中的部分公众。Lord Greene MR 就该立场做

---

[102] 参见巴巴多斯《1979 年慈善法》第 4 条。

[103] *Scarisbrick* [1951] Ch 622.

[104] *Gibsonv South American Stores Ltd* [1950] Ch 177; *Dinglev Turner* [1972] AC 601.

[105] (1959) 1 WIR 316.

* 种族隔离和种族歧视。——译者注

[106] [1947] Ch 183.

出了如下解释:[107]

据我所知,何为部分公众至今尚无定义,我当然不打算成为首位试图做出定义之人。在许多慈善赠与案例中,可以确定哪些个人将受益,或者在任何给定时间哪些人构成了被选择的受益人类别。然而,这种情况并没有剥夺赠与的公共性质。因此,如果存在一项赠与以救济教区的贫困居民,则受益群体很容易确定。但他们获益的理由并非其个人特性,而是其属于特定的群体。在这种情况下,将潜在受益者联合成一个群体,其共同品质在本质上是非私人的。可以通过参考个体彼此的共同之处来定义,而这与他们作为个体的地位无关。主张自己属于这个群体之人获得群体成员身份并的原因,并非他们是某个特定的甲乙丙丁,而是因为他们都是教区的贫困居民。如果确认他们的主张之时,若有必要证明他们确实是某个特定的甲乙丙丁之时,我不禁认为,原则上该赠与不应被判定为慈善赠与,因为纯粹的个人因素的引入将剥夺赠与所必要的公共性质。在我看来,同样的原则也应适用于这种情况:当提起主张之人为了确立其地位,不得不确认并证明的一点是他们与某甲乙丙丁有着某种特定的关系,例如是他们的孩子或雇员,而非他们就是甲乙丙丁本人之时,在这种情况下,就引入了纯个人因素,并且这种纯个人因素是作为获得资格的重要组成部分,这种资格得参照他物来定义,也就是说,与个人的私人关系本质上是非公众的……在个人因素构成了获得资格的重要组成部分的情况下,虽然所涉及的人数可能是大量的,但在我看来并没有对适用的原则产生任何影响。一旦出现个人因素,人数之多寡已无任何区别。在这种情况下,赠与都是私人性质的。

Lord Greene 接着思考了几个案例,在这些案例中,人们认为,作为 134

[107] [1945] Ch 123 at 129.

一般规则的例外，对“穷亲戚”的信托是慈善性质的，并继续说道：[108]

在这些情况下产生的问题是，我们是否应该扩大这些判决的类比范围，以涵盖现在那种有争议的那种信托。按照我已经表达的观点，我认为我们没有义务也不应该这样做。扶贫赠与可能有一些特殊的性质，让其自成一派。例如，贫困救济本身可能被视为对社会大有益处，以至其赠与对象仅限于某一特定家庭这一点也并无大碍；而在对贫困资格不做要求的教育信托中，资金可以随时用于教育已经享有充分教育资源的家庭成员，因此提供了纯粹的、且因此而附带性地不用负担所得税的私人利益。如果没有这样的区别，我只会认为穷亲戚的案例是破格的，我更愿意维持这类案例现有的状态，而不是将这种破格延伸到其他类别的案例中。

在 *Oppenheim v Tobacco Securities Trust Co Ltd* 案[109]中，根据一项财产授予协议，受托人被指示将款项用于为英美烟草公司或其任何子公司的雇员和前雇员的子女提供教育。该公司拥有超过 11 万名员工。上议院认为，尽管该公司成员众多，但这些成员之间的联结点是受雇于一个特定的雇主，因此这种信托缺乏公共利益的必要因素，所以不是慈善的。Lord Simonds 认为：[110]

如果我可以从天平的一端开始分析，父亲为儿子的教育而设立的信托不是慈善的，因为儿子受到教育并不会使全社会受益，所以不存在我所称的公共因素。在天平的另一端，建立一所学院或大学无疑是一项慈善事业。“学术机构、义学”和“大学奖学金”正是《伊丽莎白法》序言中的言词。因此，通过设立奖学金或助学金来资助一所高校

---

[108] Ibid. ,at 139.
[109] [1951] AC 297.
[110] Ibid. ,at 306.

或学校，也是一项慈善事业，且不会因为其可能仅限于某一类人参与就失去其慈善性质。

如果信托不是为了任何现有的或依信托条款而拟建的机构之利益，而是为了某一类人的利益，就会出现问题。那么这时的问题就是，这一类人是否可以被视为满足公共利益标准的“社会公众的一部分”？“社会公众的一部分”这个词组并无特别神圣的含义，它们只是便于表明，首先，潜在的受益者（我强调“潜在”一词）在数量上不得微乎其微；其次，他们区别于社会其他成员的这种特性，必须是不依赖于他们与特定个人的私人关系的，这样他们才能形成社会公众的一部分。正是出于这个原因，对某个家庭成员教育的信托，或者，就像 *Compton* 案[111]一样，对多个家庭的成员教育的信托，不能被认为是慈善的。一群人可能为数众多，但如果他们之间的联结点是他们与一个或几个共同“始祖”的私人关系，那么他们既不是慈善目的的社会公众，也不是社会公众的一部分。

另一方面，法院认为，如果一项信托可被解释为只给予有限群体，如亲戚或雇员，它将会被视为是慈善的。在 *Koettgen's Will Trusts* 案中，[112]设立了一个基金，用于促进在英国出生之人的商业教育，并指示优先考虑某公司的雇员，最高可给出信托收入的75%。Upjohn J 认为该信托满足了公众利益要求，且是慈善的，他的理由是：[113] 135

如果在从第一受益人群中进行选择时，受托人被指示优先考虑某公司的雇员及其家庭成员，这不会影响主要信托的有效性，因为尚不确定这些人是否会在某一年耗尽75%的信托资金。基于这份遗嘱的真正解释，其并不是一个（高达75%）主要以与约翰·巴特公司（John

[111] [1945] Ch 123.

[112] [1954] Ch 252.

[113] Ibid.，at 259.

Batt & Co)有关联之人为受益人的信托,受益的人群并不“局限于”该公司的人,在我看来,该遗嘱中第7条和第8条所包含的信托是一个有效的慈善信托。

后来 Lord Radcliffe 在枢密院 *Caffoor v Commissioner of Income Tax, Colombo* 案[114]中批判了 *Koettgen* 案的判决,他认为 Koettgen 信托本质上是一个濒临“与 *Oppenheim* 案相矛盾”的“雇员信托”。在 *Caffoor* 案中,委托人签署了一份信托契据以将财产转让给受托人,并指示在委托人去世后,受托人应依其自由裁量将信托收入用于包括下列在内的目的:“在英国或其他地方,教育、指导或培训值得的信仰伊斯兰教的青年”。获益之人“应从以下类别中依次选出:(i)其父母为穆斯林且本人也信奉伊斯兰教的青年,若此类人不存在,则获益之人应为让与人或其任何兄弟姐妹的男性后代……居住在锡兰”。

法院认为,委托人设立的是一个家庭信托,而非慈善信托,因为该信托并未满足公共利益要件。

Koettgen 的判决在 *IRC v Educational Grants Association Ltd* 案中再次遭到了批判,[115] Pennycuick J 发现这个判决存在“相当大的困难”。他认为,*Koettgen* 信托可以被视为一项“由受托人在慈善和非慈善目的之间使用自由裁量权利用收入的”信托。在 *Educational Grants Association* 案中,该协会的成立是为了发展教育事业,其中一项是向个人提供补助金。该协会的资金来源于金属盒公司(Metal Box Co)的年度拨款,而该协会约85%的收入则用于该公司员工子女的教育。法院认为,该协会不是一个慈善机构,因为将如此高比例的收入用于雇员子女身上,这不符合慈善目的。

Bank of Nova Scotia Trust Co of Jamaica Ltd v District Grand

---

〔114〕 [1961]2 All ER 436.

〔115〕 [1967]Ch 993.

Lodge of Jamaica 案就是加勒比地区公共利益适用标准的一个例子。[116] 在该案中，立遗嘱人的遗嘱包含以下条款：

> 至于我剩余的信托基金，我指示我的受托人向时任苏格兰共济会总会所牙买加会所的财务主管支付6000英镑，以便为该会所成员的子女提供教育奖学金。我指示上述共济会分会应不时地选出获得奖学金的孩子，我还指示该会所应依其自由裁量将资本所得收入用于为此人提供奖学金。

要考虑的主要问题是该信托是否满足公共利益的标准。

Wright J认为该信托不是慈善的，因为潜在的受益者是"一类人中的一类人"，并且仅仅是从一个人数上可以忽略不计的群体中挑选出来的一小撮人。他说道： 136

> 对苏格兰共济会总会所的牙买加会所（以下简称会所）的动产遗赠是否设立了有效的慈善信托，这个问题必须根据*Pemsel*案中规定的慈善信托分类来决定，[117] 尤其要参考第二部，即发展教育的信托。可以看出，这笔遗赠显然是为了发展教育事业。然而这还不够，必须全部满足三个条件。
>
> 1. 信托必须具备慈善性质——慈善一词采用公认含义。
>
> 2. 它必须促进公共利益。
>
> 3. 它的慈善性质必须是完全的且排他性的。
>
> 发展教育事业：如上所述，显然符合这一条件。公共利益：在实际操作中，这是标准中要求最严格的地方。慈善信托可能会带来公共利益，哪怕其性质是只有一部分人有可能享受或有能力获得此利益。下

---

[116] (1980) Supreme Court, Jamaica, No E 74 of 1975 (unreported).

[117] [1891] AC 531.

面二者是有区别的……

"……一种是适用范围扩及整个社会,但其本质只对少数人有利,另一种是从数量更多、且同样愿意并有着同样的能力以利用它的人群中挑选了少数人":(参见 *Viscount Simonds in IRC v Baddeley* 案)。[118]

前者并不缺乏公共利益的必要因素,而后者却是缺乏的。在这种背景下,有必要对分会的遗赠进行评估。

该会所的总秘书,Neville Gibbs,其宣誓书提供了关于可能挑选出受益人的社区规模的证据,就相关内容而言,其陈述如下:

第 4 段:"苏格兰共济会总会所牙买加会所的成员资格对所有相信最高存在、追求真理和美德、推动对法律的服从以及社会和平与良好秩序、并不因其祖国的主权而丧失忠诚的男性成年公众开放。"

第 5 段:"牙买加全国有 15 个会所,位于七个教区内。"

第 6 段:"牙买加全国约有 1100 名共济会成员受苏格兰共济会总会所章程约束。"

乍看之下,成员似乎范围广泛,但是,仔细审查就会发现一个相当严格且不太明确的接受标准。事实上,如宣誓书所述,实际会员人数——不同于潜在的会员人数——大约是 200 万总人口中的 1100 人。此外……无法确定这些成员中有多少人已成为了父亲,或者确实有能力生育子女,以保证受托人会不时从中选择一位子女获益。还有人辩称,尽管这可能使富人受益的同时也使穷人受益,也不能视其为救济贫困的信托从而使其生效。

值得注意的是,尽管 *Pemsel' s* 的案例提供了一个框架,但在这个框架内,若要使一信托被认定为慈善信托,判断某些特定事实是否符合标准的过程中,需要花费大量的时间和精力。经验表明反证法是有用的,也就是说,识别出那些达不到标准的拟信托。在不达标的条件

---

[118] [1955] AC 572 at 592.

中,与一个或多个“始祖”之间的私人关系显得十分突出。[119] 这一原则在 *Oppenheim v Tobacco Securities Trust CoLtd* 案[120] 中得到了支持。 137
在该案中,由于私人关系的这个致命污点,本可使110,000获得利益的这一信托却未能达标。Lord Simonds[121] 的判决摘录强调了系争要点:

如果信托不是为了任何现存的或依信托条款而拟建的机构之利益,而是为了某一类人的利益。则问题就在于,这一类人是否可以被视为满足公共利益标准的“社会公众的一部分”。“社会公众的一部分”这个词组并无特别神圣的含义,它只是便于表明,首先,潜在的受益者(我强调“潜在”一词)在数量上不得微乎其微;第二,他们区别于社会其他成员的这种特性,必须是不依赖于他们与特定个人的私人关系的,这样他们才能形成社会公众的一部分。正是出于这个原因,对某个家庭成员教育的信托,或者,就像 *Compton* 案一样,对多个家庭的成员教育的信托,不能被认为是慈善的。一群人可能为数众多,但如果他们之间的联结点是他们与一个或几个共同“始祖”的私人关系,那么他们既不是慈善目的的社会公众,也不是成社会公众的一部分。

在这种背景下,该赠与无法通过公共利益标准测试这一点似乎已成定局,理由是潜在的受益者在数量上少到可以忽略不计。然而,Muirhead 先生极力反对这样的结论,他坚持认为,潜在的受益人来自社区中大范围的部分,不会因为与单个始祖相关而遭受影响。此外,他还从 *Ward v Ward* 案[122] 中寻求支持,在该案中,法院判决为退伍军人俱乐部成员的子女提供年度郊游的信托是慈善性的,因其满足了教育目的。该判决只能依附于该个案的事实。我遵循上议院在 *Oppenheim* 案中的裁决,不认同 Muirhead 先生的论点。阻挠这种信托

〔119〕 *Compton* [1945] Ch 123.

〔120〕 [1951] AC 297.

〔121〕 Ibid. ,at 306.

〔122〕 (1937) 81 SJ 397.

的罪魁祸首是，可能受益之人是“一类人中的一类人”，而且是从一个人数上本就十分稀少的群体中挑选出来的一小撮人。因此无法成为慈善信托。

宗教组织中的公共利益

在不存在如 *Compton* 案和 *Oppenheim* 案等类似案件中定义的个人联结点的情况下，受益人群体是否构成社会公众的一部分，这一点就是一个程度上的问题。在确定促进宗教发展的信托中是否存在足够的公共利益时，可能会尤其困难。[123] 上议院在 *Gilmour v Coates* 案中讨论了这个问题，[124] 在该案中，信托基金将用于卡默利特女修道院。院内居住着大约 20 名彻底与世隔绝的修女，她们没有在修道院外从事任何活动，而是致力于祈祷和沉思。法院认为，这份赠与不满足公共利益标准，理由如下：

(a)无法依法证明代祷能给公众带来益处，和

(b)其中的教诲元素过于模糊和不可捉摸。

Lord Simonds 是这样解释这个立场的：[125]

138 修女们发誓永远贫穷、贞洁和服从，并生活在那些强加并规定了须严格封闭和遵守沉默的规则之下——据说这是追索冥想生活真实而富有成效的条件。因此，她们行事的规则决定了她们一生的日常活动。她们每天必须在举行弥撒时虔诚地协助，背诵日课经、其他经文，以及教堂祈祷文；必须把所有非社区工作时间用在祈祷、精神阅读或

---

〔123〕 在 *Hetherington* [1990] Ch 1 案中，法院判决，向罗马天主教会作出赠与以用于举办弥撒以供灵魂安息是慈善性的，只要弥撒是在公共场合进行的。在 *Funnell v Stewart* [1996] 1 WLR 288 案中，有人强调(在第 297 页)，信仰愈合运动的宗教性质使其工作成为“一项慈善目的，在这一目的中，除非存在相反证据，否则将假定存在足够的公共利益要素使得它能够得到法律的承认”。(*per* Hazel Williamson QC)

〔124〕 [1949] 1 All ER 848.

〔125〕 Ibid. ,at 851.

在他们的密室里工作。此外,这些规则规定了发扬谦逊及禁欲精神的操作方法,例如,从9月14日持续到复活节的修道院斋戒,以及终生禁用那些被普通女性视为生活必需品而非奢侈品的舒适辅助用品。

因此,这就是该社区打算在加入其中的妇女中推广的生活。推广这样的生活属于慈善目的吗?促进这类推广的信托是慈善信托吗?该社区不从事任何外部工作——事实上,根据其规则,它被禁止从事任何外部工作,如教学、护理或照顾穷人,这将其与同一修道会的活跃分支区分开来。据说,一名天主教妇女加入了这样一个冥想修道会,以更充分彻底地提升自己对上帝的爱,并在其恩典的帮助下,尽可能完美地服从其意愿,以在她邻居中宣扬爱,并为人类的罪恶向上帝做出赔偿。教会教导的就是这种其所谓的"完美状态"的宗教生活。若修道院院长将其慈善目的置于首位,那么因为他们的代祷价值,这将是对全世界都有益处的。修道院院长在强调修女们生活中的公共利益要素之时,所依赖的并不仅仅是代祷价值。接下来我要处理的问题是,除了这个最后的考虑之外,院长证明管理该社区的信托中存在公共利益要素,这是否也是合法的慈善机构的必要条件。如果现在第一次有必要确定此问题,那么对我而言,这问题可能比现在看起来的要困难得多。但是,阁下们,当我考虑慈善法律、其起源和发展的方式之时,我发现,虽然像这样的社区已经存在了相当长的一段时间,他们的慈善性质却很少得到提倡,且从未长久存续,我不认为它有可能获得慈善地位,除非存在一些新颖且和令人信服的理由。

大人们,我的发言并不影响我对那些隐居的、虔诚地度过一生之人的尊重及尊敬,在这个上议院里,神职议员和世俗议员每天以祷告作为其议程的开始,我又如何能否认神依其智慧认为应当回应他们呢?但是,阁下们,无论我确认还是否认,无论我相信还是不信,这与法院要求某一特定目的应符合对社会的利益标准又有什么关系呢?这是显然无从证明的。但是,有人认为,这不是一个证明问题,而是信仰问题,因为代祷的价值是天主教信仰的一个信条,因此,这样的祈祷对社会有益处。但正是这个“因此”这个词让我必须停下来思考一下。毫无疑问,发展宗教一般来说,是慈善的分类之一,但这并不意味着,法院必须接受任意某个的教会全部的信仰。信徒必须接受其信仰,信奉他们所无法证明之事:但法院只能依据证据行事。给两位、十位或百位隐居修女的赠与,相信她们的祈祷会造福整个世界,并不意味着仅仅从这种信念中,就可以获得慈善的有效性,就像任何其他人出于其他目的而做出捐赠的这一事实并不能使慈善信托有效一样。

现在转向第二个所谓的公共利益因素,比如教诲,我认为这个主张可以很快得到解决。在我看来,这足以说明这是一个过于模糊和不可捉摸的东西,以致其无法满足规定的标准。我认为,公共利益的标准在过去两百年内已经发展起来了。毫无疑问,如今这个因素必须存在。没有哪个法院会轻率地尝试去准确或详尽地界定其内容。但是,如果法院第一次将如此间接、遥远且无法估量——以及,我还要补充一句,其他人可能从虔诚生活中获得的利益具有争议性——的东西纳入公共利益范畴,它将承担起它无法履行的负担。

139 在 *Gilmour v Coates* 案中,上议院无疑对宗教机构取得慈善地位的必要资格采取了过度限制的观点,尽管可以修女没有在普通社区工作为由来证明这一决定的合理性。另一方面,在 *Neville Estates Ltd v Madden* 案[126]中,涉及一项为了卡特福德犹太教堂的资金赠与,Cross J 很容易就判定了该信托是慈善性质的,因为卡特福德犹太教堂的成员“在俗世中度过了他们的一生……而卡默利特修道院的修女却与世隔绝。”他说道:[127]

犹太教堂存在的主要目的是举行宗教仪式和为年轻的教会成员

---

〔126〕 [1961]3 All ER 769.

〔127〕 Ibid. ,at 780.

提供宗教指导。但是如今教堂活动已经从教堂本身扩展到教区大厅一样,在其悄无声息的推动下,如今许多犹太教堂都会在其成员中组织类似舞会和义卖等社交活动。1926年10月,在联合犹太教堂计划中增加了一项新条款,授权或拟授权该机构建立某些建筑,其中就包括用于宗教和社会目的的大厅。正如我所说,卡特福德犹太教堂在教堂附近建立了一个以社交为职能的公共大厅。原告抓住这些事实和信托契约第2条的措辞,争论道,本案中的信托会到反对意见,而这些反对意见对于这个修建社区中心的、在 *Inland Revenue Commissioners v Baddeley* 案[128]判决之前的信托而言是致命的。但是在我看来,该案与本案有很大的不同。本案中,社会活动仅仅是附属于严格意义上的宗教活动。而另一方面,在 *Baddeley* 案中,没有人试图主张——事实上显然不可能主张——该信托是为了发展宗教。毫无疑问,受益者仅限于卫理公会教徒或可能成为卫理公会教徒之人,受益人参与的场所和活动将受卫理公会的领导人控制,在这一点上它是具有宗教色彩的。尽管如此,这些活动本身主要是面向社会大众的,而不是受益者的宗教福祉。

在我看来,我面临的这个信托,其目的是宗教目的——社会方面仅仅是辅助性的。

现在我来谈谈关于它是私益性质的而不是公益性质的信托这一争论。Newark 教授在1946年在《法律评论季刊》(*Law Quarterly Review*)第62卷发表的一篇文章中说道,法院不应该关注宗教目的的信托是否赋予了公共利益这一问题。即使假设有可能对该问题做出答复,他说道,但法官们通常不太能够做出回答,而若是他们硬要尝试回答,其行为往往会令信徒痛苦而让冷眼旁观者开心。我承认我在一定程度上赞同 Newark 教授的观点;但是,上议院在 *Gilmour v Coates*

---

[128] [1955] AC 572.

案[129]中作出的裁决已经明确表示，为了取得慈善信托的资格，必须证明出于宗教目的的信托具有某些公共利益因素。我面前的信托与 *Gilmour v Coates* 案中信托的相似之处在于，直接从中获益之人不属于公众的一部分，而是私人团体的成员。居住在卡特福德或附近的所有犹太信徒都可能足以构成公众的一部分，但当时卡特福德犹太教堂的成员所构成的公众的一部分，至多与那时卡默利特修道院的成员所构成的那部分相当。然而，这两个案例的不同之处在于卡特福德犹太教堂的成员在俗世中度过了一生，而卡尔梅蒂的成员则与世隔绝。如果拒绝承认——法院也确实拒绝承认了——这些修女可能对外界所产生的影响，那么，由此须推导出卡默利特修道院的信托不涉及任何
140 公共利益。但我认为，法院有权假设世人前往宗教场所并在此与同胞共处确实对公众产生了一些益处。正如在不同的宗教之间，法律保持中立，但它也认为有宗教总比没有宗教好。

信托须为专门性慈善

如果信托的目的不是专门性慈善，那么它将不会成为慈善信托。这意味着，根据信托文件的明确规定，一旦受托人将该基金用作非慈善目的，受托人就违反了信托本意，除非这些目的完全是为了辅助主要的慈善目实现。

非慈善目的只是作为主要慈善目的的辅助，因此不影响信托的慈善地位，这一情况的例子是 *Coxen* 案，[130]在该案中，立遗嘱人向受托人提供了一笔款项，以便在为管理骨科医院的信托而召开的会议上的年度晚宴提供资金。同样，在 *London Hospital Medical College v IR Comr* 案中，[131]法院判决，学生会虽为利用其设施的学生个体提供了个人利益，但它在促进了学院的教育这一目的上的慈善地位，并未受

[129] [1949]1 All ER 848.

[130] [1948]2 All ER 492.

[131] [1976]2 All ER 113.

到这一事实的影响。并且，法院在 *Incorporated Council of Law Reporting for England and Wales v Attorney General* 案中[132]认为，法律执业者利用理事会的判例汇编以赚取专业服务费用这一事实并不妨碍该理事会的慈善性目的。

另一方面，在 *Hadaway v Hadaway* 案中，[133]该案是温德华群岛上诉法院向枢密院提起的上诉，在该案中，立遗嘱人遗赠了他个人财产的剩余部分以设立一项信托，其目的是建立一家银行"以足够低的利率贷款协助圣文森特岛的种植者和农学家"，该利率须与银行的正常经营相符。法院认为，该信托不是慈善性的，虽然发展农业确实属于第四类中的慈善性质，该案的目的却不是专门性慈善；"不能将立遗嘱人的意志视为仅为普遍提升农业发展而设立信托，或仅仅是为了此目且是纯粹的辅助性目的"。Viscount Simonds 说道：[134]

> 在本案中，法官们毫无疑问承认，信托的范围足够广泛，以致包括不能被描述为促进农业发展或作为附属于此目的的贷款，并且只有通过插入限制性词语才能使贷款受到这种限制。因为，很明显，根据遗嘱建立的银行的董事们完全能够对处于任何财务紧急情况下的种植者提供贷款，无论其状况是因为作物欠收、其他农业灾害还是某些个人困难而导致的。但是，这些可能会或者不会用于农业发展目的的贷款不能确切地被描述为促进农业的普遍推广，虽然许多个体种植者可能会受益。促进农业发展是一个慈善目的，因为它会带给整个社区直接或间接的益处：在向个人种植者提供的贷款和对社区的任何益处之间，这个鸿沟太宽了。如果指望通过对个人种植者提供的贷款而对社区有任何间接利益，将以这种理由断定其为慈善目的实在是太投机和太遥远了，无法证明其属于慈善目的。若一信托旨在把贷款以宽松的 141

〔132〕 [1971]3 All ER 1029.

〔133〕 [1955]1 WLR 16.

〔134〕 Ibid. ,at p. 19.

条件发放给在国家、社会或经济生活中发挥作用的任何其他阶层的成员,这太过于宽松,也是大错特错的。

信托必须是专门性慈善的这一规则已适用于为“慈善或仁慈”或“慈善或有价值目的”而设立信托的若干案件,在这些案件中,法院认为形容词必须分开解释,[135]以使受托人可将信托基金用于慈善或非慈善目的。当然,这种解释将使整个信托变为非慈善性的。在这种情况下,关于信托的目的是否为专门性慈善,这是一个解释性问题。

在最近 *Attorney General of the Cayman Islands v Wahr-Hanson* 案中,[136]委托人设立了一个信托,借此受托人将基金的收入分配给如“宗教、慈善或教育机构”(“第一组”目的)或为他们认为合适的“为公共利益运作的组织或机构”(“第二组”目的)。对信托契据的事实陈述也记录了委托人希望“为有价值的个人、组织和公司的利益设立信托”。枢密院认为,该信托因不是专门性慈善性质而无效。Lord Browne-Wilkinson 认为使用“**或**”这个词至关重要,因为它使受托人能够将信托基金的收入**或**用于慈善目的(第一组),**或**非慈善(第二组)目的。将资金用于公共、慈善或仁慈的目的是为了公共利益,但他们并不一定在法律意义上是慈善性质的。此外,本案中的信托不等同于“地区信托”的特殊类别——这类地区信托做出的赠与,如“为了特定教区的利益”,或“为了我的国家,英格兰”被认为是有效的慈善信托,尽管赠与的措辞足够广泛,以致于可以将资金用于非慈善目的。Lord Browne-Wilkinson 解释说:[137]

在所有这些案件中,赠与都被认为是有效的慈善信托,即使其措辞的广度——从字面上解释——肯定已授权将资金用于指定地区的

---

[135] Eg, *Chichester Diocesan Fund v Simpson* [1944]2 All ER 60.

[136] [2000]3 ITELR 72.

[137] Ibid. ,78.

非慈善用途。法院认为,这些目的默示了限于指定地区的慈善目的。因此,在本案中有人争论道,尽管第二组目的("为公共利益运作的组织或机构")并不局限于某一特定地区,上述原则也应该适用,其目的应限于那些通过慈善手段为了公益事业而运作的组织。

在法官们看来,这种说法是错误的。存在一类数量有限的案件,其中的赠与是为了指定地点或其居民的利益而按一般条款设立的。由于不明确的原因,这些案件都被解释为了慈善目的。这些案件长时间以来已经确立,那些属于为了特定地区的利益而受到严格限制描述的赠与,其判决仍然有效。但这些案件受到了广泛的批判,也确实被认为是错误的判决(例如,见 Albery,"Trusts for the Benefit of the Inhabitants of a Locality"(1940)56 LQR 49)。对于所有存在仁慈或慈善对象的一般陈述的案件,适用上述原则以便将常用词的含义限制在法律上的慈善对象上,将与压倒性数量的权威判例不一致——这些判例认为常用词不应为了局限于慈善目的而被人为地解释。

在 *Attorney General of the Bahamas v Royal Trust Co* 案[138]这一首要判例中,立遗嘱人指示其剩余遗产应由其受托人投资并用于"巴哈马儿童和年轻人的教育和福利和(或)与此相关的目的……"在该案中,法院极力争论说,"教育和福利"的目的应该以联合而非分开的方式来理解,这意味着授权使用资金的唯一目的不仅仅是为了巴哈马儿童和年轻人的福利,而且也是为了教育。换句话说,"教育"一词限制了"福利"这个词,由于信托只有一个总体目的,所以是教育福利。枢密院拒绝采用这种联合解释,认为"福利"具有极其广泛的意义,能够囊括几乎任何可能提高儿童生活质量的东西,该遗嘱中,并未被仅限于教育目的。Lord Oliver 说:[139] 142

[138] [1986]3 All ER 423.

[139] Ibid.,426.

确实，在本案例中，指定了不多不少刚好两个具体对象，因此，在某种程度上，采用 Newman 先生所称的联合解释更为容易。但是这造成了很多难以克服的困难，尤其是，想象一个与孩子的教育有关，但同时又与其福利无关的目的并不容易。因此，如果要给予“福利”任何单独的含义，它必须与单纯的教育不同，并且比教育更广泛，否则这一词则没有存在的必要。Newman 先生试图通过以整个段落为背景的前提下，解释“福利”是通过用于“辅助教育的福利”的意义，来解决这个问题。但是，当与一类“儿童和年轻人”一起使用时，“福利”是内涵最为广泛的一个词，通常能够囊括近乎所有可以提高任一成员生活质量的东西。Newman 先生的另一个困难在于找到那个——无论是在段落本身还是在遗嘱的其他部分——使福利这一宽泛概念能够属于教育对象的语境。尽管 Newman 先生提出了有益的论点，但该案的法官们无法从任何语境中得出这种从属关系，而即使受托人已被指示仅将收入用于“教育和福利”，这种困难仍将存在。然而，困难在于，混合了“为了或与此相关的任何目的”这样多余而不重要的词语，如果 Newman 先生能够将“福利”这个词与前面的“教育”一词放在一起一并解释，那么就不可能找到一个与“福利”（在上述辅助意义上使用）有关同时又不与教育“相关”的目的，因此，这类对“福利”的提及将再
143 次变得没有意义。这一点不是一个容易进行大量阐述的观点，而且该案的法官们所需要说的，不过是他们同意 Blake CJ 和巴哈马上诉法院的意见，即“教育和福利”这一短语将不可避免被分开解释。因此，由于在下级法院的判决中已充分探讨，且现已分开解释为立足点，所以(t)段中的信托不构成有效的慈善信托，相应地，信托遗产的剩余部分属于遗嘱第 16 条中的剩余遗产赠与。

最后，在 *D' Aguiar v Inland Revenue Commissioner* 案，[140] 一个由

---

〔140〕 (1970)15 WIR 198.

圭亚那提呈枢密院的上诉案中，一名纳税人做出契诺，承诺向一个名为“公民咨询和援助服务”的组织支付一笔款项，该组织的目标是：

(a)提供与医疗、牙科、光学、健康、法律、婚姻、家庭或其他社会事务相关的咨询、援助和服务；

(b)根据委员之规定和条件，成立并运作一个基金，以帮助有需要的人；

(c)鼓励节俭并提供储蓄设施；

(d)向个人提供有关日常生活中个人问题的准确信息和优秀建议，并对此保密；

(e)建立、组织、赞助或以其他方式促进各种成人教育和技术培训，包括对立法、政府通知和出版物的解释；

(f)帮助公民明智地使用国家提供的服务；

(g)大体而言，在可能困扰公民的许多复杂问题上向其提供建议；

(h)总之，无论是在经济上还是其他方面，还是委员会可能决定的其他方式，全力协助向该服务组织提起咨询的公民。

需要决定的问题是，是否可以该款项已转让给慈善机构为由而对豁免其纳税义务。枢密院认为该组织不具有慈善性，因为它的目的非常广泛，以致允许将资金用于非法律意义上慈善的目的。

Lord Wilberforce 同意圭亚那上诉法院的观点，即只有在可以将其归入 *Pemsel* 分类的第四类——“其他有益社会的目的”的情况下，本案的信托才是慈善性的。法院在裁决该案件时应遵循的程序是：[141]

法院必须首先考虑这些判决的趋势，这些判决在这一分类下确立了某些特定目标的慈善性，并询问通过合理的延伸或类比，是否可以判决本案与这些案件一致。其次，法院必须检查某些已被接受的特殊情况，看它们是否公平地覆盖了所考虑的目标。最后——这实际上是

〔141〕 Ibid. ,201.

> 对其他目标的交叉检查，法院必须询问，涉事收入和财产是否与所声明的目标一致，可否用于明显不属于慈善范围内的目的；如果是这样，则慈善的理由必然会站不住脚。

但是，在考虑本案是否受现有判例的支持时，Lord Wilberforce 强调，这些判例主要是与英国信托有关的英国法院的裁决，因此在判决时主要考虑的是它是否有利于英国社会。他继续说道：[142]

> 本案涉及的国家是圭亚那，一个在构成和发展方面都不同于英国的国家。该院的法官们对学识渊博的大法官，Sir Kenneth Stoby 的判决印象深刻，该大法官呼吁从种族冲突和贫困方面来看待这些分歧，并强调圭亚那人民特别需要该服务组织提供的帮助和建议。该院的法官们同意在司法上应恰当地告知或关注这些因素，并将其牢记在心里。他们毫不怀疑该服务组织者的动机，并相信上诉人为此付出金钱是真正出于对国家问题的担忧。他们同样毫不怀疑，通过适当的定义，可以建立一个有效的慈善信托，将该服务组织目标的大部分内容涵盖进去。但就本次上诉而言，该院的法官们必须按照《宪法》行事。如此一来，该院的法官们发现判决的总趋势不利于其慈善性质……
>
> 他们必须审查该组织章程规定的目标。这些目标已在上文进行了表述。不必分析大量细节就能发现，即使给予受怀疑的术语最有利的解释，它们也会允许将契据规定的收入广泛用于在法定慈善概念之
> 144 外的用途。该院的法官们完全满意 Luckhoo CJ 对此的调查结果：他们确实认为他对某些所述目的的处理可能被视为对上诉人有利。但根据他的调查结果（受到上诉法院的多数人的支持），第二条第（a）（d）（g）款所述之目的不属于慈善范围，因此上诉必然失败。

---

[142] Ibid.

“近似”原则

如果财产是出于某慈善目的而无法按照委托人所希望的方式进行,法院有权下令出台一项计划,使该财产可以尽可能用于其他与委托人指定(“近似”)的慈善目的。“近似”原则不仅可以在委托人的目的不可能实现的情况下发挥作用(例如,立遗嘱人为了建立医院而向受托人遗赠土地,而该片土地又被政府强制收购了),还可以在无法实际操作时(例如,在巴巴里和土耳其救赎英国奴隶的信托),[143]以及履行信托原始条款的后果可能会违反慈善的主要目标(例如,在 *Dominion Students' Hall Trust* 案[144]中,应用“近似”原则,取消了委托人对学生宿舍强加的“彩条”)时发挥作用。当来自财产的收入超过实现特定慈善目的所需的收入时,以及,在发出呼吁的目的已获满足后仍有盈余的情况下都可以直接适用“近似”原则。因此,在 *Chapman v Attorney General* 案[145]中,当巴巴多斯洪水救济委员会手中握有盈余资金,Douglas CJ 须决定该盈余是否适用于“近似”原则之时,他说道:[146]

> 在完成所有要求后仍有大量盈余。毫无疑问,那些捐赠人慷慨地做出了贡献,并且当直接的慈善目标得以实现时,没有期望从他们的贡献中得到任何回报。拟议的对盈余资金使用近似原则的计划,包括使用资金以减轻因不时发生在巴巴多斯境内的地震、飓风、洪水、火灾、爆发的瘟疫、传染病或其他灾害而对当地人造成的苦难,无论是否

---

〔143〕 *Ironmongers' Co v Attorney General* (1844) 8 ER 983.

〔144〕 [1947] Ch 183.

〔145〕 (1976) 11 Barb LR 3.

〔146〕 Ibid. , at 5.

与前述相似。这应当符合 *Welsh Hospital(Netley)Fund* 案[147]和其他案例中确立的原则。

最终……将会做出声明,表明盈余资金可应用“近似”原则。

依照普通法,只有在不可能或不可行情况下才有可能适用“近似”原则,但英国《1960 年慈善法》第 13 条扩大了财产可以适用于“近似”原则的范围。巴巴多斯第 243 章《慈善法》第 24 条(英国《1960 年慈善法》第 13 条的简化版)规定了“近似”原则适用的情况,任何财产或收入出于慈善目的而以信托形式持有或被给予的情况下,且

(a)实现这一目的是不可能、不可行或不适当的;或

(b)可用数额不足以实现这一目的;或

145 (c)该目的已实现;或

(d)因无用甚至有害于社区,或出于其他原因,该目的在法律上已不再是慈善的;或

(e)不存在任何除“近似”原则之外的其他合适且有效的方式来使用赠与或信托财产以实现该目的。

巴巴多斯制定法的一个显著特点是,它授权将信托财产用于“其他的慈善目的”,没有提及“类似”的慈善目的。巴巴多斯的法院究竟是会根据明显和自然的含义来对条款进行解释,还是会将其解释为受可适用该财产的目的必须与委托人设想的目的类似这一一般衡平法原则的约束,还有待观察。

自始失败和嗣后失败

下列两种情况之间存在一个区别:

(a)**“自始失败”**(也就是说,慈善信托在生效之日即无法执行的情况);

---

[147] [1921]1 Ch 655.

(b)**“后续失败”**（也就是说，信托在其生效之日可以执行，但随后变得不可能或不可行）。

在自始失败的案件中，除非捐赠者表现出所谓的“一般慈善意图”，否则财产不能适用“近似”原则；而在后续失败的案件中，则不要求表现出一般慈善意图。[148] 然而，需要注意的是，巴巴多斯第243章《慈善法》第24条明确表达了在适用所有“近似”原则中都免除了一般慈善意图要件。

后续失败

后续失败的一个最近的例子是 *Bank of Commerce Trust Co (Barbados) Ltd v Mother of Sorrows Convent* 案。[149] 在该案中，立遗嘱人在遗嘱中规定将剩余遗产赠与圣约瑟夫医院。该立遗嘱人于1985年9月去世。当时该医院是存在的，但是在第二年的1月就倒闭了。Williams CJ 认为，该赠与应被视为对医院所服务的慈善目的的赠与，而不是对拥有和管理医院的宗教团体的赠与，并且，既然医院在遗嘱人去世后继续存在，则遵循 *Slevin* 案[150]的判例，该赠与并未失效，而是应当用于支付医院尚未偿还的债务（如果有的话），如有剩余，则应支付给王室以用于类似的慈善目的，若有需要可通过订立计划来实现。

在特立尼达的 *Ramoutar* 案中，[151] 问题是，在慈善机构解散后，信托基金是应用于类似的慈善目的，还是应由该机构的创始人以归复信托形式持有。在这种情况下，R、A 和 I 成立了一个信托基金会，以建立和维护一个被称为“甘地—泰戈尔学院”的机构，并被任命为受托 146
人。该学院的目标包括促进对“甘地、泰戈尔和世界其他伟大教师的作品”的研究；推动在特立尼达和多巴哥当地实践的“各种宗教的比较研究”；并使学生参加关于艺术、科学和语言的通用教育证书考试做好

[148] *Slevin* [1891]2 Ch 236.

[149] (1989) High Court, Barbados, No 1685 of 1988 (unreported).

[150] [1891]2 Ch 236.

[151] (1988) High Court, Trinidad and Tobago, No 225 of 1988 (unreported).

准备,等等。受托人负责获得学院财产并承担所有债务的责任。它还规定,在机构解散时,在结算所有债务后,信托基金的任何信贷余额应分发给慈善机构。当该学院于 1975 年倒闭时,幸存的受托人 R 和 I 声称有权获得受托人们在 1967 年购买的那些“供甘地—泰戈尔学院的受托人以非限嗣继承权的方式、作为共同承租人使用”的土地,理由是如果学院关闭,则产生一项受益人为那些为学院的创立和运营捐款之人的归复信托,即 R、A 和 I。Permanand J 认为:

(a)已设立了一个有效的慈善信托;

(b)没有任何证据表明存在一项机构解散时应产生归复信托的意图;和

(c)属于学院的财产必须根据“近似”原则使用。

自始失败

如果在信托生效之日实施信托不可能或不可行,也就是说,如果存在自始不可能的情况,则只有在表现出一般慈善意图的情况下才可适用“近似”原则。此意图通常是为了使一般的慈善机构受益,而不是使特定慈善机构受益,或者,进一步来讲,实现特定的慈善目的。在 *Wilson* 案中,[152] Parker J 表示权威判例有两类:

首先,第一类情况是,在形式上,赠与是为特定的慈善目的而做出的;尽管赠与的形式可能不同,但在整体考虑遗嘱时可以说,根据遗嘱的真实解释,其最重要的意图是首先给予财产一般慈善目的而非特定慈善目的,并针对立遗嘱人立遗嘱人就执行该一般赠与的方式的希望和意图,给该一般赠与嫁接上一个方向。

其次,第二类情况是,当根据遗嘱的真实解释,无法推断出上述优先的一般性意图,以及由于是特定赠与形式——为特定目的而做出的赠与——所以整个赠与都因不可能实现这一特定目的而失败。换句

[152] [1913]1 Ch 314 at 320,321. See JC Hall [1957]CLJ 87.

话说，二者的区别在于，一方面，第一个情况是一个由立遗嘱人规定的计划可以被视为实施一般慈善目的模式，或该模式并非赠与的实质；另一方面，第二个情况是，在不违反立遗嘱人明显意图的情况下，立遗嘱人所规定的方案的任何部分都必须被视为必要的。[153]

一般慈善意图的案例可见 *Biscoe v Jackson* 案和 *Lysaght* 案。在 *Biscoe v Jackson* 案中[154]，一名立遗嘱人留下财产以“为肖尔迪奇教区建立施食处和一个乡间诊所”。由于没有找到合适的土地，该信托自始无法实施。法院判决，遗嘱表明，立遗嘱人有一个潜在的意图，即使
普遍性地使该教区的贫困居民获益，所以对该财产采取了“近似”原 147
则。在 *Lysaght* 案中，[155] 立遗嘱人以信托方式为皇家外科医学院留下财产，为除天主教或犹太教信仰之外的医学生建立奖学金。学院拒绝接受带有歧视性条款的赠与；因此，这是一个自始不可能的情形。法院认为，该立遗嘱人的遗嘱具有一般慈善意图，即普遍资助医学生，所以该财产可适用“近似”原则，只要设立一个计划，借此让学院以遗嘱的信托形式持有财产，但略去歧视性条款。

法院判定为一般慈善意图的加勒比地区案例可见 *Wiles v Barbados National Trust* 案和 *Paap* 案。在 *Wiles v Barbados National Trust* 案[156]中，立遗嘱人将其完全保有的居所托付给巴巴多斯全国慈善信托总会的受托人，“目的是为老物件和旧家具提供一个博物馆，直到……受托人应为此目的（如其所愿）购买一座旧种植园”。此后，受托人将以信托方式持有该财产，并出售及持有所得款项净额，以维持、保养博物馆并维护其一般利益。但该财产受到契诺的约束，仅作住房

[153] Pettit, *Equity and the Law of Trusts*, 8th edn, 1997, p. 300.

[154] (1887) 35 Ch D 460.

[155] [1965] 2 All ER 888.

[156] (1975) 26 WIR 50, High Court, Barbados. 按 ChaseJ 的看法，在 *Bannochie* (1994) High Court, Barbados, No 893 of 1991 (unreported) 案中，巴巴多斯全国慈善信托总会被认为是慈善机构，参见第243章《慈善法》第3条第(i)款和第(n)款。

使用,因此不能用作博物馆。因此,全国慈善信托总会委员会决定接受该财产,条件是该财产可以出售,并且所得款项用于购买种植园。要判定的主要问题是,立遗嘱人是否已表现出一般慈善意图,以使赠与可适用"近似"原则,法院判决该赠与为慈善赠与,只是不能以遗嘱规定的方式进行。

Williams J 认为该遗嘱披露了一般慈善意图。他说道:

立遗嘱人的明确意图是协助或参与建立老物件和旧家具博物馆。而这样的目的是慈善性的,这一点是 *British Museum v White* 案[157]已经确立的。在此基础上,最重要的待解决问题就是立遗嘱人是否已经表现出了一般慈善意图。因为这一问题与任何慈善赠与不能以规定的方式进行,且试图改变捐赠者的条款的情况都是相关的。

在这个阶段,重要的是要注意到委员会仍然有意购买一个种植园作为永久性博物馆……而且,为了维护博物馆,仍然可以出售立遗嘱人的财产。只有在规定为老物件和旧家具提供临时收容场所时,立遗嘱人的想法才被证明是不可行的。如果明天委员会就将得到其希望的种植园,则临时收容场所就不再需要了。

该遗嘱中是否含有一般慈善意图?在 *Templemoyle Agricultural School* 案中,Chatterton VC 说:[158]

"在决定是否已表露出一般慈善意图时,有必要考虑该表达的正确含义究竟是什么。它并不意味着仅仅是做慈善的意图而不涉及任何特定的对象;而是指其实质是慈善性质的意图,无论是一般的还是没有任何特定的对象——在这种情况下,王室将规定实施该慈善的方式;或者有一个或多或少准确指定的对象,但采用的使对象受益的方式无法合法执行或根本无法执行的,则在这种情况下,法院将执行其

〔157〕 (1826)57 ER 473.

〔158〕 (1869)IR 4 Eq 295 at 301.

实质意图。”

Dixon 和 Evatt JJ 在 *Attorney Generalfor New South Wales v Perpetual Trustee Co Ltd* 案中的言词更为贴切:[159] 148

“问题通常被认为是,信托文件披露出的是一般慈善意图还是说仅仅是特定意图。但是,在已证明某些特定指示是不切实际的情况下,该规则只要求使用一个更广泛的目的,只要这个目的比执行一个涉及失败的特定指示的特定计划即可。换句话说,‘一般慈善意图’仅指一种意图,虽然不超出法律概念的慈善范围,但相比将执行该不可行的指示作为已声明的信托的必要部分而言,要具备更多的一般性。”

在当前案例中,立遗嘱人的意图是参与建立一个老物件和旧家具博物馆。他打算把自己的财产用作建立一个临时博物馆,然后,在委员会为它们提供了永久博物馆后,出售他的财产并将收益用于维护这个永久博物馆。他的计划在次要方面失败了。他的财产受用途限制,不能用作建立临时博物馆。但该计划的其余部分和更实质及长期的部分仍然能够实现。在我看来,这种情况适用“近似”原则,以求在立遗嘱人的整体意图范围内提供一种替代方案。

在 *Paap* 案[160]中,立遗嘱人将其剩余遗产绝对遗赠给了皇家共济会医院、癌症学会基金会和的多发性硬化症基金会,由三家均位于英国伦敦的机构均等分配。她进一步指示,其财产的各个接收都应作为她的执行人和受托人的义务之履行。《1979 年慈善法》第 3 条规定,“慈善目的”包括“减轻和预防身心疾病和残疾,包括:

(a)医院、护理疗养院和诊所的供应和人员配备;和

(b)促进医学研究。

对皇家共济会医院和多发性硬化症基金会的赠与没有任何问题,

---

[159] (1940)63 CLR 209 at 225.

[160] (1986)High Court,Barbados,No 1185 of 1985(unreported).

但伦敦内却没有任何一家公认的癌症学会基金会。然而,伦敦有六个组织致力于减轻癌症痛苦或开展癌症研究。因而,法院须决定两个主要问题:

(a)对于这个不存在的癌症学会的遗赠是否可以适用"近似"原则;和

(b)如何在有几个组织符合"近似"原则条件的情况下使用财产。

Douglas J 认为该赠与可以适用"近似"原则。通过由总检察长同意出具的命令,执行人和受托人将向这六个组织均等支付剩余遗产三分之一的收益。他解释到:

这些诉讼程序中出现的第一个系争点是,是否可以从立遗嘱人的遗嘱中推断出一般慈善意图。

在 *Davis* 案[161] 中 Buckley J 说:"……在一个向从未存在的慈善机构做出的赠与面前,一贯赞同慈善事业的法院会更倾向于推断出一般慈善意图。"

149 Buckley J 继续说道:[162] "在我看来,从 *Clergy Society* 案[163] 和 *Maguire* 案[164] 中可得出的原则是,法院会在这类案件——赠与的对象是从未存在的慈善机构——中倾向于一般慈善目的,甚至当有迹象表明立遗嘱人的意图足以证明其实为一个目的而不是针对某个人时,哪怕这种迹象十分微小,法院也会接受这种迹象。"

现在,在本案的遗嘱中,我首先发现该赠与是插入在其他慈善赠与之间的……我认为相比 *Clergy Society* 案或 *Maguire* 案而言,法院在本案中更有理由做出一般慈善意图的推断……

在 *Knox* 案中,[165] Luxmoore J 认为,立遗嘱人指示各份额将由一

---

[161] [1902]1 Ch 876 at 881.

[162] Ibid. ,at 884.

[163] (1856)69 ER 928.

[164] (1870)LR 9 Eq 632

[165] [1936]3 All ER 623.

家机构的财务主管接收的这一事实是一个值得考虑的因素。

《1979年慈善法》第3条规定:

就本法而言,“慈善目的”一词包括以下目的,即

(b)减轻和预防身心疾病和残疾,包括——

(i)医院、护理疗养院和诊所的供应和人员配备;和

(ii)促进医学研究。

应用*Davis*案和*Knox*案制定的标准,并考虑到《慈善法》第3条中“慈善目的”的定义,我认为这些指控中的立遗嘱人已经表现出了一般慈善意图。在这些情况下,对伦敦癌症学会基金会做出的赠与不是无效的,可以适用“近似”原则。

第二个系争点是如何在存在几个符合“近似”原则的组织的情况下,使用该基金。*Songest*案在这一点上提供了指导,[166]其中Lord Evershed MR说:

“我曾多次说过,在这种情况下,有且只有两个可能的受益者,而且我已经说过(我现在假设)他们二者的主张恰好且确实是平衡的。那么,我认为将导致这样一种结论:任何‘近似’原则的适用都不可避免地要通过均等分割的方式。”

我认为这种方法在本案中是恰当的,公平的解决方案应当是将赠与在上述的六个组织之间均等分割。

然而,似乎博学的首席大法官没有必要考虑本案中的立遗嘱人是否表现出了一般慈善意图,因为《1979年慈善法》第24条第(1)款规定,当出于慈善目的给予财产,而该目的的实现“是不可能、不可行或不适当的”之时,财产“应用于其他某些慈善目的而予以处置,无论是否存在任何一般慈善意图”。但是,在其他适用一般衡平法原则的加勒比地区中,仍然存在一般慈善意图要件。

---

[166] [1956]2 All ER 765 at 768.

无一般慈善意图

无一般慈善意图的案例包括 *Wilson* 案和 *Stanford* 案。在 *Wilson* 案[167]中,立遗嘱人遗赠其财产,目的是为某学校的校长提供收入,使
150 其按遗嘱人所设想的那样,使用公共捐款在某座小山上建造学校。该信托不可能执行。法院认为,从中不能推断出比特定目的更广泛的慈善意图,因而此财产将被归为剩余遗产。

在 *Stanford* 案[168]中,一名立遗嘱人将一笔钱遗赠给了某大学,以便出版他所编写的字典。这本书出版了,但钱还有剩余。法院认为,遗嘱中没有表露出一般慈善意图,不能对剩余款项适用“近似”原则,而它应归为剩余遗产。值得注意的是,*Stanford* 案是在实施慈善目的后有剩余款项的案例;因此,它不能被归类为自始失败的情况,而应该被视为后续失败,在这种情况下,没有必要表现出一般慈善意图。因此,在“盈余”案件中,一般慈善意图是否必要,这一点尚不明确。[169]

在加勒比地区,没有表现出一般慈善意图的案例可见 *Maynard* 案。[170] 在该案中,遗嘱人在遗嘱中对四个机构进行了赠与。而在遗嘱人去世之日,上述四个机构的存在均未得到证明。在法院建议下,根据《1891 年保管人、遗嘱执行人、遗产管理人和受托人法》第 82 条和第 83 条的规定,一项申请被提起了。

Hanschell J 认为,由于立遗嘱人的目的是使特定机构受益而非特定目的,因此不能推断出一般慈善意图,所以不能对该财产适用“近似”原则。他说道:

我现在来……决定对这四家机构的赠与应适用“近似”原则,还是应归为剩余遗产的问题。我认为,我说……这个困难问题的答案取决

---

[167] [1913]1 Ch 314.

[168] [1924]1 Ch 73.

[169] *Cf King* [1923] 1 Ch 243; *Ulverston and District New Hospital Building Trusts* [1956] Ch 622.

[170] (1973)8 Barb LR 84(Supreme Court,Barbados).

于当立遗嘱人声称要给出赠与时，是否可被视为表明了一般慈善意图，这一观点是正确的。

向从未存在的慈善机构做出的赠与某种程度上就是一般慈善意图的表现，这一点早已确立。但这不是一个绝对的、决定性的或无条件的规则，并且这些案例同样清楚地表明，必须将遗嘱看作一个整体来予以解释，以确定各案件中的立遗嘱人的意图。我同意并采纳了Luxmoore J在*Knox*案中的陈述：[171]

"我认为，在对某些从未存在的团体或机构进行赠与的案件中，是否存在慈善意图的问题始终是对应考虑的特定遗嘱予以解释的问题……"

……尽管我没有足够的证据以认定这四个机构在立遗嘱之日确实存在的这一事实，但毫无疑问它与当时立遗嘱人的内心想的是什么这个问题关系密切。她非常肯定地说她知道这些机构，虽然她没有这些机构的地址。就她而言，她对这些机构的名字并不含糊、对其存在也没有疑问：因此我得出结论，无论她对这些机构的存在有多少误解，她打算受益的对象是这些特定机构而非特定目的。

在*Harwood*案中涉及一家从未存在的机构（都柏林和平协会），Farwell J认定该案存在意图是使任何一个促进和平并与都柏林相关的社团受益。这位学识渊博的法官在处理该案件的证据时说道：[172]

"我怀疑这位女士自己是否确切地知道她所打算受益的社团究竟 151
是什么，再次强调，我认为她心中没有一个非常清晰的想法。"

我已对本案中立遗嘱人的心态有完全不同的认识。

基于上述原因，我认定，不存在上述一般慈善意图以证明在该案中适用"近似"原则是合理的。相应地，拟向这四个机构做出的赠与将被归为剩余遗产。

---

〔171〕 [1936]3 All ER 623 at 625.

〔172〕 [1935]All ER Rep 918 at 919.

对慈善机构的赠与

当作为赠与对象的特定慈善机构在赠与生效之前就已不复存在之时,即产生一种特殊形式的不可能。初步来看,当一位立遗嘱人向机构进行动产遗赠,但该机构在立遗嘱人去世前就不复存在时,该赠与就会像给予个人的赠与一样失效。例如,在 *Rymer* 案中,[173] 立遗嘱人将财产遗赠给了"圣托马斯神学院的时任院长,以支持该神学院对威斯敏斯特教区内牧师的教育"。在立遗嘱人去世前不久,神学院就倒闭了,大楼也被出售了,学生们被转移到了 100 英里外的另一所神学院。法院认为该遗赠已经失效并将其归为剩余遗产。然而,有人指出,法庭为了不让对慈善机构的遗赠失效,在已判决的案件中走得太过了,而且为了避免这一结论,一些精炼后的论点被认为是可以接受的。[174] 避免无效的可能依据是:

(a)虽然指定的慈善机构已经不复存在,但其工作仍由其他慈善机构进行。例如,如果两个或两个以上的慈善机构以其中一个慈善机构的名称或以新名称合并,则原始慈善机构的目的可能会纳入新合并的慈善机构的信托中。因此,给予原始慈善机构的任何财产将自动转移到合并机构。[175]

(b)该赠与可被视为对仍在持续的慈善目的的赠与。"慈善目的不会被轻易破坏",[176] 如果慈善目的持续下去,则即使在赠与生效时,用于实现此类目的的原组织或机关可能已经不复存在,该赠与也不会失效。

(c)在 *Vernon's Will Trusts* 案中,[177] Buckley J 对非法人慈善组织的赠与和法人慈善组织的赠与做出了区分。在他看来,每一份对非法人慈善组织的赠与,都必须作为一份为了该慈善机构所促进之目的的

---

[173] [1895]1 Ch 19.

[174] *Roberts* [1963]1 All ER 674 at 678.

[175] *Faraker* [1912]2 Ch 488.

[176] [1972]Ch 300n.

[177] [1971]3 All ER 1050.

赠与而生效。这种赠与不会因为缺失受托人而失败,而如果慈善机构是在立遗嘱人生前解散的,法院将通过实施计划使其生效,除非有迹象证明该慈善组织的存续对赠与至关重要。另一方面,对法人慈善组织的赠与,应作为使该法人团体受益的赠与而生效,如果团体在立遗嘱人去世前不再存在,赠与就将失效,除非有确凿的证据表明法人团体以慈善目的信托形式取得了财产。这种区分在 ***Finger's Will Trusts*** 案[178]中使用,该案中,立遗嘱人将剩余遗产的其中一份给予了全国镭委员会(一家非法人慈善组织),另一份则给了全国产妇及儿童福利委 152
员会(一家慈善组织)。立遗嘱人去世前,两个组织都已不存在。法院认为,给镭委员会的赠与没有失败,因为它被认为是一项为了委员会工作的目的信托,而并不依赖于该组织的存在。其目的仍然可以实施,剩余遗产的份额可在一项计划下适用。但送给儿童福利委员会的赠与却失败了,因为这是一个对法人团体的绝对赠与,而该团体在立遗嘱人去世前已经不复存在,并且该遗嘱没有表现出应以该慈善组织目的的信托形式持有这份赠与。

[178] [1972] Ch 286.

153

第10章 受托人的任命、辞任和罢免

在加勒比英联邦地区,受托人的任命、辞任和罢免受到以英国《1893年受托人法》或《1925年受托人法》约束,辅以衡平法原则为依据。

受托人的任命

任命受托人的情况有两种:

(a)设立一个新的信托,无论是生前信托还是遗嘱信托;和

(b)在现有信托存续期间,无论是希望替代辞任或去世的受托人,还是在现存受托人基础之上增加受托人。

设立一项新的信托

如我们所见，[1]如果委托人设立了生前信托，他可以宣布自己是财产的受托人，或者任命其他人作为受托人并将信托财产转让给他们。在后一种情况下，他必须确保使用适当的方式转让普通法上的所有权，因为如果转让财产的文件未生效，则不会设立任何信托，财产仍归属于委托人。同样，正如 Pettit 所解释的那样：[2]

> ……很明显，如果构成信托所依据的文件是基于宣称的向受托人的转让或转移，而该受托人未经指定或其他方式确认的、或已经死亡的、或已经不复存在、或系无能受让人的，则不存在任何有效信托。这种文书将是无效的，完全无法构成信托。

另一方面，一旦有效地将普通法上的所有权转让给指定且存在之人作为受托人，则信托将完全构成并持续有效，哪怕受托人随后死亡或放弃，[3]因为"衡平法不会允许信托因缺失受托人而失败"。如果出现受托人去世或放弃信托，则有权利任命之人[4]或法院将任命新的受托人。[5]

当立遗嘱人通过遗嘱设立信托时，信托财产内普通法上的财产权在他去世时自动归属于其遗嘱执行人所有；当遗产管理人获得遗产管理证书时，他的所有权在"溯及"立遗嘱人。因此，"任命的受托人全部先于立遗嘱人去世或以其他方式不复存在、或者甚至立遗嘱人一开

---

〔1〕 见上文第 4 章。

〔2〕 *Equity and the Law of Trusts*, 8th edn, 1997, p. 317.

〔3〕 Ibid.

〔4〕 见下文，第 154 ~ 156 页。

〔5〕 见下文，第 158 ~ 159 页。

始就根本没有任命任何受托人、或者他们都放弃了信托、或者被任命的受托人无法定接受能力的，都不会导致信托失败，哪怕是遗嘱中可能并无任何关于任命受托人的条款”。[6] 在上述情况下，在法院任命
154 明确的受托人之前，遗嘱执行人或遗产管理人将被视为推定受托人。[7] 当被任命为遗嘱执行人之人与受托人实为同一个人之时——这种情况最为常见，这样该身份甚至会更加安全。在这种情况下，当双重身份之人完成遗嘱执行人的义务时，他们就自动成为受托人，财产也仍然归属于他们；虽然当信托财产包括土地之时，他们必须签署一项有利于作为受托人的自己的书面同意书。[8]

任命新受托人

无论信托是生前信托还是遗嘱信托，信托财产都归属于作为共同保有人的全体受托人，因此，当一名或多名受托人死亡时，财产将转移至幸存者。因此，英国《1925 年受托人法》第 18 条第(1)款[9]规定：

> 给予或者强加在两名或多名受托人身上的一项权力或者信托，可以由其中的幸存者(们)暂时行使或者履行。

无论信托是生前设立的，还是遗嘱设立的，有关任命新受托人的规则都是一样的。如果信托文件赋予了任命新受托人的明示权力，则必须严格遵守这一规定。[10] 在无明示权力的情况下，存在一项制定法上的权力，载于英国《1925 年受托人法》第 36 条第(1)款；巴巴多斯

---

〔6〕 Pettit, *Equity and The Law of Trusts*, Ibid.

〔7〕 Ibid.

〔8〕 *King's Will Trusts* [1964] Ch 542.

〔9〕 类似规定载于巴巴多斯第 250 章《受托人法》第 22 条第(1)款；百慕大《1975 年受托人法》第 9 条第(1)款；开曼群岛《1967 年信托法》(2009 年修订本)第 24 条第(1)款；英属维尔京群岛第 303 章《受托人法》第 19 条第(1)款；牙买加《受托人法》第 22 条第(1)款。

〔10〕 Parker and Mellows, *Modern Law of Trusts*, 6th edn, 1994, p. 367.

第 250 章《受托人法》第 38 条第(1)款;牙买加《受托人法》第 10 条第(1)款;特立尼达和多巴哥第 8 章第 3 号《受托人条例》第 36 条第(1)款和 1981 年第 21 号《受托人法》第 48 条第(1)款;巴哈马《1998 年受托人法》第 42 条第(1)款。[11] 插入明示权力的这种做法并不常见,在大多数情况下,受托人的任命依赖于制定法权力。

制定法上的权力允许有任命权之人在法庭外任命新的受托人,这些有任命权的人是:

(a)信托文件中所指定的行使制定法上的权力之人;或者,当不存在此类人时。

(b)"幸存的或留任的"(即,现存)受托人;或者,当不存在此类人时。

(c)最后的或唯一的幸存受托人的遗产代理人。

被指定人

生前信托的委托人可以指定自己或他人拥有任命新受托人的权力。在不存在这种指定权的情况下,委托人无权任命原受托人以外的受托人。当然,在遗嘱信托中,只能指定其他人拥有上述权力。

如果指定了某个人,则此人通常有权力在任何情况下任命新的受托人,但如果他被赋予的权力只允许他在受限情况下这样做的,则这种规定将被严格解释。因此,例如,当被指定人被赋予权力以在现存受托人"无能力"行事的情况下任命新的受托人之时,法院将判决他没有权力任命任何人以替代破产受托人,因为破产受托人虽然"不适 155
合",但并非"无能力"。[12]

如果受益人被指定,则其任命权将被视为脱离了他的受益利益,

〔11〕 另见百慕大《1975 年受托人法》第 26 条;开曼群岛《1967 年信托法》(2009 年修订本)第 4 条;英属维尔京群岛第 303 章《受托人法》第 36 条。

〔12〕 *Wheeler and De Rochow* [1896] 1 Ch 315.

因此如果他处置了该权益,他将仍然有权任命新的受托人。[13]

任命人可以任命自己替代去世、辞任、不适合、无能力等等的受托人,但他不能任命自己为额外受托人。[14]

幸存受托人或留任受托人

第二类人有权在无人被指定进行任命的情况下,或者在“不存在上述有能力且愿意之人”的情况下任命新的受托人。法院认为,当不存在任命权的被授权人的情况,[15]以及被授权人是被要求共同行事却无法就任命达成一致的夫妻之时,即满足后一项要求。[16]

在那些“与留任受托人,包括拒任受托人或愿意执行该规定辞任受托人相关的”规定中,特别规定了这一点。“这项规定的目的是使放弃受托人或辞任受托人能够任命其权利继受人。因此,全体幸存受托人或唯一受托人都有可能辞任,并同时任命新的受托人(们)替代他们或他行事,而如果仅仅是在表面意义上赋予了留任受托人(们)这一权力的话,这一点是不可能做到的。”[17]这些条款的另一个后果是,如果该拒任或辞任的受托人能够表明他有能力并愿意行事,但却没有人征求其意见,在这种情况下,未经此受托人同意而对新受托人的任命将是无效的。[18] 因此,要求拒任或辞任受托人加入新受托人的任命契据,这一做法才是明智的。

在 *Stoneham's Settlement Trusts* 案中,[19]一名受托人被替换,理由是他在英国境外的停留时间超过了 12 个月。回国后,他试图推翻任命,理由是在选择替代受托人时没有征求过他的意见。法院认为,他无权参与任命,因为“拒任或辞任受托人”一词不包括因离开法域的时

---

〔13〕 *Hardaker v Moorhouse* (1884)26 Ch D 417.

〔14〕 Parker and Mellows, ibid, p. 252.

〔15〕 *Cradock v Witham*[1895]WN 75.

〔16〕 *Sheppard's Settlement Trusts* [1888]WN 234.

〔17〕 Pettit, *Equity and The Law of Trusts*, 8th edn, 1997, pp. 323, 324.

〔18〕 See *Coatesto Parsons*(1886)34 Ch D 370.

〔19〕 [1952]2 All ER 694.

间超过了 12 个月而被强制撤职之人。

最后,法院在 *Brockbank* 案[20] 中裁定,如果留任受托人和受益人之间就谁人应被任命为新受托人一事存在争议的,受益人无权干涉留任受托人行使自由裁量,因为这是立法机构所赋予的——即便是像在本案中一样,受益人都是自权人(*sui juris*)且无条件有权利获得信托财产,并因此有权根据 *Saunders v Vautier* 案的规则终止信托。[21]

最后幸存受托人的遗产代理人 156

如果遗嘱的全部受托人都先于立遗嘱人死亡,他们中最后一个死亡的就不是幸存受托人或留任受托人,且他的遗产代理人因此无权任命新的受托人。[22] 因此,该权力很明显只能由信托生效时在世的受托人(包括唯一受托人)的遗产代理人行使。

任命新受托人的情况

条款规定了在两种情况下可任命新的受托人:

(a) 替代即将离任的受托人;和

(b) 在已存在受托人的情况下任命额外的受托人。

任命必须是书面的,尽管通常使用契据形式,以便利用制定法规定并借此在通过契据任命的情况下使信托财产自动归属于新受托人。[23]

替代受托人

根据英国《1925 年受托人法》第 36 条第(1)款;巴巴多斯第 250 章《受托人法》第 38 条第(1)款;巴哈马《1998 年受托人法》第 42 条第(1)款;牙买加《受托人法》第 10 条第(1)款;特立尼达和多巴哥第 8 章第 3 号《受托人条例》第 36 条第(1)款和《1981 年受托人法》第 48

---

〔20〕 [1948] Ch 206.

〔21〕 (1841) 49 ER 282.

〔22〕 *Nicholson v Field* [1893] 2 Ch 511.

〔23〕 见下文第 160 页。

条第(1)款;英属维尔京群岛第303章《受托人法》第36条第(1)款;开曼群岛《1967年信托法》(2009年修订本)第4条第(1)款;百慕大《1975年受托人法》第26条第(1)款,在下列情况下,可以任命新的受托人替代:

(a)**受托人去世**。根据这些条款,包括一人被遗嘱指定为受托人,但先于立遗嘱人去世的情况。

(b)**受托人离开该法域的时间超过了12个月**。离开必须是连续的,如果期间受托人哪怕短暂的回到了该法域,比如,回来一周,该期限就会中断,这项规定就会不适用。[24] 离开的动机无关紧要,例如,如果受托人被监禁在国外,他也可能被替换。[25]

(c)**受托人希望解除**。无论是全部或部分地解除赋予他的信托或权利。因此,如果受托人希望完全退出信托,或者只希望部分退出信托,可以任命一名替代受托人。[26]

(d)**受托人拒绝采取行动**。这将包括受托人放弃其职位的情况。[27] 建议通过契据行使放弃。

(e)**受托人不适合**。不适合指的是受托人的性格有缺陷,而不是身体虚弱。这将包括,例如,对被判决涉及不诚实行为的罪行;[28]这
157 也包括受托人的破产,[29]除非破产被证明是由经济原因造成,而受托人没有任何道德上的过错。[30]

(f)**受托人无行为能力**。无行为能力是指身体或精神上没有能力妥善管理信托,如智力缺陷或年老,[31]但不包括破产。[32]

---

[24] *Walker* [1901]1 Ch 259.

[25] Parker and Mellows,*Modern Law of Trusts*,6th edn,1994,p. 372.

[26] Ibid. ,See *Pile v Pile* (1983)High Court,Barbados,No 426 of 1978(unreported).

[27] *Birchall* (1889)40 Ch D 436.

[28] *Hopkins* (1881)19 Ch D 61 at 63;cf *Re Wheeler and De Rochow* [1896]1 Ch 315.

[29] *Barker's Trusts* (1875)1 Ch D 43.

[30] *Bridgeman* (1860)1 Drew and Sm 164.

[31] *Lemann's Trusts* (1883)22 Ch D 633; *Blake* [1887]WN 173.

[32] *Turner v Maule* (1850)15 Jun 761.

(g)根据英国《1925 年受托人法》第 36 条第(1)款;巴哈马《1998 年受托人法》第 42 条第(1)款;特立尼达和多巴哥第 8 章第 3 号《受托人条例》第 36 条第(1)款和《1981 年受托人法》第 48 条第(1)款,未成年受托人可被替换。但是巴巴多斯、牙买加和百慕大的各《受托人法》则没有这种规定。[33]

额外受托人

根据英国《1925 年受托人法》第 36 条第(6)款;巴哈马《1998 年受托人法》第 42 条第(6)款;特立尼达和多巴哥第 8 章第 3 号《受托人条例》第 36 条第(5)款;巴巴多斯第 250 章《受托人法》第 38 条第(6)款;英属维尔京群岛第 303 章《受托人法》第 36 条第(5)款;开曼群岛《1967 年信托法》(2009 年修订本)第 4 条第(5)款;百慕大《1975 年受托人法》第 26 条第(6)款,可以任命额外受托人(也就是说,在受托人总数不会超过四人的前提下,可在未发生第 36 条第(1)款规定的任何情况都未发生的情况下任命)。如果任何现存受托人系信托法人的,则不得根据这些条款任命额外的受托人。

最多人数和最少人数

一般来说,任何数量的人都可以是某一信托的受托人;尽管从实际角度来看,一方面由于欺诈和管理不善的危险,并不建议任命唯一受托人;而另一方面,受托人过多,这可能会使信托拙于管理。然而,有些制定法规定要求最少或最多人数,如下:

(a)在某些法域,除非指定了信托法人,否则至少需要两名受托人提供一份有效的收据以证明出售信托土地的收益。[34]

(b)如果受托人希望辞任,但并未打算任命替代者的,那么他只能在至少有两名受托人(或信托法人)在其辞任后仍继续管理信托的情

---

〔33〕《1893 年受托人法》第 10 条第(1)款也省略了婴儿这一理由。

〔34〕见下文第 189 页。

况下辞任。[35]

(c)在某些法域,财产授予受托人或土地售产信托受托人最多为四人。如果超过四人被任命,前四名有能力并愿意行事之人将成为受托人。这一限制不适用于以慈善目的信托形式持有的土地。[36]

(d)如果根据制定法上的权力任命了一名额外受托人,而全部的现存受托人都留任了,则受托人的人数不得超过四名。[37]

158 **法院任命**

法院有制定法上的权力以任命新的受托人来替代现存受托人或补充现存受托人,“前提是在没有法院协助的情况下,[这样做]是暂时性的、困难的或不可行的”。这项制定法上的权力最初载于英国《1893 年受托人法》第 25 条,并经《1925 年受托人法》第 41 条重新颁布,几个加勒比法域中也有相关规定。[38]

如果有可能根据明示权力或制定法上的权力而在庭外任命新的受托人,则法院将不会行使其权力;[39]法院也不会干涉具有明示权力或制定法上的权力之人任命新的受托人,即使全体受益人向法院提出

〔35〕 英国《1925 年受托人法》第 39 条;巴巴多斯第 250 章《受托人法》第 41 条;特立尼达和多巴哥第 8 章第 3 号《受托人条例》第 40 条;英属维尔京群岛第 303 章《受托人法》第 40 条;开曼群岛《1967 年信托法》(2009 年修订本)第 8 条;百慕大《1975 年受托人法》第 29 条;牙买加《1975 受托人法》第 11 条。

〔36〕 例如,英国《1925 年受托人法》第 34 条第(2)款;特立尼达和多巴哥第 8 章第 3 号《受托人条例》第 35 条第(2)款;开曼群岛《1967 年信托法》(2009 年修订本)第 3 条第(3)款。

〔37〕 英国《1925 年受托人法》第 36 条第(6)款;巴巴多斯第 250 章《受托人法》第 38 条第(6)款;特立尼达和多巴哥第 8 章第 3 号《受托人条例》第 36 条第(5)款;英属维尔京群岛第 303 章《受托人法》第 36 条第(5)款;开曼群岛《1967 年信托法》(2009 年修订本)第 4 条第(5)款;百慕大《1975 年受托人法》第 26 条第(6)款。

〔38〕 例如,巴巴多斯第 250 章《受托人法》第 43 条;特立尼达和多巴哥第 8 章第 3 号《受托人条例》第 40 条以及《1981 年受托人法》第 53 条;英属维尔京群岛第 303 章《受托人法》第 42 条第(1)款;开曼群岛《1967 年信托法》(2009 年修订本)第 10 条;百慕大《1975 年受托人法》第 34 条;巴哈马《1998 受托人法》第 48 条。

〔39〕 *Gibbon* (1882)45 LT 756.

申请。[40] 换句话说,法院只有在万不得已的情况下才会行使其权力。法院行使这一权力的情况的例子有:全部指定的受托人都先于立遗嘱人去世的;[41] 立遗嘱人没有指定受托人的;[42] 就庭外任命的制定法上的权力或明示权力是否可行使而言,存在疑问的;[43] 本应行使任命权的人居住在国外的;[44] 未成年人被提名任命新受托人的。[45]

法院在加勒比地区行使任命新受托人的权力的一个例子是圭亚那的 *Jardine* 案。[46] 在这一案件中,法院收到了根据《1893 年受托人法》第25条任命新受托人的申请,该法是英属圭亚那地区普遍适用的制定法。立遗嘱人并未明示任命受托人,但三名遗嘱执行人已经成为遗产的推定受托人(遗产受终身权益及后续的剩余权益约束)。Major CJ 批准了该申请。他说道:

> Chatterton 夫人的遗产管理中并未剩下任何需要遗嘱执行人依其职权去完成的事情。丧葬和遗嘱费用、债务和特定遗赠都已支付。但是,遗嘱执行人还需要以推定受托人的身份履行其他事宜,就像罗马—荷兰法律中的"管理人"一样,尽管遗嘱中的指定并未采用这一称谓。遗嘱中有对终身地产保有人的剩余地产权的保护;也有在终身地产保有内对剩余地产的交易;还有遗产的替代分割和预付申请条款。遗嘱的执行人仍然是依此担任受托人之人。其中一个受托人,Bollin Chatterton,是终身地产保有人。除开他不需要双重身份这一点以外,他也已经不适合担任受托人。而另一个受托人,Douglas Jardine 则没有行为能力……

---

〔40〕 *Higginbottom* [1892]3 Ch 132.

〔41〕 *Smirthwaite's Trusts* (1871) LR 11 Eq 251.

〔42〕 *Gillett's Will Trusts* (1876)25 WR 23.

〔43〕 *Bignold's Settlement Trusts* (1872)7 Ch App 223.

〔44〕 *Humphry's Estate* (1855)1 Jur NS 921.

〔45〕 *Parsons*[1940]4 All ER 65.

〔46〕 [1919] LRBG 116.

这就只剩下 Harvey Chatterton 先生，他是立遗嘱人的儿子之一，也是一名剩余动产及不动产受遗赠人。

根据《1893 年受托人法》第 25 条的规定，基于本案事实，我认定，针对该遗嘱任命新受托人只是暂时性的，而该任命必须在法院协助下才可能实现。申请人是指在《法院规则》中缺失了任何发起传票相关规定之时，有权以申请的方式提出请求之人。

159 行使自由裁量

Tempest 案[47]中确立了，在行使任命新受托人的自由裁量之时，法院将考虑：

(a)委托人已表明的愿望；

(b)全体受益人的利益；和

(c)信托的有效管理。

在现存受托人已经表明他们将拒绝与法院提议任命之人一起行事的情况下，Turner LJ 这样说道：[48]

> 我认为，若法院仅仅基于这个理由就应该拒绝任命提议的受托人，这就太过了：因为这将会……给予留任受托人或幸存受托人在任命新受托人一事上的否决权。在这种情况下，我认为法院有义务质询并查明幸存受托人或留任受托人的反对是否有充分理由，并据此采取或拒绝采取行动。

因此，在这种情况下，必须在维护法院的尊严，与避免受托人内部产生严重摩擦——这不利于信托的管理——之间创造一个平衡。

传统上，某些类别的人被认为不适合任命为受托人：例如，信托下

---

〔47〕 (1866)1 Ch App 485.

〔48〕 Ibid. ,at 490.

的受益人,[49]理由是受益人担任受托人之时,此人更追求的可能自身利益而非其他受益人的利益;或任何受益人的近亲;[50]或信托[51]或受益人[52]的律师。然而,最近,人们认识到,任命受益人为受托人可能会有益处,因为与无权受益的人相比,这类人可能有更大的热情和承诺以履行义务;类似地,人们还认识到,任命一名家庭律师担任受托人可能也会有益处,这样信托会受益于他的专业精神和对家庭情况的详细了解。[53] 最重要的是,在进行申请时,需要寻找的品质包括正直、对在信托事务上花费时间和精力的意愿、与共同受托人和受益人相处的能力,以及财务事务、商业和常识方面的知识。[54]

将信托财产归属于受托人

既然对受托人的任命这本身并不会将信托财产归属于该受托人,因此每次任命都有必要作出规定以将财产归属于受托人:

(a)涉及初始受托人的,委托人必须使用适当方式将财产转让给他们。如果信托是遗嘱性质的,则遗嘱本身就会将财产归属于指定的受托人。

(b)涉及新受托人的,《1925年受托人法》第40条及其在加勒比 160
法域[55]中的同等条款起到了将信托财产自动归属于新受托人的作用,前提是受托人的任命是通过契据做出的。然而,某些种类的财产被排除在了条款实施范围之外,即股票和股份;土地抵押,当抵押需要

[49] *Forsterv Abraham*(1874)LR 17 Eq 351.

[50] *Goode* (1913)108 LT 94.

[51] *Orde* (1883)24 Ch D 271.

[52] *Cotter* [1915]1 Ch 307.

[53] See Parker and Mellows, *Modern Law of Trusts*, 6th edn, 1994, p. 376.

[54] Pettit, *Equity and the Law of Trusts*, 6th edn, 1989, p. 295.

[55] 开曼群岛《1967年信托法》(2009年修订本)第9条;英属维尔京群岛第303章《受托人法》第41条;巴巴多斯第250章《受托人法》第42条;百慕大《1975年受托人法》第30条;特立尼达和多巴哥第8章第3号《受托人条例》第41条和《1981年受托人法》第52条;巴哈马《1998年受托人法》第47条。

正式转让时；租赁保有土地，如果租赁包含一项未经出租人同意不得转让租赁的契诺，并且在任命契据签署之前没有获得此同意时；以及在适当的土地注册处注册的土地，如果要求注册任命契据以便更新产权注册时。

受托人的辞任

受托人可以通过以下四种方式从信托辞任：

(a)通过信托文件中的辞任相关明示条款；

(b)通过制定法上的权力：

(i)根据第36条第(1)款及其同等条款，受托人“希望被解除”并任命了一名新的受托人替代自己的；或

(ii)根据《1925年受托人法》第39条及其同等条款，未指定替代者的(见下文)；

(c)通过获得全体受益人的同意，成为自权人并绝对有权利获得信托财产；或

(d)通过获得法院的授权(见下文)。

无替换辞任

根据《1925年受托人法》第39条及其同等条款[56]，受托人在无替代者的情况下也可辞任，只要：

(a)至少还有两名单独受托人或一家信托法人继续管理信托；

(b)剩余受托人和任何其他被授权任命新受托人之人通过契据同意辞任；和

(c)受托人执行一项辞任契据。

---

〔56〕 例如，巴巴多斯第250章《受托人法》第41条；牙买加《受托人法》第11条。

不符合制定法上的规定的辞任无效，在这种情况下，受托人仍然在职。[57]

根据法院命令辞任

法院可根据英国《1925年受托人法》第41条；巴哈马《1998年受托人法》第48条；巴巴多斯第250章《受托人法》第43条；牙买加《受托人法》第25条；特立尼达和多巴哥第8章第3号《受托人条例》第42条和《1981年受托人法》第53条；百慕大《1975年受托人法》第31条；开曼群岛《1967年信托法》(2009年修订本)第10条；以及英属维尔京群岛第303章《受托人法》第42条解除受托人职务，前提是在这些条款赋予的权力范围内替换受托人。法院还有一项固有权力以在管理 161
信托的诉讼中免除受托人职务而无须替换。[58] 当受托人因未能取得必要的同意而无法根据第39条或同等条款辞任的，则可以利用该固有权力。

受托人的罢免

我们已经看到，如果受托人连续12个月或更长时间不在该法域范围内，或如果他拒绝行事，或如果他不适合或无能力行事，他可能会被法院罢免其受托人职位。[59] 他也可能会被法院根据《1925年受托人法》第41条或同等条款罢免并替代。此外，根据 *Letterstedt v Broers* 案[60]的原则，若受托人继续任职会损害信托的正当履行，而罢免受托人将有利于受益人权益之时，法院拥有一项固有权力以在不替换受托

[57] *Jasmine Trustees Ltd v Wells and Hind (A Firm)* [2007] 3 WLR 810.

[58] *Chetwynd's Settlement* [1902] 1 Ch 692.

[59] 见上文第156页和第157页。

[60] (1884) 9 App Cas 371.

人的情况下这样做。欺诈、破产或严重无能力显然是移罢免的理由，但寻求罢免受托人之人没有必要证明受托人存在不当行为。如果受托人与其共同受托人或受益人之间存在摩擦，或者只是对受托人缺乏信心，可能就足以构成罢免理由了。[61]

在加勒比地区行使该管辖权的一个明显例子是 *Mercado v Cititrust(Bahamas) Ltd* 案，[62] 在此案中，信托契据规定，法人受托人有权力终止信托并将资本以均等份额支付给收入受益人。收入受益人通过信函向受托人要求上述终止，并列出了详细原因。受托人在不当拖延后以敷衍的方式拒绝了该请求。受益人向法院提起罢免该受托人的请求，理由是该受托人与受益人之间的关系不尽如人意，并且这种罢免符合受益人的利益。Georges CJ 说道：

在 *Letterstedt v Broers* 案中讨论了在考虑是否罢免受托人时适用的原则。[63] 该案的法官们陈述道：

"在行使像罢免受托人这种如此微妙的司法管辖权时，法官们没有在广泛的原则之外冒险制定任何一般性规则……其主要指导方针必须是受益人的福利。很有可能的是，在那些本质上依赖于通常十分精确的细节的事务上，人们不可能制定出更明确的规则。"早些时候，法官们就该领域案例的缺乏进行了讨论，并同意在实际操作中，一旦品性的问题有了定论，一旦明确受托人继续履行职务会损害信托的利益，即使除了身体虚弱之外没有任何其他理由能妨碍到受益人与受托人的和谐工作，受托人的顾问也通常会建议他辞任，除非信托文件表明委托人有相反的意图。

在本案中，存在对违反信托的含蓄的主张，和对受托人不称职的

---

〔61〕 受托人的义务与利益的冲突可能足以使受托人被罢免：*Eastmond v O' Hara* (1983) High Court, Barbados, No 44 of 1982 (unreported)。

〔62〕 (1986) Supreme Court, The Bahamas, No 1252 of 1986 (unreported).

〔63〕 (1884) 9 App Cas 371.

相当直接的指控。可以理解的是,这些主张和指控必须被抵制,而且我发现它们已经被驳回了。

然而,我确实发现了对受托人不作为的指控,并且我确定,收入受 162
益人与受托人之间的关系很有可能会影响到受益人的利益。从记录看来,收入受益人既有能力又具有管理大型资产的经验,而且他们和其完全信任的受托人之间的密切合作可能会使信托受益。

信托文件明确指出,收入受益人的利益应是受托人的主要关注点。第 5 条 C 段的内容如下:

"在行使根据本条前述条款赋予受托人的权力时,应主要考虑特定信托的收入受益人的利益,或者,在受托人认为适当的范围内,她的家庭成员的利益,而任何其他人的利益都应该被忽视。"

在这种情况下,虽然我发现对不称职和可能违反信托的指控没有得到证实,但我确信,为了受益人的福利,应做出改变。

另一方面,在另一个巴哈马案件中,即 *Viso v Chase Manhattan Corporation Ltd* 案中,[64] Osadebay Ag J 对法院行使罢免受托人的管辖权采取了更严格的解释,认为只有当受托人存在某些不当行为之时才可被罢免。他说道:

……仅仅基于[受益人]对受托人与自己相处的方式不满意而罢免受托人,而无须证明受托人有不当行为或对信托资产管理不善……这种情况不适合行使法院的管辖权。

在 *Viso* 案中,有四名受益人申请罢免法人受托人,其理由之一是,受托人并未试图出售该信托在合伙中的 49% 权益,而这是委托人受信托契据授权所做出的指示。在发现受托人并非未达到 *Speight v Gaunt*

〔64〕 (1994) Supreme Court, The Bahamas, No 1,261 of 1992 (unreported).

案[65]和 *Whiteley* 案所要求的注意标准后,[66] Osadebay Ag J 将 *Letterstedt v Broers* 案[67]解释为:

……确实,并非受托人的每个错误或玩忽职守、或行为不准确都会促使衡平法院采取罢免的做法。这些行为或疏忽必须是危及信托财产、或表现出缺乏诚信、或缺乏恰当的执行能力、或缺乏合理程度的忠诚。

他随后认为,在决定是否罢免受托人时,法院有权利将下述事实纳入考虑,即信托在六年多后、最后一个孩子成年时即终止,而且与当前诉讼有关的资产已被清算,而清算所获的款项已在受益人之间进行了分配。在他看来,要问的问题是:

考虑到受益人的福利和对此信托的保护,是否有必要罢免受托人?

Osadebay Ag J 给出了否定答案,并因此拒绝了罢免受托人的申请。

---

〔65〕 (1883)9 App Cas 1,见下文第 219 页。

〔66〕 [1910]1 Ch 600.

〔67〕 (1884)9 App Cas 371.

第11章　受托人的义务

受托人义务的本质是麻烦 163

受托人接受委托后，必须履行自己的义务。受托人的义务是麻烦的。正如 Lord Hardwicke 曾经说过的那样："信托是一种在人与人的各种考虑之间存在的必要职位，如果忠实地履行义务，就会遇到不小的麻烦和焦虑……任何接受它的人都表现出莫大的善意。"[1] 又如 Parker 和 Mellows 所说："只有当受托人极其诚实、准备用足够的时间来管理信托、有足够的常识和商业头脑来经营信托财产、能够公平对待可能存在利益冲突的受益人——例如，终身地产保有人和剩余地产权人，受益人的利益才会得到充分保护。"[2]

受托人的一般性职责是妥善保管信托资金、向有权利之人支付收入和资本、并在受益人要求的情况下提供信托管理方式的相关

〔1〕 *Knight v Earl of Plymouth* (1747)21 ER 214.

〔2〕 *Modern Law of Trusts*, 6th edn, 1994, p. 360.

信息。

至于受托人所须遵从的注意标准，则是在 *Speight v Gaunt* 案[3]中确立的，“作为一项一般原则，**受托人在管理信托事务时，如采取普通、谨慎的商人在管理自己的事务时所采取的一切预防措施**，便可视为已充分履行其义务”；虽然对于一个收取报酬的专业受托人来说，应要求更高的标准。正如 Harman J 所说：“我不会忘记，收取报酬的受托人应该比无偿受托人拥有更高的勤勉性和知识标准，并且……一家主要在公众媒体上大力宣传自己负责管理事务的银行将承担特殊义务。”[4]这种观点最近在 *Bartlett v Barclays Bank Trust Co Ltd*(*No* 1)案[5]中得到了附和，在该案中，Brightman J 说道：

我认为，作为从事专业的信托管理业务的信托法人，这类人显然应承担更高程度的注意义务。信托法人在其广告内容中坚称自己超乎于普通凡人。它拥有训练有素的人员和经理等专业人员、随时可以获得财务信息和专业建议、并日复一日地处理和解决信托问题。正确地说，信托法人有能力提供专业知识，而期待从普通的谨慎之人那里获得这些知识是不现实而不公平的——这些人出于家庭责任可能是无偿地、或有时不情愿的接受了受托人职务。正如，根据合同法，具有特定技能的专业人士如果疏于使用他所宣称的技能和经验，则应承担违反合同的责任，因此我认为如果专业的法人受托人因疏于行使其所声称拥有的特殊注意和技能而对信托基金造成了损失的，则应承担违反信托的责任。

[3] (1883)9 App Cas 1 at 19, *per* Lord Blackburn.

[4] *Waterman's Will Trusts*[1952]2 All ER 1054 at 1055.

[5] [1980]1 All ER 139 at 152.

接受信托时的义务 164

在就职时，受托人必须：

(a)确认其任命是适当做出的；

(b)确定信托财产中包含哪些财产并熟悉信托条款；

(c)确保所有信托财产已归属于他本人及共同受托人的共同名义之下，并确保全部可转让证券均受共同控制；

(d)确保当存在任何尚未转让的信托财产时，他会要求将此财产支付或转让给受托人；和

(e)涉及新受托人的，新受托人应调查表明前受托人可能违反信托的任何可疑情况，并试图履行信托。

一致行事的义务

在管理信托时，全体信托人有义务一致行事。衡平法不支持“打瞌睡的受托人”，并且，全部的受托人都必须积极行使自由裁量和积极开展信托业务。此外，“没有法律……使得少数受托人应服从多数。唯一有约束力的是他们全体一致的行动”。[6] 因此，只有全体受托人的一致决定，和那些共同执行的交易才有效，除非信托文件另有相反指示。[7] 这样一来，例如，如果单一受托人在未经共同受托人同意或追认的情况下订立了一项出售信托财产的合同，则不能据此合同对信托财产强制执行出售。

---

〔6〕 *Luke v South Kensington Hotel Co* (1879) 11 Ch D 121 at 125, *per* Jessel MR.

〔7〕 Pettit, *Equity and the Law of Trusts*, 5th edn, 1983, p. 317.

可能存在少数受托人不同意多数人提议的行动的情况。在有的案件中，少数人可能有理由服从多数人的决定，特别是当后者能够声称在涉事问题上拥有卓越的知识或专业技能，[8]或为了防止信托管理中的僵局，[9]所以当他们不坚持己见并抵制多数决定之时，不会因此承担违反信托的责任。然而，在其他情况下，为了保护自己，建议的做法是，少数人不应服从多数人，而应向法院寻求指示。

全体受托人必须一致行事的规则有若干例外情况，即

(a)信托文件可能授权个人行动。

(b)单一受托人有权力提供股票股息收据。这是必要的，因为大多数公司的章程规定，股息应支付给特定股份的第一个指定的已注册持有人。

(c)受托人有权利将大部分执行性行为委托给其中一人。

(d)即使少数群体反对，私益信托的多数受托人也有权利向法院支付款项。

165 (e)在土地售产信托中，在某些法域内，[10]出售土地的义务附带了延迟出售的制定法上的权力。法院判决，如果受托人中的某人希望出售但其他人希望延迟出售的，那么希望出售的人的意愿必须优先，无论他们是多数还是少数。[11]

归还和提供信息的义务

受托人有义务：

(a)保管财务账户；和

---

〔8〕 *Schneider* (1906)22 TLR 223.

〔9〕 Parker and Mellows, *Modern Law of Trusts*, 5th edn, 1983, p. 270

〔10〕 见下文第189页。

〔11〕 *Mayo* [1943]2 All ER 440.

(b)在一定限度内提供有关信托经营和管理的信息。

账户

受托人必须留存对信托财产的精准记录,并且"[受托人的]第一义务是……随时将其账户准备好"。[12] 他必须允许受益人检查信托资金投入的账户并获取副本,并在受益人要求的情况下提供投资细节。[13] 受托人未能恰当地保管账户的,受益人可向法院申请命令要求他们这样做,并命令受托人支付申请费用。[14]

信息

既然受益人可随时要求受托人提供管理信托相关信息,建议的做法是受托人留存一份"信托日记"——"一种记录信托管理决定的记录簿"。[15] 受益人有权检查信托日记。他们还有权检查与信托投资有关的契据和文件,甚至与信托管理有关的其他任何文件。这项检查权利源于受益人是与信托管理有关的任何文件的衡平法上的所有人这一原则。用 Lord Wrenbury 的话说:[16]

> 受益人有权查阅他希望查阅的文件,在本案的判决中,该权利被称为对物性财产权利。受益人有权查看所有的信托文件,因为它们是文件,因为他是受益人。这些文件,从这个意义上说,就是他自己的。

在 *Londonderry' s Settlement* 案[17]这一首要判例中,该检查权与

---

〔12〕 *Pearse v Green* (1819) 37 ER 327 at 329, *per* Plumer MR; *Davis v Administrator-General* (1965) 9 JLR 200 (p. 213, below).

〔13〕 *Tillott* [1892] 1 Ch 86.

〔14〕 Parker and Mellows, *Modern Law of Trusts*, 5th edn, 1983, p. 274.

〔15〕 Ibid.

〔16〕 *O' Rourke v Darbishire* [1920] AC 581 at 626.

〔17〕 [1964] 3 All ER 855, CA. See A Samuels (1965) 28 MLR 220.

166 受托人不必向受益人披露其决定原因的原则相冲突。在该案中,财产授予的受托人有权在某些任命人的同意下,在一类受益人中指定资本份额。受益人中的一员,G,对分配给她的份额不满意,她声称有权查看各种信托文件,这些文件可能会指明受托人决定其分配额的原因。这些文件包括受托人会议的议程和记录,以及个人受托人和任命人之间以及受托人或任命人与受益人之间的通信记录。[18]

上诉法院认为受益人无权检查这些文件。受托人没有义务披露他们通过行使自由裁量而作出的决定的理由,这一原则就否决了受益人的检查权。然而,该案的法官们得出这一结论的理由还远不清楚。法院似乎很重视三个因素:

(a)如果受益人能够获得记录受托人决定原因的文件,这可能会导致家庭冲突。

(b)令人怀疑的是,受益人声称有权查阅的文件是否确实是"信托文件",在 Salmon LJ 看来,这一术语"从未被全面定义过;也不可能被定义——当然,由我来定义就更不可能了"。[19] 如果事实上它们不是信托文件,那么受益人没有检查权。

(c)如果受托人的理由得不到保密,他们将无法正常开展其职能。

在开曼群岛的 *Ojjeh Trust* 案中,[20] 其中的一个问题是受益人是否有权披露有关潜在信托公司事务的信息。Smellie Ag J 这样说道:[21]

在这个问题上,开曼群岛的法律与英国相同……从 *O' Rourke v*

---

〔18〕 同样,受益人无权披露委托人保密的"意愿书"——其中包含了委托人就受托人应如何行使自由裁量的不具约束力的指示:*Hartigan Nominees Pty Ltd v Ridge* (1992) 29 NSWLR 405;*Breakspear v Ackland*[2008]3 WLR 698。

〔19〕 但是 Salmon LJ 认为它们有三个共同的特点:(i)该等文件是受托人作为受托人而所拥有的文件;(ii)其中载有受益人有权知道的信托信息;和(iii)受益人对这些文件拥有所有权,因此有权查看这些文件。Ibid. ,863.

〔20〕 [1992 -93]CILR 348.

〔21〕 Ibid. ,at 362.

Darbishire 案中,这些原则可总结如下:[22]

(a)通常会允许受益人检查和复制必要的信托文件;而从 *Butt v Kelson* 案中,可总结认为[23]

(b)这一正常权利并不扩及信托所拥有的公司事务的详细信息,对于这类信息,受益人必须理解这是特殊情况,

(c)在这样做时,受益人必须具体说明其希望看到的文件,

(d)受托人或董事或(在特殊情况下)受托人认为应就此事适当咨询的受益人,不得有任何有效的反对意见,和

(e)寻求披露的受益人必须做出适当保证,除了自己的法律顾问或其他顾问之外,自己不会向任何人披露文件,而且,除非法律顾问提出适当建议,否则不会复印文件。

在另一个开曼的 *Lemos v Coutts and Co* 案,[24] Kerr JA 强调: 167

……虽然受益人对信托文件享有对物性财产权利,但这绝不是绝对的权利;可能有一些文件或一类文件应该被排除在外……这些文件或这类文件与受益人的情况无关或在证据上并非必要的、或者证明价值很小,以及因与其他受益人或信托的适当管理相比而言不太重要的——除非以上几种情况,否则法院将批准一项命令以查阅账户。如果我的这种看法是对的,那么当受益人对受托人行为的有效性提出严重主张时,只有在特殊的情况下法院采用拒绝账户申请这一做法才是合理的。

在该案中,有一项主张称,作为希腊国民的受益人在开曼群岛的法院提起会计核算申请是一项"钓鱼行动",目的是获取证据和信息以

---

〔22〕［1920］AC 581.

〔23〕［1952］Ch 197.

〔24〕［1992－93］CILR 460 at 518.

用于在希腊提起的诉讼。Kerr JA 并未收到判决该主张是否有充分根据的申请,但是他认为受托人的担心是合理的。相应地,法院发布了一项披露命令,要求受益人承诺所披露的信息将仅用于在开曼群岛法院提起的相关信托诉讼。

在巴哈马的 *Juarez v Sands* 案中,[25] 遗嘱的受托人以信托形式持有剩余财产,以转换、收回债务,并将收益用于经授权的投资中。他们也被授权延迟收回和转换。投资额将由受托人以信托形式持有,以将其中一半的收入支付给立遗嘱人的遗孀供其终身使用,另一半则由受托人依其自由裁量用于赡养该夫妇的独生子女或为其提供福利。立遗嘱人去世时拥有一家公司的股本,该公司随后宣布受托人已接收股息,并视其为剩余遗产的收入。该公司欠这份信托一大笔债务,而受托人并没有收回这笔债。

受托人向法院申请决定的问题之一是,上述股息是否应被视为剩余财产的资本。法院还必须决定受托人是否适当行使了他们推迟收回和转换的自由裁量。问题在于,受托人是否有义务披露他们的会议备忘录,以查明他们在上述事项上的行动是否合理。

巴哈马上诉法院认为,本案的情况与 *Londonderry's Settlement* 案的情况有本质上的不同,[26] 因为在后者中,据 Sinclair P 所言:[27]

> ……就受托人的有关受益人选择的自由裁量而言,强迫他们披露自己行使自由裁量的保密理由显然是不合理的。他们没有如本案中一样要求法院确认或调查他们在履行信托中的行为……而在本案中,受益人已经被立遗嘱人标记了出来,受托人请求法院告诉他们,他们过去的行为是否正确。同样的反对披露的理由在此处并不适用……如要调查受托人的行为是否恰当,则必须披露其行为的理由——特别

[25] (1965 - 70) 2 LRB 353.

[26] [1964] 3 All ER 855, CA.

[27] (1965 - 70) 2 LRB 353 at 359.

是以股息形式支付巨额款项的理由。此外……会议备忘录与受托人是否真的行使了不收回债务的自由裁量也是有关的。总而言之，请求法院指示的受托人必须……披露与待决定问题相关的文件。

Bourke J 还补充说，受托人提出只有在诉讼涉及欺诈指控、受托人违反信托或缺乏善意的情况下，才可以强制披露如受托人会议备忘录之类的文件，这一观点并无先例可循。用 Bourke J 的话说来说： 168

……诉讼中，可能会出现其他情况，不直接攻击受托人的诚信，而是因为文件至少初步看来与受托人受质疑的行为相关，因此应该予以披露。[28]

Londonderry 案的判例似乎被枢密院在 *Schmidt v Rosewood Trust Ltd* 一案[29]中的理由所削弱了，后者的主要系争点在于，任意类别的受益人或任命权的对象，其成员是否有权利披露信托文件。法院认为，任意受益人或某项权力的客体有权利获得这种披露，因为法院拥有监督信托管理的固有管辖权，因此，只要法院认为合适，就有权下令披露。通过这种推理，法院决定，否认受益人的披露权是基于其拥有信托文件中的对物性财产权益（基于 *O. Rourke v Darbishire* 和 *Londonderry* 案），因此，披露权并不局限于拥有固定和可转让利益之人，而是可以扩及任意受益人。虽然将 *Schimidt* 案的推理视为局限于向任意受益人或任命权的客体披露的案件，这也是可能的，但 Lord Walker 的话可以被解释为普遍适用，这样的话，即使是在信托基金中拥有固定权益的受益人也不再因其享有信托文件的对物性财产权益

〔28〕 Ibid. , at 366.

〔29〕 [2003] 2 AC 709, PC.

而理所应当享有披露权，而是必须依赖于法院为其行使监督权的意愿。[30]

"盲目信托"中的限制

在"盲目信托"中，存在对特定受益人检查信托文件——包括信托账户——的权利做出明示限制。"当一位富人在进入政治舞台后，决定将他的财富管理以信托形式转交给受托人，而他自己可能是信托受益人之一，受托人被禁止向这位政治家受益人透露其投资政策，这时就可以设立一个盲目信托。这个策略……保护了这位政治家免受其可利用其政治影响力来增加自己的私人财富的这一潜在指控。"[31]

盲目信托的概念对于英国法律而言是陌生的，但在澳大利亚和加拿大得到了承认，特立尼达和多巴哥在《2000 年公众人物廉洁法》第 22:01 章，第 22 条中赋予了它制定法上的效力，该条规定：

> (3)通过盲目信托管理公众人物个人资产的信托公司应充分回应[廉正]委员会就盲目信托资产的性质和管理提出的任何质询，本条规定不受其他任何受托人义务相关法律的影响。
>
> 169 (4)当政治人物中的某人与一家有资质的信托公司签订协议时，就设立了一项盲目信托，借此——
>
> (a)其全部或部分资产被转交信托公司，后者在不追索也不向对这些资产受益性享有权利之人报告的情况下，依其自由裁量对这些资产进行经营、管理和控制；
>
> (b)资产管理所得收入将按照约定分配给他；
>
> (c)如果该资产被转换成其他资产，则在他不停止作为公众人物之前，这一事实不会被传达给他；和
>
> (d)当他不停止成为公众人物后，将根据信托管理的情况需要，将

---

〔30〕 新西兰认为 *Schmidt* 不具有这种效果，受益人根据以前法律获得信息的权利仍然存在：see *Foreman v. Kingstone* [2005] WTLR 823。

〔31〕 Ford and Lee, *Principles of the Law of Trusts*, 1983, para 937.

向其进行适当而全面的会计核算。

对受托人自由裁量的控制

一个相关的问题是,法院能够在多大程度上控制受托人权力和自由裁量的行使。可通过下列要点来总结出回答:

(a)既然自由裁量或权力是由受托人行使,且仅由受托人行使的,那么法院进行干预的管辖权就是有限的。

(b)受托人不得被强迫解释他们行使或不行使自由裁量或权力的理由。在 *Beloved Wilkes' Charity* 案〔32〕中,信托文件指示受托人挑选一名男孩在英国圣公会教堂接受圣职教育。居住在某些教区的男孩会更受青睐——如果能从其中找到合适的人选的话。受托人挑选了一个男孩,他的哥哥是一名神职人员,他显然为了这个男孩对其中一名受托人进行了诱说。该男孩并不居住在指定的教区。受托人没有给出他们选择的理由,但是坚持认为他们是公正行事的。法院判决其不会干涉受托人的决定,也不会要求他们给出选择的理由。

(c)*Londonderry's Settlement* 案〔33〕强调,必须区分信托日常管理的相关文件(这些是必须向受益人披露)与受托人行使自由裁量的相关文件(无这些是无须披露的)。

(d)如果受托人确实给出了行使自由裁量或权力的理由,那么法院可以仔细审查这些理由。〔34〕

(e)根据 *Gisborne v Gisborne* 案,〔35〕当信托文件明示赋予受托人"不受控制"的自由裁量时,法院不会在没有恶意的情况下进行干预,即使法院可能认为受托人并未合理行事。

(f)如果自由裁量没有被明示为不受控制,答案就不一定了。在

---

〔32〕 (1851)3 Mac & G 440.

〔33〕 见上文第 165 ~ 167 页。

〔34〕 *Klug v Klug*[1918]2 Ch 67.

〔35〕 (1877)2 App Cas 300.

某些案件中,法院认为自己享有控制受托人行使上述自由裁量的管辖权,而且,如果受托人“没有合理行使自由裁量”,法院可以进行干预。[36]

170 (g)根据 *Hastings-Bass* 一案,[37]假若受托人考虑到了他们应该考虑的一切因素,或是他们考虑到了他们本不应考虑的因素——例如,他们忽视了一些法律规则或误解了自身权力的限制——他们肯定会采取另一种做法的话,那么法院将使他们自由裁量的行使无效。

(h)在经证明[38]存在欺诈的情况下、或出现“变化无常”[39]、或受托人盲目遵从委托人的意愿的情况下,[40]法院可以撤销受托人的决定。

法院对受托人在养老金计划中行使自由裁量的干预权,这一点是巴巴多斯 *Ramsahoye v Caribbean Meteorological Organisation* 案[41]的系争点。在该案中,加勒比气象研究所工作人员养老金计划的受托人在该研究所的同意下,被授予“绝对且不受控制的”自由裁量以改变信托契据所载之计划规则。其中一条规则(第 20 条)赋予了以健康不佳为由退休的雇员在退休之日领取其应计养老金工资的 50% 的权利,前提是他至少完成了 5 年的可计养老金的服务。根据专家意见,受托人及该研究所的董事会认为这一权利过于慷慨,不利于养老金计划的整体财务稳定。因此,决定修改规则,要求至少有 10 年的可计养老金服务期,并在将待遇减少到了退休之日应计养老金的 20% 。该修正案于 1983 年 11 月 16 日执行,但从 1983 年 7 月 22 日起追溯生效。同时,原告雇员于 1983 年 10 月 5 日以健康不佳为由申请退休,并要求根据

---

〔36〕 *Roper's Trusts* (1879) 11 Ch D 272; *Klug v Klug*, above; *Manisty's Settlement* [1973] 2 All ER 1203 at 1210.

〔37〕 [1970] 2 All ER 193.

〔38〕 *Tempest v Lord Camoys* (1882) 21 Ch D 571.

〔39〕 *Manisty's Settlement* [1973] 2 All ER 1203; [1974] Ch 17.

〔40〕 *Turner v Turner* [1983] 2 All ER 745.

〔41〕 (1986) High Court, Barbados, No 38 of 1985 (unreported). See also *MTC of the Bahamas Ltd v JW* (1998) Supreme Court, The Bahamas, No 958 of 1997 (unreported).

原来规则的第20条享有权利。他辩称，受托人不当而不合理地行使了他们的自由裁量，在明知自己申请退休的情况下，决定在未与自己或该计划的其他成员协商的情况下就追溯性地修改规则第20条。受托人则辩称，由于其被赋予了“不受控制的”自由裁量，*Gisborne v Gisborne* 案[42]中的规则使得法院无法干涉这种自由裁量的行使。

Williams J 认为在该案中，法院的确有权进行干预。他拒绝适用 *Gisborne v Gisborne* 一案中的规则，而倾向于 Fry J 在 *Roper' s Trusts* 案[43]中表达的观点，即在受托人“没有合理行使自由裁量”的情况下，法院有广泛的干预权。他也同意 Cullity 教授的观点，该教授建议[44] *Gisborne* 案中的原则仅适用于信托文件“表明了一项意图以排除适用任何衡平法上认为其会制约自由裁量行使的标准”。Williams J 说：

> 受托人不仅被赋予管理养老金计划的责任，还是代表员工成员管理这一计划……受托人决定给予修正案第20条追溯效力，这并不是 171
> 在该计划下合理或适当地行使职能。

Williams J 强调养老金计划的合同性质，他指出，在以不利于该计划成员的方式修改规则之前，受托人有义务与该计划成员进行对话。而他们并没做到这一点。相应地，他认为，当原告申请退休时，原来的第20条仍有效，所以他有权利据此享受福利。

Hastings-Bass 案中规则的适用

最近的判例法表明，法院正在扩大 *Hastings-Bass* 案规则的适用范围，但其确切限制仍不确定。在 *Hastings-Bass* 案件中，Buckley LJ 表达了这样一个原则，当受托人在管理信托上被赋予自由裁量时，“法院不应该干涉他的行为，尽管该行为没有达到他预期的全部效果，除非

[42] (1877)2 App Cas 300.

[43] (1879)11 Ch D 272.

[44] [1975]U Tor LJ 99,p.113.

(i)他所取得的成就未经其所拥有的权力的授权,或(ii)在下列情况中,他肯定会采取其他做法:(a)如果他未能考虑到他本不应考虑的因素,或者(b)他考虑到他应考虑的一切因素。"〔45〕就第(ii)点而言,在*Mettoy Pension Trustees Ltd v Evans* 案〔46〕中,Warner J 表示,受托人未能考虑到他们本应考虑到的因素,"这种失败究竟是因为他们忽略了(或他们的法律顾问忽略了)某些相关的法律规则或其自由裁量限制,还是由于某些其他原因",这都无关紧要。Warner J 提出的规则的广泛范围已被后来的案件所接受,并且明显偏离了 *Gisborne* 案所设立的不干涉受托人行使其权力和自由裁量的原则。Lloyd LJ 在 *Sieff v Fox* 案〔47〕中概述了法院可能加以干涉的情况,这还由 Smellie CJ 在开曼的 *A v Rothschild Trust Cayman Ltd* 案的中进行了总结:〔48〕

1. 存在程序缺陷的,例如未事先征得同意;

2. 以未经授权的方式行使权力的,例如,未经授权的委托,或纳入不属于权力客体的受益人;

3. 某些法律规则受到侵犯的,如反永续规则;

4. 受托人为某种不正当目的行使权力(称为"权力欺诈")的,或者受托人不出于善意行事的;

5. 受托人不知道他们可行使自由裁量的;

6. 受托人没有考虑到他们本应考虑到的某些相关因素,或者考虑到了一些无关紧要的因素。

172 第 6 种情况显然是处于 *Hastings-Bass* 原则适用的范围之内。在

---

〔45〕［1975］Ch 25 at 41. 人们一直认为 *Hastings-Bass* 案的规则也适用于公司董事的决定,理由是董事是作为受信人行事的(*Hunter v Senate Support Services Ltd*［2005］1 BCLC 175;*Wang v CIBC Bank and Trust Co(Cayman)Ltd*［2010］1 CILR 541);同样地,代表并以委托人的名义行事的受领人也被认定在该规则范围内,理由是他的受信人地位(*Pitt v Holt*［2010］2 All ER 774)。

〔46〕［1990］1 WLR 1587 at 1624.

〔47〕［2005］3 All ER 693 at 704.

〔48〕［2004-05］CILR 485 at 489.

A v Rothschild Trust 案[49]中,Smellie CJ 认为该原则的基本原理是,既然受托人是为了受益人的利益而行使赋予他们的信托权力,那么只有当他们告知了自己与决定有关的全部事项,并对全部相关情况都做出了适当考虑,才可能称之为恰当地行使了这些权力。特别是,如果受托人在对受益人得到的或被赋予的福利的性质存在错误或缺陷的理解下行事,从而导致决定错误的,则"不能称之为为了受益人的福利而适当行使了自己的自由裁量并因此在赋予他们的权力范围内行事"。"受托人这般不当行事之后,其行为可能被法院以无效为由撤销,或者根据发展中的案例法的其他表述,将其行为视为可撤销的。"[50]

在 *Rothschild Trust* 案中,某个财产授予下的委托人和第一受益人预计将在美国长期逗留,因此出于税收目的将成为美国居民。问题是,依照美国法律,信托资产将被视为此人自己的资产,因此信托收入将作为他本人的收入而应缴纳税款。根据法律咨询建议,该财产授予无法重组,但必须重新声明以避免这些税务后果。被告受托人接受了这一建议并依此设立了新的信托,但这一建议却并不正确,新的信托本身就造成了他们本来打算避免的税务后果。事实上,通过对原来的财产授予稍作修改就可以达到预期的结果。原告(第一受益人和其他六人)向法院申请将财产授予恢复原状以便进行必要的修改,并避免被告受托人因依赖错误的法律建议而可能产生的严重税务后果。受托人支持该申请,确认其行为有误并因此无法称其是为了受益人的利益,即使这是他的本意;如果他得到了正确的建议,并且如果他能意识到该建议的真正后果,那么他就不会得出设立一项新的信托是为了受益人的利益的这一结论,从而也就不会设立新的信托了。

Smellie CJ 表示,本案的系争点在于"基于受托人经错误建议或被误导——因为考虑到无关紧要的事情、或者因为严重地未能考虑到重

---

〔49〕 Ibid.

〔50〕 Ibid. ,at 490.

大因素——而行使自由裁量,法院能够在多大程度上撤销或破坏受托人表面上有效的自由裁量行使。"[51] 这位博学的首席大法官认为,若是受托人就其设立新信托所采取的行动将导致的真实税务后果得到了适当的建议,他决不会采取这一行动。案件的情况完全在 *Hastings-Bass* 案的原则适用的范围之内。相应地,新信托的重新声明被宣布自始无效,且原始财产授予恢复原状。

在最近的 *Wang v CIBC Bank and Trust Co(Cayman)Ltd* 案中[52]的一项就撤销股息声明及信托的股息纳入提起的申请中,法院也思考了类似的问题。在该案中,W(第一原告)是一名在开曼群岛设立的信托中的受益人,设立该信托是为了在移民加拿大时减少 W 的纳税责任,他在加拿大有权利享受五年的"免税期",在此期间内,支付给信托的任何股息都不会在加拿大产生税务。作为委托人的 S(第二原告)与加拿大帝国商业银行(第一被告)设立了信托,该银行作为初始受托
173 人,拥有第二被告公司的全部股份。2001 年 4 月 25 日,加拿大帝国商业银行通过该公司取得了该股息声明,并基于免税期将于 2001 年 5 月 6 日到期的这一误会下,将其纳入了信托资产中,而实际上免税期已于 2001 年 3 月 15 日到期。结果导致了整个股息都要缴纳加拿大税款。若是银行意识到了免税期已经结束,它就不会通过公司实现股息支付,而是宁愿通过公司清算中的分配来实现支付。

通过适用 *Hastings-Bass* 原则,Smellie CJ 宣布加拿大帝国商业银行通过公司获得股息并将其纳入信托资产的决定自始无效。他解释道:[53]

> 我确信,加拿大帝国商业银行作为受托人去获得股息声明并将其纳入信托资产的决定完全[符合 *Sieff v Fox* 案中 *Hastings-Bass* 原则的

[51] Ibid. ,at 488.

[52] [2010]1 CILR 541.

[53] Ibid. ,at 549.

模式]。[54] 在根据所收到的错误建议而决定实现股息支付时，该银行考虑到了作为相关免税期的到期日的 5 月 6 日，而未考虑到 2001 年 3 月 15 日这个正确日期。我确信，如果银行意识到了真正的后果，它决不会如此行事。基于银行作为受托人做出的决定错误至极，对信托造成了不利后果，其决定应作为该银行未授权决定而被撤销，因为它并非一项意图为了信托谋利而运作的决定。因此，此决定自始无效。

在适用 *Hastings-Bass* 原则时，一个主要的不确定性是，法院可宣布受托人的起诉是可撤销的，而非无效的。在 *Abacus Trust Co*(*Isle of Man*) *Ltd v Barr* 案中，[55] 委托人通过各受托人共同的代理人，要求这些受托人为他的几个儿子的利益而行使财产指定权，以设立一个其资金为基金的 40% 的自由裁量信托。代理人错误地通知受托人 60% 的基金应该被指定，受托人就这样做了。直到 9 年后，一项就该指定有效性的诉讼才被提起，而到那时，超过基金 40% 的大笔款项已因支付给任意受益人而消耗掉了。Lightman J 认为，尽管有一些相反的权威判例，但该规则的效力是使受托人的行为变得可被撤销的而不是无效的，以便法院在决定是否撤销交易时可以考虑到诸如默许和在一定时间内怠于行使权利等问题。然而，在 *Sieff v Fox* 案中，[56] Lloyd LJ 尽管认为"可撤销"的解决方案很有吸引力，但认为这需要上级法院的进一步思考。

在 *A v Rothschild Trust* 案中，[57] Smellie CJ 发现 *Abacus* 案是一个很有吸引力的先例，因为它给了法院：

---

〔54〕 [2005]3 All ER 693.

〔55〕 [2003]1 All ER 763.

〔56〕 [2005]3 All ER 693 at 718.

〔57〕 [2004－05]CILR 485 at 494.

以案件的需要和情节来决定是否避免受托人行使自由裁量的这种灵活性。根据误解的性质、或未能考虑到的相关事项以及可能产生的后果,法院可以决定是使自由裁量的行使自始无效,还是仅从承认问题之时起部分无效。

Smellie CJ 指出[58] *Abacus* 案在两个方面构成了 *Hastings-Bass* 原则的延伸,(i)可撤销性的引入给了法院不属于其固有权力的额外自
174 由裁量权,使其能够以受托人的行为未经授权为由,宣布其自始无效;(ii)建立了一项新原则,即无须证明受托人的误解或失败是根本性的,也无须证明受托人将采取不同的行动;只要表明他可能采取其他的行动就足够了。

因此,加勒比和其他英联邦法域的主要的上诉法院是否会支持下级法院对 *Hastings-Bass* 案之规则的毋庸置疑的延伸,还有待观察。另一方面,英国上诉法院最近在 *Pilt v Holt* 案[59] 中对该规则采取的限制性做法是否会得到加勒比法院的支持,也尚不明确。

投资义务

受托人的主要义务之一是通过购买有预期收益和(或)资本增值的投资从而赋予信托资产以生产力,同时铭记,终身地产保有人将受益于高收益投资,而剩余地产权人将受益于资本增值。

"投资"的"必要条件"(*sine qua non*)是必须产生一些收入。因此,例如,当受托人购买一所房子供受益人居住时,这不被认为是投资,因为不存在由此产生租金或利润形式的收入。[60] 同样的原因,贵

---

〔58〕 Ibid.

〔59〕 [2011] EWCA Civ 197.

〔60〕 *Power* [1947] Ch 572.

重物品如黄金、白银、珠宝、古董和绘画不是“投资”，而且，除非经信托文件明示授权，否则受托人不得使用信托资金购买这些物品。

在现代社会中，有各种各样的投资可供受托人选择。第一类投资的资本价值不会波动，但利率可能会随经济环境而变化，这类包括银行储蓄账户和住房互助协会股份账户。第二类投资是资本价值会波动的固定利率证券，尽管这种波动通常只有是小幅度的，这类包括政府发行的大多数证券和股票。第三类投资是债券，这是公司对其债务的确认，通过对公司资产的浮动抵押而实现。债券持有人对固定利率享有权利，但是债券的资本价值会随着公司的表现而有所波动。优先股类似于债券，因为它们都有固定的利率。它们与债券的不同之处在于，债券持有人是公司的贷款人，而优先股的持有人是投资人。至于第四类投资，在现代，公司的普通股（或“产权”）已被证明是最有利可图的投资类型，虽然其更具投机性——因为股票的资本价值和利息（以股息的形式）会根据公司的机遇和总体经济环境而大幅波动。此外，还有投资股票的一种流行方式是通过受管理的基金进行投资，无论是单位信托还是投资信托。Hanbury 和 Martin 这样是描述单位信托的：[61]

> [在一个单位信托中]经理们从投资人那里接收资金，组成一个单一基金，再分割成各投资人拥有的单位。这种管理将收取费用和薪水。投资人享有专业投资和分散投资的优势。信托中的单位可以进行买卖。

因此，单位信托中的一名投资人在拥有“无数个公司的最少的股 175
份，因此分散了风险”，[62]而单位信托的另一个优点是“管理者能够时

---

[61] *Modern Equity*, 15th edn, 1997, p. 516.

[62] Parker and Mellows, *Modern Law of Trusts*, 4th edn, 1979, p. 295.

刻关注投资,他们随时有机会在适当的时候变更投资。"[63]

另一方面,投资信托"是一家有限责任公司,其公司股票可以像其他股票一样通过股票经纪人进行买卖。该公司购买其他公司的股票,投资人则从投资信托获得股息形式的回报。"[64]

受托人的注意标准

对投资信托基金受托人要求的注意标准不同于 *Speight v Gaunt* 案中对受托人义务的一般标准。[65] 它是要求受托人像一个为了其在道德上感到应当为之提供服务之人的利益而承担了投资义务的普通谨慎之人一样加以注意。[66] 正如 Lord Watson 解释的那样:[67]

> 作为一般规则,法律只要求受托人如一个普通谨慎的人管理其私人事务那般勤奋即可,并未作更高要求。但在使用信托资金进行投资时,他不被允许像处理自有财产的自权人一样有同等的自由裁量。谨慎的商人可能,而且经常会,选择或多或少地具有投机性质的投资,但是受托人有义务将自己局限于信托所允许的投资类别,同样,也有义务避免这类投资中所有伴随危险的投资项目。

在 *Cowan v Scargill* 案[68]中,问题在于,在选择投资时,受托人是否有权考虑非财务问题。在该案中,一个矿工养老基金的 10 名受托人中有 5 人拒绝接受一个专家小组提交给受托人的投资计划,理由是拟议投资的能源与英国煤炭采矿业直接竞争,而任命了这五名受托人

---

〔63〕 Ibid.

〔64〕 Hanbury and Martin, *Modern Equity*, 15th edn, 1997, p. 516.

〔65〕 见上文第 163 页。

〔66〕 *Whiteley* (1886) Ch D 347 at 355, *per* Lindley MR. 比较巴巴多斯《1998 年受托人法》第 5 条和第 6 条。

〔67〕 *Learoyd v Whiteley* (1887) 12 App Cas 727; cf *Wight v Olswang* [2000] 2 ITELR 689 at 694.

〔68〕 [1984] 2 All ER 750.

的全国矿工工会的政策是不投资于竞争性行业。

法院认为,如果受托人没有采纳专家建议的投资策略,他们将会违反信托。他们的义务是为了受益人当前和未来的最大利益行事,如果信托的目的是提供财务性利益,则应依据产生以收入和资本增值形式的最佳财务回报来行使投资权利。社会和政治目标应该被搁置一边,受托人无权纯粹地基于意识形态的理由做出投资决定。Sir Robert Megarry VC 说:[69]

受托人可能持有强烈的社会或政治观点。他们可能坚决反对南非或其他国家的任何投资,或者他们可能反对向与酒类、烟草、军备或许多其他东西有关的公司进行任何形式的投资。当然,若是处理自己的事务,他们可以自由地放弃任何此类投资。然而在信托中,如果这 176
类投资相对其他投资而言,对受益人更有利的话,受托人就不能依据其自身所持观点而拒绝进行投资。

投资权力

信托文件可给予受托人明示的投资权力,这可以是对任何类型的投资进行授权。若不存在任何明示权力,则英国的受托人的投资将受限于《2000年受托人法》授权的投资类型。在某些加勒比英联邦法域,尚不明确这些规定是否有效。例如,牙买加《受托人法》第3条规定:

3. 除非设立信托的文件(若有的话)明示禁止,否则受托人可采用以下方式投资其持有的任何信托基金,无论当时是否处于投资状态,也就是说——

(a)投资任何经英国议会立法授权的投资;

---

〔69〕 Ibid. ,at 761.

(b)投资其权益当时受本岛或本岛政府的任何立法保障的证券；

(c)本岛上的不动产担保；

也可随时变更其投资。

初步来看，这条赋予了牙买加的受托人权力以选择任何经例如《2000年受托人法》等规定授权的任何投资。[70] 但是，由于牙买加《受托人法》始于1897年，所以"英国议会的任何法案"是指1897年之时有效的任何英国法，而不是后续颁布的法，这一点是有争议的。如果《2000年受托人法》不适用于特定的法域，那么，只要受托人遵守一般原则——目标是投资多样化、应避免危险投资、应选择有息证券，并且应在终身地产保有人和剩余地产权人之间维持平衡——他们似乎就可以选择他们认为合适的任何投资。

另一方面，英属维尔京群岛第303章《受托人法》第3条和开曼群岛《1967年信托法》(2009年修订本)第35条通过规定受托人可以投资"英格兰的受托人当时被英格兰法律授权进行信托基金投资的任何证券"，明确考虑了《2000年受托人法》的适用性。

存在关于投资的详细法律规定的一个法域是巴巴多斯，其第250章《受托人法》第3～8条及附件规定：[71]

3(1)受托人可按附件所规定的任何方式投资其手中的任何财产，不论当时是否处于投资状态，并可随时变更任何上述投资……

4(1)在行使其投资权力时，受托人应考虑到——

(a)信托投资多样化的需要，只要适合信托情势；和

(b)受托人须顾及建议的投资类别对投资信托的适宜性，以及拟作为该类别的投资的信托的适宜性。

---

〔70〕 See *Marley v Mutual Society Merchant Bank and Trust Co* (1993) 30 JLR 390 at 400 (Court of Appeal, Jamaica).

〔71〕 参见百慕大《1975年受托人法》第55条及第1附件。

(2)在行使第3条第(1)款所赋予的任何权力前……受托人应就 177
该投资是否符合第(1)款第(a)项及第(b)项所述事项获得并考虑适当建议。

(3)受托人保留在行使这种权力时所进行的任何投资的,应根据投资的情势——特别是投资的性质——确定征求上述建议的适宜间隔,并应相应地获得和考虑上述建议。

(4)依照第(2)款及第(3)款,适当的意见是指受托人合理地相信在财务方面的能力及实际经验合格之人所提出的意见,而且,即使此人在作为官员或公务员的在职过程中,也是可以给出了上述建议的。

(5)上述建议必须是以书面形式给出的或得到了后续书面确认,否则受托人不得被视为已遵守了第(2)款或第(3)款之规定。

(6)第(2)款及第(3)款不适用于两名或多名受托人中的一名受托人向其共同受托人提供本条所规定意见的情况,也不适用于当依第(4)款有权利提供适当意见的官员或公务员合法行使受托人权力的情况。

(7)在不影响第7条的情况下,本款要求的建议不应包括在巴巴多斯完全保有或租赁保有土地担保贷款的情况下,对特定贷款的适合性做出的建议。

5 受托人不应仅仅因为继续持有已经不再由信托文件或法律授权的投资而承担违反信托责任……

7(1)受托人以任何适当财产为担保而借出款项的,不得仅因在贷款做出时、贷款额占该财产价值的比例而被指控违反信托,如果法院认为——

(a)受托人在发放贷款时,是根据一份关于财产价值的报告行事的,做出该报告的不动产登记代理人应至少有五年从业经历,且该代理人应独立于该财产的任何所有权人之指示和雇佣;且

(b)贷款金额不超过报告所述财产价值的2/3;且

(c)贷款是根据报告[72]中显示的鉴定员或估价员的建议发放的……

8(1)若受托人不适当地将信托资金预付于按揭担保，而在投资属适当投资之时，该按揭担保在各方面而言都是小于实际预付金额的，则该担保应被视为对较小金额的授权投资，且受托人的责任仅限于偿还超过该金额的预付款、并按抵押贷款应付利率支付利息。

附　　件

投资方式

1. 巴巴多斯政府发行的证券。

2. 巴巴多斯政府担保支付利息的证券。

178 3. 加勒比开发银行、国际复兴开发银行或美洲开发银行在巴巴多斯发行并登记的固定利率证券。

4. 在巴巴多斯成立的公司并在巴巴多斯境内发行并登记的债券。

5. 巴巴多斯完全保有财产的按揭，以及在投资之时剩余期限不低于20年的租赁保有财产。

6. 在巴巴多斯成立的公司在巴巴多斯发行并登记的任何证券，只要符合财政部长不时规定的要求和条件。

转换和分摊的义务

正如我们已经看到的，受托人有义务在终身地产保有人和剩余地产权人之间“保持平衡”；他必须公正行事，不因偏袒一方而损害另一方利益。如我们所见，这项义务适用于受托人的投资选择。[73] 该义

---

〔72〕 参见英国《1925年受托人法》第8条、第9条；*Shaw v Cates* [1909]1 Ch 389。

〔73〕 参见上文第19页，以及第174页及以下。

务的另一个体现是 *Howe v Lord Dartmouth* 案中的规则,[74] 分为两部分:

(a)如果**遗嘱决定剩余动产**应有利于**继承遗产**之人,则受托人有义务**转换**(即**出售**)遗产中具有**递耗**或**归复**性质的部分,或者由未经授权的证券组成的部分,并将收益投资于经授权的证券,除非遗嘱中另有相反规定。

(b)如果受托人有义务按 *Howe v Lord Dartmouth* 案中的规则转换财产,则有义务分配**出售待完成** * 之际财产所产生的收入,除非遗嘱表明终身地产保有人应享有出售前的收入这一意图。

递耗资产

递耗资产包括不可避免地会贬值、以至于当终身地产保有人去世时,它们对剩余地产权人来说可能没有什么价值了的任何财产物品。出售递耗资产并用出售收益购买经授权投资的义务是为了剩余地产权人的利益。必须转换的递耗资产有租赁保有、版权、特许使用费、机动车和赛马。

危险的或未经授权的投资

这类投资将包括,如一家南美矿业公司的股份。虽然这样一家公司的股份可能会暂时产生高额股息,但随着时间的推移,公司的财富可能会发生巨大变化,股份可能会变得一文不值,这是由于企业所具有的危险特性。这种未经授权的投资必须出售且所获收益应投资于经授权的证券。

---

[74] (1802)32 ER56.

* 英文 Pending sale,指买卖双方口头一致但尚未签订书面合同的状态,除非且知道买方后续改变主意之后,卖方才可与他人另签协议。——译者注

179 **归复权益**

在本文中，归复权益包括在T去世时不能立即获得，而是只能在未来某个时候获得的财产权益：例如，当T已经以V的生命购买了人寿保险，而根据该保单，当V死亡之时，T的遗产将有权利获得一笔资金；以及，根据T和W之间签订的合同，W已经同意在五年之内支付T一定的金额的款项，而T在五年之约到期之前就已去世。这种权益不会给终身地产保有人带来任何收入，因此根据*Howe v Lord Dartmouth*案的规则，受托人有义务出售这些权益，并将其收益再投资于经授权的、可产生收入的证券。或者，如果经济上更有利的做法是不立即出售，则受托人可以等到收到权益后再出售。

相反意图

*Howe v Lord Dartmouth*案中的规则旨在实现立遗嘱人的假定意图，即无论是终身地产保有人还是剩余地产权人都不应以牺牲对方利益为代价而获益。因此，如果遗嘱表明立遗嘱人的意图是不得出售剩余的动产，则这种意图将会生效且该规则将会被排除。这种相反意图可以用以下任何一种方式表示：

(a)遗嘱中明确规定*Howe v Lord Dartmouth*一案中的规则不适用；

(b)做出指示，不得出售任何剩余财产，或者不得出售某一特定剩余财物；

(c)规定允许受托人保留未经授权的投资；

(d)规定赋予受托人可自由裁量是否出售剩余财产；或者

(e)通过指示或意图表明，终身地产保有人将从递耗资产或特定的未经授权的投资中获得收入。[75]

---

[75] Riddall, *Law of Trusts*, 3rd edn, 1987, p. 262.

分摊

如果受托人有义务转换,他们也有义务在等待财产出售待完成期间在终身地产保有人和剩余地产权人之间公平地分摊收入,除非遗嘱表明终身地产保有人应享有出售前的收入的意图。

在递耗的[76]、危险的或未经授权的投资的情况下,人们假定这些投资产生的收入超过了终身地产保有人理应得到的收入,且这可能会影响资本的安全性。因此,分摊的规则是,终身地产保有人将获得代表经授权投资所产生的"当前"收益的收入,该收益自 1924 年以来一直固定在财产价值的 4%。如果财产实际产生的权益低于 4%,余额应该由后续收入或出售未经授权投资时的收益弥补。

在归复权益未产生收入的情况下,有必要对终身地产保有人的权益进行分摊。根据 *Earl of Chesterfield' s Trusts* 案的规则,[77]实际收到的、落入占有或出售的归复权益的那部分金额——这部分被视为资本,如果这部分资本在信托年结算期的复利为 4% 之时被用作投资,则这部分资本将产生实际收到金额的资金。 180

有个例子可以说明该规则的适用:

立遗嘱人于 1992 年去世。归复权益落入占有并于 1995 年被出售。1992 年至 1995 年期间,终身地产保有人没有从该财产中获得任何收入。这时有必要在终身地产保有人和剩余地产权人之间分摊收益,一部分收益被视为收入欠款并支付给了终身地产保有人,而剩下的则被视为资本。该权益以 1.5 万美元的价格出售。受托人可能会发现,比如,信托开始运作时投资了 13,625 美元,年结算期复利为 4%,扣除 25% 的所得税后,在出售之日已经产生了 1.5 万美元的收入。因此,这 13,625 美元将被受托人视为资本,并据此进行投资,而

〔76〕 没有义务分摊租赁保有产生的收入:*Brooker* [1926] WN 93。因此,终身地产保有人将有权利获得财产在出售待完成期间的全部租金和利润。

〔77〕 (1883)24 Ch D 643.

剩余的 1375 美元将作为前三年的收入支付给终身地产保有人。

不得从信托中获利的义务

根据 Lord Herschell 在 *Bray v Ford* 案[78]中经典的意见：

> 衡平法院的固定规则是,处于受信人地位之人……无权从信托中获益,除非另有明示规定;也不得将其自身置于其利益与义务相冲突的地位。

这一原则适用于所有受信人,而适用于受托人时则遵循规则:

(a)除非信托文件有此规定,否则受托人的行为是无偿的,且无权因其服务获得支付或薪酬;

(b)受托人不得从他自己和他的共同受托人那里购买信托财产("禁止自我交易规则");和

(c)受托人有义务归还其因受托人职位而获得的任何附带利润。

薪酬

就受托人无权因其服务获得支付的规则而言,存在一些例外大大降低了该规则的操作意义。正如 Harre J 在 *Cayman Islands News Bureau Ltd v Cohen* 案中指出的那样:[79]

> ……该规则的发展是由于受托人当时正在处理有关他们自己家
> 181 庭的实质性问题。随着现代商业世界中信托概念的发展,规则的严格

---

[78] [1896]AC 44 at 51. 关于这个例子的适用例子,参见 *Marley v Mutual Security Bank and Trust Co Ltd* (1994)46 WIR 233(PC)。

[79] (1988 -89)1 Carib Comm LR 439.

性将不可避免地遭到侵蚀。

例外情况按下列类别进行分类。

费用

受托人有权从信托财产中收回其合法的自付费用,[80]例如,用于支付股份催缴的费用、[81]用于向代表信托进行工作的代理人支付的费用、[82]用于支付信托的正当诉讼的费用,[83]甚至是用于为针对受托人个人的诉讼辩护而产生的费用——前提是受托人无不当行为。[84]

信托文件授权的薪酬

如果任命了专业受托人,信托文件中通常会包含一个"收费条款",授权向受托人支付其服务费用。如果不存在这种规定,则任何专业受托人都不太可能同意行事。法院对这类条款采取了不利于受托人的严格解释,因此需要起草得非常宽泛;例如,需要一个非常宽泛的条款,以使担任受托人的律师能够就信托管理中提供的服务收费,而这些服务本可由不具备法律资格的人履行。[85]

收费条款的存在并不能让代理人或律师随心所欲地收取费用,而只能收取合理的费用。因此,受益人可以坚持要求对代理人费用依照法院官员评估标准征税;并且,如果受托人从信托基金中收取了超过合理数额的款项,受益人可以违反信托为由对其提起诉讼。

---

〔80〕 根据伯利兹第202章《信托法》第35条,"受托人有权从信托财产中报销其就信托所适当产生的全部费用"。

〔81〕 *Hardoon v Belilios* [1901] AC 118.

〔82〕 *Speight v Gaunt* (1883) 22 Ch D 727.

〔83〕 *Benett v Wyndham* (1862) 53 ER 205. 信托保护人可能有权利获得类似的免责:参见 *Lloyds Bank International (Cayman) Ltd v Byleven CorpSA* [1994 – 95] CILR 519 (Grand Court, Cayman Islands)案。

〔84〕 *Spurling's Will Trusts* [1966] 1 All ER 745.

〔85〕 例如,用诸如"包括不从事某一职业或业务的受托人可能会亲自做的业务和行为"之类的词语。

制定法授权的薪酬

某些法域的制定法规定，司法受托人、被任命为普通受托人或保管受托人的法人，以及公共受托人有权利收取服务费用，而有的法域则是规定由法院制订固定费用。[86]

法院授权的薪酬

182 法院享有固定管辖权以在信托文件不含收费条款的情况下授权薪酬，并在有收费条款的情况下增加商定的薪酬。这一管辖权在 *Duke of Norfolk' s Settlement Trusts* 中得到确认。[87] 在该案中，一家信托公司接受了一自由裁量信托的受托人职位，并基于一项收费条款收取一笔较低的、固定年费。该公司参与了与伦敦市中心财产再开发相关的异常繁重的工作，并向法院提出申请：

(a)要求就财产再开发获得额外报酬；和

(b)增加未来信托管理工作的费用额度。

Walton J 仅批准了(a)项。上诉法院认为，法院有管辖权以批准(b)项的申请，并将案件发回下级法院以决定是否应行使该管辖权。Fox LJ 解释说：[88]

还有一个尚待解决的问题是，根据原则和判例，我们是否能够正确推断该管辖权确实存在。就原则而言，在我看来，如果法院就任命受托人这一点上享有固有管辖权以授予其信托文件未赋予的薪酬——法院确实享有这个权力，那么，从逻辑上讲，法院也理应有权力增加文件所规定的薪酬。在许多情况下，后者可能比前者对信托文件条款的干扰更小……与受托人薪酬相关的[法院固有管辖权的]基础是信托的良好管理。在更早的时候，货币更为稳定，大量的人有闲暇

---

〔86〕 参见，例如，巴巴多斯第 248 章《公共受托人法》第 10 条；开曼群岛《1967 年信托法》(2009 年修订本)第 11 条。伯利兹第 202 章《信托法》第 36 条第(1)款授权专业受托人收取“他们通常的专业或其他费用”。

〔87〕 [1982]Ch 61.

〔88〕 Ibid. ,at 78.

和资源来承担无薪酬的信托职位，提升薪酬的这一问题可能并未出现，但这一事实，在我看来，并不妨碍我们得出结论认为：对公认的法律逻辑进行完全符合管辖权之明显目的延伸，这是完全可取的。如果增加薪酬有利于信托管理，原则上我找不出来任何反对意见。

此外，巴巴多斯第 250 章《受托人法》第 44 条和百慕大《1975 年受托人法》第 32 条规定，法院可以授权任何人根据法院决定就其作为受托人所提供的服务收取费用。

Cradock v Piper 案[89]中的规则

这一略微反常的规则的效力是，如果担任受托人职位的律师在有关信托的诉讼[90]中为其本人及其共同受托人担任律师，并且为其本人和共同受托人二者代理的费用不超过其仅代理共同受托人将产生的费用，则该律师将可以获得支付。该规则是下述原则的例外，即与其他任何受托人一样，该律师不得向自己或其事务所的另一成员就他们为信托所做的工作而支付报酬，除非信托文件或法院授权了这种支付；尽管他可以雇用并支付他公司的其他成员作为代理人，但前提是明确规定该律师不会分享任何利润。[91]

与受益人的协议 183

如果所有的受益人都是自权人，并且他们之间无条件有权利获得信托下的全部受益利益，他们可以与受托人签订合同以支付他们报酬。法院对这类协议采用严格不利于受托人的解释，[92]并且，此合同的签订必须发生于受托人就职之前。

受托人购买信托财产

“禁止自我交易的规则”是指，当受托人从自己手中购买信托财产

---

〔89〕 (1850)19 LJ Ch 107.

〔90〕 *Corsellis* (1887)34 Ch D 675.

〔91〕 *Clack v Carlon* (1861)30 LJ Ch 639.

〔92〕 *Ayliffe v Murray* (1740)26 ER 433.

时,无论交易多么公平,也无论它对信托财产多么有益,受益人都可以予以撤销。正如 Georges CJ 在 *Roywest Trust Corporation (Bahamas) Ltd v Savannah NV* 案中解释的那样:[93]

从判例中可以清楚的发现,自我交易是绝对禁止的。Lord Eldon 在 *Ex p Lacey* 案中声明道:[94]

"我认为该规则并非禁止受托人从其信托受益人手中购买,而是禁止受托人从自己那里购买。"

从自己手中购买信托财产的受托人不可避免地会处于冲突之中。作为买方,他当然有兴趣以最低的价格和最宽松的付款条件购买。而作为代表受益人出售的受托人,他应该讨价还价,争取最优惠的条件和最快速的付款。为了避免这种义务和利益之间的冲突,法院已经制定并生效了禁止受托人向自己购买信托财产的固定规则。受益人可自行选择是否撤销该自我交易。

该规则的进一步影响是:

(a)向受托人的被指定人出售信托财产将受到该规则的约束。[95]

(b)向受托人的配偶出售信托财产会被"怀疑",[96] 至少相对于"分开并敌对了十几年"的夫妇而言,"完全友好地"生活在一起的夫妇更令人起疑。[97]

---

〔93〕 (1987) Supreme Court, The Bahamas, No 431 of 1985 (unreported). Georges CJ 还认为,在本案中,如果同一个人是两个独立信托的受托人,他作为一个信托的受托人出售财产给作为另一个信托的受托人的自己(即如果存在"义务和义务"的冲突而非"义务和利益"的冲突),则这将不会被撤销,前提是受托人能够向法院证明该交易对两个信托都是公平的。

〔94〕 (1802) Ves 625 at 626.

〔95〕 *Silkstone and Haigh Moor Coal Co v Edey* [1900] 1 Ch 167.

〔96〕 *Burrell v Burrell's Trustees* 1915 SC 33; Hanbury and Martin, *Modern Equity*, 15th edn, 1997, p. 590.

〔97〕 *Tito v Waddell (No 2)* [1977] 3 All ER 129 at 241, *per* Megarry VC.

(c)向受托人的孩子出售信托财产很可能会被撤销。[98]

(d)向受托人拥有控股权益的公司出售信托财产可能会被撤销;[99]但是,如果受托人是没有控制权的少数股东,向公司出售信托财产,这一事实本身是不可撤销的。[100]

(e)以受托人的回购协议为前提而出售给第三方的交易,将受本规则约束,[101]但是单纯希望回购的出售是不可撤销的。[102]

如果受托人因意图购买信托财产而辞任,那么后续向该受托人出售信托财产的行为是可被撤销的。这种情况出现在巴巴多斯的 *Cox* 案中。[103] 在该案中,立遗嘱人的遗产包括受托人以售产信托形式持有的几个种植园。这些财产被估价并登广告进行拍卖。其中一名受托人,C,为了竞标而从信托中辞任。拍卖如期举行,且 C 出价最高。受托人们与 C 签订了一份将财产出售给 C 的附条件合同,他们向法院请求出具一项命令以指示该出售有效。Chenery J 认为,C 为别有用心地从信托中辞任,不能允许他购买信托财产。只有受益人同意他购买时,他才能这样做。他继续说道: 184

如果没有这种公开的"受益方的同意",法院在本申请所述的情况下批准出售,这是非常不恰当的。*Lewin On Trusts* 一书(第 15 版)第 802 页总结了在这类情况下应该采取的正确方法:"如果绝对有必要出售财产,且受托人愿意付出比任何人都多的钱,他可以提起衡平法上的程序,并向法院申请允许其购买,然后法院将审查具体情况,向有交易行为之人询问是否有理由认为该房产可以卖出更高的价钱,再根据调查结果让另一个人准备出售细节,并允许受托人出价(Arden R,

[98] *Gregory v Gregory* (1821)37 ER 989.

[99] *Silkstone and Haigh Moor Coal Co v Edey*, above.

[100] *Farrar v Farrar's Ltd* (1888)40 Ch D 395.

[101] *Williams v Scott* [1900] AC 499.

[102] *Postlethwaite* (1888)60 LT 514.

[103] (1948 – 57)1 Barb LR 26(Court of Chancery, Barbados).

Campbell v Walter 案[104]);一般来说,如果法院能清楚地看到,基于案件情况,受托人购买信托财产是符合信托受益人利益的(例如,比其他地方的出价更高),法院将批准出售信托财产给受托人(Farmer v Dean 案)。[105] 申请应通过根据《民事诉讼规则》第 55 号令第 3 条规则第(t)款发出的初始传票提出。除特殊情况外,法院将要求申请购买财产的受托人支付申请费用。”

然而,如果辞任和购买之间的时间间隔足够长(例如,12 年),信托财产的出售可以是有效的,因为这样就不能说受托人利用其受托人职务获得了任何关于该财产的知识。[106]

法院拒绝适用严格规则的一个例子是 *Holder v Holder* 案。[107] 在该案中,遗嘱执行人 H,声称放弃其遗嘱执行人职位,但是因为他已经在遗产管理中做了一些小事情,所以他的放弃无效。他是属于该遗产的一些农田的租赁保有人,而其他执行人提出在 H 租约到期后将这些农田拍卖。在拍卖中,H 以远远高于保留价的价格购买了这块土地——保留价是由一位独立估价师确定的。其中一个受益人向法院申请使出售无效。上诉法院拒绝这样做。该案情况特殊,因为 H 在遗产管理中没有发挥任何实际作用,“并且早在出售地产之前就放弃了他的遗嘱执行人职位;既然受益人们都知道这一点,他们不可能指望 H 保护他们的利益”,相应地,义务和利益的冲突也就没有了。此外,H 有关该财产的任何特殊知识都是作为租户而非遗嘱执行人而获得的。

最后,在 *Arlen Bahamas (Management) Ltd v Trust Corporation of Bahamas Ltd* 案[108] 中,法院有权力批准受托人购买信托财产,前提是

---

[104] (1845) Ves Jr 678 at 681.

[105] (1863) 55 ER 128.

[106] *Boles* [1902] 1 Ch 244.

[107] [1968] 1 All ER 665.

[108] (1975) 1 LRB 436.

此购买符合受益人的利益,例如,没有其他买家愿意购买。

董事费 185

如果受托人成为一公司的董事,并收取了董事费,而其管理的信托又持有该公司的股份,就会产生一个问题,他收取的费用是否应归入信托,还是说他可以自己保留这些费用？在 *Francis* 案中,[109] 公司章程规定,一定数量股份的持有人有权利在董事职务投票中为自己投票。代表信托持有股份的受托人通过行使投票权而获得了董事职位,并基于受托人不得从其受托人职务中获利这一原则而将他们赚取的董事费归入信托。在 *Macadam* 案中,[110] 结果也类似,根据公司章程,受托人因其职位有权力任命两名董事,他们任命了自己。法院认为他们有义务将收取的董事费归入信托,理由是他们是通过行使受托人的权力获得了董事费。

另一方面,在 *Dover Coalfield Extension Ltd* 案中,[111] 法院判决同时担任董事的受托人无须将董事费归入信托。在该案中,D 公司持有与它有业务往来的 K 公司的股份。为了保护 D 公司的利益,其一名董事被任命为 K 公司的董事,D 公司后来又将 K 公司的 1000 股股份转让给了这名董事,以便使其根据 K 公司的章程获得成为董事的资格,该章程规定,每位董事在获任命后一个月内必须持有 K 公司最少数量的股份。法院认为 Y 不用将其收取的董事费归入信托;尽管没有这些股份,他不可能继续担任董事,但在他取得这些股份之前,他已经被一个独立的董事会任命为董事了,他的董事职务并不直接归因于他作为受托人的地位。

Harman J 后来在 *Gee* 案[112] 中对董事费的立场进行了审查,他得

---

〔109〕 (1905)74 LJ Ch 198.

〔110〕 [1946]Ch 73.

〔111〕 [1908]1 Ch 65.

〔112〕 [1948]Ch 284.

出结论认为，只有当：

(a)其拥有作为受托人的权力，并

(b)利用其以受托人身份而享有的权力，以求

(c)获得董事的任命

这时，董事费才应归入信托。

若上述三者缺失任何一个，受托人即可保留其董事费，例如，在 *Dover Coalfield* 案中，[113]受托人在成为受托人之前已是董事了，并且，没有利用其受托人权力来获得董事的任命；或者，受托人只有少数股权，但他是通过多数票被任命为董事的。"法院将考虑所有的情况，以确定董事的任命是否真正独立于以受托人身份而享有的投票权"。[114]

无论如何，信托文件都可以授权受托人保留董事费。[115] 法院也可以在考虑到同时担任董事的受托人在管理公司事务方面表现出的技能和成就之后，允许其保留董事费。[116]

***Keech v Sandford* 案的规则**

这项规则是受托人不得允许其个人利益与其对信托的义务相冲
186 突的原则的具体应用。在 *Keech v Sandford* 案中，[117]一名受托人以信托形式持有一份市场租约，受益人为一名未成年人。租约到期前，受托人代表信托向出租人申请续约，但出租人拒绝了；然而，他愿意为了受托人个人的利益续签租约。因此，受托人以自己的名义续签了租约。法院认为，他是为这名未成年受益人持有租约的推定受托人，且有义务归还全部利润。Lord King LC 的推理是，假如受托人要求续签租约遭到拒绝后，还可以为自己签订租约，恐怕就没有多少租约会续签给信托了，这一推理有些许愤世嫉俗。

---

[113] [1908]1 Ch 65.

[114] Parker and Mellows, *Modern Law of Trusts*, 6th edn, p. 537.

[115] *Llewellin's Will Trusts* [1949] Ch 225.

[116] See *Cayman Islands News Bureau Ltdv Cohen*(1988 - 89)1 Carib Comm LR 439.

[117] (1726)25 ER 223.

Keech v Sandford 案的规则被适用在了特立尼达的 *Persad v Persad* 案中同时担任遗嘱执行人的受托人上。[118] 在该案中，原告和被告均被指定为立遗嘱人的遗嘱执行人兼任受托人。该立遗嘱人 40 多年以来一直毫无争议地拥有一块土地，而在此期间，他将部分土地租给了租户，并允许他自己的家庭成员在这片土地上建造房屋。根据他的遗嘱，他将一部分土地给了他的 11 个孩子和 5 个孙子，并将“剩下的一个半地块的部分……在我死亡时留给我全部的在世孩子，以供其作为共同保有人绝对使用和获益”。立遗嘱人死后，对土地的调查显示，后一部分土地并不在立遗嘱人享有的土地范围内。被告没有试图作为同时遗嘱执行人的受托人来确定立遗嘱人对该地块的所有权，但立即购买了该地块，并以非限嗣继承方式转让给了自己。原告主张，被告获得该地块的情况是便于设立有利于受益人的推定信托。Cross J 认为被告是该地块的推定受托人。他说道：

Keeton 在《信托法》（*Law of Trusts*，第七版，第 223 页）一书中指出：

“衡平法的一项基本原则是，受托人不得从其信托中获利，甚至不得利用其受托人地位以牺牲受益人的利益为代价从而获取个人利益。”

遗嘱执行人对遗嘱中的受益人承担受信性质的义务，如果遗嘱执行人以其受益人为代价获得个人利益，他会将其视为受益人的推定受托人，这是一项老生常谈的法律（参见 *Keech v Sandford* 案）。[119] 正如 Lord Russell of Killowen 在 *Regal* (*Hastings*) *Ltd v Gulliver* 案[120]中指出的那样，“这条规则绝不取决于欺诈；或缺乏善意；或基于利润是否会或应该属于原告、获利之人是否有义务为原告获得利润来源、他是

〔118〕 (1979) High Court, Trinidad and Tobago, No 1,827 of 1973 (unreported).

〔119〕 (1726) 25 ER 223.

〔120〕 [1942] 1 All ER 378 at 386.

在拿原告的利益冒险还是确实为了该利益行事、或者原告实际上是否因其行为而受到损害或从中受益等诸如此类的问题或考虑。"

我所阅读过的众多判例的表明，这项规则得到了广泛、严格而充分的适用。我所理解的 Buckley J 在 *Biss*, *Biss v Biss* 案中的言词是，[121] 原则就是，在可能的情况下，受托人应为其受益人以有利条件取得后者应得之财产；并且，当受托人的义务是为了其受益人而获得该财产时，法院将不会允许其为自己而获得该财产。这项原则的优势在于，原告和被告可能已同意被告以自己的名义购买土地，或者受益人自己没有财力购买土地，这些都不重要。已判决的案件有力地支持了 Keeton 在第 192 页的陈述（前文引用），即"在推定信托中，法院对双方强加一项信托，而不考虑他们的意图是实际的还是假定的，有时甚至与这些意图背道而驰。"

恕我冒昧，我认为，当法院的良知受到激发时，无论是缺失对价还是缺失书面说明或备忘录，都不是能产生影响力的因素。

187 被告的优势是，他现在是他的房子和至少一位受益人所在土地的所有权人。他凭借其受信人地位获得了这一优势……核心和基本的事实是，被告已获得了立遗嘱人在其遗嘱第 5 条第(m)款中遗赠的那部分土地。衡平法院的良知不能允许被告保留该财产……法院据此宣布，被告为了不动产遗嘱中指定的受益人们持有信托中一个半地块。

分配的义务

受托人必须根据信托文件的条款分配信托基金的收入和资本，如果他们将任何信托财产交给错误的人，他们将对受益人承担个人责任。

---

[121] [1903] 2 Ch 40 at 43.

为免责,受托人可以诉诸以下任何一项:

向法院申请指示

如果受托人对信托基金的适当分配或任何受益人的主张有任何疑问,他们可以(通过初始传票)向法院申请指示,并且,如果他们遵循任何此指示,他们将可免责。[122] 除非存在真正的困难,否则受托人不应向法院申请指示,他们也无权通过法院放弃行使其自由裁量。[123]

向法院提存款项

当无法确定受益人时,或当受托人由于任何原因无法充分履行信托时,受托人可以将信托款项提存给法院。允许这一做法的一个例子是 *Gillingham Bus Disaster Fund* 案,[124] 正如我们所看到的,法院判决,该案中的信托资金盈余产生了一项受益人为捐助人的归复信托,这些人包括无法追踪的匿名街头捐赠者。最终,这些盈余被提存给了法院。

"本杰明"令

"本杰明"令由法院出具,授权受托人或遗产代理人在可能还有其他的债权人或受益人没有被确定的情况下,将遗产的全部资产分配给已经确定的债权人或受益人。[125] 任何后续出现的债权人或受益人都不能起诉受托人或遗产代理人,但是他可以起诉任何被超额支付的人,或者追回财产本身。

此命令在不知道特定受益人的下落或是否在世时特别有用。例

---

〔122〕 *Londonderry's Settlement* [1964]3 All ER 855.

〔123〕 *Allen-Meyrick's Will Trusts* [1966]1 All ER 740.

〔124〕 [1958]2 All ER 749. See above, p. 78.

〔125〕 *Benjamin* [1902]1 Ch 723.

188 如,在 *Green's Will Trusts* 案中,[126]立遗嘱人将财产遗赠给了儿子,如果儿子在2020年之前仍未认领财产,则将遗产转赠给慈善组织。该立遗嘱人的儿子在1943年第二次世界大战期间于一次轰炸袭击中失踪,除了立遗嘱人外,其他人都认为他已经去世了。1984年立遗嘱人去世后,法院分布了一项"本杰明"令,授权受托人将财产分配给慈善组织,尽管这与立遗嘱人的意图相反。

发布广告寻找权利请求人

以英国《1925年受托人法》第27条为模板的巴巴多斯第250章《受托人法》第31条授权受托人或遗产代理人发布广告以寻找遗产的权利请求人——无论其是债权人还是潜在受益人,并说明其有意图在依据遗嘱享有权利的人之间分配财产,并要求任何有利害关系之人在广告发布之日起不少于两个月的时间内,向他们发送其权利请求的细节。广告必须在《政府公报》上刊登一次,并在各个当地报纸上刊登两次。规定的申请期限届满后,受托人或遗产代理人可以在"仅考虑……受托人或遗产代理人当时注意到的权利请求"的情况下继续分配财产,且他们"不对受托人或遗产代理人在……分配时没有注意到的任何人承担责任"。

这些条款为受托人或遗产代理人提供了保护,使他们免受未来针对他们个人提出的任何索赔,但并不阻止未来的权利请求人从信托财产受领人那里——支付对价的善意购买人除外——追回财产。

在巴巴多斯,第31条的使用较为频繁,遗嘱执行人尤甚。例如,1990年8月7日的《倡导者》(*The Advocate*)刊登了以下广告:

---

[126] [1985]3 All ER 455.

启　事 逝者 Eric Winston Browne 的遗产 根据《1979～1983 年受托人法》第 31 条，[127]特此向任何对逝者 Eric Winston Browne 的遗产提出权利请求之人发布通知。Eric Winston Browne 于 1989 年 6 月 4 日在巴巴多斯圣迈克尔教区贝维尔市去世。权利请求人请于 1990 年 10 月 15 日之前(含)以书面形式将权利请求细节发送给 Beryl Browne 和 Noel Gray Wilkie，转交 Edmund R King 律师，地址为布里奇顿市沃兰德街比肯别墅区第 I 号。在此日期之后，遗产代理人在分配遗产的资产时，将只考虑到其注意到的有效权利请求。 并要求所有对上述遗产欠债之人立即清偿债务。 于 1990 年 7 月 31 日发布。 Beryl Browne Noel Gray Wilkie 逝者 Eric Winston Browne 的遗嘱执行人

[127] 类似的条款有英属维尔京群岛第 303 章《受托人法》第 28 条、开曼群岛《1967 年信托法》(2009 年修订本)第 44 条、百慕大《1975 年受托人法》第 19 条、巴哈马《1998 年受托人法》第 33 条。

189

第12章　受托人的权力

受托人可以行使信托文件、制定法或一般法赋予他们的权力。权力与义务的区别在于，义务是强制性的，而权力是自由裁量的。在没有恶意的情况下，法院通常不会干涉受托人自由裁量的行使，尽管受托人有义务考虑其信义权力的行使，但法院不会强制其行使这些权利。

出售权

(1)根据土地的售产信托，受托人有“义务”出售土地，但某些法域的法规赋予了受托人可依其自由裁量而行使延迟出售的权力。[1]延迟出售的决定必须是受托人一致同意的，只

[1] 参见英国《1925年财产法》第25条、特立尼达和多巴哥第8章第3号《受托人条例》第12条第(1)款、英属维尔京群岛第303章《受托人法》第12条第(1)款、伯利兹第190章第26条第(1)款、开曼群岛《1967年信托法》(2009年修订本)第17条第(1)款。

要任何一个受托人希望出售，该受托人的决定就必须优先。[2] 在某些法域，售产信托土地购买人需要至少两名受托人或一家信托法人开具的收据；[3] 但是就其他财产而言，一名受托人的书面收据就足以免除付款人承担任何金钱损失或挪用的责任。[4]

(2)受托人有权出售其手中例如未经授权的投资之类的信托财产，以便将收益投资于经授权的证券。[5] 这种权力，如果没有明示给予，可以默示给予。根据英国《1925 年受托人法》第 16 条的规定，只要受托人被授权"为任何目的或以任何方式支付或使用信托资本款项"，他们即被授权通过按揭或出售信托资产来筹集这些款项。[6] 然而，这一条被给予了狭义的解释。在 *Suenson-Taylor's Settlement* 案中，[7] 受托人被授予了广泛的投资权力，而伴随这些权力的，是为投资目的而持有一大片土地。受托人希望按揭该块土地，以便筹集资金购买更多的土地。法院判决，受托人提议的做法不属于第 16 条的范围。法院确实设想了受托人可能需要购买额外土地以保护现有投资的情况（例如，希望购买一块可以俯瞰现有财产的土地，以防止他人在其上建房的情况），但在本案的情况却并非如此。因此，第 16 条赋予的权力似乎仅限于需要资金来保存现有资产的情况。

---

〔2〕 *Mayo* [1943]2 All ER 440.

〔3〕 英国《1925 年财产法》第 27 条第(2)款、巴巴多斯第 236 章《受托人法》第 35 条、伯利兹第 190 章第 29 条。

〔4〕 英国《1925 年受托人法》第 14 条第(1)款、牙买加《受托人法》第 20 条、特立尼达和多巴哥第 8 章第 3 号《受托人条例》第 15 条、巴巴多斯第 250 章《受托人法》第 18 条、英属维尔京群岛第 303 章《受托人法》第 15 条、开曼群岛《1967 年信托法》(2009 年修订本)第 20 条、百慕大《1975 年受托人法》第 5 条。然而，根据 Pettit, *Equity and the Law of Trusts*, 6th edn, p. 394，这些条款并没有"改变当有两个或多个的受托人时，有效的收据只能由所有受托人共同提供的这一原则"。

〔5〕 根据 *Howe v Lord Dartmouth* (1802)32 ER 56 案中的规则。

〔6〕 参见英属维尔京群岛第 303 章《受托人法》第 17 条、开曼群岛《1967 年信托法》(2009 年修订本)第 22 条、百慕大《1975 年受托人法》第 7 条、特立尼达和多巴哥第 8 章第 3 号《受托人条例》第 17 条、巴巴多斯第 250 章《受托人法》第 20 条、巴哈马《1998 年受托人法》第 21 条。

〔7〕 [1974]3 All ER 397.

(3)英国《1925 年受托人法》第 12 条、巴哈马《1998 年受托人法》
第 15 条、巴巴多斯第 236 章《受托人法》第 11 条、牙买加《受托人法》
第 13 条、英属维尔京群岛第 303 章《受托人法》第 11 条、开曼群岛
190 《1967 年信托法》(2009 年修订本)第 16 条、特立尼达和多巴哥第 8 章
第 3 号《受托人条例》第 11 条和《1981 年受托人法》第 27 条、圭亚那
《1893 年受托人法》第 13 条及百慕大《1975 年受托人法》第 3 条赋予
受托人权力,以:

> ……出售或同意任何其他人出售全部财产或其任何部分的,不论是否事先收费、无论一起出售还是分批出售,也无论是通过公开拍卖还是私人合同出售,都必须遵守与所有权或所有权证据、或受托人认为适合的其他事项相关的任何条件,受托人有权更改任何销售合同、在任何拍卖中买入、或撤销任何销售合同并转售,而无须对任何损失负责。

在进行销售时,受托人有义务尽可能为受益人获得最佳价格,受益人可以寻求禁制令来制止他们认为价值过低的销售。[8] 一旦销售完成,除非受益人能证明购买人与受托人勾结且对价不足,否则他们无法反对向购买人的出售。[9]

投保权

在信托文件没有明示规定的情况下,受托人没有义务为信托财产投保。相应地,如果信托财产被毁损或破坏,他们也不因未能投保而

---

〔8〕 *Buttle v Saunders* [1950]2 All ER 193.

〔9〕 参见,例如,英国《1925 年受托人法》第 14 条第(2)款、巴巴多斯第 236 章《受托人法》第 17 条第(2)款。

承担责任。[10]

英国《1925 年受托人法》第 19 条和牙买加《受托人法》第 17 条赋予受托人权力以就任何建筑物或其他可保财产遭受火灾损失或损害而投保,并使用信托财产的收入支付保费。投保价值不得超过财产价值的 3/4。[11] 如被信托文件排除,则该权力不可使用,这也不适用于受托人被要求而有义务将任何建筑物或财产完全转让给受益人的无担保信托。

如果被保险的信托财产被损毁或破坏,若信托文件中规定的信托资金投资必须经某人同意,而此人也确实同意使用资金,则保单赔款可以用于重建、更换或修复财产。如果保险金没有被用于上述用途,则将被视为资本款项,并以尽可能接近作用于索赔关系到的财产的信托形式持有。

巴巴多斯第 250 章《受托人法》第 23 条在三个方面与英国《1925 年受托人法》和牙买加《受托人法》有所不同。第一,投保权不仅包括火灾损失,还包括“爆炸、撞击、闪电、雷电、飓风、地震、洪水、沉降或滑坡”造成的损失。[12] 第二,并未限制受托人投保额不得超过财产价值的 3/4,而是有权为“建筑物或财产的全部更换费用”投保。第三,根据该保单收到的款项只能在法院的指示下用于重建。

和解债务和解决索赔的权力 191

英国《1925 年受托人法》第 15 条、巴巴多斯第 250 章《受托人法》

---

〔10〕 *McEacharn* (1911) 103 LT 900.

〔11〕 特立尼达和多巴哥第 8 章第 3 号《受托人条例》第 20 条、英属维尔京群岛第 303 章《受托人法》第 20 条及开曼群岛《1967 年信托法》(2009 年修订本)第 25 条,允许为建筑物或财产的投保额高达其全部价值。

〔12〕 百慕大《1975 年受托人法》第 10 条授权为因任何原因导致的建筑物或财产损失或损害全额投保。另见巴哈马《1998 年受托人法》第 24 条。

第19条和牙买加《受托人法》第21条赋予受托人和遗产代理人非常广泛的权力来达成和妥协，并解决信托财产相关的索赔。巴巴多斯第250章《受托人法》第19条规定：[13]

19(1)在设立信托的文件(如有的话)或制定法规定，一名唯一受托人被授权执行信托和权力的情况下，一名遗产代理人、或两名或多名共同行事的受托人、或(受限于非信托法人的唯一受托人就收据所施加的限制)一名唯一代理受托人，如果(视情况而定)认为合适的话，可以——

(a)在可转让或可支付之前，接受任何不动产或动产；或者

(b)分离和分摊任何混合的信托基金或财产；或者

(c)基于其认为足够的证据，支付或允许任何债务或索赔；或者

(d)接受针对任何债务或财产——无论是不动产还是动产——提出的任何和解或担保；或者

(e)在任何时间允许支付任何债务；或者

(f)妥协、和解、放弃、提交仲裁，或以其他方式解决任何债务、账户、索赔或与信托相关的其他任何事情；或者

(g)根据《继承法》第38条，其任命的任何专业人员或任何信托法人(视具体案例而定)确定和结算合理的报酬费用，以使这些专业人员作为任何财产的受托人，以及，授权这些专业人员或信托法人从该财产中收取和保留此类报酬。

以及为上述任何目的，可签订、给予、执行及操作协议、和解文件或安排、免除以及他认为适合的其他事情，而无须对其(视情况而定)出于善意所做的任何行为或事项所造成的损失负责。

---

〔13〕 另见巴哈马《1998年受托人法》第37条、百慕大《1975年受托人法》第6条、英属维尔京群岛第303章《受托人法》第16条及开曼群岛《1967年信托法》(2009年修订本)第21条。

请注意,特立尼达和多巴哥第 8 章第 3 号《受托人条例》第 16 条措辞类似,但省略了(g)段。

有人指出,[14]其同等条款——《1925 年受托人法》第 15 条涉及“外部纠纷”,也就是说,涉及“代表信托的受托人作为一个整体与外部世界发生的纠纷,不同于信托的内部纠纷,在后者的情况下,一名信托项下的受益人与该信托的其他受益人存在纠纷。”然而,有观点认为这一条可延伸到解决与声称是受益人之人的争端。[15]

显然,受托人应有广泛的权力以就索赔达成妥协,否则,他们就可能被迫对每一项可能的索赔或违反信托的风险责任提起诉讼。在行使权力时,受托人的唯一职责是寻求对所有受益人都公平和可取的折衷处理,只要他们善意行事,他们就不会对因行使权力而造成的损失负责。另一方面,这些条款似乎只会在受托人积极行使自由裁量时保护受托人,而不会在其“采取消极的态度,不处理任何事情”的情况下对其予以保护。[16]

抚养权 192

抚养权涉及受托人将信托基金的收入用于未成年受益人的教育和生活开支。信托文件可以明示授权受托人为此目的而使用收入,但在没有任何此类授权的情况下,英国《1925 年受托人法》第 31 条、巴哈马《1998 年受托人法》第 37 条、特立尼达和多巴哥第 8 章第 3 号《受托人条例》第 32 条及《1981 年受托人法》第 44 条、巴巴多斯第 250 章《受托人法》第 35 条、英属维尔京群岛第 303 章《受托人法》第 32

---

〔14〕 Pettit, *Equity and the Law of Trusts*, 5th edn, p. 391; *Earl of Stafford* [1978] 3 All ER 18.

〔15〕 *Eaton v Buchanan* [1911] AC 253.

〔16〕 Pettit, *Equity and the Law of Trusts*, 5th edn, 391; *Greenwood* (1911) 105 LT 509.

条、开曼群岛《1967 年信托法》(2009 年修订本)第 32 条及百慕大《1975 年受托人法》第 23 条,都赋予了受托人将收入用于抚养的权力。[17] 巴巴多斯第 250 章《受托人法》第 35 条规定:

35(1)如果受托人以信托形式为任何人持有财产或权益——无论是既定的还是或有的——受限于作用于该财产的任何先行财产或权益或抵押——

(a)在任何上述人士未达法定年龄的期间内,如果其财产或权益一直持续,受托人可依其自由裁量,将该财产在所有情况下可能合理产生的收入部分或全部支付给他的父母或监护人(如果有的话),或将这些收入用于他的抚养、教育、或福利。

(i)适用于同一目的的任何其他基金;或者

(ii)任何受法律约束为其抚养或教育提供经费的人;和

(b)如该人在年届成年时并没从该收入中获得既定财产或权益,则受托人须从那时起向其支付该财产的收入,以及根据第(3)款自然增值的任何收入,直到他获得既定财产或权益,或直到他死亡,或直到他的遗产或权益失败。

(2)在决定该财产的全部或任何部分收入是在未达法定年龄期间支付的,还是为了第(1)款所述之目的而使用的之时,受托人须顾及该未成年人的年龄及其要求,以及,一般来说,须顾及个案情形,特别是适用于同一目的的其他收入(如果有的话)的情况;并且,当受托人知悉存在不止一项基金的收入适用于上述目的之时,则应在切实可行范围内按比例支付或使用每项基金的收入,除非基金的全部收入已按上述方式支付或使用,或法院另有指示。

适用场合

在两种特殊情况下可行使制定法上的抚养权:

---

〔17〕 参考伯利兹第 202 章《受托人法》第 38 条,措辞有不同。

(1)未成年受益人对财产享有既定权益,但由于他未满法定年龄,且不能向受托人提供获取其拥有既定权益的信托财产之收入的收据之时,受托人不得以其他方式将收入用于其权益(例如,立遗嘱人以信托方式遗赠了 2000 股的股份给受益人,而受益人在立遗嘱人去世之时才 5 岁)。

(2)一个未成年受益人对财产享有或有权益,而直到该或有权益满足之前,因为受托人就其是否对资本和随之而来的收入享有权利一事不知情,从而导致该受托人无法将收入用于受益人的抚养(例如,立遗嘱人信托方式向受益人遗赠 2000 股的股份,条件是受益人获得律师资格)。

中期收入 193

制定法上的权力只能在未成年受益人有权获得财产收入的情况下行使,无论是因为其拥有既定权益,还是因为其拥有——在或有权益的情况下——"携带中期收入"的赠与。如果有优先终身权益,而未成年受益人的权益是剩余地产权,则不能使用制定法上的抚养权,因为收入将属于终身地产保有人,因此未成年受益人将不能获得任何收入(例如,如果财产是以信托形式为 A 终身持有的,而当 B 年满 25 岁,则获得剩余地产权。在这种情况下,该财产的收入属于 A,因此没有可用于维持 B 生活的收入)。

关于"中期收入",一般规则是,当一人对财产拥有或有权益时,财产从赠与之日到权益授予之时的这段期间所赚取的任何收入(如股息),都属于受赠人,前提是该受赠人最终获得既定利益。然而,并非所有赠与都携带中期收入。首先,捐赠人可以指定将收入支付给受赠人以外的其他人,在这种情况下,赠与将不会携带中期收入(举个例子,如果立遗嘱人以信托方式将 2000 股的股份遗赠给受益人,条件是受益人年满 25 岁,但同时指示将股票产生的股息支付给 C)。其次,确实有某些类型的赠与在赠与人未规定的情况下不携带中期收入,这一点早已确立。这些赠与是：

(a)延迟的剩余赠与(例如,立遗嘱人规定,“在我去世的两年后,”将剩余动产的一部分遗赠给受益人,“前提是受益人届时年满25岁”(延迟的或有赠与),或者“在我去世的三年后”(延迟的既定赠与)；

(b)延迟的金钱遗赠(例如,立遗嘱人在“在我去世的两年后”,向受益人遗赠1万美元)；和

(c)或有的金钱遗赠(例如,立遗嘱人向受益人遗赠2万美元,“前提是此人获得了律师资格”)。

所有其他赠与都被推定为携带中期收入。

上述原则反映了初步立场,但它们受限于信托文件中的任何相反意图。[18] 此外,在或有的金钱遗赠的情况下,立遗嘱人将遗产交给其未成年子女,或交给由立遗嘱人向其“代行父母义务”的某未成年人,如果没有其他资金被用于抚养该未成年人,那么该赠与就被推定为携带中期收入,因此可以用于抚养。[19] 另一个例外是,立遗嘱人明示或默示地将遗赠留出,以便在或有事件发生时,受遗赠人可以使用。这种遗赠也将携带中期收入。[20]

积累

遗嘱指示积累收入的,排除了收入被用于抚养受益人[21]或预付给受益人的可能。[22]

194 当受益人成年而其权益仍为或有权益时,从其成年之时起,受托人必须向其支付财产产生的收入。受益人达到法定年龄时,受托人持有的任何积累收入都加到了资本中,并且直至权益成为既定权益之

---

〔18〕 *McGeorge* [1963]1 All ER 519.

〔19〕 *Raine* [1924]1 Ch 716.

〔20〕 *Medlock* (1886)54 LT 828.

〔21〕 *Turner's Will Trusts* [1936]2 All ER 1435.

〔22〕 *IRC v Bernstein* [1961]1 All ER 320.

前，都不会将收入传给受益人。然而，这些条款受限于遗嘱中的任何相反意图（例如，立遗嘱人规定受益人满18岁后产生的收入应该累积起来，或者应支付给他人）。

预付权

英国《1925年受托人法》第32条、巴哈马《1998年受托人法》第38条、特立尼达和多巴哥第8章第3号《受托人条例》第33条及《1981年受托人法》第45条、巴巴多斯第250章《受托人法》第36条、英属维尔京群岛第303章《受托人法》第33条、开曼群岛《1967年信托法》（2009年修订本）第33条和百慕大《1975年受托人法》第24条，都赋予了受托人向任何年龄的受益人预付信托基金资本的权力。[23]巴巴多斯第250章《受托人法》第36条规定：

36（1）受托人可在任何时间支付或使用信托的任何资本款项，以依其自由裁量认为合适的方式，用于预付给对信托财产的资本或任何份额享有权利之人或使其获益——无论是绝对地，还是以该人达到任何特定年龄、发生任何其他事件为先决条件，或受限于以其在任何特定年龄下死亡或以任何其他事件的发生为基础的转赠；也无论是以占有、剩余地产权还是归复地产权方式。并且，即使该人的财产或权益可能因行使任命或撤销权而被废除，或者因与此人一样享有权利的人增加而减少，该支付或使用仍可进行，但是——

（a）上述为预付给任何人或使其获益而支付或使用的款项，不得超过此人在信托财产中的假定或既定股份、财产或权益的一半；和

（b）如果此人对信托财产的份额拥有绝对且不能废除的权力，则

---

〔23〕 参考伯利兹第202章《受托人法》第39条。

上述支付或使用的款项应被视为该份额的一部分;和

(c)上述支付或使用不应损害任何对支付或使用的款项享有终身权益或其他权益之人,无论该权益是既定的还是或有的,除非此人已存在且已成年,并书面同意此支付或申请。

“预付”最初的解释是指为受益人“确立生计”(*establishment in life*),例如为其购买一家企业、一份军队或医疗业务的委托,或在一位年轻女士结婚时向她预付资本。但制定法上的权力远不止于此,因为它代表着预付或获益。这些词被分开解读,意思是“将改善受益人物质状况的任何款项使用”。[24]

信托文件可以明示或默示地排除制定法上的权力。这种权力可以用来预付给对财产享有既定权益、但因不到法定年龄而无法获得资本的受益人。信托文件还授权将资本预付给对财产拥有或有利益的
195 受益人,而不论其年龄。因此,例如,如果立遗嘱人“在受益人年满 25 岁时”将 1 万美元遗赠给受益人,受托人可以在受益人 22 岁毕业时,预付给此人不超过 5 万美元(其“假定份额”的一半)。同样,如果受托人将 12 万美元遗赠给“C 的第一个获律师资格的女儿”,而 C 有三个女儿,受托人可以最多预付给每个女儿 2 美元(每个女儿假定份额的一半)。第一个实际获律师资格的女儿将获得资本的余额(6 万美元),但是另外两个女儿将不会被要求返还她们因预付而获得的款项。

优先权益

如果 A 对信托财产拥有终身权益,而 B 享有剩余地产权,则受托人只有在 A 是自权人并书面同意预付的情况下,才可以将不超过资本的一半份额预付给 B。终身地产保有人的同意是必要的,因为预付资本会减少终身地产保有人的收入。

---

〔24〕 *Pilkington v IRC* [1962]3 All ER 622 at 628,*per* Viscount Radcliffe.

受托人监督

决定向受益人预付资本的受托人必须“支付或使用”这笔资金。因此,他们可以将资金交给受益人(前提是受益人已成年),或者代表受益人将这资金款项用于某种目的。如果受托人选择前者,他们就有义务尽可能确保这笔资金用于预付的目的。在 *Pauling's Settlement* 案中,Willmer LJ 对这一立场进行了解释:[25]

> 如果受托人有合理理由相信被预付人确实会执行规定的目的,那么他们可以非常恰当的预付给被预付人。受托人所不能做的,是规定一个特定的目的,然后筹集资金并支付给被预付人,并任其在法律上和道德上完全自由地选择是将钱用于该目的,还是其他任何方式花掉……这是显而易见的,如果这种不当使用[预付款项]被[受托人]注意到,则如果不能确保这些款项被切实用于特定目的,受托人就不能安全地为特定目的追加预付款,因为被预付人已显示出了相当不负责任的态度。

任命代理人的权力

由于“代理人不得转让其受托权限”(*delegatus non potest delegare*)这一箴言,负有授信义务的被委托人——如受托人——通常无权将其职责委托给其他人。但是这一规则从未得到严格遵守,而且人们一直认为,若是出于普通商业惯例的需要,受托人可以将某些职能委托给专业人士。例如,受托人可以聘请律师完成法律累工作,也

〔25〕 [1964]1 Ch 303 at 334.

可以聘请银行家或股票经纪人来代表信托处理财务事宜。[26] 受*Speight v Gaunt* 案[27] 和 *Learoyd v Whiteley* 案[28] 这两起首要判例的影响,如果受托人能够证明"在当时情况下是合理且必要的,或者符合普通商业惯例的",即可委托他人。受托人在选择代理人时必须适当注
196 意,必须就代理人适合的领域进行雇用,并且必须进行一般监督。[29] 如果受托人遵循这种做法,他们不就代理人的违约承担责任。然而,受托人无权将自己的**自由裁量权**委托给他人。[30] 只有执行性行为或专业工作才能被委托。

一些法域的制定法上的规定扩大了受托人任命代理人的权力。英国《1925 年受托人法》第 23 条第(1)款是代理人任命相关的现代条款的雏形。该条规定,受托人或遗产代理人可以雇用代理人来"办理在信托执行、立遗嘱人遗产或无遗嘱人遗产的管理中……要求完成的任何业务或行为……**并且,如果聘用出于善意,则受托人不就任何上述代理的不履行承担责任**"。(强调部分由原作者标明。——引者注)其他几乎一模一样的有效条款包括:特立尼达和多巴哥(第 8 章第 3 号《受托人条例》第 24 条)、英属维尔京群岛(第 303 章《受托法》第 24 条第(1)款)、开曼群岛(《1967 年第 6 号信托法》(2009 年修订)第 29 条第(1)款)、百慕大(《1975 年受托人法》第 15 条第(1)款)。用 Maugham J 的话来说,这些条款的效力是"彻底改革受托人或遗嘱执行人在代理人雇佣方面的地位"。他不再需要亲自做任何实际的工作,而是可以雇用律师或其他代理人去做,不管这种雇用是否真的有必要。[31]

《1925 年受托人法》第 23 条第(1)款与该法第 30 条之间的关系

---

〔26〕 *Ex p Belchier* (1754)27 ER 144.

〔27〕 (1884)9 App Cas 1.

〔28〕 (1887)12 App Cas 727.

〔29〕 Hanbury and Martin, *Modern Equity*, 15th edn, 1997, 560.

〔30〕 *Speight v Gaunt*(1884)9 App Cas 1.

〔31〕 *Vickery* [1931]1 Ch 572 at 581.

造成了一些麻烦。第 30 条,其同等条款为英属维尔京群岛第 303 章《受托人法》第 31 条;开曼群岛《1967 年信托法》(2009 年修订本)第 47 条;百慕大《1975 年受托人法》第 22 条、特立尼达和多巴哥第 8 章第 3 号《受托人条例》第 31 条、巴巴多斯第 250 章《受托人法》第 34 条第(1)款,规定:

> ……受托人……只对其本人的行为、接收、疏忽或过失负有回应和归还的义务,而对其他受托人、银行家或其他可能保存信托基金之人的上述问题都不承担上述义务……对其他任何损失同理,除非损失是由于受托人的故意不履行造成的。[32]

在 1926 年之前,法院在 *Brier* 案[33]中认为,如果有一项规定使得受托人对代理人造成的损失——除非损失是由受托人的故意不履行造成的——免责,但若受托人未能对代理人进行合理的监督,则受托人还是会就损失承担责任。但是,可以将《1925 年受托人法》第 23 条第(1)款及其同等条款解释为免除受托人就代理人不履行的任何责任,前提是代理人的任命是出于善意的。换句话说,根据第 23 条第(1)款,受托人不需要"监督"代理人;他所必须做的不过是出于善意任命而已。

Vickery 案[34]有考虑过这两条规定的影响,在该案中,遗嘱执行人任命了一名律师来清算死者的遗产。在任命时,遗嘱执行人没有理由认为该律师为不良之人。任命三个月后,其中一名受益人通知遗嘱执行人,该律师曾被暂扣执业证,但后来被允许再次执业。受益人要求遗嘱执行人雇用另一名律师,但遗嘱执行人没有这样做,并实际签字

---

〔32〕 巴哈马《1998 年受托人法》第 36 条第(1)款措辞类似,只有一点除外,它用"个人作为或不作为"替代了"故意不履行"一词。

〔33〕 (1884)26 Ch D 238.

〔34〕 [1931]1 Ch 572.

授权了该律师作为遗产代表从邮局取款。该律师在被要求交出款项时并未照做且最终潜逃了。受益人对遗嘱执行人提起了诉讼,要求追
197 回损失的款项,但未能胜诉。Maugham J 的判决的理由是:(i)该律师的任命出于善意,符合第 23 条之规定;(ii)遗嘱执行人未犯有第 30 条规定的故意不履行之罪——被定义为“疏忽意识或违反义务、或者鲁莽”;换句话说,要么是故意的,要么是鲁莽的失职。

Vickery 案中的推理(尽管不是实际结果)受到了学者的批判,部分理由如下:

(a)Maugham J 给出的故意不履行的定义是不恰当的,因为它源自的案例涉及的不是遗嘱执行人或受托人,而是公司董事,[35] 而约束董事们的注意标准要低于适用于受托人或遗嘱执行人的标准;适用于受托人或遗嘱执行人的“故意不履行”含义更广,包括缺乏合理的注意;和

(b)第 23 条第(1)款不应被解释为免除受托人或遗嘱执行人监督代理人的责任,因为《1925 年受托人法》是一部综合性制定法,必须推定它并未变更现行法律(即 *Brier* 案[36] 的原则——要求监督)。

值得称赞的是,巴巴多斯立法机构通过在第 250 章《受托人法》第 27 条第(1)款中颁布,“如果善意雇用并以合理程度的注意进行了监督,则受托人不应就任何上述代理人的不履行承担责任”,这一表述很好地避免了 *Vickery* 案判决的陷阱。根据巴哈马《1998 年受托人法》第 30 条第(6)款和第(7)款,受托人做出合理努力,得知代理人具有适当的知识、经验和诚信,并随时了解代理人的表现,则在代理人似乎履行诚实且良好地工作时所发生的任何不履行或错误行为,受托人不应就此承担责任。同样,伯利兹第 202 章《信托法》第 34 条规定,只要受托人在:(a)选择代理人;和(b)监督代理人活动中如谨慎的商人一

---

〔35〕 *City Equitable Fire Insurance Co Ltd* [1925] 1 Ch 407. 然而 Maugham J 的定义被英国上诉法庭在 *Armitage v Nurse* [1998] Ch 241 案中采纳了,*per* Millett LJ(p. 215 below)。

〔36〕 (1884) 26 Ch D 238.

般合理地行使了注意标准,受托人对其代理人的不履行不负责任。因此,毫无疑问,在这三个法域,受托人不仅必须仔细选择他们的代理人,而且必须在任命代理人后监督其行为,并且,凭借《2000 年受托人法》第 1 条的规定,英格兰和威尔士现在也适用了同样的规定。[37]

---

〔37〕 巴巴多斯另一项有用的授权规定是第 250 章第 29 条第(1)款,其中规定:“意图在巴巴多斯境外逗留超过一个月的受托人,可依其代理权委托任何人(包括一家信托法人)在其离开巴巴多斯的期间执行或使用该受托人所拥有的全部信托、权力及自由裁量,无论是单独地还是与他人共同地,但身为唯二共同受托人之一且非信托公司之人不得根据本款被任命为代理人。此规定不受任何相反的衡平法或普通法规则影响。”特立尼达和多巴哥第 8 章第 3 号《受托人条例》第 26 条第(1)款采用了类似的措辞。

第13章 信托的变更

受托人必须严格遵守信托条款,这是一项基本原则。受托人的任何违反都将导致其承担责任。然而,如果所有的受益人都是自权人并同意背离,则受托人将受到保护。此外,根据 *Saunders v Vautier* 案[1]的规则,只要受益人为自权人,并且对信托财产享有绝对权益,[2]他们就可以终止信托,而受托人必须按照受益人的指示交出信托财产的本金。例如,财产以信托形式由 X 终身持有,剩余地产权归 Y 和 Z 所有。如果 X、Y 和 Z 为自权人,他们就可以分割基金,并指示受托人立即以他们决定的份额将资本交给他们。这种做法可能有利于避免在终身租赁保有人死亡时缴纳遗产税的义务。另一方面,如果有受益人是未成年人或无能力之人,此人就无法同意背离信托条款。这样就可能导

---

〔1〕 (1841)49 ER 282.

〔2〕 在 *Bank of Nova Scotia Trust Co (Caribbean) Ltd v Tremblay* [1998 -99]1 ITELR 673(Court of Appeal, Barbados)案中,法院认为,根据信托契据的真实解释,受益人没有获得信托财产的绝对权益,因此无权终止信托。

致一个问题——法院是否可以为了该受益人的利益而批准这种背离。

信托条款的变更可分为两类：

(a)与信托的经营和管理有关的变更，和

(b)信托项下**受益利益**的变更。

法院批准变更的管辖权包括以下方面：

固有管辖权

当信托的经营或管理出现“紧急情况”时，也就是说，当出现信托文件中并未规定而委托人也无法预见的情况时，法院享有批准背离信托条款的固有管辖权。该固有管辖权的范围非常有限。其中一个案例是 *New* 案，[3] 在该案中法院批准了一项计划，根据该计划，受托人被授权以某新公司的更能变现的股份来交换原公司的股份。受托人需要法院的批准，因为根据信托文件，他们无权投资新股。这在后来被归类为涉及信托财产“救助”的情况，被称为适用紧急情况管辖权的“高水位线”。相应地，在 *Tollemache* 案[4] 中，法院拒绝批准扩大受托人的投资权力，因为这不是一种“紧急”情况，提议的变更会使受益人受益这一单纯事实并不充分。

法院还拥有代表未成年人或未出生的受益人批准妥协方案的固定管辖权，但只适用于权利存在真正争议的情况。

在开曼的 *S Trust* 案中援引了这一固有管辖权，[5] Schofield J 强 199
调，“倘若妥协条款是由双方权利的真正争议所导致的，本院可行使其固有权力以批准这些条款，前提是本院确信这些条款将有利于未成年及未出生的受益人，并且这样做并无不当之处”。在该案中，信托契据

〔3〕 [1901]2 Ch 534.

〔4〕 [1903]1 Ch 457, affd at 955.

〔5〕 (1990 – 91)4 Carib Comm LR 290 at 294.

有许多含糊之处。受益人包括委托人的妻子及其三个未成年子女，他们通过诉讼监护人，协商并同意了妥协条款。该妥协条款的部分规定是，从子女对该基金的份额中取出资金用于支付年度抚养费，并使妻子能够继续经营信托名下的两家公司，而根据信托契据规定，这些公司的资产本应转换成现金。Schofield J 确信，鉴于信托契据的含糊之处，各方权利存在真正的争议，妻子、诉讼监护人和受托人已经就此征求了伦敦资深顾问的独立书面意见。这些意见在几个重要问题上存在分歧。因此，这是一个恰当的妥协案例，而且，妥协中的一项条款违背了委托人的意图的这一事实是"一个严重的但绝非决定性的考量"。关于第二点，Schofield J 遵循了 *Remnant's Settlement Trusts* 案[6]的原则——根据《1958 年信托变更法》判决的一个案例。

英国《1925 年受托人法》第 53 条

根据本条及其加勒比英联邦法域的同等条款，[7]法院可以出具命令以授权对未成年人的财产进行交易，"以便将由此产生的资本或收入用于未成年受益人的抚养、教育或使其获益"，以及"任命一人来转让该财产"。该条扩大了法院就未成年人抚养作出规定的固有权力，并且，例如，当受托人不能或不愿意根据《1925 年受托人法》第 31 条或其他法域的同等条款使用将收入用于抚养未成年人的这种权力之时，这一固有权力即适用。"获益"一词的解释十分宽泛，法院可为了未成年人的利益降低遗产税而授权一项交易。[8] 利用制定法上的权力的一个案例是 *Meux* 案，[9]在该案中，X 为财产的终身受益，剩余地产权则归 Y 所有。法院运用第 53 条赋予的权力，为了 Y 的利益而

---

〔6〕 [1970]2 All ER 554. 见下文第 204 页。

〔7〕 英属维尔京群岛第 303 章《受托人法》第 54 条、开曼群岛《1967 年信托法》(2009 年修订本)第 59 条、百慕大《1975 年受托人法》第 56 条、特立尼达和多巴哥第 8 章第 3 号《受托人条例》第 54 条。

〔8〕 *Meux* [1958] Ch 154.

〔9〕 Ibid.

指定了一人将Y的权益绝对地转让给X,以X支付给受托人一笔款项并由后者纳入信托作为对价。这种安排不仅改变了X和Y的受益利益,也消除了Y的继承人的权益。

英国《1925年受托人法》第57条

本条及其加勒比英联邦法域的同等条款[10]规定,在信托财产的经营或管理中,任何"在法院看来是权宜的"、但因信托文件或一般法 200
未授权而无法由受托人实施的,"法院可以出具命令以赋予受托人……基于这些条款的……必要的权力……前提是法院认为合适"。

这些条款赋予了比法院的固有权力(见上文)更广泛的权力,因其可以在"权宜的"时候行使,而不被局限于"紧急"的情况。例如,在未能取得必要同意的情况下,[11]制定法上的权力被用来授权土地出售;扩大养老基金受托人的投资权力;[12]将两个慈善基金混合;[13]授权为终身地产保有人购买住房;[14]以及授权出售归复权益——依照信托文件的规定,除非被占有,否则不得出售。[15]

根据Lord Evershed和Romer LJ的观点,[16]第57条的目的是:

……确保信托财产的管理尽可能有利于受益人的利益,并考虑到这一目的,授权运用信托财产进行特定交易,前提是法院可能会感到,因不存在"紧急情况",或者不能表明请求法院干预的情形是委托人未能合理预见的,从而导致无法依据固有管辖权批准这项交易。但立法

---

〔10〕 英属维尔京群岛第303章《受托人法》第59条、开曼群岛《1967年信托法》(2009年修订本)第63条、百慕大《1975年受托人法》第47条、牙买加《受托人法》第43条、特立尼达和多巴哥第8章第3号《受托人条例》第58条、巴哈马《1998年受托人法》第71条。

〔11〕 *Beale's Settlement Trusts* [1932]2 Ch 15.

〔12〕 *Mason v Farbrother* [1983]2 All ER 1078.

〔13〕 *Harvey* [1941]3 All ER 284.

〔14〕 *Power* [1947]Ch 572.

〔15〕 *Cockerell's Settlement Trusts* [1956]Ch 372.

〔16〕 *Downshire Settled Estates* [1953]Ch 218 at 248.

的目的并非打乱“法院不能改写一份信托”这一规则。

巴巴多斯第250章《受托人法》第58条的措辞与英国《1925年受托人法》第57条及其同等条款类似，但是，正如 Douglas CJ 在 *McConney v Public Trustee* 案[17]中所指出的，它赋予了更广泛的权力，因为法院批准交易的自由裁量并不局限于与信托的“经营或管理”有关的事项；尽管 *McConney* 案中批准的交易确实是经营和管理。该案的事实是，根据立遗嘱人遗嘱的规定，三处完全保有的财产以信托方式遗赠给了受托人，使其出租并将净收入支付给立遗嘱人的三个女儿或她们中的幸存者。在幸存者去世后，财产将被出售，出售所得收入将在女儿的后嗣中分配，如若不存在后嗣，则在受托人选择的慈善机构中分配。在唯一幸存的女儿在世期间，其中两处财产被大火严重损坏，而第三处也变得破旧不堪。其中一处房产被宣布不适合居住，估价师建议将这三处房产全部卖掉。公共受托人被任命为受托人以取代遗嘱中任命的初始受托人。唯一幸存的女儿和她的孩子向法院申请出具命令以出售这些财产，且这位女儿申请放弃她的终身权益，以换取对出售所得的相应权益。Douglas CJ 根据第250章第58条批准了受益人申请的命令：

在本案中，公共受托人无权在作为首个被指定为受益人的原告在世期间出售信托财产。鉴于信托财产的破旧状况，以及两栋建筑物因火灾而受损的事实，我认为授权公共受托人按照传票中的条款和条件出售应该是适当的。进一步说，法院的命令是，首个被指定为受益人的原告，作为终身地产保有人，可以自由放弃她对上述财产的终身权
201 益，以换取相应的销售净收入，以及公共受托人因火灾损坏天鹅街48号和49号而收到的任何款项。

---

〔17〕 (1981) 16 Barb LR 90 (High Court, Barbados).

英国《1958 年信托变更法》第 1 条及其加勒比地区的同等条款[18]

这些条款赋予法院“非常广泛的,实际上是革命性的自由裁量”,[19]以代表某些被指定类别之人批准变更信托初始条款的安排。这些法不仅涵盖经营或管理事务,还涵盖了受益利益的变更。然而,它明示规定,法院批准的权力只有在其确信这是为了被代表之人的利益之时才可使用。英国法下的申请通常是为了尽量减少遗产税或其他形式的税,或者是为了将信托出口到海外法域。

法院能代表哪些人批准信托变更

该法的目的是代表诸如因未成年或未出生而无法亲自表示同意的受益人批准变更。如果受益人是自权人,则法院无法代表此人批准变更;相应地,在向法院申请批准变更之前,应首先获得全体自权人受益人的同意。例如,财产以信托形式由 X 终身持有,剩余地产权归 Y(一名未成年人)和 Z 所有。有人提议通过在 X、Y 和 Z 之间均分股份来变更信托。法院只能代表 Y 批准变更;因此,在申请之前,X 和 Z 应该明示表示同意该计划。

可由法院代表批准安排的人员分类如下:

(a)未成年人,或者由于精神病等其他无行为能力而无法同意的拟议安排之人;

(b)任何在“未来某个时间或者在未来发生某个事件后……将有权利获得信托项下的权益”之人。这一类别包括有权利获得或有权益之人;[20]

---

〔18〕 巴哈马《1998 年受托人法》第 70 条第(1)款、伯利兹第 202 章《受托人法》第 48 条、特立尼达和多巴哥《1981 年受托人法》第 68 条第(1)款、巴巴多斯第 250 章《受托人法》第 59 条第(1)款、开曼群岛《1967 年信托法》(2009 年修订本)第 72 条第(1)款、百慕大《1975 年受托人法》第 48 条第(1)款、英属维尔京群岛第 303 章《受托人法》第 58 条。

〔19〕 *Steed's Will Trusts* [1960] Ch 407 at 420, *per* Evershed MR.

〔20〕 关于对这一条款的解释,参见 *Suffert's Settlement* [1960] 3 All ER 561; *Knocker v Youle* [1986] 2 All ER 914。

(c)**未出生之人**(例如,财产以信托形式由 X 终身持有,而剩余地产权受益人是 X 婚后的第一个儿子,但 X 没有孩子,则法院可以代表预期且未出生的儿子批准变更);和

(d)在首要受益人(即终身地产保有人)的权益仍然存在的情况下,任何在保护信托项下拥有自由裁量权益之人(例如,如果财产以保护信托形式由 X 终身持有,X 与 Y 成婚,Y 是自由裁量遗产继承的成员之一,因此法院可以代表 Y 批准变更)。值得注意的是:

· 没有要求遗产继承成员必须是未成年人;

· 即使该成员不同意拟议的安排,法院也可以批准;和

· 做出变更不一定是为了此人的利益。

202 利益

法院必须确信(除(d)类以外)拟议的安排是为了代表提出申请之人的利益。法案没有对“利益”进行定义,但判例法表明可以考虑以下事项。

(a)经济利益

信托变更所寻求的最常见的经济利益是规避遗产税、[21]资本利得税[22]或所得税,[23]并且,许多已被批准的变更,其主要目的就是避税。然而,在 *Weston's Settlements* 案[24]中,法院强调“利益”不仅仅是经济上的,且法院必须确信该计划在整体上是为了各受益人的一般利益。在本案,一名委托人向法院申请批准一项安排,根据该安排,他赠与儿子及其后嗣的财产将从英国转移到泽西岛。该委托人于 1967 年搬到了泽西岛,随后不久,他的儿子们也跟着他搬来了。他的申请的内容包括:

(a)根据英国《1925 年受托人法》第 41 条任命新的受托人;和

---

〔21〕 *Druce's Settlement Trusts* [1962]1 All ER 583.

〔22〕 *Sainsbury's Settlement*[1967]1 All ER 878; *SG v Royal Bank of Canada Trust Co (Cayman) Ltd*[1998]CILR N15(Grand Court, Cayman Islands).

〔23〕 *Clitheroe's Settlement Trusts*[1959]3 All ER 789.

〔24〕 [1969]1 Ch 223.

(b)在财产授予中加入一项权力,使受托人可以解除英国信托并设立几乎一模一样的泽西岛财产授予。

拟议的转让本可以避免 16.3 万英镑的资本利得税。但这将要求委托人的儿子离开英国前往泽西岛生活。上诉法院拒绝批准该协议,因为:

> ……法院不应仅仅考虑未成年人和未出生子女的经济利益,还应考虑到他们的教育和社会利益。生活中有许多事情比金钱更为重要……仅仅为了避税就把孩子们从英国迁移到另一个国家,我并不认为这是为了他们的利益。[25]

除了 *Weston's Settlements* 案拟议的安排不符合子女利益这一推理之外,这项判决的另一个依据是,Stamp J 和 Harman LJ 认为,该安排无非是"避税的廉价手段"[26]和"对避税的赤裸裸的、无耻的尝试",[27]而并非"合法避税"。[28] Stamp J 和上诉法院对 *Weston's Settlements* 案的敌意似乎是出于两个因素:

(a)受益人在听审前几个月才搬到泽西岛,没有证据表明受益人有任何真正永久定居在那里的意图。正如 Lord Denning 所评述的,在该安排获得批准且投资被免税出售后,受益人很有可能会回到英国"享受他们的免税收益"。[29]

(b)正如某首要文献所言,[30]身为俄罗斯移民、在第二次世界大 203
战期间在英国积累了财富的委托人可以通过这种方式逃避其正常纳

〔25〕 [1969]1 Ch 223 at 246.

〔26〕 [1968]2 WLR 1154 at 1162.

〔27〕 Ibid. ,at 245.

〔28〕 [1968]2 WLR 1154 at 1162.

〔29〕 [1969]1 Ch 223 at 245,246.

〔30〕 Parker and Mellows,*Modern Law of Trusts*,5th edn,1983,p. 440. 31 [1998]CILR N 15.

税义务——法院很可能不赞成这种观念。

因此，鉴于法院在其他案件中批准以避税为唯一目的的信托变更的这种一般惯例，*Weston's Settlements* 案的判决必须被视为仅限于该案的特殊事实，而不是作为判例来反对以避税为目的的信托变更。此外，试图区分"合法"和"非法"避税计划似乎是徒劳的。

在加勒比地区，法院批准以避税目的要求变更信托的案例可见 *SG v Royal Bank of Canada Trust Co (Cayman) Ltd* 案。[31] 在该案中，一项开曼信托的首要受益人（居住在英国）根据《信托法》（1996 年修订本）第 60 条和第 68 条向开曼法院申请批准信托变更，以避免英国的资本利得税，该税应在向首要受益人分配资本时支付，根据现行信托条款，该首要受益人是唯一有权利获得资本之人。拟议的变更将允许设立一项次级信托，其资本将为了使首要受益人的子女及更远的后嗣获益而被转让。根据现行信托文件，子女和更远的后嗣只是或有的自由裁量受益人。此外，有人提议，全体受益人的配偶将获得分配的信托收入，这将把收入分散在更广泛的受益人群体中，从而减少本应缴纳的所得税额。法院判决，只有在上述变更能使每个未成年或未出生的受益人都获益的情况下，它才能批准该变更。本案满足了这一要求，因为该计划将为迄今为止的或有未成年受益人及其未来的子女提供经济利益，并且，尽管不确定受益人作为一个整体是否会因对配偶分配信托收入而获得税收利益，但拟议的变更获得了批准。

（b）道德或社会利益

正如我们已看到的，在 *Weston's Settlements* 案中，上诉法院认为拟议的变更不利于子女的道德或社会利益，并且其负面影响超过了任何可能的经济利益。另一个受益人的道德或社会利益起到了决定性

〔31〕［1998］CILR N 15.

作用的案例可见 *T' s Settlement Trusts* 案,[32] 在该案中,一个不成熟且不能承担责任的未成年受益人在其成年后有权利获得既定利益。Wilberforce J 批准了一项变更,而根据该变更,资本的授予被延迟到受益人年纪更大些的时候,同时以保护信托形式持有该财产。这一判决在 *Holt' s Settlement* 案[33] 中得到遵循,Megarry J 批准了一项变更,将授予子女的权益从 21 岁延迟到了 30 岁,他强调了"该法中……的'利益'一词……显然不局限于经济利益,而是可以延伸到道德或社会利益"。[34] 这种利益也是 *Remnant' s Settlement Trusts* 案判决的基 204
础。[35] 在该案中,信托文件将或有权益授予了 D 和 M 两姐妹的子女。还有一条规定是,姐妹俩的子女若是信奉了罗马天主教或嫁给罗马天主教徒,他们都将丧失该信托项下的权益,而该权益会由姐妹中另一人的子女获得。D 的子女都是新教徒,但 M 的子女都是罗马天主教徒。Pennycuick J 批准了删除上述没收条款的申请。尽管这种变更显然不是为了 D 的子女的经济利益,但却是为了他们的道德和社会利益,因为它防止了两姐妹家庭之间非常严重的纠纷;[36] 此外,没收条款可能会在子女选择配偶时起到了威慑作用,与获得更多的金钱相比,让孩子有选择的自由对他们更为有利。

在巴哈马的一个案件中,一项变更被认为是为了未成年和未出生受益人的利益,因而获得了批准,这就是 *Marien* 案。[37] 在该案中,一项根据巴哈马《信托变更法》(第 79 章)被代表以下各方提出:

(a)两名未成年受益人,和

---

[32] [1964]Ch 158. 也见 *Elizabeth K Gates Estate Trust* (2000)3 ITELR 113(Royal Court of Jersey),法院强调,"拥有大量金钱可能会妨碍年轻人获得各种资格和安定勤劳的生活,而一般而言,这不符合年轻人的利益"。因此,法院批准了一项变更以延迟 16 岁受益人的信托基金权利。

[33] [1968]1 All ER 470.

[34] Ibid. ,at 479.

[35] [1970]2 All ER 554.

[36] Ibid. ,at 566.

[37] (1981)Supreme Court,The Bahamas,No 784 of 1980(unreported).

(b)逝者未来的孙辈,

他们向法院申请批准一项家庭安排,如果批准,将会改变死者遗嘱的信托。

Malone J 批准了申请。他说道:

死者的家庭内部有争议,导致了在本院和在加利福尼亚的民事诉讼,而拟议的家庭安排是对这些争议的妥协;提出该妥协的顾问则是该两个未成年人的代表,作为其毫无保留的意见,他认为该协议将有利于这两个未成年人。在这方面,需要指出的是,这两个未成年人,及逝者未来确实存在的孙辈,都是构成首要受益人的遗产继承成员,而这些受益人中的多数都是成年人,且表示同意这一安排。

众所周知,家庭安排不仅是为了给家庭带来和平,也是为了避免因税负造成的不必要的家庭资产损耗,如死者的一个儿子及其子女定居在美国,则由美国的税务机关征税,而另外两个儿子及其家人居住在加拿大,则由加拿大税务机关征税。然而,这项安排可能会减少应缴税款这一事实却并非阻挠其获批的因素。Lord Denning 在 *Weston's Settlements* 案[38]中已经非常明确地表达了这一点,他说道:

"几乎所有提交给法院的变更都以避税为其主要目的,从来没有人认为这是不可取的或违反公共政策的。"

由于避税正是家庭安排的原因之一,而且信托的主要财产位于受益人定居的管辖区域外,因此,对管辖区域外的受托人的需求,显然是导致家庭安排中规定任命信托法人为受托人之一,以及为该法人作为受托人提供服务付费的一个因素。

在这些方面,家庭安排与遗嘱的规定相反,当然,通过规定向法人受托人付费,家庭安排导致了额外的资产开销,而这是本不会产生的支出。然而,在我看来,特殊的经济情况证明了这些变更是合理的,而

---

〔38〕 [1969]1Ch 223 at 245.

且这些变更也得到了受益人的支持,因此有助于给家庭带来和平,我认为它们应该获得批准。

在我看来,其他的变更主要是遗产管理性质的,其主要目的是确 205
保在支付任何款项之前,应向美国、加州和加拿大缴纳任何税款,以便尽可能让所有人平等分担税收负担。从实际操作的角度来看,我认为这些变更是对遗嘱条款的改进。但从根本上来说,家庭安排保留了遗嘱和意图的生前财产授予明示的信托之基础,所以这是一项实现信托最初目的的安排,因此,根据《信托变更法》,我认为该安排属在本院管辖权范围内。进一步说,我认为,《霍尔斯伯里英格兰法律》(*Halsbury's laws of England*,第四版)第18卷第135页所定义的家庭财产的多个充分要件中,它满足的可不只一个。也就是说,它是:

"……同一家庭成员之间的安排,旨在普遍合理地为家庭利益服务……其方式是:

(a)对可疑或有争议的权利做出妥协;

(b)保存家庭财产;

(c)维护家庭的和平与安全;和

(d)避免诉讼。"

因此,总体来说,我确信这项安排是为了未成年受益人和死者未来的孙辈们的利益,并就此批准该协议。

委托人的意图

Remnant 案中引发的另一个系争点是,法院是否应批准明显违背委托人意图的变更。据信,违反委托人的意图是一件严肃的事情,但法院不一定要支持这种意图。另一方面,在 *Steed's Will Trusts* 案中,[39]法院拒绝批准了一项明显违背立遗嘱人意图的安排。在该案中,立遗嘱人明显担心原告受益人——他忠实的管家——会被她的一

〔39〕 [1960] Ch 407.

个兄弟“赖上”。他于是以一项为了她的利益的保护信托形式设立了财产授予，该授予还规定了在她死后，将财产交给她指定的任何人。法院驳回了一项取消终身权益中保护性因素的提议，因为这会导致原告对财产享有绝对权利，而这显然违背了立遗嘱人的目的。

出口信托

信托可能出于各种目的“出口”到外国法域，最常见的目的是：

(a)因为受益人居住在国外，或者打算在国外定居，在受益人居住的法域管理信托会更方便；

(b)以求尽量减少纳税。将信托从“高税收”法域(如英国)出口到离岸法域(如泽西岛、开曼群岛或巴哈马)，这是常见的做法；

206 (c)避免信托所在法域内潜在的货币严重贬值将导致的灾难性影响；或者

(d)避免实施或重新实施外汇管制条例的威胁。

《信托变更法》的立法提供了一种出口信托的方法，据此，法院有权批准一项变更，前提是该变更将导致：

· 受托人被信托出口目的法域的“外国”受托人取代，[40]和

· 信托基金被转让到外国法域。

然而，法院不会批准出口信托的计划，除非其已明确受益人已经在新的法域永久定居。正如我们所见，法院拒绝批准 *Weston's Settlements* 案[41]中的出口计划，其原因之一是怀疑受益人是否真的打算在泽西岛定居。另一方面，在 *Windeatt's Will Trusts* 案中，[42]受益人在申请之前已经在泽西岛居住了19年，法院批准了一项安排，以任命了两名泽西岛受托人，并将信托基金转让给他们。同样，在 *Seale's*

---

〔40〕 外国受托人不必由法院任命。任命可由居住地受托人在庭外做出，他们任命新的“外国”受托人后即辞任。

〔41〕 [1969]1 Ch 223.

〔42〕 [1969]2 All ER 324.

Marriage Settlement 案中,[43] 法院批准了一项变更,据此将信托从英国出口到魁北克,而婚姻财产授予的受益人已在此居住了数年,并打算继续居住。Buckley J 认为出口信托符合全体受益人的利益,尽管不得不删除魁北克法律不承认的某些保护性终身权益。

〔43〕［1961］Ch 574.

207

第14章　违反信托的救济

若受托人未能执行其有关信托的义务，或其行为超出了其权力范围，则此受托人违反了信托。从构成严重不法行为（比如挪用信托基金）到“不知情”违反（比如未能遵照有关任命额外受托人的信托文件的指示），违反的种类千差万别。只要受托人严格遵照制定法或一般法规定的信托文件的条款和要件，就不会构成信托的违反；虽然受托人几乎不可能在任期内从未实施任何轻微的或技术性的违反；确实，在一个案子中，法院允许了受托人的“审慎违反信托”。[1] 违反的其他例子有：

(a) 将信托基金投资在未经授权的投资中；

(b) 支付信托资金的对象错误；

(c) 从信托中不当获利；

(d) 欠缺注意而导致仅由一人持有信托资金；以及

(e) 未能行使信托相关事宜的自由裁

[1] *Perrins v Bellamy*[1905] AC 373.

量权。

如果受托人对其是否有权做出某一特定行为存在任何疑问,可向法院寻求建议,否则此人可能会对信托产生的任何损失承担个人责任;违反责任的衡量标准通常是直接或间接导致的信托财产损失。

如果受托人已经或即将违反信托,受益人可获得的救济有:

(a)遏制信托违反的禁制令;

(b)就遭受的损失对受托人提起对人诉讼;

(c)对物性救济(即追回)以收回信托财产或其收益;以及

(d)对信托财产非法受领人提起诉讼。

禁制令

受益人不必等到信托违反发生后才提起诉讼。如果他们认为违反正在逼近,他们可获取禁制令以遏制可能发生的违反。因此,例如,为了遏制以低于预期买主[2]提供的价格出售信托财产;禁止受托人违反信托文件[3]规定而分配财产;以及禁止在未任命第二位受托人且未与受益人[4]协商的情况下出售以售产信托形式持有的土地。

受托人的个人责任 208

一般来说,受托人只就其信托的违反负责,而不就其共同受托人

---

〔2〕 *Buttle v Saunders*[1950]2 All ER 193.

〔3〕 *Fox v Fox* (1870)LR 11 Eq 142.

〔4〕 *Waller v Waller*[1967]1 All ER 305.

的违反负责。信托法律[5]中未规定替代责任。在大多数法域,[6]这一原则已被纳入制定法:

> 受托人仅对其实际收到的金钱和证券负责,而不对其仅为符合规定而签署的收据负责,受托人只就其本人的行为、接收、疏忽或过失负责,而不就其他受托人、银行家、行纪人或其他可能保管信托基金或证券之人承担责任,对除由其故意不履行之外的原因造成的任何证券的不充分、短缺或其他任何损失也不承担任何责任。

然而,我必须指出,就其共同受托人实施的违反行为,本条规定并未对受托人完全免责。这些条款仅确认了受托人不为其共同受托人的过失承担替代责任。因此,受托人可能因其因未能充分监督共同受托人或允许违反的实施而就共同受托人的违反承担责任;例如,如果受托人允许其共同受托人单独管理信托基金,或者在没有调查[7]的情况下就扔给一名共同受托人管理该基金的,即可能为该共同受托人的违反承担责任。受托人的上述行为将构成故意不履行,受托人将就此承担责任。

新受托人就发生于其任职之前的信托违反行为不承担责任,因为他有权假定其他受托人已恰当[8]履行其职能。然而在就职时,新受托人有义务熟悉信托业务,包括检查账册和信托文件,如果发现有信托违反行为,有义务采取措施以对信托财产进行补救,并且,如有必要,应对过错受托人提起诉讼,他可能会因未采取上述行动而承担责

---

〔5〕 *Townley v Sherborne* (1634)123 ER 1181.

〔6〕 参见,例如,英国《1925 年受托人法》第 30 条第(1)款;特立尼达和多巴哥第 8 章第 3 号《受托人条例》第 31 条第(1)款;巴巴多斯第 236 章《受托人法》第 34 条第(1)款;百慕大《1975 年受托人法》第 22 条第(1)款;开曼群岛《1967 年信托法》(2009 年修订本)第 47 条;英属维尔京群岛第 303 章《受托人法》第 33 条第(1)款;牙买加《受托人法》第 24 条;巴哈马《1998 年受托人法》第 36 条。

〔7〕 *Bahin v Hughes* (1886)31 Ch D 390.(见下文第 216 页)

〔8〕 *Straham*(1856)44 ER 402.

任,除非他能够充分证明上述行动是无用的。[9]

一名辞任受托人仍然对其在职期间所实施的任何违反行为承担责任,但不对其继任者的违约行为承担责任,除非其辞任时知道在那之后可能会发生某个违反行为。Parker 和 Mellows 是这样解释这一立场的:[10]

> 受托人辞任不久后就发生违反信托行为,这种情况时有发生。辞任受托人如果想到了可能会发生这种信托违反的情况,并且其辞任的意图就是为之提供便利,或者是认为会发生这种情况而退休以避免被殃及,那么他将承担责任。其承担责任的原因是其辞任动机是使信托违反行为得以发生。如果受托人仅仅意识到其辞任会促进违反信托行为的发生,就不会因这一单纯的事实而承担责任,但是如果除了意识到其辞任会促进违反之外,受托人预见了或者应合理地预见这种违反将确实发生的情况下,他将因此承担责任。在这种情况下,他未能履行防止发生信托违反的义务。因此,如果辞任受托人没有预见到会发生什么,但是其余的受托人利用其缺席来实施违反行为,则辞任受 209
> 托人本身不构成任何的义务履行失败,且不承担任何责任。

这些原则在 *Head v Gould*[11] 案中得到适用。在该案中,财产授予给 H 夫人供其终身享有,剩余地产权给她的三个子女。该财产授予包括一项明示预付权。H 夫人一直处于经济困境之中,她的一个女儿劝说受托人向自己预付资金,以帮助 H 夫人。女儿的股份用尽之后,她还要求更多。受托人拒绝了她的预付要求,并决定辞任,建议由那些可能愿意预付资本的人来替代他们。受托人由女儿和律师 G 替代,后者帮助 H 夫人追加了预付,而这导致其他孩子的权利损失。法院判

---

〔9〕 *Forest of Dean Coal Co* (1878) 10 Ch D 450.

〔10〕 *Modern Law of Trusts*, 6th edn, 1994, p. 578.

〔11〕 [1896] 2 Ch 250.

决,新受托人应就违反信托承担责任,但辞任受托人不承担责任,因为没有表明新受托人所实施的违反行为实际上是旧受托人辞任时所预料的。受托人的变更促成了违反行为,这一点并不充分。虽然可以认为法院对 *Head v Gould* 案做出了公平的判决,辞任受托人没有预见到发生的特定违反行为(即不当预付),这似乎让人难以认同,原则上,他们应承担责任。

责任的衡量

在违反信托的情况下作出的赔偿判决本质上是归还损失财产,而不是像在侵权或违约诉讼中那样支付损害赔偿金。例如,与投资相关信托的违反责任衡量规则可以总结如下:

(a)如果受托人进行未经授权的投资(例如,他有权投资于政府债券,但他投资于亏损出售的外国股票),他将因就此导致的任何损失[12]负责。

(b)如果受托人不当保留未经授权的投资,他将就最终出售该投资的价格与本应在适当时间[13]出售该投资的价格之间的差额承担责任。

(c)如果受托人不当出售经授权的投资,他必须将投资恢复原状,或支付已接受的价格和恢复原状[14]成本之间的差额。此外,在出售经授权的投资,并将其收益再投资于未经授权的投资时,受托人对未经授权的投资所产生的金额与若经授权证券被保留[15]则本应获得的金额之间的差额承担责任。

---

〔12〕 *Knott v Cottee* (1852)51 ER 705.

〔13〕 *Fry v Fry* (1859)71 ER 659.

〔14〕 *Massingberd' s Settlement* (1890)63 LT 296.

〔15〕 Ibid.

利润和损失

违反信托产生利润的，受益人有权主张该利润属于信托基金。[16] 如果受托人进行了数项未经授权的投资，其中一些产生了盈利，而另一些产生了亏损，一般规则是，受托人不能将利润用于抵销亏损；[17] 他们将为该损失承担责任，而受益人可对利润提起主张。但是，如果盈亏是由同一交易[18]或同一政策决定采取特定行动造成的，则可以从损失中抵销盈利。在 *Bartlett v Barclays Bank Trust Co Ltd*（*No.* 1）案中，[19]因未能监督一家私人公司——该私人公司的股份几乎完全由信托所持有——的董事会的行动，被告银行被判决承担信托违反的责任。董事会已经着手进行了两项投机性房地产开发，其中一项彻底失败了，而另一项成功了。Brightman J 允许将成功项目的利润与失败项目的损失相抵销，因为尽管盈亏不是来自同一笔交易，但它们确实来自于同一政策决定，即从事投机性财产开发的决定。他说道：[20] 210

我认为在评估无可弥补的损失成本时，剥夺银行的救助要素是不公正的。

利息

受托人违反信托的，有责任将损失外加利息恢复原状。法院依其自由裁量命令利息金额和决定收取单利还是复利。按照惯例，命令的利息一般为 4%，如果受托人犯有欺诈或违法行为或其获利超过 4%（例如，受托人的不当按揭回报率为 5%[21]），则利息应增加至 5%。

---

[16] *Docker v Somes* (1834) 39 ER 1095.

[17] *Dimes v Scott* (1827) 38 ER 778.

[18] *Fletcher v Green* (1864) 55 ER 433, 467.

[19] [1980] 1 All ER 139.

[20] Ibid., at 155.

[21] *Jones v Foxall* (1852) 51 ER 588.

最近的判例承认 4% 的利率与当前的商业利率不一致，而且法院判定的赔偿利率比银行当时的最低贷款利率高出了 1%。[22]

抗辩

对受托人提起信托违反之诉的，除试图驳回指控外，还可以援引某些抗辩。

受益人的默认

如果受益人：(a)参与、(b)确认、(c)默许、或(d)免除受托人的信托违反，只要受益人是自权人并充分了解所有事实，[23]则受益人将被禁止提起信托违反之诉。上述受益人不能因本人授权的违反信托而获得诉讼听审资格，但这并不禁止其他未默许的受益人提起诉讼。

211 扣押受益人权益

受托人在受益人的教唆或者同意下违反信托的，可以主张扣押受益人的权益以纠正其违反行为。该权利既存在于衡平法中，也存在于英国《1925 年受托人法》第 62 条及其在加勒比英联邦法域[24]的同等条款中。衡平法上的权利及制定法上的权利的区别在于：

(a)在同意情形下，只有当受益人从违反行为中获益时，才会产生衡平法上的权利（在教唆情形下是否获益无关紧要）；[25]另一方面，制定法上的权利在任何情况下都不受利益影响；以及

(b)只有获得**书面同意**的情况下，才可以获得扣押的制定法上的

---

[22] See *O' Sullivan v Management Agency and Music Ltd* [1985]3 All ER 351; *Guardian Ocean Cargoes Ltd v Banco do Brasil* (*No* 3) [1992]2 Lloyd' s Rep 193.

[23] *Fletcher v Collis* [1905]2 Ch 24; *Marley v Mutual Security Merchant Bank and Trust Co* (1993)30 JLR 390 (Court of Appeal, Jamaica)，在该案中，受益人批准了受托人银行与该银行本身进行存款交易——这被指控为自行交易。

[24] 特立尼达和多巴哥第 8 章第 3 号《受托人条例》第 63 条和《1981 年受托人法》第 73 条；牙买加《受托人法》第 50 条；巴巴多斯第 250 章《受托人法》第 70 条；英属维尔京群岛第 303 章《受托人法》第 64 条；开曼群岛《1967 年信托法》（2009 年修订本）第 68 条；百慕大《1975 年受托人法》第 53 条；巴哈马《1998 年受托人法》第 74 条。

[25] *Chillingworth v Chambers* [1896]1 Ch 685.

权利;而衡平法上的权利在任何情况下[26]都不取决于书面形式。

为了使法院能够根据制定法上的权力行使其自由裁量,必须证明受益人明知其所教唆、请求或同意的是违反信托行为;他仅仅请求受托人做一些他不知道是违反信托的行为,而让受托人自行决定是否照做,这一点并不充分。在 *Somerset*[27]案中,根据婚姻财产授予享有权利的丈夫写信给受托人,要求后者出售部分信托资产,并将其所得用于按揭某些土地。受托人遵照其要求,但按揭金额过大,由于担保不足,该信托遭受损失。丈夫及其子女对受托人提起诉讼,受托人承认违反行为,但主张扣押丈夫的受益利益。据认为,虽然丈夫明确要求并同意对按揭进行投资,但他似乎并不打算成为违反信托的当事方,因为他已任由受托人决定该财产是否有足够的担保。因此,受益人的权益没有被扣押。Lindley LJ 对这一裁决解释如下:[28]

如果一个信托受益人以书面形式教唆、请求或同意进行一项不属于投资权力范围的投资,则其显然属于该条款范围:我认为,在这种情况下,他对该条款权力的无知或遗忘无论如何都不能作为借口,除非他能给出一些充分理由来解释,比如为什么它应该是由受托人引起的。但是,如果一个信托受益人所做的一切只是以书面形式教唆、请求或同意一项由权力条款授权的投资,我认为情况就大不相同了。他有权利期望受托人在进行投资时谨慎行事,如果受托人没有这样做,他们就不能把后果扔受益人承受,除非他们能够表明受益人以书面形式教唆、请求或同意他们不履行这方面的义务。在我看来,这才是对该条款的真正解释。

---

〔26〕 伯利兹第 202 章《受托人法》第 55 条规定无须书面形式即可扣押。

〔27〕 [1894]1 Ch 231.

〔28〕 Ibid. ,at 265.

诉讼时效

在特定时效制定法规定的期限届满后，对受托人提起的信托违反
212 之诉即成为已逾时效的诉讼。例如，在英国，此类诉讼“从起诉权产生之日起6年后”[29]即成为已逾时效的诉讼。在伯利兹，这一期限是“从信托的最终账户交付之日起三年，或从原告第一次知道违反信托之日起三年，这二者选其较早者”。[30] 在特立尼达和多巴哥，这一期间是“从获得起诉权之日起的四年”。[31]

大多数制定法还规定，就欺诈性违反信托提起的诉讼，或为了追回落入受托人手中的信托财产或其收益、或由受托人先前收到并转换成供其使用的信托财产而提起的诉讼，则不适用该时效。

责任免除

《1925年受托人法》第61条已经在多个加勒比英联邦法域[32]得到了重新修改，其内容如下：

> 对于法院来说，如果受托人……需要或者可能需要就违反信托承担个人责任……只要他诚实而理性地行事，且对此人的宽恕是公正的，则都可免于承担违反信托及因疏忽而未能取得法院就其实施该违反所涉及事宜的指示，此外，法院同样可以免除其全部或者部分个人责任。

有人指出，根据该条，法院拥有非常广泛的自由裁量权，并且“它

---

〔29〕《1980年时效法》第21条第(3)款。

〔30〕第202章《信托法》第56条第(2)款。

〔31〕第8章第3号《受托人条例》第66条第(1)款。参见 *Cox v Prescott* (1985) High Court, Trinidad and Tobago, No 95 of 1981(unreported)。

〔32〕例如，特立尼达和多巴哥第8章第3号《受托人条例》第62条和《1981年受托人法》第72条；伯利兹第202章《受托人法》第54条；巴巴多斯第236章《受托人法》第69条第(1)款；百慕大《1975年受托人法》第52条第(1)款；开曼群岛《1967年信托法》(2009年修订本)第67条；英属维尔京群岛第303章《受托人法》第63条；牙买加《受托人法》第44条；巴哈马《1998年受托人法》第73条。

不可能为实施该条规定而制定任何一般规则或原则……每一件案例都要取决于其个案事实。”[33]

为了获得免责，受托人：

(a)必须诚实行事；

(b)必须理性行事；以及

(c)宽恕其违反必须是公正的。

“诚实”在这个语境中的意思是“善意”，[34]但是 Kekewich J 似乎已经设想了一个更严格的标准，他把“不诚实”形容为“一个受托人什么也不做，对其共同受托人的观点全盘接受而从不要求解释或接受站不住脚的解释”[35]——归类于重大过失而非不诚实。

“理性”可能意味的是“根据审慎的商业人士管理其事务的标准”(即 *Speight v Gaunt*[36]案的标准)。涉及的金额可能是评估免责的一个相关因素。比如，在 *Kay* 案[37]中，遗嘱执行人/受托人寻求救济。立遗嘱人留下了超过 2.2 万英镑的遗产，而明显的负债只有 100 英镑。在对索赔进行公告之前，遗嘱执行人已向立遗嘱人的遗孀遗赠了 300 英镑，并认为从立遗嘱人留下的巨额款项来看，这样做是可靠的。然而，遗嘱执行人后来发现立遗嘱人的债务超过了遗产的价值，而遗 213
产实际上已不足以清偿。法院判决，执行人将获准免除承担信托违反的赔偿责任，因为他有理由假定债务不会超过这么一大笔遗产的价值，而且他可以安全地支付遗产。另一方面，在 *Rosenthal* 案中，[38]担任受托人的律师在尚未确保受益人支付了因该财产而应缴纳的遗产税的情况下，就根据遗嘱将财产转让给了受益人，而他后来不当使用了剩余的 270 英镑来部分支付税款。法院判决，他不能根据第 61 条

[33] *Turner* [1897]1 Ch 536 at 542, *per* Byrne J.

[34] Parker and Mellows, *Modern Law of Trusts*, 6th edn, p. 597.

[35] *Second East Dulwich Building Society* (1899)79 LT 726 at 727.

[36] (1883)9 App Cas 1.

[37] [1897]2 Ch 518.

[38] [1972]3 All ER 552.

获得免责,因为尽管其行为很诚实,但是不理性,并且没有证明宽恕其违反是公正的。据认为,受托人是一个有偿的专业人士,理应对他们有更高的标准期望。

"宽恕应公正"——尽管受托人诚实而理性地行事,但法院可以裁定他们不应该获得宽恕。"这个问题本质上是法官自由裁量权范围内的问题",〔39〕而在考虑对受托人的宽恕是否公平时,法院将不仅考虑对受托人自己的后果,还将考虑对受益人和债权人的后果。

在牙买加申请免责的一个例子是 *Davis v Administrator-General* 案,〔40〕在该案中,法院认定总遗产管理人对其作为受托人出售的财产存在某些信托的违反行为。这些违约行为包括未能向受益人提供信息、未能开立适当账户、未能维护和管理信托财产。总遗产管理人的代表辩称,根据第 393 章《受托人法》第 44 条,他诚实而理性地行事,且对他的宽恕是公正的。Douglas J 说道:

……在 *National Trustee Co of Australasia v General Finance Co of Australasia* 案中,〔41〕法院指出,受托人是有偿的,这是一个非常重要的情节。正如 Harman J 在 *Waterman's Will Trusts* 案中〔42〕所说的:"一个有偿受托人将被期待能比无偿受托人行使更高的勤勉和知识水平。"在什么情况下,总遗产管理人可以请求法院判决对他的宽恕是公正的呢?他在 1960 年开始接手这项明确的信托。他等了 14 个月才开始进行估值,并等了两年之后才以一种不恰当的方式就这份巨额财产的出售进行公告。在他的整个管理过程中,他未能以任何有效率的方式处理来利害关系人的询问。他也未能考虑到妥善保存财产账户,也没有做任何监督其监工的工作,还允许了财产的持续贬值。在我看

---

〔39〕 *Marsden v Regan* [1954] 1 All ER 475 at 482, *per* Evershed MR.

〔40〕 (1965) 9 JLR 200.

〔41〕 [1905] AC 373.

〔42〕 [1952] 2 All ER 1054 at 1055.

来，他毫不关心那些上了年纪而身无分文的受益人是否遭受挫折或损失。对任何受托人来说，如此多的失误都是令人痛惜的——作为有偿的公共受托人，他们构成了不合理的行为，是不可原谅的。

因此被告不能援引第 44 条。

另一个例子是特立尼达的 *Ramdin v Maharaj* 案。[43] 该案中的被告是死者的遗嘱执行人兼任受托人，该遗产包括一栋两层的建筑物。在信托管理中，被告之间无法相互配合，导致信托财产的管理疏忽。受托人没有试图出售或出租这幢建筑物，最终它被废弃了。

Edoo J 认为受托人故意不履行信托，不能援引第 8 章第 3 号《受 214
托人条例》第 62 条——根据该条规定，一名诚实而理性的受托人可被法院免除责任。他说道：

无论从什么意义上来讲，被告在取得死者遗嘱的遗嘱认证后即毫无疑问地成为了遗产的受托人，承担和享有就该职位的职责的全部义务和权力。

从 Lord Blackburn 在 *Speight v Gaunt* 案[44] 的判决中，这篇文字简明扼要地阐述了受托人应当如何处理信托财产：

"我认为，之前的掌卷法官引用的权威案例表明，一般而言，受托人在管理信托事务时，如采取了普通谨慎的商人在管理自己的事务时所采取的一切预防措施，即充分履行其义务……"

就 Ramdin 去世时该建筑的状况，我已给出事实认定。被告的理想行为应是聚在一起，确定在当时情况下怎么做才是最好的，是出售还是出租财产，以便产生必要的收入能够多多少少地维持年幼的原告的生活。他们没有采取任何上述措施，这与他们作为受托人的要求相

〔43〕 (1985) High Court, Trinidad and Tobago, No 171 of 1978 (unreported).

〔44〕 (1883) 9 App Cas 1 at 19.

去甚远。他们没有采取谨慎的商人管理自己事务的方式一样行事(参见上文 *Speight v Gaunt* 案)。

在 *Bartlett v Barclays Bank Trust Co Ltd*(*No* 2)案中,[45] Brightman LJ 给出了“故意不履行”一词的定义,该定义适用于本案的情况,即

“在此语境中,受托人的故意不履行是指受托人消极违反信托,作为审慎的受托人,遗漏了一些他本应该做的事,这有别于积极违反信托——做了一些受托人本不应该做的事。如果以这种故意不履行的例子申辩并得以证明,法院有权以故意不履行为依据要求返还。”

使用这些词的语境是关于申请一项声明,即银行有责任赔偿因董事(或其家属)以低于十足市值的价格享有住房而遭受的损失。更有甚者,那些袖手旁观,任由财产白白浪费的受托人,会因为故意不履行而承担违反信托的责任。

被告律师在陈词中试图援引第 8 章第 3 号《受托人条例》第 62 条,该条规定如下:

“第 62 条对于法院来说,如果受托人——无论是由法院任命……需要或者可能需要就违反信托承担个人责任,无论辩称违反信托的交易发生在该条例之前还是之后,只要他诚实而理性行事,且对此人的宽恕是公正的,则都可免于承担违反信托及因疏忽而未能取得法院就其实施该违反所涉及事宜的指示的责任,此外,法院同样可以免除其全部或者部分个人责任。”

该条例的这项规定是一项最初引进于英国《1896 年司法受托人法》第 3 条的制定法规则。现载于英国《1925 年受托人法》第 61 条。

然而,要想援引该条款,受托人必须证明其在处理信托财产时诚实理性行事。已裁决的案件表明,为了得到从法院宽恕或免责,受托人必须证明其在管理或处理信托财产时是诚实理性行事的。如果受托人像本案这般消极地袖手旁观并任由信托财产的浪费,则本规定不

---

〔45〕 [1980]2 All ER 92 at 99.

适用。我毫不犹豫地拒绝考虑这种辩护。

受托人免责条款 215

受托人可在多大程度上通过信托文件中的豁免条款避免责任，这一点并非毋庸置疑。当然，已经确立：(i)对免责条款严格采取对受托人不利的解释，以及(ii)允许受托人免于承担其欺诈后果，这是违反公共政策的。然而，尚不清楚受托人是否可就其出于好意做出的故意行为所导致的亏损承担责任，但是，当该行为客观而言实属鲁莽之时——无论其鲁莽是否造成了信托的违反——只要该鲁莽属于重大过失且不诚实，即可被免责条款[46]有效地排除在外。

Millett LJ 在 *Armitage v Nurse* 案[47]中讨论了受托人免责条款的范围和效力，在该案中，一项财产授予的条款规定"受托人不应对任何可能发生或任何原因造成的……损失或损害负责，除非该损失或损害是由其实际欺诈造成的"。作为一项解释问题，英国上诉法院首先判决，"无论受托人多么懒散、不谨慎、缺乏勤勉、疏忽或多么故意，只要其诚实行事"即可依照该条款"对信托财产的损失或损害"免责。法院的观点是，只要受托人诚实行事，在任何情况下都排除受托人包括因其重大过失所造成之损失的个人责任的条款，都是有效的，并且可保护受托人。在 *Armitage* 案中，财产授予的受托人也是一家公司的董事，该公司经营农业用地——信托财产的一部分。土地价值大幅贬值，有人指控这是由于受托人疏于管理。法院判决，受托人可以援引

---

〔46〕 In *Walker v Stones* [2001] QB 902，据认为，一项自由裁量信托的律师兼受托人不得援引免责条款以抗辩"故意欺诈或不诚实"之外的过失，在该案中，此人故意违反信托，诚实地认为该行为符合受益人的利益，但其实任何合理的律师兼受托人都不会在这种情况下持有这种想法。也见 *Barraclough v Mell* [2006] WTLR 203；*Lemos v Coutts and Co (Cayman) Ltd* [2003] CILR 381 at 403。

〔47〕 [1998] Ch 241.

免责条款。Lord Millett 说道：[48]

我同意……受托人对受益人的义务承担且应履行的义务中存在一个不可削减的核心，这是信托概念的基本。如果受益人不享有可对受托人强制执行的权利，则不存在信托。但是，进一步认为这些核心义务包括技能和细心、谨慎和勤勉，我不同意这种看法。受托人为受益人的利益诚实而善意地履行信托义务是赋予信托实质内容的底线，但在我看来，这已经充分了……排除受托人承担其重大过失的责任违反了公共政策，这种观点并未被任何英格兰或苏格兰当局所支持。与此同时，必须承认人们普遍认为这些条款过于极端，如果受托人作为职业人士收取了服务费用，如果其无法援引排除了重大过失的免责条款，则其无法妄想排除自己的普通职业过失之责。

分担与免责

两个及两个以上受托人对违反信托负有责任的，其责任为共同连带责任，受益人可以对其任何一人或对其全体提起诉讼。此外，可以216 对任何一方处以判决。分担的目的是确保每个过失受托人承担其应分担的损失；然而，在某些情况下，可能要求一个受托人赔偿其他一名或多名受托人的亏损，也就是说，他将被要求支付他本人及其他人那部分的损失。

衡平法上的原则是，所有应对损失负责的受托人都必须同等地承担该损失，如果有人被要求支付超过其份额的款项，他可以要求其他受托人[49]分担。另一方面，有下列情形之一的，可以由法院责令一名受托人 X 对其他受托人予以赔偿：

---

〔48〕 Ibid.，at 253 – 254. *Armitage* 案的做法也被后续案件遵循，例如 *Bogg v Raper* (1998/99) 1 ITELR 267；*Wight v Olswang* (*No* 2) (1999/2000) 2 ITELR 689；*Baker v J E Clark & Co* [2006] EWCA Civ 464。

〔49〕 *Bahin v Hughes* (1886) 31 Ch D 390.

(a)若受托人 X 欺诈[50]或应对违反行为承担全责,或 X 从违反行为中获得了全部利益;然而,需要注意的是,如果“隐名受托人”将决策交给了实施违反行为的积极受托人,那么隐名受托人将无权得到积极受托人的赔偿,因为他们本人应就其不作为而承担信托违反之责。这在 *Bahin v Hughes* 案中[51]得到说明。该案中,遗嘱人留下了一笔钱,由其女儿 H、E、B 以信托行事持有,终身受益人为 X,剩余财产权人为 X 的孩子。H 独自管理信托事务,E 或 B 并未参与,她把资金投资在未经授权的按揭中。该担保被证明是不够的,而信托发生了损失。E 和 B 以没有参与违反为由向法院主张就 H 的行为免责。法院拒绝对其免责,理由是,如果一名受托人诚实——虽然错误——行事导致了违反行为,而其他受托人袖手旁观,因此比自动受托人更忽视他们的义务,则作出免责判决是不公正的。

(b)如果受托人 X 是一名代理人或事务律师,其意见或管理取决于其他受托人,则该违反行为是由 X 造成的。[52]

(c)如果 X 也是信托项下的受益人,他的实益利益可能会被扣押,以便在其他受托人被要求做出任何[53]分担之前,尽可能地弥补亏损。

巴巴多斯《民事责任分担法》第 194B 章,仿照 1978 年英国同名法,修改了衡平法规则,规定可从任何被告(包括违反信托的受托人)收回的金额应为法院公平公正地考虑了此人对涉事损失的责任之后所评估的金额。换句话说,法院拥有自由裁量权以决定不同过失受托人必须分担的金额;但本法不适用于一名有权免责的受托人。

---

〔50〕 *Smith* [1896]1 Ch 171.

〔51〕 (1886)31 Ch D 390.

〔52〕 *Partington* (1887)57 LT 654.

〔53〕 *Chillingworth v Chambers* [1896]1 Ch 685.

追回信托财产

对过失受托人提起的收回信托财产损失的诉讼是一项对人诉讼，而其成功与否将取决于各个受托人的偿付能力。受托人因资不抵债或者破产而不能履行判决的，受益人可以求助于追回信托财产，这是一种其效力不取决于受托人清偿能力的对物救济。追回使受益人能
217 够收回信托财产本身或该财产的收益，不仅可对抗受托人本人，而且可对抗持有信托财产的任何人，但不得对抗对受益人利益毫不知情而为该财产普通法上的不动产权支付了对价的善意购买人。因此，例如，如果一个受托人违反了信托，将信托基金与其自有款项混合在了同一个银行账户里，后来此人破产，则就其款项而言，其破产受托人并不享有优先地位，且受益人将能够通过追回到账户而收回信托基金。

衡平法上的追回存在以下三个要件：

(a)初始信义关系；

(b)可追回的财产；以及

(c)不会产生违反衡平法原则的结果。

信义关系

受托人挪用信托基金或者与信托基金进行不正当交易的，即明确满足初始信托关系的要件。这种关系只需要最初是信义的即可，例如，受托人将本付与 B 的信托基金分配给了 C 的，则 B 可以对抗 C 或 C 已转让给任何其他人手中的基金而追回信托基金，理由是在受托人和 B 之间存在初始信义关系。无论受托人是明示受托人、归复受托人还是推定受托人，都存在初始信义关系。

信义关系不限于受托人与受益人之间的关系，它们可能产生于通

常被视为债务人和债权人的各方之间的交易。在 *Sinclair v Brougham* 案[54] 这一首要判例中,一个住房互助协会在清算时,被认定在经营一项越权银行业务。在该银行业务中,没有足够的资金来清偿股东和储户的索赔。储户主张能够追回到住房互助协会的一般资产,上议院也支持这一主张,理由是储户与该协会董事之间存在初始信义关系,即使当事人之间的关系通常会被视为债权人和债务人关系。

由于遗产代理人与所有死者遗产利害关系人之间都存在信义关系,因此后者可就遗产管理过程中遗产的不当分配向遗产代理人提出追回诉讼。在 *Ministry of Health v Simpson* 案中,[55] 最近亲属有追回权。死者的无偿债权人同样可以追回,因为遗产代理人对死者应付的债务处于受托人的地位。

可追回的财产

追回只存在于可追踪财产中,正如 Lord Greene MR[56] 所解释的:

> 衡平法上的法律救济方法的先决条件是资金的持续存在,无论是作为一个单独的基金、一个混合基金的一部分、还是通过此基金取得的财产的潜在部分。如果根据任何个案事实,这种继续存在的情况无 218
> 法成立,则衡平法就像普通法本身一样是无用的。如果混合或未混合的资金被花在了一顿晚餐上,以特定救济而非损害赔偿为手段的衡平法也束手无策。

通常的情况是,受托人或其受领人将信托资金存入银行账户,与其他资金混在了一起。后果可以概括如下:

(a)受托人将信托资金与自有资金在流动银行账户中混合(例如,

---

〔54〕 [1914]AC 398.

〔55〕 [1950]2 All ER 1137.

〔56〕 *Diplock* [1948]2 All ER 318 at 347.

他使用2万美元的信托资金与自有的1万美元一同支付)时,受托人应证明混合资金中多少比例属于其自有资金,否则整个资金都将被视为信托财产。在本例中,假设受托人可以证明这1万美元是其自有资金,那么受益人可以追回并收回那2万美元,因为他们将被视为对这一数额[57]的混合基金享有抵押权。

(b)当受托人从其账户中提取资金购买资产时,只使用信托资金购买资产的情况,与使用信托基金和受托人自有资金购买资产,这两者之间是有区别的。Jessel MR 是这样说的:[58]

首先,我将站在他(受益性所有权人)的立场,当明确购买使用的是我简称为信托资金的东西之时……在那种情况下……受益性所有权人有权利选择是取走所购财产还是持有该财产作为购买所花费的信托资金数额的担保……他有权选择是取走所购财产还是对就信托资金的价值数额提起诉讼……但是……如果受托人将信托资金与其自有资金混合……受益性所有权人则无法选择取走该财产,因为它不再是单纯地使用信托资金购买的财产,而是用混合基金购买的财产。然而,收益型所有权人仍然有权利对其购买的财产进行抵押,抵押额为购买所花费的信托资金数额;而此抵押与受托人花费的金额完全无关……

(c)按照 *Hallett's Estate*[59] 案的规则,受托人从一个将信托资金与其个人自有资金混合的账户中提取资金的,应当首先提取自有资金,以便尽可能完整地保留信托资金。因此,例如,如果受托人向一个账户中了1万美元的信托资金,然后又向该账户中存入了1万美元的

〔57〕 *Brinks Ltd v Abu-Saleh* [1995] 4 All ER 65; *Universal Investment Bank v Lawla* (1997) Supreme Court, Jamaica, No CL U – 005 of 1996 (unreported).

〔58〕 *Hallett's Estate* [1874 – 80] All ER Rep 793 at 796.

〔59〕 Ibid.

自有资金，并从中取出了 1 万美元用于度假，则他将被视为已经取出并花费了 1 万美元的自有资金，所以剩下的 1 万美元将被当作信托资金处理，且受益人可以对其主张权利。

(d) *Hallett's Estate* 案的规定在 *Oatway* 案[60]中同样适用，在该案中，受托人向其银行账户存入了 3000 英镑的信托资金，该账户中那时本就已有大量资金。然后他取了 2137 英镑用于购买股票，并挥霍了账户中的余额。他之后破产身亡，其遗嘱执行人声称这些股票属于此受托人，因为根据 *Hallett's Estate* 案的规则，受托人必须被视为首先提取了自有资金来购买这些股票。这一论点被驳回了，并且，法院判决受益人对整个混合基金以及用它购买的任何东西享有抵押权。因此，受益人可以坚持对这些股票的主张。

(e) 受托人将混合资金挥霍后向账户中存入了自有资金，除非受 219
托人显示出替换信托资金的意图，[61]否则该资金不会被视为属于信托。例如，受托人将 1 万美元的信托资金存入其银行账户，而账户当时余额为零，然后将 8000 美元挥霍掉，只剩下 2000 美元的余额。他后来存入了 1 万美元的自有资金。受益人只能对该 1 万美元存入之前的 2000 美元余额（"最低中期余额"）提起主张，而无法对该 1 万美元提起主张。该规则旨在考虑在受托人破产时的普通债权人的权益。

(f) 如果受托人将信托资金交给"不知情的受让人"（也就是说，受领人不知道这是信托资金），而后者在银行账户中将信托资金与自有资金混合，则适用 *Clayton's Case* 案[62]中的规则，该规则认为，从该账户中提取的资金应被视为是为了存入而做出的（换言之，"先进先出"）。例如，受托人不当给与了不知情的受让人一笔 1 万美元的信托资金，该受让人将这笔款项存入了一个已包含了 5000 美元自有存款的账户，然后取出并花费了 6000 美元的股票购买费用和 6000 美元的

---

[60] [1903] 2 Ch 356.

[61] *Roscoe v Winder* [1915] 1 Ch 62.

[62] (1816) 35 ER 781.

生活费用。根据“先进先出”规则，剩下的3000美元将用作信托资金。当受托人将属于两个或两个以上的信托的资金相混合时，也适用此规则。

(g)如果受托人将其作为受托人或带有受信性质的代理人而持有的两个单独基金的款项相混合，则基本规则是，单独基金的受益人将同等地共享权益，[63]两者均不无优先权。然而，有法院判决，如果混合在了一个单独的银行账户中，则适用 *Clayton's Case* 案中的规则。[64]

(h)如果受益人有权利追回的信托基金没有被混合使用，并且已经产生了大量利润，将会产生一个问题：谁有权获得这些利润？鉴于受托人不得从信托基金中获利，答案似乎是，当受托人使用信托资金获利，例如，在他使用信托资金购买的股票价值翻倍时，受托人以一项为了受益人的推定信托形式持有该股票及其产生的任何添附。另一方面，如果不知情的受让人从未混合的基金中获利，他将只被要求返还他所接收的金额，而无须返还利润，因为他与受益人之间不存在信义关系。

(i)受托人或无辜的受让人将信托资金与其自有资金相混合，并将混合资金用于购买增值资产的，若受托人不诚实或者故意违反信托，则应交出全部利润，但在其他情况下，则只有与受益人的原始请求成比例的那部分利润才会受到抵押约束。[65] 因此，例如，如果受托人给不知情的受让人1万美元的信托资金，受让人使用信托资金连同其自有的1万美元购买了价值2万美元的股票，并且该股票产生了2000美元的股息并最终以3万美元的价格出售，那么该受让人和追回那1万美元的信托资金的受益人将平分这笔利润。

---

〔63〕 *Diplock* [1948] 2 All ER 318; *Barclays Bank plc v Kenton Capital Ltd* [1994 - 95] CILR 489 at 500 (Grand Court, Cayman Islands).

〔64〕 *Stenning* [1895] 2 Ch 433.

〔65〕 *Tilley's Will Trusts* [1967] Ch 1179; *Foskett v McKeown* [2001] 1 AC 102.

追回救济也被一些加勒比英联邦案件考虑了。例如,在 *Amerasia Industrial Corporation v Rasco* 案[66]中,被告为原告公司的副总裁,兼任秘书及董事会成员,以欺诈手法从该公司挪用了 26.5 万美元并将其存入了他和妻子的共同银行账户。唯一的问题是,公司是否可以从该账户中追回和收回金额。法院对这个问题持肯定回答。Sir John Summerfield QC 说道: 220

适用的原则是明确的,也很容易从 *Hallett's Estate* 案[67]中提取出来。即

"如果一个对 X 处于受信地位之人——尽管不是受托人——持有的资金已由此人存入其由银行管理的账户中,则 X 可以追索这笔资金,并对银行手中的余额享有抵押权。

如果受托人或处于受信地位之人将资金存入其自有银行账户,并将信托资金与其自有资金相混合,然后以普通方式用支票取出该资金,则不适用将第一笔提款归属于第一笔支出的 *Clayton's Case* 案[68]规则,取款人必须被视为先取出了自有资金,然后才是信托资金。"

毫无疑问,Brown 和 Rasko 作为亚美公司(Amerasia)的总裁、副总裁和董事,对公司处于受信地位,且公司基金也烙有信托基金地位的印记。

由此可见,亚美公司可以追索 Rasko 挪用至信托公司的自有账户的资金,并对信托公司的手中的余额享有抵押权。Rasko 的任何性质和任何目的(除了直接返还给亚美公司以外)的取款必须被看作从先从自有资金中提取出来的,然后才是信托资金。

由于账户冻结时的余额小于被挪用和存入至该账户的总金额,因此该余额全部到期且应付给亚美公司。同样,账户中自被冻结以来从

---

〔66〕 [1980-83] CILR 133(Grand Court, Cayman Islands).

〔67〕 [1874-80] All ER Rep 793.

〔68〕 (1816) 35 ER 781.

余额中获得的利息属于“信托”的利息,到期且应付给亚美公司。Rasko 不得从其不当行为中获利。

在 *Space Investments Ltd v Canadian Imperial Bank of Commerce Trust Co (Bahamas) Ltd*[69]案中,莫肯特尔银行及信托有限公司(MBT)被指定为一项财产授予的受托人,该财产授予包含了一项条款以授权受托人“在任何银行……开立和占有一个或多个储蓄账户或活期账户……即使……该银行……应担任受托人……并将属于信托的全部或部分资金存入上述一个或多个账户的贷记金额”毫无争议的是,该条款的效力是授权 MBT 作为受托人将信托资金存入其作为银行家的账户中。MBT 进入清算时,出现了这样一个问题:MBT 作为银行家存入的信托资金是否仍然受到一项有利于受益人的信托的影响,以便受益人能够追回这笔资金并从而获得优先于银行无担保债权人的地位。

枢密院判决,受益人无权追回信托资金,因为该款项已成为银行的财产。受益人仅有权利作为无担保债权人对清算之日信托储蓄账户上的信贷余额提起主张。

Lord Templeman 说道:

问题是,在对破产的银行受托人进行清算时,清算人是否必须优
221 先支付由银行受托人合法占有的信托储蓄账户,然后才支付客户的储蓄账户和受托银行欠其他无担保债权人的债务。

客户在银行存款的,即授权了银行以银行所希望的任何方式、为了银行的利益而使用该资金。客户不取得银行的任何或全部资产之抵押权或利息。储蓄账户是银行对不时的存取款额及所获利息的承认和记录。客户取得的是权利动产,即要求银行支付已贷记或应贷记

---

[69] [1986]3 All ER 75(Privy Council appeal from The Bahamas).

至账户的全部或部分本金及利息累计金额的权利。如果银行破产,客户只能在银行清算中证明自己是无担保债权人,其金额为在银行清算之日被贷记或应当被贷记至账户的金额。

另一方面,受托人无权将信托资金用于使自己的获益,除非经信托文件明确授权。银行受托人与任何其他受托人一样,只能以信托文件或普通法授权的方式,仅为受益人的利益而使用信托资金,除非信托文件另有规定,否则不得为了银行受托人的利益而使用信托资金。银行受托人未经授权擅自挪用信托资金自用自利的,构成信托违反行为,而这并不能通过建立一个信托储蓄账户来证明违反信托是正当的,即便是该账户记录了银行挪用的金额并贷记了银行认为合适的利息。受益人享有一项权利动产,即针对受托人银行就违反信托提起损害赔偿诉讼,此外,受益人还拥有一项衡平法上的救济以追回信托资金至其直接或间接转换后的任何财产。

但是,衡平法允许受益人,或为保护受益人利益而指代的替代破产银行受托人的新受托人,将信托资金追回至银行的全部资产,并通过对银行的全部资产进行衡平法上的抵押来收回信托资金。当一家资不抵债的银行进入清算时,衡平法上的抵押为受益人担保,并且,信托优先于客户就其存款的请求权,也优先于其他所有无担保债权人的请求权。之所以给予这种优先权,是因为客户和其他无担保债权人自愿接受了受托人银行可能破产且无法充分履行其义务的风险。而另一方面,信托的委托人以及享有信托项下的权利的受益人从不接受涉及受托银行可能的破产的任何风险。相反,委托人可以确定,受托银行永远不可能在合法管理信托的情况下将信托资金用于该银行自己的目的,并且总是有义务以普通法和信托文件授权的方式将信托资金及信托财产隔离,从而免于承担信托银行可能的破产所涉及的任何风险。因此,如果受托银行通过将信托资金视为受益性地属于银行而非法挪用信托资金,仅仅是在银行的信托储蓄账户中承认和记录该金额,那么受益人的请求权就是公平的,应当从受托银行的资产中全额支付，并优先于客户和银行其他无担保债权人的请求权。

虽然作为一般规则，受托人不得从信托财产中获利，但此一般规则可因信托文件的明示条款而改变。其中一个例子是，在财产授予中存在一项明示规定，允许受托人为其服务从信托资金中收取和扣除薪酬。财产授予也可能赋予一名受托人以其他方式使用信托资金的权力。莫肯特尔银行及信托有限公司（MBT）被任命为某些财产授予的受托人，这些财产授予赋予了 MBT 如下权力：“在任何银行……开立和占有一个或多个储蓄账户或活期账户……即使……该银行……应担任受托人……并将属于信托资金的全部或部分资金存入上述一个或多个账户的信贷金额，无论这些基金是否会不时产生利息……［以及］提取部分或全部已存入的资金……”

承审法官 Da Costa CJ 在巴哈马最高法院开庭审理时作出的判决也获得了上诉法院（Luckhoo P，Smith and Zacca JJA）的支持，毫无疑
222 问：“该条款的效力是明确授权莫肯特尔银行及信托有限公司作为受托人将其收到的信托项下的银行资金存入该公司。”

该条款的效力还在于，授权莫肯特尔银行及信托有限公司将名义上存入的信托资金视为该公司受益性享有的信托资金，正如该公司有权利将客户存入该公司公司的资金视为其受益性获得的资金一样。存入作为银行家的商业银行及信托有限公司的信托资金，与客户存入该公司的客户资金，这二者都一样是该公司可合法用于支付其开销、为其利益进行投资，以及为该公司的利益以任何其他方式使用，仿佛这些资金绝对且受益性地属于该公司一样，而不顾受益人或客户的利益进行处置。

当客户向莫肯特尔银行及信托有限公司存入资金，且客户的资金额贷记到客户的储蓄账户时，客户对该公司任何或全部资产都不享有权利。客户的唯一权利是要求支付一笔相当于其储蓄账户贷记余额的款项。没有什么可追回的。

当莫肯特尔银行及信托有限公司作为受托人，根据财产授予所赋

予的权限，作为银行家将信托资金合法存入该公司时，并且此存入的信托基金的金额被贷记到信托储蓄账户时，信托项下的受益人对该公司任何或全部资产都不享有任何权利。受益人唯一享有的权利是等同于信托存款贷记余额的款项，而当莫肯特尔银行及信托有限公司决定在信托管理正常过程期间适当行使和履行其自由裁量权力和义务之时，该款项可由该公司以任何经授权、财产授予或普通法所要求的方式使用。如果该公司不再是受托人，并且任命了新的受托人，那么新的受托人将决定是否关闭该公司的信托储蓄账户，并要求该公司向新的受托人支付其信托储蓄账户中的信托贷记余额。这将没有什么可追回的。

当商业银行及信托有限公司破产并进入清算程序时，受益人有权获得新受托人的任命以替代该公司，事实上也确实任命了新的受托人。新的受托人在该公司清算过程中，只能查验该公司信托储蓄账户在清算当日的贷记余额。新受托人的债权将作为无担保债权人，其请求权将与在该公司开立储蓄账户的客户查验其贷记余额一样，都位于未担保的债权人等级。

衡平法的干预是不正当的。委托人已允许信托资金被作为顾客的款项一样对待。委托人已允许莫肯特尔银行及信托有限公司挪用信托资金并将信托资金作为绝对且受益性地属于该公司一样对待。通过将资金存入该公司，顾客已经接受了后者的破产风险。通过允许该公司将信托资金视为在该公司的存款，委托人接受了该公司的破产风险。在这些情况下，如果信托处于比客户更好的地位，那将是不公平的。

信托基金不再是转入莫肯特尔银行及信托有限公司银行业务的资金。该信托基金成为了该公司的义务：要求公司对待在该公司开立的信托储蓄账户，与该公司如何对待在为一家独立银行中开立的、贷记了其作为受托人合法转让和储蓄的信托资金的储蓄账户一样。在该独立银行破产时，作为受托人的该公司的地位只能是储蓄账户金额的无担保债权人。同样,在该公司破产时,合法地将信托资金划拨给自己并将该资金贷记到信托储蓄账户的,信托的新受托人的地位只能是代表信托的无担保债权人。

另一方面,在*Mercantile Bank and Trust Co Ltd*案中,[70]莫肯特尔银行及信托有限公司已作为受托人向其附属机构——中欧银行(CE)——存入了属于Van Am信托的资金,总额为75万美元,这是
223 经信托文件授权的,但条款对信托不利。在该公司清算时,Van Am信托公司的新受托人申请为受益人追回这些资金。法院判决,这些资金是可以追回的,因为与中欧银行进行银行业务的目的不是使受益人受益,而是缓解该公司的资金流动问题,这么做相当于违反了信托。巴哈马最高法院的Smith J[71]认为:

……莫肯特尔银行及信托有限公司作为受托人,有责任尽其所能避免该安排对信托基金可能产生的不利影响……该公司并未这样做,而Van Am信托公司随后被剥夺了[信托]基金……在选择任何银行作为信托基金的保管人时,免于承担责任并不妨碍这一违反了信托的选择行为——该公司作出此选择的理由被证明与其作为受托人本应完成的义务相反……该资金烙有Van Am信托公司的印记,而莫肯特尔银行及信托有限公司作为受托人,通过向中欧银行以一系列麻烦的附加条件为前提在该银行存款而违反了信托。如果该公司在没有与中欧银行达成协议的情况下就将这些资金存入了中欧银行,则可以合法地称:该公司将信托基金存入中欧银行,因为它有权利这样做,而且可能根本不存在任何追回的可能性。

---

〔70〕 (1990)3 Carib Comm LR 262.

〔71〕 Ibid. ,at 266.

第 15 章　离岸信托的延伸 224

如前所述,信托产生于普通法,包含三方当事人,即委托人、受托人和受益人。缺少受益人将导致信托失败;同样,对于为某一目的而非某一受益人设立的信托,只有在该目的是慈善性质时,信托才有效。企业通过信托结构在其财务规划中使用慈善机构作为最终但无关紧要的受益人,这已成为趋势。各个离岸金融中心通过授权非慈善目的信托的设立,将这一概念进行了合乎逻辑的、在预期之中的延伸。

除特克斯和凯科斯岛外,许多加勒比离岸法域,都已在适用近似原则的特定情形中制定了立法以使非慈善目的信托生效。特克斯和凯科斯《1990 年信托条例》第 12 条第(2)款第(a)项第(iii)目保留了无受益人的非慈善目的信托无效且不可执行的规定。

百慕大群岛走在目的信托立法方面的前沿,百慕大《1989 年信托(特别条款)法》第二部分规定了目的信托,将信托的概念扩大至当时英国法管辖的范围。

“目的”信托的定义为以下所述的反面:

除下列信托以外的信托：

(a) 为特定人的利益，无论该特定人是否可以立即确定；或

(b) 为通过私人关系确定的一群人的集合的利益而设定的信托。

都是目的信托。

为一个或多个目的而设立的、符合特定标准，尤其是下列标准的，无论该目的是否为慈善性质，均为有效的目的信托：

(a) 目的具体、合理且可能实现；

(b) 目的不违背公共政策或法律；

(c) 唯一受托人或至少有一名受托人是指定之人；

(d) 信托文件就任命执行信托之人以及此人的继受人作出了规定。

百慕大《1989 年信托(特别条款)法》还规定，受托人应从律师、注册会计师、信托法人或财政部长指定之人中指定。在百慕大群岛，《2001 年关于信托业务监管的信托法》第 9 条规定，除非某人因豁免令而获得豁免，否则在未从事上述许可职业的情况下，不得在百慕大境内执行信托业务，也不得在境外执行百慕大境内的信托业务。此外，《2002 年有关信托业务监管的信托豁免条例》规定，若信托公司经授权而仅向公司章程中列举的信托提供受托人服务，或涉及外国公司经许可向部长时不时可能批准的其他信托提供受托人服务的，不受本法第 9 条规定的约束。

除受托人外，目的信托中，信托契据本身须任命一人以执行该信托。至于该“执行人”应承担的义务以及此人是否并未被要求独立于
225 受托人、立遗嘱人或委托人的问题，该法未作规定。但若此人死亡或不履行其职责时，此人可被替换，且总检察长有权向法院申请宣告任命新的信托执行人。被指定之人应就执行人的不作为通知总检察长，若其未采取合理措施进行通知，则其行为违法，可被判处罚金。

1998 年，百慕大群岛的政策制定者认识到了对 1989 年之法中的要素需要进行技术分类和改进。相应地，《信托修正法[1]（特别条款）》（简称为《修正法》）对《1989 年信托（特别条款）法》中的目的信托条款进行了技术改进，其中包括增加目的结构化的灵活性以及明确目的信托[2]的含义等等。修正案适用于所有的目的信托，无论该信托的设立是在《修正法》之前还是之后。

目的信托——通常地

目的信托是为实现目的而非为受益人而设立的信托。[3] 受托人从某人处取得财产（或声明在受托人的财产上设立信托），并根据信托义务——通过对信托财产的管理实现所规定的目的——持有、分配该财产。而上述规定的目的，可以是为持有特定财产、为特定目的、以特定方式管理或控制该财产的受托人所执行的目的。

在法人背景下，目的信托的常见用途有：促进百慕大公司的成立以参与交易（例如，涉及"孤儿公司"的资产负债表外的融资），或完成特定活动（例如，拥有一家私益信托受托人公司——该公司作为特定信托或信托组合的受托人）。通常情况下，这些交易都以不积累利润的方式而结构化的。

根据 1989 年之法，目的信托被定义为不属于"为了特定之人……或……以某种私人关系而确定的一群人的集合之利益而设立的信托"的信托。在实际操作中，该定义对目的信托的使用情形创造了一些限制。因此，具体的制定法上的定义被认为是不必要的，并且，为了创造

---

〔1〕《修正法》于 1998 年 8 月 1 日生效。

〔2〕在本章中，所有的"目的信托"一词均表示其目的非慈善的信托。

〔3〕在信托基金中，没有任何人享有可强制执行的衡平法上的利益。虽然一个人可以受益于目的信托，但这种利益必须是充分间接或无形的，从而不构成可强制执行的衡平法上的利益。

更大的灵活性,该定义已被删除。

法律仅仅规定,信托可以出于非慈善目的而设立,只要该目的:(a)足够确定以使信托得以执行,(b)合法的,且(c)不违反公共政策。

旧定义的删除便于我们参考更多与目的信托有关的英国判决(英国法对信托并无定义)。因此新措辞消除了公司或个人享有的间接或无形权益(当公司或个人对信托基金不享有受益利益时)可能造成的该信托不再符合目的信托的这种解释性风险。

226 新法也涉及了执行问题。旧法中要求,有效的目的信托必须在其信托文件中就指定一名有权执行信托的人(称"执行人")做出规定。该要求的限制明显过于严格,且长期存在的问题是确定执行人在实践中应如何履行其义务。新条文规定,[4]强制执行只能由法院进行,并赋予法院权利以对下列任何人提出的申请作出恰当的执行命令:

(a)据此信托项下任命之人或信托本身任命之人;

(b)委托人,除非信托文件另有规定(若委托人希望完全从信托中脱离,则可能会放弃此权利);

(c)信托的受托人(这适用于存在共同受托人而其中一名受托人阻止信托适当执行的情况);

(d)法院认为对信托的执行有充分利益的其他任何人。

此外,当总检察长使法院确信上述人员均不能或不愿提出申请时,总检察长也可以向法院提出申请。因此,可以要求受托人归还,从而确保可以对抗受托人执行信托。

新法也就受托人资格和登记事项作出规定,废除了目的信托受托人中至少有一人为"指定人"(曾被定位为律师、注册会计师或在百慕大获得许可的信托公司,或财政部规定的其他人)的规定。因此,委任

---

[4] 百慕大《1998年信托(特别条款)修正法》第12B条第(2)款。

受托人的一般信托法规则现在适用于目的信托:赋予了更大的灵活性,并消除了由于没有"指定人"作为受托人而产生的障碍。同时也不再对百慕大的目的信托作登记要求。

就信托的变更而言,新法进行了特别规定,授予法院根据下列人的申请变更目的信托的权力:

(a)为变更信托而依据该信托任命的任何人;

(b)委托人(除非信托文件另有规定);或

(c)受托人。

经证明,这种变更的可行性在信托发生情势变化时十分有用,在实践中,许多信托会赋予自己变更的权力,从而减少诉诸法院的必要。

尽管旧法允许目的信托的存续期间不得超过100年,《1998年信托(特别条款)修正法》却使得永续目的信托成为可能。该法进一步在第12A条第(5)款规定,反永久归属原则仍然适用,并且,任何目的信托间的转让因此都必须在适用的永续期内进行;而超过100年的目的信托不能被另一信托追索。然而,《1989年信托(特别条款)法》第12A条第(5)款关于目的信托的反永续规则已经被《2009年永续和累积法》第11条废除。

新的百慕大立法有效地利用了目的信托所能从事的各种活动,这使百慕大成为一个非常有吸引力的法域。目的信托的其中一些用途包括:

(a)经营和资助可能不具备某一特定慈善性质的具有广泛目的的 227
社会事业。

(b)处理资产负债表以外的交易。作为那些被禁止在某些类型的公司或投资中拥有一项权益的当事方的工具,或那些需要严格保密的当事方的工具,目的信托可持有企业资产或投资资产的所有权。

(c)出于商业或税务目的,通过避免委托人或实际受益人所在法域内的受控外国公司类型规则,剥夺实体的表决权或所有权利益。

(d)创建、拥有和运营一家信托公司,其受托人将为委托人管理目的信托和家族或企业本质上是为了运营家族办公室——管理和运营一家企业或投资——而可能设立的其他目的信托。

(e)将潜在的高风险业务与主营业务隔离。

英属维尔京群岛[5]、巴巴多斯[6]、格林纳达[7]和圣文森特岛[8]也颁布了目的信托立法,试图改进原百慕大模式的某些方面。在这些法域。反永续和永久归属规则不再适用;[9]适当设立的目的信托可以永久有效,不受时间限制。

在执行人和受托人、受益人和委托人的关系问题上,英属维尔京群岛立法规定,作为目的信托有效的前提条件,"被指定执行信托之人必须是信托文件的当事人"或必须向受托人作出书面同意。在巴巴多斯和格林纳达,负责执行信托的人称为"保护人",立法明示规定承担该职责之人"不得为受托人"。然而,在圣文森特岛,非慈善目的信托的保护人可以同时担任受托人。[10]

在所有上述法域内,如果目的信托的保护人未能行使其采取行动的权力,则由制定法授权的个人采取行动。在圣文森特岛,采取行动之人为"离岸金融监察员",而在多米尼加和尼维斯则为"财政部长"。与其他法域不同,巴巴多斯不强制受托人必须为"被指定人",因此巴巴多斯的目的信托受托人可以自行向法院申请任命一名新的保护人——而不必像在其他法域那样经过总检察长的同意。在巴巴多斯和格林纳达,受托人未能报告保护人的不作为或违反的,将受到更严厉的处罚:在格林纳达,该处罚是罚款或两年的监禁,或两者并处;[11]

---

〔5〕《1994 年受托人条例》第 84 条。

〔6〕《1995 年国际信托法》第三部分。

〔7〕《1995 年国际信托法》第五部分。

〔8〕《1996 年国际信托法》第五部分。

〔9〕英属维尔京群岛《1994 年受托人条例》第 84 条第(3)款;巴巴多斯《1995 年国际信托法》第 7 条第(2)款;格林纳达《1996 年国际信托法》第 9 条第(2)款。

〔10〕《国际信托法》第 13 条。

〔11〕《1995 年国际信托法》第 16 条第(5)款。

在巴巴多斯，除罚款外，法院还可命令受托人在两年内[12]停止担任非慈善目的受托人。

在巴巴多斯、格林纳达和圣文森特，在非慈善目的信托未能有效实现其目的时，规定了与慈善信托类似的制定法上的近似管辖权。

伯利兹、多米尼加和尼维斯也通过了法律，[13]承认非慈善目的信托，前提是该信托之目的应具体、合理、能够履行，且符合道德、法律和公共政策，以及应指定一名保护人来执行该信托。然而，这些法域其并未像上述法域那样对这一问题进行详细规定。 228

开曼群岛通过并入《信托法》(2009 年修订)第八部分，对目的信托的概念做出了特别对待。这一部分称为“特殊信托”——替代制度(开曼群岛 STAR 信托)。开曼立法旨在改进百慕大旧有模式，如前所述，这种旧有模式直到《1998 年信托(特别条款)修正法》之前都只能用于纯粹的目的信托。该立法的主要特点是：

(a)为特殊种类的信托——称为“特殊信托”——创建特殊制度；

(b)特殊信托可以是永续的；

(c)特殊信托可以是同时为了某人和某目的而设立；

(d)其目的可以是公共的或私人的，只要合法且不违反公共政策即可；

(e)在特殊信托中，执行人和受益人问题是完全分离的；

(f)受益人可以(但不必须)是执行人；且

(g)在目的不能继续执行时，法院可以基于近似原则变更 STAR 信托。

开曼 STAR 信托立法为目的信托——既包括慈善目的，也包括非慈善目的——规定了一项制度，也就为了某人而设立的普通信托制定了一项替代制度。上述信托的灵活性在于，它可以是慈善目的、非慈

---

〔12〕《1996 年国际信托法》第 12 条第(4)款。

〔13〕《1992 年信托法》第 15 条；多米尼加《国际豁免信托法》第 8 条；尼维斯《国际豁免信托法》第 8 条。

善目的或为受益人设立，甚至可以是为了这三者的任意组合。它们可以是永续的，而且必须有一名执行人（可以是一名或多名个人或公司或其委员会）。只有执行人可以执行信托，因此受益人无权要求强制执行，也无权获得与信托相关的信息。然而，受益人可以同时担任执行人。

STAR 信托可以在多种情况下使用。它可以用于持有非标准资产，用于投资和协助特定公司或企业的发展。可以用于家族企业继承计划。因此，收入和本金可以支付给家庭成员是适当的，但是与信托和基础业务有关的信息只能由被指定为执行人的家庭成员获取。

在商业领域，STAR 信托如今经常被用来作为特殊目的公司（SPVs）的所有权人，以替代国际资产和结构化金融交易中的慈善信托。是否使用 STAR 信托的关键问题在于应当由谁作为执行人。在真正的“孤儿”特殊目的公司交易中，商业当事人通常不希望与特殊目的公司或所有权信托有任何联系；因此，有必要使用越来越多的包装完善的开曼群岛组织来充当执行人。

STAR 信托越来越多地被用作为某人设立的传统信托的替代物。限制 *Saunders v Vautier* 案[14]规则的适用以及某些受益人的知情权利——这种能力现在非常流行，特别是对那些位于适用强制继承权规
229 则的法域的民众而言。STAR 信托使得客户在试图有效创建“防挥霍”条款时——试图限制利益的转让——享有更大的灵活性。STAR 信托的永续性也得构建同等的美国“朝代”信托。

STAR 信托曾被用作私益信托公司的所有权工具。私益信托公司（PTC）经常被用作各种家族信托的受托人，从而使家族信托遗产管理得以持续并对其进行控制。STAR 信托可以是永续的，可以大大减轻受托人信托资产多样化的负担，和其他相关问题的风险。

STAR 信托也被用于递延补偿和养老金计划。在这一点上，它们

---

〔14〕 (1841) 4 Beav 115; 49 ER 282.

有时被用于设立离岸“拉比”信托，这一点将在下文第 18 章中提到——后者是美国批准的延期付款方案。STAR 信托还可替代国际集团离岸雇员的在岸养老金安排。

一些法域可能不承认 STAR 信托，这一问题已经显现。信托资产有可能首先被转让给一家开曼公司，以换取开曼公司在 STAR 信托中的股份，这一点尚未被证明能产生任何问题。此外，在永续信托问题上，许多法域正在普遍得越来越明智，慢慢开始接受这一特性。

任命离岸信托保护人逐渐成为了信托运作的重要部分。保护人为委托人和受益人提供了一定程度的保护——这种保护在没有保护人的情况下是不可能存在的，并在不损害信托本身的纳税地位的情况下，对受托人的权力进行检查。

离岸信托的委托人面临着天然且明显的不确定性。出于税收和保密原因，委托人放弃对资产的实际控制这一点至关重要。因此，他必须即刻让渡部分或全部财产的所有权和控制权，以明确地否认取得协议项下的任何利益，但同时能够使其他家庭成员或其他指定的受益人享有这些利益。

令人更加关切的是，信托协议经常故意给予受托人对信托基金几乎不受限制的权力，以便对无法预见的情况做出迅速反应。委托人与受托人可能通常天各一方且互相不相识。如果出现问题，委托人与初始财产分离，既不能影响资金的分配方式，也不能影响受托人的行为。通过向受托人发出意愿书，委托人可能希望影响受托人将来的行为，但是，由于该意愿书不具有法律约束力，因此这并未实质性地缓解该问题。[15]

因此，委托人经常指定一名保护人用以独立地检查受托人并控制资金的分配。在受托人失职或未能妥善管理信托的情况下，保护人将

---

〔15〕 *Bank of Nova Scotia Trust Co* (*Bahamas*) *Ltd v De Barletta* (1984) Eq No 550 (unreported).

为委托人提供帮助。

英国法律没有对保护人给出制定法上的定义,保护人这一角色也没有什么司法认可。然而,对保护人缺乏制定法上的承认的好处之一是,委托人可以决定给予保护人多少权力。一般来说,保护人的权力包括:

230 (a)解雇或替换受托人的权力;

(b)增加额外受托人的权力;

(c)否决受托人资本分配的权力;

(d)否决受托人决定增减受益人的权力。

英属维尔京群岛在其立法中已经确立了保护人可能享有的权利。其《受托人条例》(后经《受托人法》修正)赋予保护人以下权利:

(a)确定哪个法域的法律将作为信托的准据法;

(b)解任受托人;

(c)变更信托管理的管辖法院;

(d)任命新的受托人或额外的受托人;

(e)取消任何信托受益人的资格;

(f)在现存信托受益人之外新增任何信托受益人;以及

(g)有条件或无条件地拒绝同意受托人的特定行为。

通常由委托人决定赋予保护人什么权利,并采取谨慎态度,不给予保护人具有"准受托人"性质和数量的义务。

对于这些权力是否确实是受信人权力尚存争议。[16] 据说,处于受信地位的保护人不应同时作为信托项下的受益人,也不应享有除其专业费用[17]以外的任何支付。同样,保护人不应受另一有关当事人(如受托人或基金经理)的控制。委托人有权期待保护人采取独立和

---

〔16〕 Compare *Rawson Trust Co Ltd v Perlman* (1989) Supreme Court of Bahamas, Equity No 194 (unreported); *Von Knieriem v Bermuda Trust Co Ltd* (1994) Supreme Court of Bermuda, Eq Nos 154 and 162 (unreported).

〔17〕 然而,安圭拉《1994 年信托条例》第 16 条第(3)款规定,信托保护人也可以是信托的委托人、受托人或受益人。

客观的行动。

在最近的马恩岛 *Steele v Paz Ltd* 案[18]中，上诉法院的判决承认了保护人的角色，该案将适用于受托人的原则也适用于保护人。在不存在保护人的情况下，法院会介入并指定一名保护人。

委托人可以根据自己的意愿任命尽可能多或尽可能少的保护人。然而，保护人越多，他们对具体情况[19]的反应速度就越慢。通常而言，最好的办法是指定一个或至多两个保护人，预先保留或明确一项继任规则，以防现存保护人发生任何意外。

在大多数加勒比离岸法域都有立法赋予保护人的制定法上的效力。伯利兹、[20]安圭拉、[21]多米尼加[22]和尼维斯[23]的立法规定，除 231
“信托条款授予的权力”之外，被任命为保护人者还应享有某些权力，尤其包括解任受托人、任命新的或额外的受托人的权力，以及变更信托准据法的权力。

在英属维尔京群岛[24]和巴哈马群岛，[25]立法的效果相似但措辞不同。信托文件可包含以下条款：受托人行使其任何权力和自由裁量权之前，须事先征得委托人或被称为保护人或类似名称之人的同意。信托文件如有上述规定，受托人对其经过事先同意的行为所造成的任何损失概不负责。但是，根据巴哈马法，还进一步要求受托人必须本着善意行事。

所有法域的立法均规定，保护人在履行其职责时不得被视为受托

---

〔18〕 *Steele v Paz*, Isle of Man Chancery 1992 – 95.

〔19〕 安圭拉《1994 年信托条例》第 16 条第（6）款、伯利兹《1992 年信托法》第 16 条第（6）款、巴巴多斯《国际信托法》第 26 条第（4）款、圣文森特《1996 年信托条例》第 16 条第（6）款、多米尼加《1997 年国际豁免信托法》第 9 条第（6）款均规定，赋予保护人的任何职能可由经多数决投票选出的保护人行使。

〔20〕 《1992 年信托法》第 16 条。

〔21〕 《1994 年信托条例》第 16 条。

〔22〕 《1997 年国际豁免信托法》第 9 条。

〔23〕 《1994 年国际豁免信托条例》第 9 条。

〔24〕 《1994 年受托人条例》第 86 条。

〔25〕 《1998 年受托人法》第 81 条。

人，但在安圭拉、伯利兹、多米尼加、尼维斯和圣文森特，保护人对信托受益人或信托设立的目的承担受信义务。

在格林纳达，[26]保护人的制定法上的包装只存在于国际目的信托，其作用相当于其他法域中的“执行人”。巴巴多斯[27]对国际目的信托持同样态度，但《1995 年国际信托法》第六部分就保护人在其他国际信托中的职责作出了一般性规定。《1995 年国际信托法》第 26 条第(2)款似乎束缚了委托人授予保护人权力的数量和内容的自由。本条列出了某些权力，并规定如下：

> ……信托条款可以授予保护人**下列**或**其中任何一项**权力：
> (a)任命和解任受托人的权力；
> (b)变更信托准据法的权力；
> (c)提前对受托人特定行为知情的权利；
> (d)接收与信托账户有关或构成部分账户的信息的权利。

家族办公室起源于 19 世纪那些伟大家族财富的创始人，他们试图使其庞大财产管理在一代又一代的传承中的灵活性和确定性。私益信托公司(PTC)是家族办公室的最新发展，近来的财富制造者试图使信托由比传统信托公司更容易接近家族需求的受托人来管理。

在信托控制着大型跨国企业或家族企业集团的情况下，机构性质的信托公司并不总是能立即做出可能是至关重要的决策。然而，如果私益信托公司的董事是为委托人精心挑选的顾问，并且熟悉业务运营时，那么他们可能以更快的速度和更少的犹豫来采取行动。

同时私益信托公司承担有限责任，因此可以避免受托人暴露于个人责任危险之中。这种保护是有限制的，例如，在特克斯和凯科斯群

---

〔26〕《1998 年受托人法》第 81 条。
〔27〕《1995 年国际信托法》第三部分。

岛，当法人受托人违反信托时，信托公司的董事可能会作为担保人承担责任。类似的情况存在于海峡群岛的根西岛，且其提出经过了 232 *Cross v Benitrust International*(*CI*) *Limited and Others* 案[28]中的仔细研究。

无论是自己经营还是作为"托管信托公司"进行分包，成立并运营私益信托公司的成本都是巨大的，并且，只有当信托资产超过 2000 万美元时，其存在才可能是合理的。然而，这些成本可能与机构性质的信托公司的费用相当(这将不可避免地考虑到信托业务的风险因素)。

私人信托公司的存在会有利于管理人员和经营人员的更换。这种结构的改变是有利的，无须再就辞任受托人的免责问题在主要文件中予以规定或讨论。同时，私益信托公司可以解雇和任命投资顾问，或任命更愿意接受家族的意见其他专业人士。

由于私益信托公司通常不创造利润，其股权结构通常是无关紧要的。因此，其股份持有人可以是委托人或其家族、公司董事、慈善信托、担保公司、私人基金会、目的信托或特殊信托。通过利用信托、担保公司或私人基金会所有的私益信托公司，掩饰了委托人的参与并提高了保密性。与专业的信托公司相比，私益信托公司在投资策略方面的行动也更具投机性。然而，如果确实出现问题，与使用专业信托公司的情况不同，受益人可能很难从私益信托公司获得充分赔偿。因为后者在通常情况下会有更多的可用资源来满足判断的需要。

一些加勒比法域通过提供必要的监管框架，为私人信托公司的成立提供了空间。在百慕大，这些实体可以作为家族信托或密切相关的信托集团的受托人而成立。然而，除非根据《2001 年关于信托业务监管的信托法》获得信托许可，否则被豁免的公司不能作为一般的信托公司行事。然而，在申请成立时，有必要向百慕大金融管理局提交受益性地拥有私人信托公司的当事人的详细财务信息、姓名、地址和职

---

〔28〕 (1998) Royal Court of Guernsey, 6th April (unreported).

业。虽然有必要说明构成受益人类别的家族名称,但不必提及每一个人的名字。百慕大金融管理局对这些信息视为保密信息。私益信托公司的章程备忘录将包含信托对象,具体说明信托名称或家族/集团的名称。当计划为不同类别的受益人管理更多的信托时,需要再次向财政部长申请批准,并提供受益人类别和新信托的名称。文件为私密性质,在这个意义上,除非公司章程中注明名称,否则公众无法获得信托的详细信息和受益人的具体名称。

在开曼群岛,私益信托公司根据《银行和信托公司法》(2009 年修订)的规定获得许可。《1989 年银行和信托公司法》曾规定,如私人信托公司拟担任有限数目的家族信托的受托人,可申请一项受限制许可。在这种情况下,资本要求和应付年费将远低于取得无限制许可的信托公司。然而,《2008 年私益信托公司规定》(2009 年修订)已经取消了"受限制许可"程序。该规定第 4 条规定:

233 (1)依据第(2)款登记的私益信托公司,无须取得许可,即可从事有关信托业务。

(2)……私益信托公司应向当局申请登记,为维持已登记地位,须于登记之时及之后的每年 1 月 31 日或之前进行登记——

(a)按照当局批准的格式向当局提交一份年度声明……

(b)向当局支付 7000 美元的初始登记费用,然后每年缴纳 7000 美元登记费。

但是,私益信托公司需要接受年度审计,如果该公司在开曼没有符合资格要求的员工,则必须指定当地的 A 类银行和信托公司作为经授权的代理人。

在英属维尔京群岛,依照《1990 年银行和信托公司法》的规定,组建一家作为受托人的公司必须获得许可,除非该公司属于相关豁免范围。《1991 年有关申请程序的银行和信托公司指令》第 7 条第(d)款规定了特别豁免，该条规定，在英属维尔京群岛没有实体机构的公司应被视为并未依照本法经营信托业务。然而，《1991 年关于申请程序的银行和信托公司指令》被《2007 年关于豁免的金融服务规定》废除。《2007 年关于豁免的金融服务规定》第 5 条规定：

(1)……其业务只涉及以下方面的私益信托公司无须依照《1990 年银行及信托公司法》申领信托许可：

(a)无偿信托业务；或

(b)相关信托业务。

该规定确立了，如果私益信托公司或其相关人员未就其构成信托业务的服务而被支付或获得任何报酬作为对价的，则该私益信托公司从事的信托业务是无偿信托业务。[29] 此外，"相关信托业务"一词是指就单一合格信托或一组相关的合格信托[30]提供的信托业务。

特克斯和凯科斯群岛的相关立法则是《1992 年关于许可的受托人条例》。以下情形可以获得豁免：

(a)仅作为一个单一信托的受托人的公司，且

(i)该公司的股本完全由信托委托人或其任何受益人受益性所有；或

(ii)该公司在特克斯和凯科斯群岛以外的一个法域设立了已登记的办事处，且财务秘书认为该法域对信托公司的监管和规定符合要求。

(b)仅作为消极受托人行事，且除按受益人的指示转让财产外，对其持有的信托财产不负其他义务的公司。

---

〔29〕 第 2 条。

〔30〕 第 1 条。

第 16 章　委托人控制、强制继承权和资产保护：离岸信托制度持续存在面临的问题

与国内信托结构不同，离岸信托制度追求在资产分配方面以及具体受益人方面给予委托人最大限度的保护和满足。虽然这些原则对两种信托制度而言都是通用的，但离岸金融中心的立法和实践对策力求通过促进这些原则的执行，使这些中心具有吸引力。委托人控制、特留份继承权和资产保护领域得益于这一立法推力并不出人意料。

委托人控制

一般在法律上，委托人必须放弃对信托财产的实际控制。委托人保留对资产的控制权可能导致信托被宣布为伪造，因为法院认定，信托的根本利益事实上仍属于委托人。如果受托人根据委托人的明确指示，以信托方式持有信托

基金，且委托人为唯一受益人，或者委托人未授予所谓的“受益人”任何权利，使受托人就其对信托基金的处置对受益人承担归还义务的，则可能默示构成归复信托。

归复信托可能是一种“形式”，产生于对信托文件条款的解释，这些条款为委托人保留了如此多的权益和权力，以至于委托人等于是具有绝对权益。或者，当作为一个形式问题，受益人享有对抗受托人的权利之时，它可能是“实质性的”。然而，该信托会被解释为伪造，因为委托人与受托人互相承认信托基金实际上仍为委托人的财产，且受托人将根据委托人的指示行事。在这种情况下，信托可被定义为附有（与信托文件不一致的）意愿书的不可撤销的自由裁量信托，且表示不具有约束力。因此，一切都取决于受托人是有意识地以一种可能符合委托人意愿的方式行使独立的裁量权，还是根据与委托人的安排自动按要求行事。

在 *Abdel Rahman v Chase Manhattan Bank*（*CI*）*Trust Co Ltd* 案[1]中，原告提起诉讼，试图使其亡夫做出的财产授予的有效性。逝者 KAR 在1977年依照泽西岛法律做出了一项财产授予，指示该案中的第一被告信托法人依据其生前所指定的信托形式而持有该信托的基金及产生的收益。受托人被授权向 KAR 支付或为了其利益而支付资本或收入，并被指示在其决定是否行使该权力时应将 KAR 的利益作为唯一的考虑因素。财产授予中许多管理性权力的行使需要获得 KAR 在世时的事先同意。KRA 称该基金为“我的资产”，并称受托人为他的“信托经理”。受托人不作出任何独立的投资决策，且总是听从 KAR 的指示。此外，KAR 从基金中取得现金并分配收益，而受托人仅在事后收到通知。

法院判决，基于以上事实，自 KAR 拟设立财产授予之日直至其死亡为止，他对信托基金实施了支配和控制，并将信托基金中的资产视 235

〔1〕 1991（JLR）103.

为自己的财产，而受托人配合地作为其代理人或被指定人，该信托本身因伪造而应被撤销。

Private Trust Corporation v Grupo Torras 案[2]给出了一个重要信息，即受托人应积极参与信托管理并提供独立法律服务。该案中，信托声明不仅为被指定为第一受益人之人保留了非常实质性的权力，而且巴哈马上诉法院进一步评论道，附属公司的运作是为了特定受益人的利益、受益人的律师（而不是受托人的律师）被用来完成各种金融交易——这一事实使得法院对信托结构的独立性产生怀疑。

该案事实为，GT 指控 F 在担任 GT 首席执行官时不当挪用基金。F 在巴哈马设立了一项信托，受托人为一名信誉良好的银行家。高等法院对作为信托受托人的 P 施加了一项马瑞瓦禁制令*和披露令。P 提起上诉，其主张之一是，依照《1991 年反欺诈法》的规定，应适用两年的巴哈马诉讼时效，因此不能对资产提出异议、不能对受托人提起诉讼，也不应签发禁制令。

巴哈马上诉法院认真考虑了该信托中的相关规定，并具体参照了以下权力：

(1)第 1.1 条授予受托人使用信托资金进行投资的自由裁量权，但应获得 F 或其指定的之人的书面同意。

(2)第 1.2 条授予包括 F 在内的任一受益人要求受托人将分红分配给自己的权利。

(3)第 5.1 条规定，被保护人（最初由 F 任命）可随时罢免受托人。

法院的观点是，虽然信托基金以信托的名义由受托人安全保管，但实际上，受托人根据作为信托对象 F 的请求，可依法行使裁量权，这

---

〔2〕 Court of Appeal of Bahamas, 27 October 1997.

* 指法院为诉讼保全而签发的一种冻结出国者资产以防止其被转移至海外的命令，源于 *Mareva Compania Naviera SA v. International Bulk Carriers Ltd* [1975] 2 Lloyd's Rep 509 案。——译者注

使得 F 可以使用这些信托基金。法院进一步认为，实际而言，受托人根本无法独立行使其自由裁量，也无法在 F 要求分配信托基金时予以拒绝。

法院认定，在巴哈马和其他税收优惠的离岸法域，如果债权人的诉因未出现，且在固定的制定法上的期限过期之后才提起诉讼的，此时信托的设立是为了通过利用信托资产保护相关立法来对抗债权人。然而，法院指出，在马瑞瓦程序中，法官不应避免得出这种结论：在目前情况下，信托的委托人实际上处于一个等同于对信托基金享有实质且有效控制的地位。

在委托人被指控涉嫌欺诈性交易的特殊情况下，法院可以考虑，基于对事实的真实解释，委托人是否享有“实质性的或实际上的控制”，在此过程中不仅要密切关注信托契据的相关规定，还要关注争议实体是否“听命于”某个支配者的命令。如果确定信托确实是这样一种工具，那么法院实际上可以刺穿信托结构，并将委托人视为资产的 236
受益性所有权人。结合本案的所有情况，上诉法院认为没有任何理由应当推翻高等法院判决。

当时，*Grupo Torras* 主张的立场是，受托人在适当情况下可毫无疑问地遵照权威的委托人或受益人的意愿，而不必获取必要的独立法律咨询，这一事实本身可能使受损害的第三方（无论他们是债权人、继承人、配偶、税收机构还是政府机构）能够以受托人受到同时作为受益人的委托人的实质性的或实际上的控制为由，质疑受托人的特定行为或信托结构本身。同样，如果可以证明信托的附属公司是为了委托人的利益而运作的，法院也可能通过延伸马瑞瓦禁制令来刺穿这些附属公司的面纱。

但是，巴哈马上诉法院明确表示，其判决绝不是为了鼓励潜在的原告相信，在巴哈马，对抗受托人的禁制令和披露令可十分轻松地自动取得，或相信，诉讼当事人的一时兴起即可刺穿信托或法人的面纱。

Rahman 案和 *Grupo Torras* 案中提出的观点被 2003 年泽西岛的

Esteem Settlement 一案[3]严重削弱了。该案所争议的信托由 Grupo Torras 的 F 在其成为 GT 的首席执行官之前设立,目的是规避科威特的强制继承相关法律,以及规避英国税务。自 1981 年至 1986 年,F 通过对其自有的个人资金的各种赠与而设立了信托。这些资产被用于购买位于英国的农场,以及拥有家庭住房的所有权。1992 年,在 F 成为 GT 的首席执行官之后,他将从 GT 窃取的资金转移到了 Esteem Settlement 基金。泽西岛法院后来将上述转移另案撤销,但在 *Esteem Settlement* 案中,法院对 GT 和 F 的破产受托人怀疑在欺诈发生之前所设立的信托的原始金额(称为“清洁基金”)的有效性表示关注。

GT 的代理律师基于三个理由怀疑该信托的有效性,其中只有两个理由在泽西岛境外是相关的,即

1. 基于 *Rahman* 案中阐明的原则,该信托是一个伪装,或

2. 在信托有效设立之后,该信托可以随后通过与刺穿法人面纱概念类似的“揭开信托面纱”或“刺穿信托面纱”而被认定无效。

应当注意的是,第一种观点是以信托从未有效设立这种立场为基础,而第二种观点承认信托自始有效设立但认为其随后被认定无效。

在考虑信托是否构成伪造时,法院参考了 *Snook v London & W. Riding Invs. Ltd* 案[4]中上诉法院 Diplock LJ 的判决,Diplock LJ 认为,“由于行为或文件是一个‘伪装’以及由此产生的任何法律后果,其全体当事人必须存在一个共同意图,即这些行为或文件不创设它们所表面上显示的法律权利和义务”。在本案中,原告没有提供任何证据证明 Esteem Settlement 的受托人意图就其受托人角色欺骗任何人,也无证据证明其系 F 及其同伙所犯欺诈的当事方。虽然受托人在处理信托资产时,确实在一般情况下都是按照 F 的意愿行事,但并没有明显

---

〔3〕 [2003]JLR 188.

〔4〕 [1967]2 QB 786 at 802.

的欺骗意图。因此，法院将其区别于 *Rahman* 案，并明确声明，委托人和受托人都必须有意欺骗第三方，才可造成信托的伪造。

就原告要求法院刺穿“信托面纱”的主张而言，法院推理认为，该原则并不像其适用于法人那样适用于信托。刺穿法人面纱这一概念涉及消除法人人格，从而使股东对公司资产享有实际控制权。对信托而言，资产的受益权不归属于被指控涉嫌不正当控制资产的上述实体。委托人对信托（该信托本应有效）的公然控制不会穿透这项信托，也不会使得受益人的资产被转让给委托人；它仅仅是造成了对信任的违反。刺穿法人面纱这一法人概念不适用于信托关系。 237

因此，*Esteem Settlement* 案的判决显著缩小了 *Rahman* 案的适用范围，因为该判决明确指出，若要造成信托的伪造，受托人必须与委托人共同采取不诚实行为以欺骗外部世界，并且对信托的赠与并不基于委托人的后续行为而无效。

公司层面的委托人控制：VISTA 信托

“谨慎商人”规则

信托一直被认为是较好的“继承工具”之一，但其用于公司股份继承的用途历来受到普通法规则——受托人必须像谨慎商人那样处理信托投资——的阻碍。该规则实际上要求受托人像 *Bartlett v Barclays Bank Trust Co. Ltd* 案[5]所判决的那样监督和干预附属公司的事务。*Bartlett* 案规定了，当信托财产包括公司股份时，受托人应在公司事务中发挥积极作用。

这种要求往往会给委托人和受托人带来困扰，因为对受托人所要求的谨慎与经营成功企业所需的敏锐和快速决策之间存在固有冲突。此外，大多数委托人都不欢迎仅仅为了满足短期财务考虑而强制出售股份的这种趋势。专业受托人很少拥有，或者说，很难期望他们拥有

---

〔5〕 ［1980］1 Ch 515.

与特定业务相关的技能。此外,确保受托人避免遭受索赔的必要监督程序往往大大增加了信托管理的成本。不仅如此,受托人的职业损害赔偿保险的昂贵程度往往也会带来问题,甚至使信托无法继续下去。

与充分分散的投资组合和多样化相比,家族企业通常承担着更大程度的财务风险。虽然多元化投资组合通常是受托人的优先选择,但该目标有时可能与委托人的意愿直接冲突。对于许多委托人及其家人而言,自我管理公司所代表的不仅仅是非个人投资。在考虑信托时可以考虑的因素包括:家庭传统、对雇员或环境的社会关注、后代的就业机会,以及比长期或中期更进一步的商业预测。此外,所有权人往往更愿意让董事而非同时担任受托人的股东来讨论公司是否扩张、签订合同,甚至停业的相关问题。管理公司以提高其股份价值不必然是、且常常不是它的长期最佳利益。此外,经济评论人士稳妥地指出,
238 一些较为成功的公司,其所有权人仍是掌舵人,且管理目的不仅仅为了短期收益(且其股份尚未被处置)。因此,一方面,受托人面临着因未能处置股票而承担潜在责任的风险;另一方面还面临着保留这些股份的压力。

英属维尔京群岛《2003 年特别信托法》(又称 VISTA 法)自 2004 年 3 月 1 日起生效,该法允许设立特殊的新信托,通常称为英属维尔京群岛特别信托(VISTA 信托),以规避这些难题。VISTA 法允许委托人实质上排除“谨慎商人”规则的运用。该法使股东能够就其自有公司设立一项信托,解除受托人的管理责任,并且只要董事认为合适,就可以保留公司及其业务。此结果可以通过以下方式实现:

· 授权完全免除受托人的监督和干预义务,但委托人另有要求的部分除外;

· 允许委托人赋予受托人与其能力更匹配的角色,即为解决具体问题进行干预的义务;

· 允许信托文件就董事任命和罢免制定相关规则,从而通过受托人自行任命董事来减轻其干预管理的责任;

·给予受益人和董事权利以在受托人未能遵守不干预要求或董事任免要求的情况下法院提出申请；和

·应受托人请求，授予其经董事同意后出售股份的权力。

为适用 VISTA 法，信托文件必须明确指出该法适用。在 VISTA 法适用的情形下，指定的股份将以“保留信托”的形式持有，而受托人保留股份作为信托基金的一部分的这种义务将优先于维持或提高股份价值的义务。因此，受托人对持有（而非处置）股份的后果不承担责任。除非信托文件有相反规定，否则受托人不得行使表决权或其他权力以干涉公司业务的管理或运行，但受托人的行为是基于“干预请求”（定义见 VISTA 法）的情况除外；公司业务的管理或运行将留给适当的人——公司董事——处理，他们对公司负有完全的受信义务，除非同时担任股东的受托人因其受托人身份而被限制行使某些股东的权力。VISTA 法进一步规定，信托文件可以规定，受托人在特殊情况下可以干预公司事务，特殊情形是指：受益人、自由任命权的对象、任一父母或监护人、总检察长（就慈善信托而言）、执行人（就目的信托而言）或其他列举之人发出“干预请求”的情况。法院也可应申请进行干预，以在受托人保留指定股份的做法不再符合委托人意愿时，授权受托人出售这些股份。VISTA 法仅限于英属维尔京群岛公司（BVI 公司）的股份，但已经存在一些为了持有非 BVI 公司股份的 BVI 公司而设立的 VISTA 信托。

这项创新立法通过将受托人排除在附属公司的管理之外，并取消其出售公司股票的自由裁量（规定情形除外），使得委托人的控制被保留在董事/公司等级而无须承担信托被视为伪造的风险。

在岸法域的批评者认为，这些特别信托从根本上破坏了信托的性质，不应被在岸法域承认。然而，无论在岸税务机关和监管机构的观 239
点如何，在岸法域的法院都不太可能违背《关于信托的法律适用及其承认的公约》。

强制继承权

离岸法域的信托立法目标之一是允许财产自有处置并提供一些保护以避免他人依照习惯法或外国制定法主张权利的风险,如果遵循这些习惯法或外国法,将会使原始所有权人以其认为合理的方式处置财产的意图无效。上述这种权利主张称为"强制继承权"。

所有加勒比离岸法域[6]的立法都明确宣布——格林纳达[7]和伯利兹[8]除外,关于信托项下委托人的能力问题或财产处置问题都应依照特定法域的法律确定,且除财产为不动产或适用立遗嘱人住所地法律的遗嘱信托外,不得参照其他任何法域的法律规定。

通常而言,不同的法,如百慕大《1989 年信托(特别规定)法》规定,委托人设立信托的能力应受百慕大法律管辖,且对其设立能力的质疑将依照百慕大法律处理。该措辞明确规定了判断的作出应依照百慕大法律,而不得参照"信托或处置可能涉及的任何其他法域的法律"。就依照遗嘱人住所地法律被认定无效的遗嘱信托或处置而言,该法无意使其生效。

《百慕大法》第 11 条特别禁止法院在依照百慕大法律判定信托已有效设立之后,再依照其他法域的法律,特别是关于"继承权、遗嘱和无遗嘱,尤其是配偶和亲属[9]的不可废除的份额相关法律"来变更或撤销该信托。

---

〔6〕 安圭拉《1994 年信托条例》第 62 ~ 63 条;巴哈马《1989 年信托法》第 7 ~ 8 条;巴巴多斯《1995 年国际信托法》第 17 ~ 18 条;百慕大《1989 年信托(特别条款)法》第 10 ~ 11 条;开曼群岛《1998 年信托法》(修订版);特克斯和凯科斯《1990 年信托条例》第 13 条第(1) ~ (2)款。

〔7〕 格林纳达《1996 年国际信托法》。

〔8〕 伯利兹《1992 年信托法》。

〔9〕 *Greta Garner v Bermuda Trust Co Ltd and Kurt Schindler*, Supreme Court of Bermuda, Equity No 318 of 1991(unreported).

安圭拉、巴哈马、伯利兹、开曼群岛、多米尼加、[10]格林纳达、圣基茨、[11]圣文森特[12]以及特克斯和凯科斯群岛的立法更加直接地考虑了强制继承权问题。这些立法条款明确规定，受开曼群岛法律管辖的任何信托或对此信托的任何处置，均不得因其规避了与委托人有私人关系者或对委托人享有继承权者提出的权利、主张或权益而无效。

英属维尔京群岛《1994 年受托人条例》第 83 条的规定与上述法域不同，因为它既适用于生前行为，也适用于遗嘱行为。委托人，或居 240
住在英属维尔京群岛以外但向英属维尔京群岛的信托受托人转让或处置个人财产者，如果在处置或转让时，此人依照其住所地法律已成年且心智健全，则此人将被视为有能力进行上述处置或转让。被继承人的住所地或继承的任何相关法律都不得影响信托的转让、处置和信托的有效性。

与其他离岸法域不同，格林纳达、多米尼加和伯利兹的立法也可以适用于生前处置和遗嘱处置，这些法域没有任何规定明确排除将该法用于使那些依照立遗嘱人住所地法律无效的遗嘱信托或处置生效。

资产保护

“资产保护”本质上是一种个人预先组织资产和业务的方法，以保护他们免受将来的经济损失。离岸信托计划历来都是长期性质的，以两代或三代为焦点。“资产保护信托”是一种较新的计划形式，涉及一种激进的积极形式的信托计划，旨在将特定资产置于未来债权人的触及范围之外。

“资产保护计划”在 20 世纪 80 年代占据了卓越地位，本质上是为

---

〔10〕《1997 年国际豁免信托法》第 47 条。

〔11〕《1996 年信托法》第 15 条第(6)款第(b)项。

〔12〕《1996 年国际信托法》第 51 条。

了应对美国专业人士极难获得职业责任保险范围的问题。这种类型的离岸信托旨在为可能导致专业人士住所地法域判决的潜在不理情况提供安全网。虽然"资产保护计划是一般遗产计划的一部分,但在个人在世期间制订的计划是立即生效的,因此这些计划能够重组资产并为客户的所有权提供即时保护。

对这种计划形式做出巨大贡献的专业人士是美国的外科医生、麻醉师、产科医生以及建筑师、土木工程师和律师。这些人都因美国诉讼代价高昂而遭受损失。其原因都完整存档了,包括或有费用制度、广泛扩张的法律责任理论、法院作出惩罚性赔偿金判决的能力,以及律师不断增长的数量。除了结构性原因之外,由于社会组织的性质日益复杂,还存在许多可能承担责任的实际操作领域。因此,新的环境责任领域可能潜在地影响到各种各样的人,如房地产开发商、业主和高风险企业的经营者。资产保护计划在一定程度上承担了商业保险的责任。

大多数加勒比离岸法域已经对以欺诈意图处置资产的相关法律原则进行了重大修改,在此之前,该行为由《1571 年伊丽莎白法》调整。立法在不同程度上消除了原有法律下的疑虑,从委托人、受益人和受托人的角度大大改善了资产保护信托之设立的地位,并为债权人提供了确定性。

《1571 年伊丽莎白法》中最棘手的问题包括:

(1)《1571 年伊丽莎白法》没有诉讼时效限制。因此,一项信托或交易可能在其完成多年以后遭到质疑。

241 (2)对欺诈意图的解释十分宽泛,被认为其含义仅仅是剥夺了债权人及时追索本可从中获益[13]的财产的权利。

(3)将来的债权人可以质疑该交易的有效性,即使这些债权人在

---

〔13〕 *Lloyds Bank Ltd. v Marcani* [1973] 3 AER 754; *Freeman v Pope* (1870) LR 5 Ch App 538.

交易[14]时并不存在。

《1571 年伊丽莎白法》中的原则适用于各种各样的人,如现存和将来的商业债权人、未获偿的配偶和继承人,他们都希望质疑信托或交易的有效性,哪怕这种信托或交易是由一个明显有偿付能力的人设立或生效的信托或交易。

若干加勒比离岸法域已通过立法在破产或财政紧急情况下通过保护其资产来为遗产计划的委托人提供便利,并确保现有债权人不受损害。巴哈马和开曼群岛的制定法规定采取温和的做法,并遵循类似的模式,而特克斯和凯科斯群岛的模式则更为激进。

开曼群岛《1989 年欺诈处置法》第 4 条第(1)款规定:"出于欺诈意图以致损害债权人利益的任何低价处置均可被撤销"。"低价"是指不提供对价,或对价在货币或货币价值上显著低于作为处置对象的财产的价值。因此,该法仅适用于包含费用要素的处置,并且在这种程度上它推翻了《1571 年伊丽莎白法》适用于全额处置的许多 19 世纪的英国案例。

"欺诈意图"被狭义地定义为"转让人就故意不履行对债权人所负义务的意图"。因此,债权人仅仅证明其利权益的行使被开曼群岛信托的资产处置延迟或阻碍,正如《1571 年伊丽莎白法》项下的地位一样,这已经不充分了。债权人不得不证明转让人存在故意不履行其应负义务的意图。此外,依照该法第 4 条第(2)款特别规定,欺诈意图的举证义务应由主张撤销处置行为的债权人承担。

该法的两个要素是债权人和义务的定义。"债权人"是指承担义务之人;"义务"是指在有关处置发生且转让人已知晓之日或之前存在的义务或责任(包括或有的责任)。这些定义的效力是,通过规定债权人只有在能够证明其主张的被欺诈的义务在信托资产处置之前已经存在的情况下,才可被视为债权人,从而推翻 19 世纪的英国案例。但

---

〔14〕 *Mackay v Douglas* (1872) LR 14 Eq 106; *Butterworh* (1882) 19 Ch D 588.

是,义务一词比债务具有更广泛的含义,包括所有形式的债务和契约性求偿。

该法第4条规定了时效期限为自处置发生之日起六年。第6条规定,法院依该法撤销某项处置行为的理由只能是履行对提起主张的债权人所负义务。

开曼群岛《1989年反欺诈法》颁布后,巴哈马、[15]巴巴多斯[16]和格林纳达[17]等其他法域也相继出台了类似的立法。但是,各个法域的时效期限各不相同:格林纳达未予规定,而巴哈马和巴巴多斯则分别为两年和三年。

242 该法第8条规定,本法不得为个人创设或提供任何可以被《1987年[18]关于涉外因素的信托法》规避或无效化的权利、主张或权益。第8条的效力是防止被1987年的法排除的人员根据与委托人的个人关系或继承权提出主张,防止其以受欺诈债权人的名义提出其他主张。

特克斯和凯科斯《1990年信托条例》第61条规定,当委托人为个人时,债权人不得撤销财产授予,除非债权人可以证明委托人在财产授予之时或之后丧失了清偿能力。委托人在特定时间丧失清偿能力的举证义务由主张财产授予无效的债权人承担。适用六年的时效期限。

英属维尔京群岛第220章《转让和财产法》第81条与以《1571年伊丽莎白法》为依据的英国《1925年财产法》第172条类似,因此受到前文所述问题的困扰。该条规定,任何出于欺诈债权人的意图的而进行转让在损害他人权益时均可被撤销(除非受让方为支付合理对价的不知情的善意第三人)。但是,没有立法限制转让可被撤销的期限。

伯利兹《1992年信托法》第7条第(6)款和第(7)款规定,信托不

---

〔15〕《1991年欺诈性处置法》。

〔16〕《1995年国际信托法》第五部分。

〔17〕《1996年国际信托法》第七部分。

〔18〕1987年的法律的有关条款现载于《信托法》(1998年修订)第91条。

得以离婚、破产等为由而基于债权人的主张或法院的指令被撤销。

百慕大《1994 年转让修正法》为《1983 年转让法》新增了第 4A 部分，这部分的条款旨在使立法能够确定，在哪些情况下委托人的债权人能请求百慕大最高法院撤销信托，以及在哪些情况下不能请求。

新的立法规定，一项处置不会仅仅因为其价值被低估而被撤销，而是要由法院根据或然性权衡来决定该处置是否出于“必要意图”。该用语被定义为转让人做出处置的意图，其主要目的是将财产置于对抗委托人主张权利者触及范围之外。如果潜在的权利主张者并非在转让时的义务承受人，则其必须使法院确信，自己是转让人在转让时可合理预见的应向其履行义务之人。“合格债权人”是指在处置之日（“确定日期”）或之后两年内承受义务之人。合格债权人自处置或转让财产之日起有六年的时间，或者，如果处置后两年内引发诉讼，则自诉讼因产生之日起有六年的时间。

合格债权人应承担证明受让人非善意的举证义务。即使合格债权人在撤销处置的诉讼中获胜，该撤销也仅限于合格债权人的索赔部分。

经修正的 1983 年的法现已明确规定，尽管立法旨在通过为保护资产和转让人无权处分的财产创造适宜环境来保障个人安全，依照百慕大法律冲突原则或某一外国法律制定的标准也不会得到百慕大法院的有效性确认或保护。

在加勒比地区所能找到的最全面的资产保护立法或许是多米尼 243
加、尼维斯和圣文森特所采用的模式，在这些地方，《1571 年伊丽莎白法》被明确排除[19]适用。

在这些法域，质疑资产保护信托（APT）或将财产处置于资产保护信托之中的债权人，不仅必须证明财产授予或处置是以欺骗为主要目

〔19〕 圣文森特《1996 年国际信托法》第 50 条；尼维斯《1994 年国际豁免信托条例》第 49 条。

的,还必须证明该设立或处置在发生之时导致委托人丧失清偿能力。债权人被要求达到的证据标准“排除合理怀疑”——刑事标准,这一事实加重了债权人本就沉重的举证义务。此外,不能仅仅因为委托人在债权人的诉因出现之日起两年内转让了财产或处置了资产,就认定其存在欺诈债权人的意图。如果被欺诈的债权人符合上述要件,财产授予或资产处置并不会被认为无效或可撤销的,但信托应当承担以信托财产清偿债权人的义务。

立法还明确规定,司法部门不承认任何非本国法院就本国资产保护信托做出的任何命令。这强制了国外判决确认的债权人在当地法院从头开始对国外已作出判决的原始权利主张进行重审。对此类资产保护信托提起诉讼的原告必须首先向政府交纳 2.5 万美元,以支付法院和其他费用,然后案件才会被受理。对资产保护信托提起法律诉讼的时效期限为自信托设立之日起一年。

在构建资产保护信托时,专业顾问尤其处于潜在风险领域,因此最好建议他们探索风险控制技术。顾问在提供建议之前必须进行尽职调查,以确保他们自己不暴露于责任风险之中。他们需要考虑各种问题,例如客户是否违反了任何反洗钱相关制定法。此外,有必要明确客户是否出于欺诈或逃避现有债权人的目的而设立资产保护计划,以及在计划实施后客户是否仍有偿付能力。虽然这些问题将依照每个法域及其特定法律而有所不同,但仍有某些优先的普遍适用的法律实践法则。

不断发展的受益人原则

前几章中已经明确,信托的基本特征是承认将所有权分为两部分——普通法上的所有权和衡平法上的所有权。信托受益人对信托财产享有衡平法上的所有权,尽管受益人也可以是同一财产的受托人。虽然受托人享有普通法上的所有权，但本质上是为了衡平法上的所有权人的利益。受益人的权利以及受益人的范围成为了重要问题。

谁可以成为受益人？

一般来说，包括未成年子女在内的任何人都能对财产享有衡平法上的权益。自从加勒比法域颁布了消除婚生子女和非婚生子女区别 244
的法律以来，一些受益人是儿童的信托受到越来越多的关注。为使婚生子女或非婚生子女在信托项下受益，必须确定该子女是信托文件规定的预期受益人。在 2009 年特立尼达高等法院 *Seeta Grover v Susheila Maharaj et al* 案中，[20] Pemberton J 被迫解释了 1958 年执行的财产授予契约，当时的法律仍区别婚生子女和非婚生子女。祖父母作为委托人将财产用于下列连续的用益：在双方共同生存期间以及以一方存续期间作为共同保有委托人；然后由他们的女儿享有终身权益；在女儿去世后由他们的非婚生子女享有用益。原告辩称应按照财产授予契据交付日之日对其进行解释。被告则辩称应使用的正确日期为最后存续的用益人去世之日。

法院判决，用来解释财产授予契据的正确日期为交付之日。后来将非婚生子女的地位从非法变为合法，或废除与非婚生子女有关的限制，这些都是无关紧要的。委托人的意图只能从财产授予契据使用的措辞以及在契据交付时可归属于这些措辞的含义中推断出来。财产授予后发生的法律变化不能扩大预期受益人的范围。

受益人的权利

信托受益人享有两项基本权利：

1. 根据信托条款，取得信托财产的权益或其收入；和

2. 对抗受托人执行信托条款，特别是当受托人作出与信托财产或

---

〔20〕 CV 2009 – 01533 (unreported).

受益人分配有关的有问题的决定时。

为使受益人有实际上的权利使受托人为其行使自由裁量权的行为负责,受益人必须掌握有关信托事项的充分信息;否则,受益人的索赔可能会被视为不正当的“钓鱼执法”而被驳回。法院不得不处理相互抵触的考虑。一方面,须优先确保受托人决策的秘密性并使委托人能够与受托人交流相关信息;另一方面,透明性要求使得受益人能够让受托人履行其受信义务。

自从 *Beloved Wilkes Charity*〔21〕案和 *Londonderry Settlement*〔22〕案这两个首要判例以来,法律就保护受托人免于应受益人要求而给出理由,而是使得受托人可由依其自由裁量权决定(是否给出理由)。*Londonderry* 案给出的方针是:

> 没有比这更能伤害家庭感情的事情了,而且受托人和家庭成员之间的关系是受托人有义务就其行使受托权力的理由向家庭成员解释。很可能很难说服任何人担任受托人,因为他们有义务披露自己的决策理由,而所有可能引起的尴尬、争论和争吵,都给目前的情况增加了相当大的负担。

245 然而,在 *Schmidt v Rosewood Trust Ltd* 案中,〔23〕枢密院重组了基于受益人所有权的传统披露方式,取而代之的是法院方面的广泛自由裁量权。法官们认定:

(a)在面对受益人的信息披露请求时,更有原则性和更为正确的方法是,将申请信托文件披露的权利视为法院固有的监督以及在必要时干预信托管理的管辖权方面的权利。

(b)申请人的所有权既非必要,也不足以使法院能够行使这种管

〔21〕 (1851)3 Mac & G 440.

〔22〕 [1965]Ch 918.

〔23〕 [2003]3 All ER 76.

辖权。

(c)应披露申请，法院可能必须在以下三个方面作出自由裁量判决：是否应对自由裁量的对象（或仅具有间接或可完全撤销利益的某些其他受益人）授予救济；应披露哪类文件，完全披露还是重新编辑后再披露；以及应当采取什么保障措施（是通过向法院作出的承诺、安排专业检查还是其他方式）来限制使用根据法院命令公开的文件或信息。

(d)任何受益人都无权披露任何可以合理地被描述为信托文件的东西。特别是当涉及个人或商业机密时，法院可能必须在各个受益人、受托人本身和第三方之间的竞争性利益中维持平衡。

在 *Schmidt* 案之后，有人质疑 *Londonderry* 案的原则是否已经被推翻。Gavin Lightman J 在庭外强调情况就是这样。[24] 然而，在 *Breakspear and others v Ackland and another* 案中，[25] Briggs J 对先前案件中确立的受益人有权利查看意愿书的原则予以肯定。法院在该案中判决可总结为，受托人行使其处置权必须“从头到尾”都被视为“必要保密程序”。尽管如此，考虑到 *Schmidt* 案，这种机密性可能会作为法院的自由裁量权而被推翻。

Briggs J 分析的实践性效力可以概括如下：

---

〔24〕 ACTAPS newsletter Issue 58：我建议的是，在 *Schmidt* 案的判决之后，早前的案例（特别是 *Londonderry* 案）中所述的原则可能不再适用，至少不再那么严格地适用。现在，法院在实施适当的平衡措施后，在对机密的意愿备忘录和机密文件均要求披露的适当情况下……Kirby P（*Hartigan* 案中的异议法官）的推理……在我看来是令人信服的，他的推理是，若披露对于使受益人能够监督受托人履行其义务、并确保他们得到充分和适当的通知而言是不可或缺的，则向受益人披露机密的意愿书和受托人的考虑就不应被从披露中排除。需要对受益人的最大利益进行权衡……但是，委托人（或受托人）所意图维持的机密性是否应该被打破，这必须取决于申请的实质。如果安排自己事宜的委托人对一项财产授予、机密意愿书或机密口头意愿表达享有追索权，则他需要承担的风险将是财产授予的正当管理、受托人的责任，以及受益人权益的保障可能要求这些考虑优先于保密性。受托人没有这样的机密或隐私权：只有当需要与相反的考虑相抗衡时，才应得到主张和尊重。

〔25〕 [2008] All ER 260.

1. 受托人应将意愿书视为应保密的。

2. 如果他们认为这样做符合受益人的最大利益,也符合信托的正
246 当管理,他们享有放弃这种保密性的自由裁量。无论受益人是否要求披露,都会产生自由裁量权。受益人的披露请求只不过是受托人需要行使其自由裁量的导火索。

3. 在作出决定后,受托人没有义务给出理由。

4. 若情况复杂,受托人应向法院寻求指示。

有关这个问题的最近的一个重要案例是 *Fattal and others v Wallbrook Trustees* 案。[26] 在各方当事人之间的这场广泛的诉讼中,其中一项系争点是,受托人未能向受益人之一的 Fattal 先生提供某些文件,用 Fattal 先生的话说,这些文件是他"有权利查看"的。Lewison J 援引了 *Schmidt* 案,并判决"受益人没有查看信托文件的普通法上的权利……"

这些案件和相关发展对加勒比法域而言意义重大,因为法院愈加有力的干预和受益人愈加广泛的查看权,为高净值人士寻求替代性资产隐蔽工具提供了更大的空间。特别是在第 17 章中讨论的新的基础结构,现在为尚未在加勒比背景下认真探讨的遗产规划提供了机会。

东加勒比最高法院商事分庭纪要

随着信托法,其是在离岸金融中心的信托法的发展和日益增加的复杂性,相关诉讼也将随着争议问题的出现而不断演化并变得愈加复杂。因为随着加勒比英联邦海离岸中心法域的成熟,法院面临的信托事项的数量也相应增加。为了应对信托和私人客户事务日益增加的数量和复杂性,一项决定 2009 年产生了:在英属维尔京群岛设立东加勒比最高法院商事分庭。商事分庭的目的是"在管辖权方面为跨境诉讼的专业实践带来新的动态维度,并……使东加勒比最高法院保持国际竞争力,并为国际商业产业提供支持。"根据法院规则,由贸易及商

---

〔26〕 [2010]EWHC 2767(Ch).

业交易引发的所有诉讼或申请，包括任何与信托法有关的诉讼，只要该诉讼或与其有关的标的物不少于 50 万美元，则都将划归商事分庭审理。法院仍对不满足金额要件的案件享有受理自由裁量权。这项引进是一个里程碑式的发展。

247

第 17 章　离岸信托的替代物：基金会

在 21 世纪，对财富保护法律机制的结构需求日益增加。尽管在过去，保护财富的首选工具是资产保护信托，但最近，离岸信托的使用遇到了困难。正如 *Abdel Rahman* 案[1]和引发委托人控制问题的类似案例所揭示的那样，受托人对资产享有完全的普通法上的所有权和控制权，这一基础要件对大多数委托而言是很难做出的让步。设立信托后，资产控制权由离岸法域的陌生人享有，并由其作为“真正的所有权人”独立作出决策，这一想法使得通过维持对投资决策的控制权而设立资产的商业人士感到不安。意愿书、受托人档案纪要和保护人的特殊功能等越来越受到八国集团国家税务机关的质疑，认为它们只不过是委托人控制的延伸之物。由于信托诉讼的增加，离岸信托供应商对潜在风险越来越敏感，尤其是在要求巨额保险的法域。

〔1〕 参见第 16 章。

因此，对设立资产保护信托而言，在保持其有效的同时最小化委托人控制的相关风险变得越发困难和昂贵。离岸金融中心，包括加勒比地区的金融中心，已经通过各种创新工具来应对这一新的现实，这些金融工具追求更安全、更高效和更经济的管理，例如，分离式投资组合公司、各种形式的保险和基金会。基金会这种形式尤其受到青睐，委托人可以在保持广泛控制的同时避免被视作伪造。

基金会

起源

自中世纪以来，被称为“基金会”的法律实体在欧洲大陆法系国家已成为一种十分完善的工具。基金会的概念出现于罗马帝国期间，被用作天主教会持有和管理财产的一种方式。会众频繁地给教会这个当时最强大的机构之一进行捐赠，以求其不断完成其对人类有意义的使命。教会基金会的目标是根据教会的宗教目标促进慈善、科学和人道主义。当时的社会习俗是，教会只应关注信仰问题而不应关注资产管理问题。结果是，法学理论家提出，捐赠给教会的任何资产都应具有自我管理的能力，并应被归类为独立于教会的法人。

虽然一些欧洲的大陆法系国家，如法国、匈牙利和瑞典的法律继续将基金会的设立限制于仅可出于支持文化、科学或慈善性质目的而设立，但欧洲大陆的其他法域允许基金会被用于非慈善目的。1926年，列支敦士登公国颁布了《个人与公司法》（德语：*Personen-und Gesellschaftrecht*）使得基金会成为管理富裕家庭资产的工具，从而使基金会超越了中世纪将其作为慈善机构的限制。《个人与公司法》意 240
味着基金会今后可被用于持有和管理私人资产。鉴于大陆法系国家不存在信托的概念，因此基金会在一些大陆法系国家便作为资产所有权人(创始人)在转让所有权的同时,对资产管理和分配保持实质性控制的一种方式。奥地利、德国和瑞士纷纷效仿列支敦士登的做法,允许为家庭、个人或机构建立非慈善基金会或私人基金会。

近年来,非慈善基金会的使用日益增多,并已被用于下列目的:

· 保持对家族企业的控制;
· 维护公司稳定;
· 收取特许使用费和其他费用;
· 占有和管理动产和不动产;
· 为出借人提供担保;以及
· 保留控制权。

保持对家族企业的控制

Garfield Weston 基金会(GW 基金会)由已故的英国联合食品公司(ABF)创始人 Willard Garfield Weston(Willard Weston)于 1958 年创立。该基金会由家族公司股份捐赠设立,如今是 ABF 的最终控制人。Willard Weston 的其中一个儿子继承了 ABF 和 GW 基金会的主席职位,帮助公司发展并实现持股多元化。Garry Weston 于 2002 年去世,George Weston 继承了 ABF 首席执行官一职,而 Garry Weston 则成为了该基金会的主席。虽然 GW 基金会为慈善事业提供资金,但它真正的使命无疑是让 Weston 的家族成员保持对 ABF 的控制。基金会全体受托人现今而且历来都是创始人的直系后代。

公司稳定

INGKA 基金会拥有一家在库拉索岛注册的私人控股公司——INGKA Holding B. V. 公司,该公司是一家持有瑞典跨国家具连锁零售店宜家(IKEA)大部分股份的母公司。该基金会的目标是"获得和管理"INGKA Holding 集团的股份,并管理其股权以确保宜家集团的"持续和增长"。据推测,INGKA 基金会的真正目的是充当 INGKA-

Holding B. V. 公司的反收购工具，因为其股份只能出售给另一个与其目标相同的基金会和执行委员会，且基金会只能通过破产方式解散。

收取特许使用费或其他费用

格林湾包装工队基金会（包装工队基金会）是由美国国家橄榄球联盟（NFL）球队特许机构——格林湾包装工队（“包装工队”）与1986年创立的。

该基金会向整个威斯康星州的民间组织和慈善团体提供资金。 249
为资助慈善事业，包装工队基金会对美国国家橄榄球联盟官方授权的商品和威斯康星车牌上使用包装工队的椭圆形 G 标识收取特许使用费。包装工队是北美四大体育联盟中唯一的社区所有球队，也是美国国家橄榄球联盟的最后一支小镇球队。威斯康星州的格林湾镇大约有 10 万居民，而其他大多数球队都在人口以百万计的大城市。为了确保球队留在格林湾，包装工队的《公司章程》规定，任何出售特许经营权的利润都将归包装工队基金会所有。

持有或管理不动产

奥纳西斯基金会致力于使希腊居民受益的慈善事业以及推广希腊文化。除了这些目标外，基金会还运营奥林匹克航运和海事公司（“奥林匹克航运集团”）旗下的 17 艘船舶，该公司是已故的 Aristotle Onassis 创建公司权益继受人。除船舶外，该基金会还经营证券投资组合，并在纽约、伦敦和雅典拥有不动产，用作奥林匹克航运集团各子公司的办公场所。

为出借人提供担保

基金会可用于在资产负债表外交易中控股孤儿企业。在此类交易中，该结构可用于为出借人提供担保或使资产和负债不会出现在购买人的资产负债表上。例如,购买人可能希望从卖方处购买资产。为了完成购买,购买人将成立一个基金会,而该基金会又成立一家附属公司。为了融资,附属公司会转而向出借人举债,并质押其股份作为担保。附属公司将资产租赁给购买人,并将收到的全部租金用于偿还出借人的债务。债务清偿后,出借人解除担保,任何剩余资产要么属于购买人,要么由基金会持有并使用。

规避受控外国公司的报告要求

作为税收规划策略的一部分,许多人在非居住地法域注册公司。美国、加拿大和许多西欧国家有严格的税收规定,要求其公民和居民提交声明,声明对这些“受控外国公司”(CFCs)的全部所有权或权益。个人可以设立基金会来持有股份而无须以自己名义持有股份,因此可以规避受控外国公司的报告规则。使用基金会作为受控外国公司的股东有利于隐藏具体个人的所有权。将受控外国公司转让给自有结构,在既不存在所有权人也不存在受益人的情况下即可赋予用户匿名和隐私。

保留控制权

现今,基金会基本上是对委托人关于传统信托结构中控制权丧失担忧的应对之法。作为一种有用的替代性方案,基金会可以使委托人
250 保持对资产的控制权并限制受益人的权利。与专业受托人[2]相比,
基金会也可采取更积极的投资策略。

---

〔2〕 这些基金会的例子提供了有趣的背景信息,但除了最后一点之外,这些例子与作为信托替代物的基金会都没有严格的相关性。

基金会的关键部分

私人基金会可被描述为:

> 由基金会或类似机构进行管理、由创始人设立或代表创始人设立的、旨在为受益人的利益——或者,当除了那些按照章程[3]和依章程而制定的规定(或细则)之要求而进行管理的资产以外,基金会的其余资产的所有权都属于该基金会的话,则为了某一目的——而管理和分配该基金会的捐赠、自治且独立的、可撤销或不可撤销的、不存在股东的法律实体。

基金会被视为拥有自我所有权。创始人或第三方对基金会的捐赠或转让构成了该基金会的资产。资产可以是任何性质的,尽管它们通常是有形资产,如现金、证券和不动产。如果向基金会转让资产是为了欺骗债权人,那么这种转让可能会存在争议。资产一旦转让给基金会,即成为独立于创始人的资产。但是,基金会不会发行股票或代表其所有权的任何凭证。虽然有人可以获得从基金会资产中分配的资产,但与对信托财产享有衡平法上权益的信托受益人相比,这些受益人对基金会资产不享有所有权、控制权或其他任何权利。

负责执行基金会规定宗旨的理事会享有对该基金会的最终控制权。理事会可以与创始人共同控制基金会,具体取决于创始人权力保留的范围,并可能受到诸如监管人或保护人等第三方的影响。基金会作为信托的替代,其最具吸引力的特征之一是,创始人可以保留对基金会资产管理的大部分权力,而不必像传统信托结构那样须承担被视

---

〔3〕 私人基金会模块;2010年英国信托与遗产规划协会。

为伪造的风险。

基金会的核心目的是执行其章程文件中规定的创始人的意愿。创始人的意愿要么是慈善性质的,要么涉及管理和分配家庭财富,后者在离岸金融中心设立的基金会中尤其常见。创始人的继承人无权撤销基金会的设立和该基金会已经取得的权利。不能以将资产转让给基金会违反了创始人住所地国家或公民籍贯所在国家的特留继承相关法律为由而对基金会提起异议。

基金会的设立或构建

每一法域的基金会相关立法都包含关于基金会设立或构建的一
251 些要件。通常而言,基金会章程必须在登记处进行登记或存档。一旦完成登记程序且基金会登记在册(或依照安圭拉规定已存档的),毫无疑问,该基金会即作为独立法人存在。基金会的登记构成了其作为一个自有所有权实体存在的公示和对第三方的通知。若不对基金会的设立作登记要求——例如在安圭拉——则基金会的设立属于私人问题。

基金会的管理

公司由董事会进行管理,在这一点上,基金会与公司的管理方式极为相似。可指定一名保护人或监管人监督理事会,并保护由基金会理事会管理和处置的资产。通常而言,保护人或监管人是创始人的密友,并将尽可能确保创始人创立基金会的意图得以严格遵守。在所有已经制定基金会相关立法的加勒比法域,保护人或监管人的任命是选择性的,但在像泽西岛的其他法域,则要求必须任命保护人或监管人。

加勒比地区的基金会

英国普通法中没有基金会这一概念,而讲英语的加勒比地区的大多数法律体系都属于源于英国的普通法系。巴哈马通过《2004 年基金会法》，成为了加勒比地区第一个引入基金会的法域。此后，圣基茨、尼维斯、安圭拉和伯利兹纷纷颁发了基金会相关立法；巴巴多斯的基金会立法也已提上议程。虽然立法存在重大差异，但加勒比基金会立法在基金会登记要件、外国法律的排除适用和特留份继承规则、连续出入境的可能性，以及对基金会文件和基金会投资情况的严格保密等方面的规定都是类似的。

设立和登记

加勒比法域之间设立基金会的做法和程序虽各有不同，但有一个共同点。所有法域均遵循法人设立的公司模式。因此，创始人必须向登记官提交涵盖规定信息的拟定的章程以及在基金会中央登记处登记的申请。当服务提供商进行基金会登记时，该服务商作为创始人的代理人或“被指定人”行事，而被指定人的客户将为基金会的后续构建提供资金。在实际操作中，被指定人为基金会的设立提供所在地规定的最低资本，而真正的所有权人则在后续向基金会捐赠资产。显然，这种做法可能会产生一些不良后果。因为，若非创始人的第三方向基金会转让资产，该第三方转让人不会因行使了创始人保留的权力就成为了创始人。因此，被指定人享有创始人的权利但不是真正的创始人。此种情况下，创始人可能会给被指定人一封意愿书。或者，章程可以在其规定或细则中为授权给真正创始人而不是被指定人。由于这些规定细则不能供公众查阅，因此可在不剥夺创始人权利的情况下使保密性得以加强。

对基金会的资产捐赠 252

在巴哈马[4]和安圭拉，[5]基金会拥有的资产价值不得低于 1 万

〔4〕 巴哈马《基金会法》第 8 条。
〔5〕 安圭拉《基金会法》第 3 条。

美元或等值的其他货币。圣基茨和尼维斯《基金会法》、尼维斯《多种形式基金会条例》、伯利兹《国际基金会法》都未规定最低资产价值。

基金会的理事会和官员

除了巴哈马以外，其他所有存在基金会立法的地区都规定了必须任命[6]基金会理事会（或者，尼维斯规定的是管理委员会）。在巴哈马，如果基金会章程中有规定，则应任命基金会理事会，但法律并无强制要求。伯利兹和安圭拉规定必须任命一名经登记的代理人，而圣基茨、尼维斯和巴哈马则规定必须任命一名秘书。依据尼维斯《多种形式基金会条例》（MFO）设立的基金会必须同时任命一名登记代理人和一名秘书，秘书或登记代理人必须是圣基茨岛和尼维斯、巴哈马和安圭拉的特许供应商。每个法域都要求至少有一名理事会[7]成员或秘书或登记代理人是该法域的居民。

在巴哈马，基金会被指定的职员中至少一人主要职责是行政管理而非受信[8]性质。被强制任命的秘书必须被任命为一名职员。

保护人或监管人

保护人[9]、监管人[10]或监事会[11]（以下称监管人）的任命在所有法域都不是必须的，但如果在基金会的章程中做出任命的规定，立法确实会考虑监管人的权力和责任。任何保护人都不得成为基金会理事会成员。监管人的角色是确保遵守基金会相关法律和基金会的章程。尼维斯多种形式基金会的监事会也可以就基金会的管理和运营

---

〔6〕 伯利兹《国际基金会法》第 36 条；安圭拉《基金会法》第 19 条；圣基茨和尼维斯《基金会法》第 12 条；尼维斯《多种形式基金会条例》第 17 条；巴哈马《基金会法》第 14 条。

〔7〕 伯利兹《国际基金会法》第 40 条。

〔8〕 巴哈马《基金会法》第 11 条。

〔9〕 伯利兹《国际基金会法》第 56 条。

〔10〕 圣基茨和尼维斯《基金会法》第 20 条和第 21 条；安圭拉《基金会法》第 31 条。

〔11〕 尼维斯《多种形式基金会条例》第 21 条。

事宜对管理委员会[12]进行监督。

终止和延续

与公司一样，基金会可以永远存续，直到它正式解散。与基金会清算相关的实践和程序与公司[13]大致相同。基金会可被法院以资不 253
抵债为由或根据公正和公平的原则下令强制终止。基金会不能由成员终止，因为基金会根本就没有成员，因此基金会章程通常明确规定应由创始人撤销。章程也可以明确规定基金会的存续年限，或者基于特定情形的发生而自动解散。

大多数现代的基金会立法都会包括基金会在另一个法域的延续性问题，加勒比登记处也不例外。每个法域都允许基金会通过进口或出口[14]实现双重流动。

受益人权利

由于基金会资产的所有权没有被分割，因此基金会的受益人不享有信托受益人所享有的衡平法上的所有权。因此，基金会受益人与信托受益人相较而言享有较少的特权。除伯利兹国际基金会[15]的受益人以外，受益人不对基金会、理事会或由章程指定的其他人（如监管人或保护人）负有任何制定法上的义务或默示义务。理事会、职员、监管人和保护人对基金会负有遵守基金会立法和章程的义务，而对受益人则不享有上述义务。颁布的立法授予了不同程度的知情权，包括复制章程、规章和任何修正文件；审计报告和其他财务报表；以及查阅基金

---

〔12〕 尼维斯《多种形式基金会条例》第 22 条。

〔13〕 巴哈马《基金会法》第 50 条；圣基茨和尼维斯《基金会法》第 46 ~ 51 条；安圭拉《基金会法》第 46 ~ 48 条；尼维斯《多种形式基金会条例》第 78 ~ 81 条；伯利兹《国际基金会法》第 25 ~ 32 条。

〔14〕 安圭拉《基金会法》第 38 条和第 42 条；圣基茨和尼维斯《基金会法》第 39 条和第 43 条；巴哈马《基金会法》第 51 条；尼维斯《多种形式基金会条例》第 62 条和第 65 条；伯利兹《国际基金会法》第 85 条和第 88 条。

〔15〕 伯利兹《国际基金会法》第 38 条第（1）款第（b）项。

会理事会的会议记录。对基金会的存在表示质疑的受益人将丧失从该基金会[16]资产中受益的权利。在所有法域——同样,伯利兹除外——基金会理事会成员与受托人不同,对基金会而不是对受益人负有受信义务。因此,理事会成员必须按照基金会章程和规章行事。

巴哈马法律独一无二地规定了受益人特定信息的请求知情权。[17] 如果发生遵守情形,则受益人可以向法院提出申请,强制命令提供所请求的信息。尽管所有的法域均允许受益人对信托违反行为提起诉讼,但是在无法获得相关信息的情况下,信托违反行为发生时受托人却很难知情。

伯利兹对受益人的知情权没有明确规定。伯利兹《国际基金会法》第 62 条规定,认为自己权益或权利受到侵害的受益人可以向法院提出申请,请求法院下令对基金会进行适当管理或对基金会捐赠进行处置。

尼维斯《多种形式基金会条例》明确规定,不得要求管理委员会提
254 供任何将披露与行使或不行使自由裁量权[18]有关的考虑和决策的文件。

法律冲突

加勒比地区法域的基金会立法存在法律条款冲突。[19]

立法都承认基金会和资产捐赠应由登记国家的法律管辖。特留份继承规避和配偶间的权利主张规避条款也通过某些形式的表达得以引进,大意是基金会不得因下列原因被宣告无效、可撤销、应予撤销

---

〔16〕 圣基茨和尼维斯《基金会法》第 26 条;尼维斯《多种形式基金会条例》第 48 条;安圭拉《基金会法》第 36 条。

〔17〕 巴哈马《基金会法》第 41 条。

〔18〕 尼维斯《基金会条例》第 27 条。

〔19〕 巴哈马《基金会法》第 68 条;安圭拉《基金会法》第 33 条和第 34 条;圣基茨和尼维斯《基金会法》第 24 条和第 25 条;尼维斯《多种形式基金会条例》第 46 条和第 47 条;伯利兹《国际基金会法》第 80 ~ 82 条。

或认定无效：

i. 外国法域的法律禁止或不承认基金会或禁止捐赠；

ii. 基金会或向基金会做出的捐赠规避或无效化了外国法律授予创始人的配偶、创始人权利受让人的配偶、基金会资产捐赠人的配偶这三类人的配偶间的权利主张；以及

iii. 基金会或向基金会做出的捐赠规避或无效化了外国法律授予创始人的家人、创始人的权利受让人的家人、基金会资产捐赠人的家人这三类人的特留份继承权。

立法同时规定，基于上述三种情形而作出的外国判决或者任何在其他方面与立法相冲突的外国判决均不得被承认或强制执行。

尼维斯《多种形式基金会条例》纪要

在尼维斯，人们可以设立一个像信托、公司或合伙企业一样运作的基金会，并使用与这些工具[20]相同的术语和结构。尼维斯《多种形式基金会条例》将据其登记的实体称为“多种形式基金会”，这不仅允许了设立新的实体，也允许了已经存在的外国和本国商业组织继续存续、转让、变更形式、吸收合并或新设合并为在尼维斯登记的多种形式基金会。尼维斯《多种形式基金会条例》为约束多种形式基金会的章程及规章赋予了更多的灵活性。使这些实体得以设立的该条例可能类似于一个标准基金会，或可能呈现一些能更被认可的商业实体形式。为了行政管理的目的，基金会规章可以允许实体采取信托、公司、有限责任公司或合伙的组织形式。多种形式基金会的可以任意改变其形式，且此种形式上的改变不会影响其存在、权利和义务。尼维斯《多种形式基金会条例》还允许了实体选择除该条例和尼维斯法律以外的法律来调整多种形式基金会的全部或一部分。

尼维斯《多种形式基金会条例》规定的诉讼时效对债务人极具吸 255
引力。依照该条例，如果认购发生在债权人诉因产生之日起一年以

〔20〕 尼维斯《多种形式基金会条例》第 10 条。

后,或者认购发生在债权人的诉因产生之前,[21]则向多种形式基金会捐赠或“认购”的任何金额都不是欺诈性的。如果认购发生在债权人的诉因产生之日起一年之内,而债权人没有在认购发生之日起 6 个月内提起诉讼的,该认购同样不是欺诈性的。此外,对尼维斯多种形式信托提起诉讼的债权人,必须向尼维斯金融机构中负责基金会业务的部长交纳 5 万美元的保证金。

该法具有非常强的灵活性。

信托 vs 基金会

基金会可用作一种复杂的资产持有和赠与工具。基金会是信托的一种替代方案。基金会是否比信托更有用,这将取决于潜在的委托人或创始人的需求和关注点。在基金会和信托均可被使用的法域,可以考虑进行以下比较。

·结构性质上的显著差异。基金会具有独立的法律人格,是其自身财产唯一和绝对的所有权人,可以起诉或者被诉。信托不具有法律
256 人格;信托资产由受托人所有和管理,且由受托人担任信托资产诉讼的当事人,无论是由信托提起的诉讼还是对抗信托提起的诉讼。大多数加勒比地区的基金会立法明确规定,在办理某些登记手续后,基金会本身就成为一个独立的法律实体,任何外国法律[22]不得质疑其有效性。这种“存在的确定性”是相对于信托的一个优势,因为基金会没有必要纠结于设立“衡平法上的义务”所需的“三种确定性”的复杂性。此外,基金会不像信托那样可以后续因被视为伪造而被撤销;即委托人和受托人从一开始就打算根据委托人的命令持有信托财产,而

---

〔21〕 尼维斯《多种形式基金会条例》第 108 条。

〔22〕 伯利兹《国际基金会法》第 13 条;安圭拉《基金会法》第 15 条;巴哈马《基金会法》第 3 条和第 22 条第(2)款;尼维斯《多种形式基金会条例》第 3 条。

不是为了信托文件[23]中的受益人。另一方面，登记要件确实规定了公众查阅的要素。信托中没有公共登记，因此信托是一种严格保密的安排。

· 除了伯利兹以外，[24]加勒比地区的基金会允许创始人对基金会的捐赠资产保持绝对控制。尽管创始人已经通过捐赠将资产的所有权转移给基金会，且基金会设立的理事会承担了为实现基金会规定的目标而对其进行管理的基本义务，但创始人可以保留资产管理和分配的控制或命令权，并经常在重大事项上对基金会理事会做出指示。创始人对权利的保留不构成普通法衡平原则规定的伪造。

· 私人基金会旨在遵守创始人的意愿和意图，而不是像信托一样服务于受益人的利益。通过限制受益人有权获取的信息量，和对其质疑基金会的行为施以丧失权利的惩罚，基金会的控制权从而牢牢掌握在基金会理事会成员手中，而理事会中就可能包含创始人。

〔23〕 In *Esteem Settlement* [2003] JLR 188.

〔24〕 伯利兹《国际基金会法》第 35 条第(4)款。

257

第 18 章　信托活动的保密和监管

简介

曾经流行的观点是，应在纯粹和理想层面看待保密，这样一来，零税收法域被认为体现了保密。显然，保密不以纯粹的形式存在，或许更合适的做法是，将这一概念作为一项限制低税和零税性质法域的披露的审查程序。这种更成熟和更现代化的做法承认在所有法域内监管信托活动的重要性和必要性，而无论其规模或税收制度如何。这种规定体现在其居民使用离岸信托的许多法域的微观层面，而最近这种规定也确实更多地体现在离岸信托法域本身。因此，诸如美国、加拿大、英国、瑞士和意大利等国越来越多地通过运用财政等政策不鼓励本国居民使用离岸信托。正如经济合作与发展组织（经合组织）成员国发起的税收透明度与情报交换全球论坛的报告所示，这种在微观层面上的做法与现行的宏观层面的规定相映成趣，已经在 21 世纪前 10 年中占据了突出地位。

加勒比地区的保密

银行保密的重要性可以追溯到古罗马时代之前,当时的神庙充当银行的角色,使得金融保密对个人隐私至关重要。历史上,普通法就银行的客户财务记录规定了保密义务。在早期的一个英国案例 *Tournier v National Provincial Bank*[1]案中,法院判决银行人员负有不披露客户财务信息的契约性义务。*Tournier* 案的原则被许多国家采纳,并扩展至银行之外的领域应用。例如,英国以及遵循英国法律体系的法域已将 *Tournier* 案的原则扩展到商业交易领域。普通法法院认识到要求严格保密标准的重要性。然而,普通法中的保密并不是绝对的。根据 *Tournier* 案的原则,在以下四种情况下允许披露:法律要求强制披露的;披露符合公共利益的;披露符合银行的最大利益时;经客户明示或默示同意的。个人和公司事务的保密是信托和其他财务规划的关键因素,也是委托人的主要关注事项。在没有严格的银行保密法律的情况下,根据英美法系的保密标准,财务记录有被侵害的风险。因此,在大多数离岸法域,制定法加强了对信息披露的保护。一些加勒比地区法域甚至将保密作为一项公共政策。[2]

然而,正如 Lord Justice Millet 在 *In the Matter of BankAmerica* 258
Trust and Banking Corp(Cayman)Ltd.(1992 - 1993 *CILR* 574)中所述的:"受托人对受益人所负的、且可由受益人强制执行的义务中,存在一个不可削减的核心,并且这个核心是信托概念的基础。如果受益人不享有对抗受托人而强制执行的权利,则不存在信托。"反过来,强制执行力赋予了受托人一项义务,即向受益人(不仅仅是向委托人或保

〔1〕［1924］1 KB 461.

〔2〕圣文森特《1996 年关于国际金融的保密关系保护法》。

护人)提供带有信托资产所有权和去向有关文件和信息的账户,以便对账户进行适当检查。作为所有这一切的必要和初步的问题,受托人有义务在切实可行的范围内通知受益人他们的身份。

大多数加勒比法域试图通过立法以在透明度和机密性这两种义务之间维持平衡。

巴哈马《1998 年受托人法》第 83 条在受托人保密方面提供了非常全面的表述。受托人有义务采取合理措施以对每一个不知道自己对现存信托享有权益的受益人通知其既定利益及该利益的一般性质。如果受益人是未成年人或精神病人,受托人必须将该信息告知未成年受益人的父母或法定监护人,或(视情况而定)精神病人受益人的看管人、保护人、保佐人或其他继受人。

但是,如果受托人依其绝对自由裁量权认为提供信息不符合受益人的最佳利益,则受托人有权隐瞒该信息。受托人对以下受益人不承担通知义务:

(a)仅拥有一项或有利益之人;

(b)其是否为受益人取决于自由裁量之人;以及

(c)不享有既定利益之人。

在披露可能会使委托人保护家庭意图无效的情况下,此规定无疑是有用的。

应对信托享有既定利益的受益人请求并由该受益人负担费用,受托人负有向该受益人披露下列文件的法定义务:

(a)信托文件以及所有其他附有信托或信托执行条款、权力或自由裁量的文件;

(b)信托财务报表;以及

(c)信托受托人的全资公司的所有财务报表。

该法存在一项优先要件,即当向受益人披露任何文件或信息时,如果其他受益人请求保密或者受托人依其绝对自由裁量而判定保密符合其他受益人的最大利益的,受托人应当采取必要措施来保障其他受益人的机密。受托人必须仅向请求获取信息的受益人提供使其能够确定自己在信托中的真正权利或利益的文件或信息。

受托人不受衡平法规则或原则下的信息披露程序或检查程序的约束以强制向受益人披露或提供下列文件：

(a)委托人出具的任何备忘录或意愿书，或记录委托人意愿的任何文件；

(b)披露了就受托人应如何行使自由裁量的考虑的文件； 259

(c)与受托人行使或拟行使自由裁量有关的任何其他文件(包括受托人就其行使任何自由裁量而获得的法律建议)。

在巴巴多斯[3]、格林纳达[4]、圣基茨[5]、圣文森特[6]、特克斯和凯科斯[7]以及圣卢西亚[8]，法律禁止受托人将信托的特定信息透露给对该信息不享有合法权利的任何人。受保护的信息包括：

(a)委托人或受益人的名字；

(b)受托人就其权力或自由裁量行使方式的考虑，以及就其信托条款或法律规定所施加的义务之履行方式的考虑；

(c)行使权力、自由裁量或者履行义务的理由或者该理由所依据的任何证据；

(d)与国际信托账户有关或构成其一部分的任何信息；

(e)任何其他与国际信托相关的事项。

尽管负有保密义务，如果受益人要求披露与信托账户相关的信息，受托人必须披露。在民事和刑事诉讼中存在保密义务的另一个例外：法院在认为合适的情况下可允许披露上述信息或文件。

相比其他法域而言，圣基茨更加强调受托人的制定法上的保密义

---

〔3〕《1995 年国际信托法》第 28 条。

〔4〕《1996 年国际信托法》第 47 条。

〔5〕《1996 年信托法》第 33 条。

〔6〕《1996 年国际信托法》第 64 条。

〔7〕《1990 年信托条例》第 28 条。

〔8〕圣卢西亚《国际信托法》。

务。受托人应在合理的范围内,在收到有关书面请求后的合理时间内,就信托财产的状况、数额以及信托管理的执行向下列对象提供完整而准确的信息:

(a)法院;

(b)依照本法任命的检查员;以及

(c)依照信托条款的规定——

(i)委托人;

(ii)信托保护人(若存在);

(iii)不属于未成年人或者被禁止者的任何受益人;以及

(iv)信托的设立目的是使之受益的慈善机构。

安圭拉[9]立法中有类似的规定。

在没有制定法上的保密义务的情况下,如在英属维尔京群岛,普通法的观点优先。在普通法中,保密义务可能衍生于合同、侵权、衡平法、财产或寄托。违反或可能违反保密义务的行为可以诉至高等法
260 院,法院将授予一项禁止任何可能的违反行为的禁制令,并对实际违反行为判处损害赔偿金。违反保密义务不会受到刑事制裁。

普通上的保密义务程度取决于相关当事人之间关系的性质。某人一旦获知机密信息,且该人已知悉或被视为已认同该信息为保密信息的情况下,即产生保密义务,因此,在任何情况下,此人都应该被禁止向他人[10]披露该信息。

保护具有司法执行力的保密义务符合公共利益。但是,存在三项关于保密义务的一般限制原则,即

(1)信息必须是应保密的;

---

〔9〕《1994 年信托条例》第 28 条。

〔10〕 *Coco v AN Clark*(Engineers)Ltd [1969]RPC 41.

(2)保密信息必须有用且重要;以及

(3)保护保密义务的公共利益必须大于披露该信息的公共利益。

在多个法域,无论是在制定法上还是在普通法上,保密义务均在《保密关系法》中有所规定。开曼群岛《金融管理局法》(2008 年修订)、《银行和信托公司法》(2009 年修订),其他调整保险、共同基金和公司管理行业的立法,以及《关于保护的保密关系法》(2009 年修订)规定,政府官员及专业人士在执行职务或专业工作时,未经授权而泄露信息的,均会受到严重的刑事处罚。

特克斯和凯科斯《1979 年保密关系条例》规定,其目的是"就商业规则或职业秘密之下所明示、默示或据其目的给出的信息不得泄露之义务予以认可"。依照该法,任何占有保密信息的人,无论以何种方式取得的,都不得:

(i)将其泄露给任何无权知晓的人;或

(ii)企图、提议或威胁将其泄露给任何无权知晓的人;或

(iii)获取或试图获取其无权知晓的保密信息的,均构成犯罪。

尼维斯[11]也有类似的立法。

如前所述,在某些情况下,尽管负有保密义务,但仍有必要向第三方提供信息。在大多数法域,如果存在犯罪活动的初步证据,则保密规定应受披露保密信息的规定制约。以下是此类立法的实例:

英属维尔京群岛

《银行和信托公司法》《公司管理法》和《保险法》

这些法律包含了几乎相同的信息披露相关规定。有关条文规定,在通常情况下,依照有关法律向有关当局做出的或披露的任何信息、 261

〔11〕《1985 年第 2 号保密关系法》。

文件、纪录或陈述是绝对受特权保护的，而且，只能在特定情况下予以披露。披露限制不适用于以下几种披露情形（列举未尽）：

(1)具有司法管辖权的法院为进行刑事或民事诉讼而出具命令要求披露的；

(2)总督，或总督出于为犯罪活动调查的司法协助目的而承认的国家或法域中的执法机关的高级官员，所承认的国际组织中的具有主管权限的高级官员请求披露的；

(3)总督所支持的国家或法域的监管部门依照其上述法律及其监管办法履行职责或行使职权所必要的披露。

美国《1990 年司法互助法》

该法生效了英美两国间就开曼群岛的协定条款，并将该协定的条款适用于英属维尔京群岛。该法的目的是为美国和英属维尔京群岛的执法机关规定证据和信息获取的相互程序。一般而言，该法仅适用于刑事调查或刑事诉讼，但只要财政当局的调查与犯罪的非法收益有关，该法同样适用于财政问题。

依本法规定提出的请求可被用于获取文件或证人证词、冻结资产、定位某人、送达文件以及为供作证而协助转移在押人员。

该法特别规定，因执行一项请求而披露证据的，不构成任何保密关系的违反，不会构成任何犯罪，也不会引发民事索赔或诉讼。

《1993 年关于国际合作的刑事司法法》

该法为英属维尔京群岛与除美国以外的其他国家在刑事诉讼和调查方面的合作规定了相互程序。若该请求由英联邦成员国提出，或由一方根据英国为缔约国且适用于英属维尔京群岛的协定提出的，则该法可延伸至财政犯罪领域。

《1992 年贩毒罪法》

只要向外国当局的披露关乎于英属维尔京群岛法院登记他国出

具的没收令，且总督可在立法委员会的支持下指示本法将适用于任何外来没收令的，本法即是相关的。

《1997 年犯罪所得法》

本法确立了报告机关和洗钱罪，包括：

(1)协助他人保留犯罪收益； 262

(2)取得、占有、使用犯罪所得；

(3)隐匿或转移犯罪所得。

如果某人怀疑或相信其正在处理的有关资金可能是犯罪所得，并向报告机关予以披露，则该披露不会引起任何民事责任，即使这等同于违反保密义务。

向报告机关披露信息的，未经总检察长同意，该机关不得向境外机构或个人做进一步披露。虽然受到此种限制，该机关可将收到的与犯罪行为有关的任何信息披露给下列任何对象：

(1)境内执法机关；或

(2)其他国家的执法机关，

为了：

(a)报告可能的犯罪行为；

(b)就披露事项展开刑事调查；

(c)协助对披露事项的任何调查或刑事诉讼。

开曼群岛

依照《滥用药物法》(2009 年修订)——该法规定与贩毒有关的洗钱活动构成刑事犯罪，如果披露人员相信资金或投资来自或用作贩毒，则可向开曼群岛警方披露保密信息。

《1996 年犯罪所得法》(2007 年修订)将《滥用毒品法》中的原则

引申至所有重罪上,且与英属维尔京群岛的立法条款相同。

从委托人的角度看,英属维尔京群岛、安圭拉群岛、百慕大群岛、开曼群岛、特克斯和凯科斯群岛等英属领土的离岸隐私和保密特性受到执行上述"相互协助""信息交换"规定的限制。此外,欧盟委员会已表示其有意对所有欧盟国家及其附属地的银行账户利息、股息和收益征收预扣税。

一些新的加勒比离岸法域,如圣文森特和格林纳丁斯,已经通过了严格的保密法律以保护客户。

圣文森特《1996 年关于国际金融的保密关系保护法》被认为是在金融服务领域最具体的保密性表述,"堪称当今世界上最严格的保密法律"。该法将对专业保密关系和信息的保护上升为国家"公共政策"(第 3 条),重申了政府的政策,即财务隐私权是离岸公司和金融机构的基本权利,它不会协助其他政府直接或以其他所谓犯罪行为的调查或指控为借口而征收税款。为了明确这一点,该法的第 4 条第(7)款规定,

> 法院依照本条审理一项指示申请的,不得提供与另一国家、领土或其他政治法域的民事或刑事税法的强制执行或诉讼有关的保密信息。

263 在多米尼加,尽管需要对信托进行登记,但与信托有关的登记在未获受托人书面同意的情况下不对外公开接受检查,隐私因而得以维护;并且,受托人可免于提交年报或信托账户,以及其他与信托有关的典型报告要求。

圣基茨《1996 年信托法》第十三部分规定了可以向离岸信托委托人提供的保密和资产保护程度。依照这些规定,如果部长有初步证据表明信托是为非法或欺诈目的而设立或将要终止的;或信托交易或信托事务的开展是非法地或出于欺诈意图的;或者对信托进行调查符合

公众利益的;则部长可以任命检查人员对信托事务进行调查。该项任命可由部长主动做出,或由该信托的受托人、保护人或受益人,或委托人的债权人提出申请,但该申请人须提供不超过 2.5 万东加勒比元的调查延迟成本担保。

检查人员的权力包括:在宣誓后进行检查;要求一名人员与他们一同参与调查;由该人在其权力范围内制作所有记录;以及向检查人员提供与调查有关的一切协助。任何人故意妨碍调查的开展或不配合检察的,即构成犯罪行为。该法明确规定,第十三部分并非旨在废除对合法的职业特权和银行保密义务所提供的保护。

在选择对个人财产进行投资和保护的地点时,离岸法域宣示主权而不受外来势力干涉的能是当选的一个主要决定因素。离岸金融中心吸引了大量的业务,因为它们拥有严格的保密规则,这对那些希望纳税义务,并以合法理由向竞争对手、供应商、债权人和客户隐瞒信息的公司和个人而言极具吸引力。这些法域没有义务协助在岸税务机关从合法存放在海外的资金中追缴税款。尽管如此,在一些加勒比法域,保密相关法律已经过检验且被认定为并不缺乏明确性和力度;而且,20 世纪 90 年代末的案例证明,这些法域的法庭在适用这些法律[12]时绝不胆怯。

然而,在宏观层面上,经合组织抨击离岸金融中心的生命力,声称提供优惠税收或无税收的离岸金融中心参与了不公平的税收竞争。这些抨击有双重目的。通过抨击保密性,发达国家不仅试图获取其推测的逃税者的财务记录,还希望通过瓦解保密框架使在离岸金融中心的投资失去吸引力。

---

〔12〕 *Securities Exchange Commission v Banner Fund International and others*(1996)54 WIR;*Attorney General v Bank of Nova Scotia*, *Nova Scotia Trust Company*(*Cayman*)*Limited* 1985 CILR 418.

宏观层面的监管

2000年,经合组织发布了一份报告,根据其确立的标准,将一些法域确定为避税天堂。若要从这个名单中除名,被列入黑名单的国家必须遵守19个单独的条款,包括签署税收协定、交换信息和改变国内政策等。这一要求表明了国际社会对加勒比地区离岸金融中心以及严
264 格的银行保密政策的不同立场。而加勒比共同体对2000年经合组织的报告反应消极,因为它威胁到了加勒比共同体金融声誉的稳定。经合组织的创始成员国拥有巨大的经济影响力。相反,规模小的离岸法域,例如,加勒比地区,缺乏政治或经济实力来承受该报告引发的雪崩。意料之中地,许多离岸中心要么遵守经合组织的规定,要么至少开放了沟通渠道。从2000年报告发表之日到2002年4月,31个法域(包括被列入"黑名单"的全部加勒比法域)正式承诺实施经合组织有关透明度和情报交换的标准。

自2008年年初以来,国际避税和执行透明度与情报交换的国际标准一直是八国集团政治议程上的重要议题。仅在美国,其国内税收系统就估计,该国每年因在离岸金融中心投资和存款而损失的税收高达700亿美元。全球金融危机让离岸金融中心成为人们关注的焦点,因为在岸法域力求提高税率以抵销巨额赤字。经济与合作发展组织称,"自2009年以来,与过去十年[13]相比,双方在充分有效的情报交换方面取得了更多进展。"到2009年年底,不合作的避税天堂名单已经变得空白。保密性最大的弱点似乎是全球社会迫使离岸中心遵守的强制性措施。

---

〔13〕 2011年2月18日,与透明度与情报交换全球论坛背景信息简介。

税收透明度与情报交换全球论坛

全球论坛成立于 2000 年，为促进各国之间的税收合作和情报交换，于 2009 年 9 月进行了重大重组。这是对 20 国集团在已取得透明度方面的重大进展的情况下呼吁加大信息交换力度的回应。截至 2011 年 9 月，全球论坛有 102 个成员国，最新加入的是特立尼达和多巴哥。全球论坛的任务是建立一个深入的同业审查系统，以执行各法域做出的承诺；特别是，对 20 国集团就透明度与情报交换标准做出的迅速和有效执行要求做出反应。全球论坛的所有成员以及确定的有关法域将就其税务情报交换系统的实施情况接受审查。同业审查程序由同业审查小组的 30 名成员监督，该小组目前由法国担任主席。

同业评审过程分为两个阶段。第一阶段是审查每个法域的税收透明度与情报交换的法律和监管框架。第二阶段涉及调查标准的实际实施情况。一旦审查启动，全球论坛的全体成员都将被要求提交其与被评估法域的投入，特别是在第二阶段的审查中，要求所有情报交换合作伙伴完成其与该法域的实际经历的详细调查问卷。审查由评估团队进行，评估团队向由 30 个成员组成的同业审查小组提交报告，一旦获得批准，该报告即成为同业审查小组的报告。该报告必须由全球论坛成员以协商一致的方式通过，以便任何一个法域都不能阻止该报告的通过。

将自己置于程序之外并无任何好处。如果某个法域选择不参加， 265
全球论坛仍将使用公开信息对其进行审查。

对法域的情报交换标准评估应在请求的前提上进行。该标准规定，当情报“可预见地”与税收评估请求方“相关”时，应基于请求进行情报交换审查，包括银行及受信情报，而不应将国内税收利益纳入考虑。该标准已被分解为十个基本要素。[14]

---

〔14〕 职权范围参见网站：http://www.oecd.org/dataoecd/37/42/44824681.pdf。

A. 信息的可获得性——基本要素

A.1 各法域应确保其主管部门可以获取所有相关实体和安排的所有权和识别信息。

A.2 各法域应确保为所有相关实体和安排都保留了可靠的会计记录。

A.3 所有账户持有人都可获得银行信息。

B. 信息获取

B.1 主管机关应有权从其领土管辖范围内拥有或控制上述信息的任何人处获得并提供情报交换协议所要求的信息。

B.2 适用于被请求法域的权利和保障应与有效的情报交换一致。

C. 情报交换

C.1 情报交换机制应提供有效的情报交换。

C.2 各法域的情报交流机制网应涵盖所有的相关合作伙伴。

C.3 法域的情报交换机制应存在充分规定以确保所收到信息的保密性。

C.4 情报交换机制应尊重纳税人和第三方的权利和保障。

C.5 法域应根据其协议网及时提供情报。

虽然经合组织和全球论坛都无权对不执行全球论坛制定标准的国家实施制裁,但成员国会自行决定采取何种措施以确保其税法得到有效施行。

最近强调,对某些法域产生了惩戒效果的是税收情报交换协议(TIEAs)而不是避免双重征税协定协议,例如,多年来一直在缔结避
266 免双重征税协定的基础上不断前行的巴巴多斯。这种协议草案需要更多的协商,通常需要更长的时间才能缔结,而且其本身也受广泛的情报交换协议草案约束。

基于协定的监管

在基于协定的监管中,最突出的应属《经济合作与发展组织协定范本》第 26 条中的情报交换规定,该规定允许缔约国的税务机关审查纳税人的财务活动。这是一个旨在打击国际和国内逃税行为的关键机制。该条款的有效性本质上取决于所提供的情报质量(一般来说很多情报的质量都很差)。

应当承认,关于税收情报交换的协定已经存在了一百多年。在 1843 年和 1845 年,比利时就税收协定与法国及荷兰进行了谈判,以交换有关一缔约国的纳税人在另一个缔约国拥有的动产之情报。大约在 1907 年,法国和英国签署了一项协议,借此,两国税务机关交换情报以处理遗产税逃税问题。然而,在国际联盟出现之后,情报交流的重要性才为大众所知。因此,在 1925 年,负责审查国际双重征税问题的专家们认为,除非各国税务官员进行国际合作,否则无法成功地解决这个问题。因此,国际联盟在 1928 年通过了一个示范性公约,其中就规定了交换财务情报。这些规则后来在 1943 年墨西哥和 1946 年伦敦的联盟会议上得到了进一步的扩展和改进。

随着国际联盟的终止,情报交换规定作用的重要性逐渐降低。然而,这一作用近年来已得到恢复,并凭借 1963 年《经济合作与发展组织示范公约》采纳的交换程序和规则而特别突出。

第 26 条的可适用于居民的申请。它明确移除了其他协定所规定的要求满足“属人”和“属地”标准的限定性条件。尽管一经济实体既不是缔约国的居民,也不是缔约国的公民,而只是与缔约国存在最低限度的经济联系,第 26 条依然适用。该条规定是强制性的,它规定一国有义务向另一国提供为执行公约规定以及缔约国有关国内税法所必需的情报。确定什么是必要的这一标准必须由提出请求的国家决定，并且，"必要"一词的范围也应遵循该法域的国内法规定。加勒比英联邦地区的先例将"必要"一词视为中性词，其特定含义和适用必须根据特定情况予以解释。在 *Wreck Recovery and Salvage Co.* 案中，Jessell MR 根据先前的判决报告书指出，这个词并不意味着"绝对强制力"，而是所有情况下的权宜之计。可借助宪法案例并参考第 26 条第(2)款第(c)项的限制，这些案例按理说更具相关性。在 *Sunday Times Newspaper v U. K.* 案中，欧洲人权法院的观点是，形容词"必要的"不是"不可或缺的"的同义词，它也不具有"可容许的""有用的""可容忍的"或"可取的"等措辞的灵活性；它表示存在的迫切需要。它不能被赋予绝对的含义，而是需要对不同的真实资料进行评估。

267 "必要"一词的范围本身受到第 26 条第(2)款限制的约束，这是有争议的。这段开头部分规定应依照其中所载的具体限制予以解释，这与第(2)款也符合。但是，第 26 条第(2)款似乎无意确定化，而是对一般义务规定了一般限制或例外。同样，这些具体限制必须按照缔约国的国内法来解释。在加勒比英联邦国家，"商业秘密"这一措辞包括各种各样的保密信息，尽管此信息是否真的是秘密本质上还是一个事实问题。然而，依照该条进行的任何信息传递都不能破坏其保密性。此外，第 26 条所解释的保障并不像加勒比英联邦地区现行法律规则所显示的那样广泛。适用的证据规则并不禁止接受不定期获得的证据，而且所获得的任何信息，只要它是有关的——尽管是不适当的，都可以采纳。

交换程序

信息交换程序可以分为：第一，常规或系统地提供的信息；第二，未经请求的自发的或任意的交换；第三，应缔约伙伴的请求而发送的特定信息。

常规传递通常适用于包括股息、利息、特许权使用费和养老金的收入领域，并受源头扣税约束。具体而言，来源国收集和处理的资料可包括从来源国取得收入的接收国境内人士的姓名和地址。它还可以包括付款人、收入类型、收入金额以及来源国预扣税额。这些信息对于接收国来说可能变得重要而有用，因为它现在能够将姓名和地址与其纳税人名单相关联，并确认纳税人是否已经申报了外国收入及其来源。

显然，这类信息非常适合于自动传递，且其有效交换将取决于各税务部门的技术发展程度。纳入这类常规传递的另一种信息形式是有关制定法、法律、行政法规的变更通知以及相关的重大税务案件裁决；因为两国国内法的变化，将需要修订协定的某些条款。

另一个领域是**自发交换或任意传递**。在常规调查中，税务机关可能会发现对协定合作伙伴特别有用的信息，还须决定是否在没有请求的情况下就发送这些信息。

还有一些**特定请求**的领域。这涉及的情况是，协定伙伴可能怀疑纳税人从事某种欺诈活动，并且需要更详细和具体的信息予以证明。

然而，有必要提及第 26 条的限制，一般认为，如果信息已由税务机关存档，或可以通过正常程序获得，则该信息将被解释为处于正常管理程序中。只有进行特别调查才能获得的信息通常被认为是在正常程序中无法获得的信息。这是解释该条的一个重要元素。在该条中，同样重要的是，对提供信息的限制所产生的隐含影响是，请求国在通过利用协定条款请求获得信息之前必须先用尽其调查权力和程序。268
应当认识到，一场彻底的国内调查也将使请求国的请求具有一定程度的可尊重性，因为在这个时候，就不能称请求国只是在进行一场试图获得与纳税人有关的任何信息的探险。

然而，审查在正常管理过程中获得的信息时，必须承认依照各国所得税法授予许多英联邦法域的税务局局长的权力。“……局长可出于任何与管理或执行本法有关之目的，以不少于 7 日的书面通知传唤任何人出面宣誓作证，并举示其占有或控制的所有书籍、信件、账目、发票、报表或其他文件。”因此该条款扩大了可用信息的范围。第（7）款确保了其在法院或协定伙伴的其他准司法法庭上的可采性，该款规定“在不限制本条一般性的情况下，本条适用于银行和律师及其雇员和职员，正如其适用于任何其他商人和商业场所一样”。

因此，它避免了 1975 年瑞士最高法院在 *X and Y Bank v the Swiss Federal Tax Administration* 案的判决中所体现的可采性问题。在该案中，瑞士联邦税务局遵照美国国税局的要求，提供了 Y 银行就该银行与美国公民 X 之间交易的记录情报。这些信息被汇总在官方报告中并送往美国。意料之中的是，美国国税局要求汇总报告中应包含原始文件或认证副本，因为这些文件在针对 X 提起的法律诉讼中是必要证据。瑞士最高法院裁定第二项请求不符合规定。该案的判决理由是，《瑞士和美国税收协定》只规定了信息交换，而未规定实际援助的具体措施。这一案件突出了银行保密的重要性，因为它与当前的信息交换条款有关。

微观层面的“监管”

虽然在涉及国际机构和国际性报告的宏观层面已经有了广泛的监管努力，但重要的是要审查在已建立离岸金融中心的法域内存在于微观层面的一些监管活动。在这方面，监管代表了那些在发达的用户法域引入的、和那些通常以受控外国公司立法形式构建的具体法律，监管也因此得以扩散。这类立法的有效使用虽是以不同的名称，但其主要目的都是通过设立信托或利用双重征税协定机制来限制离岸金融中心的使用。

美国一直在试图从该国对国外信托和其他实体的运作施加一定程度的控制。

2009 年的《海外账户纳税法》(FATCA)旨在提高美国人持有的离岸账户的纳税。作为一种为《雇佣激励措施恢复就业法》增加税收的方式,该法于 2011 年 3 月签署成为法律。

依照《海外账户纳税法》的规定,外国金融机构(FFIs)将被强制要求与美国国税局达成协议,并就某些情况详细汇报它们所处理的美国账户,否则任何来源于美国的收入和销售所得将被征收 30% 的预扣税。外国金融机构将被要求识别美国账户、核实其所有权、向美国国税局报告,以及选择对不合作账户扣留 30% 还是放弃。

2010 年的《雇佣激励措施恢复就业法》("HIRE Act")要求被归 269
类为外国金融机构的实体须签订协议,该外国金融机构通过该协议同意以某种方式确认其账户持有者中哪些是美国公民、绿卡持有者或纳税居民(统称"美国人"),否则将对所有在美国投资的资金施加总额 30% 的预扣税。预扣将适用于外国金融机构向美国投资的几乎所有资金,既包括为了自有账户,也包括为了账户持有人的账户,而无论他们是否为美国人。外国金融机构必须与美国国税局协商一致以:

(1)获取机构所拥有账户的各持有人的信息,以确定哪些账户是美国账户;

(2)遵守美国国税局为识别美国账户而规定的核实和尽职调查程序;

(3)每年报告美国账户情况,识别指定账户和美资所有外国实体的实质所有权人的信息。

《海外账户纳税法》将大大增加全球银行和其他金融机构的报告负担,本质上是将其作为税务局的延伸。许多离岸银行已经停止了向美国人提供离岸银行服务,而信托公司则可能不得不在该法施行之前作出类似的艰难决定。

结语

在离岸金融中心范围内对信托活动的监管显然是多维度的。它囊括了依照不同法域的不同范围和种类的自我监管,但在大多数情况下,保密原则仍受到尊重和认可。

第 19 章 信托和税收 270

简介

税收可能对信托产生不同程度的影响:在委托人或受益人层面;或者在委托人法域内或在信托设立所在的离岸法域内。就设立在离岸金融中心的信托而言,只要受益人不是离岸法域的居民,则大多数此类法域不对信托征税,或者就实际而言,不对信托的分配征税。尽管有这种慷慨的税收立场,但仍有必要从避免双重税收协定的角度来审视应如何使用信托,以及探讨英国、加拿大和美国等法域内的税收和监管,这些法域通过其自由认证的信托制定法影响着将信托作为规划工具在离岸金融中心的使用。

税收制定法

影响信托的主要税种有所得税、资本利得税和继承税。尽管印花税和增值税等其他税种也会影响信托，但其重要性相对而言不那么主要。对加勒比海和大西洋中部一些离岸金融中心的调查提供了离岸信托免税的极好的例子。

安圭拉〔1〕

“豁免信托”不缴纳任何所得税、预扣税、资产税、赠与税、利润税、资本利得税、分配税、继承税、遗产税，或以产生于安圭拉境外的资产或所得计量或以此为基础的其他类似税种，或其他在安圭拉境内可能发生的行政管理相关税种，但信托登记费除外。

当委托人和受益人都不是安圭拉的居民，且信托财产不包括任何位于安圭拉境内的土地，也不包括任何拥有该土地的公司之股份时，该信托即为“豁免信托”。

英属维尔京群岛〔2〕

受托人持有的信托所得免缴所得税，且非英属维尔京群岛居民的任何受益人对分配给他们的任何财产都可免缴英属维尔京群岛的全部税种，包括所得税和印花税。就受益人都未居住在英属维尔京群岛的信托而言，其信托文件免缴印花税，且所有其他契据和文件均免缴印花税。这些豁免并不适用于在英属维尔京群岛拥有土地或开展业务或贸易的信托。

271 **百慕大**

就被纳入信托的百慕大财产而言，印花税的缴纳方式是在特定文件上粘贴相应纳税金额的印花税票。对信托财产价值不超过2万百慕大元的部分按零税率计征印花税，对2万至8万百慕大元以内的部分则按财产价值的5%的计征印花税，超过8万百慕大元部分的则按

---

〔1〕《1994年信托条例》第69条。

〔2〕《受托人条例》第90条。

财产价值的10%计征。就纳入信托的非百慕大财产而言,无论该财产是否位于百慕大境内,均无须缴纳印花税。对慈善信托不计征印花税。

百慕大信托的利润或所得无须缴纳所得税或资本利得税,且该信托的分配也不受百慕大征税影响。

巴哈马〔3〕

(与上述英属维尔京群岛的制度相同)

巴巴多斯〔4〕

就国际信托所进行的交易或根据其活动所执行的文件而言,可免缴间接税、从价印花税或其他税款。但是,国际信托应缴纳巴巴多斯《印花税法》附表(第91章)中规定的固定税。被划拨或分配了国际信托收入的非居住在巴巴多斯的受益人无须就该收入金额缴纳所得税。但是,居住在巴巴多斯的受益人应就其在巴巴多斯居住期间的信托收入缴纳所得税。无论受益人是否居住在巴巴多斯,从信托资本中分配给合格受益人的金额均可免于纳税。但是,依照巴巴多斯《受托人法》,受托人应缴纳所得税。

开曼群岛〔5〕

《信托法》规定,豁免信托应进行登记。豁免信托的主要优势是,总督向受托人保证:在50年内,就对所得、资本资产收益或增值征收直接税或进口关税而颁布的法律,或征收遗产税或继承税性质的税种而颁布的法律,都不得适用于由该豁免信托所包括的财产或由此产生的任何收入,也不适用于任何上述财产或收入的受托人或受益人。

---

〔3〕《1998年受托人法》第93条。

〔4〕《国际信托法》第29条。

〔5〕《1967年信托法》(1998年修订)第81条。

多米尼克

依照《1997 年国际豁免信托法》登记的信托，可免缴：全部所得税；其信托财产相关的全部文书或受托人代表信托进行交易的印花税；任何外汇管制。

272 **格林纳达**[6]

对非格林纳达居民的受益人取得的国际信托收入，免缴所得税。包含外汇或外国证券的国际信托基金，在格林纳达可免缴任何直接税、关税或其他进口税。

尼维斯

依据《1994 年国际豁免信托条例》登记的信托，可免缴：全部所得税；因死亡而应就信托财产支付的全部遗产、继承、遗赠税；对与信托财产有关的所有文书或受托人代表信托进行的交易而应缴纳的印花税；所有外汇管制。

避免双重征税协定和信托

包括税收协定在内的各种条约的法律效力及解释，由维也纳《条约法公约》管辖。

该公约于 1980 年 1 月 27 日生效，被认为是对所有国家遵循的既存国际习惯法原则的汇编。它适用于所有的条约，包括那些涉及了尚未签署该公约的国家（如美国）的条约。公约中有一些关于条约解释的规定。具体而言，作为解释的一般规则，第 31 条规定，一项条约的

---

〔6〕《国际信托法》第 49 条。

解释应考虑到其具体背景以及其具体目标和方式,并按照条约条款的普通含义进行善意解释。该条明确规定,为了解释一项条约,其内容除包括序言和附件外,还应包括当事方之间就缔结条约所达成的全部协议。条约的内容还包括一方或多方就缔结条约所做出的文件,以及被其他缔约方认为是相关的任何文件。公约第 32 条规定了补充解释手段,并允许在条约的准备和缔结过程中使用这种手段。这一延伸确认了对因适用第 31 条而产生的含义。当依照第 31 条解释的含义不明确、或导致明显不合理或荒谬的结果时,它可以帮助更好地理解。

经济合作与发展组织《关于所得和资本的税收协定范本》(经合组织范本)于 1963 年首次颁布,并于 1977 年修订,随后又于 1992 年再次修订。由成员国高级税务官员组成的财政事务委员会对该条约负责。财政事务委员会通过常设秘书处和各种工作组开展工作。《经合组织范本》采用逐条评注的方式,为成员国提供了对条约及评注发表其评论和提出保留意见的机会。评注已成为解释和适用税收条约的重要元素。相对于资本进口国而言,该条约更偏重于资本输出国。 273
通常而言,它要求来源国对另一缔约国居民所获得的某些特定类别的收入免税或减税,从而消除或减轻资本税。如果两国之间的贸易和投资量合理对等,并且居民国家对来源国豁免的任何所得都征税了,则条约的这一方面是有用的。

另一方面,《联合国范本》于 1980 年出版,其遵循了《经合组织范本》所确立的模式,并持有许多相同的立场。因此,建议将《联合国范本》视为对《经合组织范本》做出的重要但有限的修改,而不是一项单独的协定范本。这些修改反映了发展中国家的利益。一个主要区别是,《联合国范本》对来源国的税收管辖权限制较少。因此,它不包含对来源国征收的股息、利息和特许使用费的预扣税率的具体限制。相反地,预扣税率留给了两个缔约国的双边谈判来决定。《联合国示范本》还对来源国在非实体营业所得征税方面施加了更大的责任。

除上述两项示范性条约外,还存在另一项协定范本,即《美国协定范本》(《美国范本》)。在20世纪70年代和80年代的十几年中,该地区一直采用的是这项《美国范本》,并且该《美国范本》与《经合组织范本》有一些明显可识别的差异。就居住地而言,《美国范本》将公司居住地定义为公司注册地,而《经合组织范本》则明确将公司居住地定义为公司管理地。同样地,《美国范本》通过提供信贷来避免双重征税,而在《经合组织范本》中,通常通过豁免来避免税务。二者在利息处理方面也存在差异,《经合组织范本》是在同业审查所在地征税,而《美国范本》是在受领方居住地征税。类似地,《美国范本》并未提及国家或地方税收,而《经合组织范本》包含了这些内容。最后,《美国范本》对居住地的解释是依据信托的类型——委托人信托、复杂信托与复杂信托。另一方面,《经合组织范本》下的信托居住地是信托的有效管理所在地。

条约中的居住地

居住地这一概念对所有的条约都至关重要,因为税收条约优惠待遇通常只适用于符合那些特定条约规定的居民。如果条约中不存在关于居住地的定义,则必须求助于该特定国家的国内法。

《美国范本》第3~4条给出了明确而简洁的居住地定义。依照该条约其规定,居住地是以人的概念来定义的,在该条约中使用的人包括个人、财产、信托、合伙、公司和其他任何团体。美国国税局于1997年10月依照其《国内税收法典》第6114条颁布了最终规定,其中规定了报告要件,而这些报告要件将决定什么才是符合条约规定的居住地。如果个人的居住地是根据协定决定的,而不是依照美国《国内税收法典》及其规定决定的,则必须报告。《经合组织范本》第1条处理了居住地问题,该条也包含关于一方或双方缔约国的居民和被赋予广泛含义的包括自然人、公司和其他团体的个人之规定。该条明确指出,尽管该定义并未特别提及"信托"一词,但该定义不具有排他性且用途广泛。《经合组织范本》第4条延伸了居住地概念,并强调了三种

具有特殊重要意义的情况。首先,在决定公约的属人适用范围方面很 274
重要;其次,它还在解决因双重居住地而发生的其他税收案件中提供了相关性;最后,它在解决在居住国和特定财产所在国或来源国之间引发的双重征税问题时至关重要。

若信托收入用于《美国范本》规定的税务目的,则对该收入的待遇方法将会有所不同,其不同程度取决于为税收目的而首先了解获得应税收入之人的居住地的必要程度。依照《美国范本》,上述人首先可以是信托本身;其次,可以是设立信托之人,即委托人;最后,可以是信托受益人,而根据特定信托的特定条款,此人可能既是受益人又是委托人。在美国,信托的居住地可能有很大差异。在第一个例子中,委托人信托将适用特别规则——委托人信托是拥有美国独特规则、并委托人视为信托资产和由此产生的收入的所有权人而对其征税的实体。此外,如果外国信托中存在美国受益人,美国税收规则也会将该外国信托视为委托人信托。但是,如果委托人是外国纳税人,则美国不能对这些人适用委托人信托规则对其征税。

美国《国内税收法典》将其他所有信托都分类为简单信托或复杂信托。在简单信托中,全部收入必须分配给受益人,受益人则就获得的分配缴税。但是,就于允许累积的复杂信托而言,信托将按累计收入缴税。在简单信托中,受益人的居住地是关键问题。有了这样一种信托,可以描绘出受益人应纳税部分收入的性质。因此,如果一个信托为条约目的而在特定国家设立了常设机构,那么在这种情况下,该信托的受益人同样被视为设立了常设机构。还有的情况是,根据与美国签订的条约,由美国的利润所产生的、并归于外国信托的外国受益人的收入免税。但是,如果该外国信托因作为美国合伙企业的有限合伙人参与而被视为在美国设立了常设机构的,信托受益人无论如何都会受美国税收管辖。在复杂信托中,有许多可以决定信托居住地的因素。

通过简单信托,可以确定受益人应纳税部分收入的性质。比如,如果一个信托为条约目的在特定国家设立了常设机构,那么在这种情况下,该信托的受益人同样将被视为设立了常设机构。实际上,如果存在由美国的利润产生的、归于外国信托外国受益人的、且根据与美国签订的条约免税的收入,那么,只要该外国信托本身因作为美国合伙企业的有限合伙人参与而被视为在美国设立了常设机构,该信托受益人也将受美国税收管辖。这一原则由1985年美国《国内税收规则》第85～60条(1985 ic. d187)明确确立。

在复杂信托情况下,由于信托自身要受税收的约束,因此居住地是通过多种因素确立的;并且将适用信托居住国的条约所规定之税。在复杂信托中,为恰当地确定信托的居住地,需要考虑多种因素,比如受托人的居住地、信托活动和资产的所在地,以及受益人的居住地。在《美国判例汇编》第373卷第49页(1963年)中的首要判例 *Maximov v US* 299F. 2d 565(2d cir. 1962)案中,一名英国公民、同时也是英国居民,依照英国法律设立了一项信托,受益人是英国居民和公民,但全部的信托资产都位于美国且在美国进行管理。该信托的居住
275 地被认为是美国。在另一个非常重要案件 *B. W. Jones Trust v Commissioner* 132 Fff914(4th cir. 1943)案中,在委托人和受益人是英国人,而信托活动发生在美国的情况下,信托为受益人产生了依照《英美避免双重征税协定》而不受美国税收限制的资本利得。但是,该案确认信托就税收而言的居住地是美国。在1960年美国《税收规则》第60－181条(1960－icb257)中,委托人为非美国籍的外国人,且受益人也是外国人的外国信托,其居住地也被视为是美国,因为该信托包括在交易所交易的证券在内的全部资产都位于美国境内且由美国受托人管理。

依照《经合组织范本》规定,实际管理机构所在地即为居住地,并相应地通过信托管理发生地而适用于一项信托。为明确居住地所在,应考虑全体受托人和任一执行人或保护人的活动所在地。

居住地作为一个延伸的税收问题

居住地这一概念通常具有延伸意义，因为若要从非居民信托地位带来的税收优惠中受益，必须证明信托居住地不是该特定法域。例如，若一信托的居住地为加拿大，则该信托将就其在全球的收入都要缴纳加拿大所得税。因此，确定信托的实际居住地变得十分重要。加拿大签署了《经合组织关于避免双重征税的协定范本》，但该条约也处理《所得税法》(ITA)中的居住地问题。该法并没有明确界定如何确定信托居住地。尽管如此，依照该法第 4 条第(1)款第(1)项和第(2)款第(1)项，可以认为，信托居住地实际上是受托人居住地，或者，是对信托财产享有所有权或控制权的受托人的居住地。但是，当存在多个居住在不同法域的受托人时，以及不明确信托财产的控制人时，加拿大《所得税法》并未对这几种情况提供有用的解答。

在 2009 年之前，确定信托居住地的既定普通法原则是，信托的居住地为其受托人居住和经营的法域。该原则是在加拿大首要案例 *Thibodeau Family Trust v the Queen* 78 DTC 6376(FCTD)案中提出的，该案件涉及多个受托人居住在不同法域的问题。在该案中，信托由三名受托人进行管理，其中两名受托人是百慕大居民，另一位则是加拿大居民。然而，信托文件要求受托人在行使自由裁量权时需采用多数决，并规定，只要受托人会议关乎资产的运营和管理的重大决定，会议都必须在百慕大召开。百慕大同时也是信托资产所在地。但是，加拿大居民受托人在信托管理和投资策略方面承担积极义务，并且该受托人有权任命其他受托人但无权罢免现存受托人。结合上述情况，法院认为百慕大才是信托的居住地，因为所有的受托人自由裁量问题都是通过多数决在百慕大实施的，并且，多数受托人是百慕大的居民。这个具有里程碑意义的案件确立了一个原则：当多个受托人居住在不同法域时，多数受托人居住地所在法域将成为信托的居住地。

加拿大税收法院在于 2009 年 9 月 10 日对 *Garron Family Trust v*

Her Majesty The Queen,2009 TCC 450[*Garron*]案作出的判决中,放弃了这一既定方法,转而使用了用来确定公司居住地的“集中管理和控制”标准(*DeBeers Consolidated Mines, Limited v Howe*(1906)AC 455)。法院对 *Garron* 案的判决认为,信托的居住地应为信托的集中管理和控制地,而与受托人居住地无关。

276

Garron 案涉及在巴巴多斯设立的两个信托的居住地。信托的委托人是圣文森特的一位居民,受托人是位于巴巴多斯的一家控股公司,信托受益人是加拿大居民。

受益人起初是一家加拿大人控制的私人公司,名为 PMPL 控股公司。1998 年,PMPL 控股公司的资本接受了类似于财产冻结的公司重组。通过出售在此次重组时新发行的普通股,两项信托赚取了 4.5 亿美元的资本利得,这份资本利得通过预扣税机制在加拿大被征税了。两项信托随后依照《加拿大和巴巴多斯关于避免双重征税和防止所得和资本避税的协定》第 14 条第(4)款的规定,主张退还资本利得税。依照第 14 条第(4)款,资本利得税仅在纳税人居住地征收。因此,加拿大税收法院面临的系争点是两项巴巴多斯信托的居住地问题。

上诉的纳税人和税务部长对两项信托的受托人是巴巴多斯居民而非加拿大居民这一事实均无异议。根据 *Thibodeau* 案,上诉人辩称,信托的居住地应为受托人居住地。而部长辩称,在确定信托居住地时应使用集中管理和控制标准。部长认为,在相关期间,信托一直由受益人控制;而离岸受托人仅充当了次要角色。

Madam Justice Woods 同意税务部长的观点,判定集中管理和控制标准才是确定信托居住地的恰当标准。Justice Woods 认定,*Thibodeau* 案的受托人居住地标准依据可能仅限于该案件的特殊事实。她进一步认为,*Thibodeau* 案拒绝使用集中管理和控制标准,这是错误的:“在我看来,*Thibodeau* 案的判决不足以否定部长认为信托居住地应通过集中管理和控制标准来确定的这一立场。”

在 Justice Woods 看来,*Thibodeau* 案的假设是,受托人总是会恪守其受信义务。既然受托人负有为受益人利益管理信托的受信义务,则受托人的居住地足以确定信托的居住地。在她看来,这一假设是错误的,也是 *Thibodeau* 案拒绝适用集中管理和控制标准的关键。

Garron 案的判决未能为摒弃 *Thibodeau* 案确定信托居住地的方法提供一个令人信服的解释理由。Madam Justice Woods 将这一判决作为信托居住地标准的发展,而非遵循或抛弃现有的法律体系。Justice Woods 提供的解释理由是"对信托和公司采用类似的居住地标准,这促进了税法重要原则适用的一致性、可预测性和公平性"。该判决缺乏对公司与信托之间法律差异和结构差异的讨论,也没有讨论为什么在确定公司居住地时需要适用集中管理和控制标准,而在确定信托居住地时却不需要。

有人建议,更好的办法可能是从 *Thibodeau* 案中划出一个例外来处理本案的事实:即有证据表明受托人没有履行对信托和受益人的受信义务和法律义务的情况。在这种情况下,信托居住地不再是受托人居住地,因为受托人仅发挥了有限的或次要的作用。

通过将新方法适用于本案事实,Justice Woods 认为,没有证据证 277
明受托人在信托资产和投资组合的管理中发挥了实际作用。受托人由受益人挑选出来以处理信托的行政事务而并无有效的决策授权。

另一个对 *Garron* 案上诉人不利的因素是,信托合同就任命一名保护人以替代受托人作出了相关规定。就该规定自身而言,该规定并没有问题(保护人和受托人一样,也不是加拿大居民)。但是,信托合同进一步规定,受益人可多数决定取代受托人并保留信托的控制权。在 Justice Wood 看来,通过这种机制,受托人的从属地位显而易见且"能够有效执行"。

尽管 *Garron* 案带来了法律的重大转变,但集中管理和控制标准可能并不像乍看上去那么难以对付。在 *Garron* 案判决书中所探讨的英国案例 *Wood v Holden* [2006] EWCA Civ 26 [*Wood*] 案即指示了这一特征。

Wood 案同样涉及计征资本利得税时确定离岸实体的居住地问题。一家伦敦金融服务公司在荷兰设立了一家控股公司。这种安排可以使 Woods 夫妇可享受税收优惠,夫妇二人都是英国居民且正在处置其家族企业。但是,该控股公司的唯一常务董事是另一家荷兰法人。

上诉法院认为,尽管该公司就其设立和事务方面而言涉及了英国居民,但荷兰控股公司不是英国居民。法院认定如下事实:

(i)英国公司"没有命令"董事应作出"何种决策",并且 Eulalia 的董事们"既没有被忽略,也没有袖手旁观";并且

(ii)常务董事负责签署和执行相关文件,履行了其作为常务董事的义务。

法院同样评论道:"[举证的]文件证明[伦敦公司]做出了指导并发挥了作用,但也仅此而已。"

在 *Garron* 案中,Justice Woods 根据上诉人举示的并不充分的证据而支持适用管理和控制标准,而不是 *Wood* 案的标准:与[Wood]案不同,上诉人对信托的成立和运作几乎没有提供任何证据。结合这些情况,没有理由认为 St Michael(受托人)并未同意在信托管理中仅发挥有限作用。

按理说,当受托人对信托享有独立的权力时,比如有效变更信托的投资证券组合以及管理信托财产,就可以适用离岸信托的管理和控制标准。受托人甚至可以在加拿大受益人或投资顾问的指导和影响下以这种方式行事,只要受托人的权力没有被忽略或损害。对受托人可能随时被加拿大居民保护人或受益人罢黜的这种结构的避免,将进一步鼓励对离岸受托人已被授予集中管理和控制权的观点。

但是,尽管该困难并非无法克服,但这相对于 *Thibodeau* 案依据受托人居住地来确定信托居住地的方法而言,是一个更高的标准。

这些居住地解释原则在加勒比英联邦法域内得到了充分的重视和认可,特别是在国内信托制定法与避免双重征税协定协调使用的情况下。

税收的国际规划:美国视角 278

要了解海外注册信托的税收使用情况,需要考察主要用户所在法域内现行的税收政策。在现行政策的基础上,加拿大、英国和美国等国正在制定立法,以保护本国税收,这实际上是在努力最小化离岸信托结构的税收利益。因此,在这一领域的任何审查就其本质而言都是过渡性质的。

如前所述,美国的惯例是将信托分为委托人信托、简单信托和复杂信托。简单信托被认为是每年进行收入分配的信托,而复杂信托将积累收入并随后进行分配。委托人信托则被认为是委托人的虚拟延伸。因此,美国的委托人信托有时会吸收和汇总所有长期和短期的收益和损失,并向纳税人做出一项单独汇报,这反过来会成为纳税人回报的一部分。当重大股票损失与有价股权处置所获得的巨额收益并存时,委托人信托是一种有用的工具。因此,委托人信托将扮演掩蔽剂的角色。

对简单信托的待遇符合税收中性意义,因为信托可以分配其收入和收益,并获得分配的适当扣除。被分配的项目,即特许权使用费、利息、股息或资本利得,并不丧失其内在特征。在不引起美国贸易或商业身份的属性问题和可能伴随的消极税收后果的前提下,有可能在非美国用户与美国投资之间设立一项信托。因此,一个受益人为巴巴多斯居民,且受益人直接取得信托全部收入的美国信托,能够使用《巴巴多斯和美国关于避免双重征税的协定》。对于作为预扣税代理人的受托人而言,将代表巴巴多斯受益人作为信托投资的直接持有人,并因此受益于协定下的预扣税率。因此,巴巴多斯受益人将能够在免税的基础上合法地获得在美投资和经理人的利益。当然,交易将受巴巴多斯利益的制约，首先应从巴巴多斯有关当局获得对外投资所需的巴巴多斯外汇管制批准。

另一方面，会积累收入的复合信托复杂信托是按美国居民个人税率征税的。因此，后续从积累的收入中进行的分配将被视作当时前几年分配的一样，且受益人可以从信托已缴税款中获得贷记。这一特征使信托能够扣减那些自身将成为受益人总收入一部分的资金。因此，非美国居民使用复杂信托获得的优惠不如简单信托那样多。

美国居民使用拉比信托是有跨国优势的，虽然不属于纯粹意义上的原始概念，但它们包含了信托的许多特征和功能。作为递延补偿计划，它们提供与信托相关的绝大部分隔离，还通过受托人的协助起到保护受益人的作用。美国国税局已批准使用该信托，并提供了信托协
279 议范本。基本上，雇主会把钱存入一项拉比信托，但不会进行税款扣减。作为信托的一部分产生的信托收入由雇主账户缴税；并且，由于是委托人信托，雇主被视为信托资产的直接所有权人。但是，如果雇主破产，信托资产仍将受制于雇主债权人的索赔。雇主在向雇员支付时享受税收扣减。拉比信托工具为美国居民提供了获得国外收入的机会。外国雇主可以设立在岸或离岸拉比信托以存放工资收入，反过来，该信托可以在宽限期内购买股票和债券以产生收入。视雇主所在具体法域而定，该雇主可能对信托中的资金免于纳税。然而，信托能够在累积的收入上节省大量的税额，而该收入已以复利计算，且只有在最终分配给作为美国居民的雇员或顾问时才应缴税。1997 年美国对委托人信托实施更加严格的监管控制时，拉比信托被明确排除在外，因此仍是公认的避税手段。

利用离岸信托在美国境内外开展税收规划的情况是动态的，因为法规可能会极大改变公认的规划手段，并不断要求发展出新的结构。

加拿大视角：以条约为基础的规划

加拿大多年来一直为想要在加拿大定居之人提供机会以利用移民信托、享受最小化税额并从延期给付中获益。同样，准备离开并在他国定居的加拿大人也可以创造性地使用这种移民信托。具有重要意义的是，因为《巴巴多斯与加拿大关于避免双重征税的协定》的存在，加拿大人能够通过财产冻结将其资产置于一项巴巴多斯信托。其他加勒比海地区的法域，如开曼群岛和英属维尔京群岛，由于其零税收的地位而无法签订有关避免双重征税协定，因此无法使用这种便利。使用避免双重征税协定是一个十分有用的税收最小化方案。

我们可以一名既是巴哈马居民也是巴哈马公民之人为例，此人是加拿大公民，但不是加拿大居民，并且此人已经同意单独或通过其控制的公司来购买一家从事软件开发、分销和销售业务的加拿大公司的大部分权益。我们可以假设，该公司股份的投资回报将在股份出售时得以变现，并将在销售时成为加拿大的应税财产。因此，主要目标将会是尽量减少加拿大和外国对出售股份所获资本利得的征税额。在这种情况下，能够实现该目标的媒介可能是一项巴巴多斯信托，该信托表面上被巴巴多斯法律施加了全面的纳税责任。在这种情况下，此人将通过赠与购买的股份来设立一项巴巴多斯信托，并任命一名居住地为巴巴多斯的金融机构、而不是一家依照《巴巴多斯国际金融服务法》持有许可证并在巴巴多斯境内从事国际银行业务的法人来作为该巴巴多斯信托的受托人。在种情况下，巴巴多斯信托的受益人将是 X 和那些根据临终遗嘱按比例受益的剩余财产受益人（“或有受益人”）。此时，分配的进行将按照信托条款而非遗嘱。巴巴多斯信托项下的分配日期可以是在信托不再持有公司的任何股份的 12 个月以 280
后，或者受托人依其绝对自由裁量而认定的更早的日期。在信托财产的分配日，如果 X 仍在世，则应分配给 X 或分配给或有受益人。就资本侵占而言，也存在相关规定，依照该规定，受托人将被指示在财政年度结束时将任何未分配的信托收入添加至信托资本中。在分配日之前，对于受托人变现的现金，无论是以股息形式还是以出售公司部分股票的收益形式，变现 12 个月后支付给 X 或支付给或有受益人，前提是那时 X 仍在世。

这种情境带有非常有利的加拿大税收考量。首先，根据 *Garron* 案[7]的判决，巴巴多斯信托的居住地将依照公司法标准中的信托决策和管理地而确定，而不管受托人是法人还是自然人。因此，如果信托的集中管理和控制发生在巴巴多斯，那么该信托在税收上就会被视为巴巴多斯居民。在考虑将公司股份赠予巴巴多斯信托时，人们自然会首先审视 X 的潜在责任。显然，这种股份赠与的处置符合加拿大修订后的"处置"一词的定义——依照加拿大立法，该定义适用的交易和事件发生于 1998 年 12 月 23 日之后。纳税人通过生前赠与方式将任何财产处置给了任何人的，该纳税人即被视为取得了等同于公平市场价值的处置收益。经过公平协商的价格通常被认为是公平市场价值的最佳证据。由于 X 的股份成本可能也是 500 万加元，因此他在将股份处置给巴巴多斯信托的受托人时不应获得任何收益。在这种情况下，谨慎的做法是 X 与证明此股份交易价格的公司签订一份《股份购买协议》。因为在纳税人以赠与方式取得财产的情况下，纳税人将被视为按照《加拿大所得税法》第 69 条第(1c)款规定的公平市场价值取得了财产。巴巴多斯信托自身就是"纳税人"，因为在处置公司股份时，它承担了表面上的纳税责任；并且该信托将被视为已经以 500 万加元的公平市场价值取得了公司股份。

这个问题在股息方面得到了进一步的促进，并且，在信托层面，《加拿大所得税法》对加拿大居民公司向非居民——巴巴多斯信

---

〔7〕 Ibid.

托——支付的股息总额征收25%的预扣税。此外,若一项巴巴多斯信托不属于依照《巴巴多斯国际金融服务法》持有有效许可证并在巴巴多斯境内从事国际银行业务的法人,则该巴巴多斯信托将被认为应依照巴巴多斯法律承担全面的纳税责任。应当认识到,对于委托人和受益人均不是巴巴多斯居民的信托而言,如果信托资金仅由外国货币或外国证券组成,且信托由被许可人管理,则该信托免缴巴巴多斯的任何直接税或进口关税(该规定产生于《国际金融服务法》)。被许可人是指依照《巴巴多斯国际金融服务法》持有有效许可证并巴巴多斯境内从事国际银行业务的法人。据此,信托将是《加拿大巴巴多斯所得税协定》(1955 2ctc64,95dpc 5389,125dlr(485,1995)(2scr802))第4条第4款第(1)项下的"巴巴多斯居民"(*Crown Forest Industries Limited v the Queen* 案)。因此,作为该协定项下的巴巴多斯居民,尤 281
其是鉴于《加拿大巴巴多斯所得税协定》并未排除巴巴多斯信托从该协定中获益,该巴巴多斯信托有权利依照该协定获益。当巴巴多斯居民是股息的"受益性所有权人"时,制定法上的税率降至15%(第X条第(2)款)。有关一项信托能否成为股息的受益性所有权人的问题,已经有所讨论,尤其是,鉴于《经合组织范本》第10条的评注中没有直接讨论这一点。然而,在 *Wood Preservation Limited v Prior* 54 Tax Cases 112,(133)(CA)案中,Harmon J 评论到,受益性所有权"不是一种仅仅通过登记这一单纯的事实就享有的普通法上的所有权,而是一种至少在某种程度上把财产当作自有财产来处理的权利"。因此,可以肯定地得出这样的结论:信托不可能成为股息的受益性所有权人。然而,由美国财政部拟定并由加拿大财政部认同的关于第4条——《加拿大美国所得税协定》中的居住地——的技术性解释却规定,"如果依照本条款,遗产或信托被认为是一方缔约国的居民,则该遗产或信托可以是该条件下其他条款,例如,第10X条第2款(股息)中规定的收入项目的'受益性所有权人'"。依照该技术性解释,可以断定,如果遗产或信托是缔约国的居民,且该遗产或信托所接收的收入在遗产信托层面的税务上受该缔约国管辖,则该遗产或信托显然将被认为是该协定项下的受益性所有权人。在这方面,从合规性角度来看,作为股息支付人的公司很可能会以25%的制定法上的税率预扣股息,并由巴巴多斯信托去说服加拿大税务当局,使后者同意它只承担通过该协定减少到15%的那部分税率。

考虑到巴巴多斯信托的条款,并同样假设当事人指示其自己遵守条款的规定,则无论在代理或归属基础上,还是依照《所得税法》第104条第(13)款,受益人层面的加拿大资本利得税都是不可能存在的。就为清偿资本权益而做出的信托分配而言,由于分配将以现金形式而非加拿大应税财产形式进行,因此不会暴露于加拿大的税收。就受益人的税收而言,为清偿资本权益而完成的信托财产之接收引发了对信托资本权益的处置,并且,巴巴多斯信托资本权益的受益人做出的处置不会产生加拿大税务推断,因为该权益不是"应纳税的加拿大财产"。

《加拿大所得税法》包含一般反避税规则(GAAR),该规则普遍适用于1988年9月13日及之后达成的交易。根据一般反避税规则,如果一项交易是"避税交易",则可视合理情况而定,合理地终止某人的税务后果,以拒绝承认相关税务优惠(参见第245条第(2)款)。税收优惠是指,依照《加拿大所得税法》第245条第(1)款,减税、免税或延期缴纳税款或其他应付款项,或增加退税额或其他金额。依照该条规定,对一人的税收后果涉及收入、应税收入或在加拿大挣得的应纳税收入等金额,以及依照《加拿大所得税法》规定,一人应缴纳的税额或应享受的退税金额,或与计算该税额有关的任何其他款项(第245条第(1)款)。关于第245条第(2)款是否适用的这个问题,可以考虑三个问题:首先,是否存在税收优惠;其次,是否存在避税交易;最后,是否存在误用或滥用。第三个问题基本上源自第245条第(4)款,该款免于第245条第(2)款规定的交易范围,前提是可以合理地认为该交易不会直接或间接导致对《所得税法》的乱用或滥用。一般反避税规则是一项包罗万象的规定，因此在制定任何税收规划策略时都需要非常仔细地对其加以分析。在目前的情境下，可以肯定地说，该规则不 282
应适用于巴巴多斯信托对公司股份的收购或持有。尽管如此，在加拿大范围内（无论是整体地还是部分地）的所有规划事项中，必须始终对一般反避税规则的适用性进行仔细和特别的分析。

由于该方案考虑了双重结构，在这种结构中，用益源于《避免双重税收协定》，因此考虑巴巴多斯的税收考量也很重要。就基于公司股份支付的股息而言，巴巴多斯居民信托收到的股息将纳入信托收入，并以 35% 的税率缴纳巴巴多斯所得税，并可贷记不超过 25% 的加拿大预扣税。因此，巴巴多斯对扣除加拿大预扣税后净额所扣除的所得税将是 20 美元。显然，依照巴巴多斯法律，在分配扣除了加拿大预扣税的信托净收入时，不存在税收优惠，因为这种分配将引起巴巴多斯 15% 的预扣税。关于处置公司股份的资本利得，必须说明的是，依照《巴巴多斯所得税法》，无须缴纳资本利得税。因此，信托在处置公司股份时变现的资本利得将不受加拿大或巴巴多斯税收的约束。此外，巴巴多斯居民信托向非居民受益人分配收益（依照信托法，这属于资本收益）的这一处置无须缴纳巴巴多斯预扣税。

英国视角

最近，英国最高法院的 *R*（*on the application of Gaines-Cooper*）*v The Commissioners for HMRC* 案[8]（“Gaines-Cooper 案”）引起了对旅居国外富裕的英国公民的居住地确认问题的严重关切，而对这些人而言，保留与英国的关系可能会危及其居民地位。

此案涉及的是在英国出生的塞舌尔商人 Robert Gaines-Cooper，他

〔8〕［2001］UKSC 47.

在30多年前就已离开了英国。Gaines-Cooper先生与英国的联系是他在牛津附近保留有一处居住地，而他的妻子和儿子在那里居住了一段时间。他的遗嘱是依照英国法律起草的，并且他会定期到访英国。然而，Gaines-Cooper先生依照《国内税收手册》第20号，即《居民和非居民——在英国的纳税责任》来规划事务，该手册就“居住地”和“通常居所”这两个词在个人应缴纳英国所得税和资本利得税的背景下的含义提供了通用指南。他认为，手册中的指南已经产生了一个合理的期望，即如果个人存在以下情况，将被视为非英国居民：

（a）离开英国到国外从事全职工作（手册第2.2条）；或

（b）永久离开英国，或离开英国超过三年（第2.8条）；或

（c）为定居目的出国并在国外至少停留一整个纳税年度（第2.9条）。

在任何情况下，都存在一个前提：在离开英国后的数年中的任一纳税年度内，待在英国的总天数未超过6个月，且平均每个年度不超过91天。很明显，Gaines-Cooper先生满足了上述条件，在相关纳税年度中，他在无税年度中在英国总共停留了83天，且平均每年不到91天。Lord Mance在其异议判决中认同Gaines-Cooper先生的观点，他
283 认为，“指南中所有的条款所描述的潜在纳税人的本质含义是，只要一人在英国境内的停留时间在任一纳税年度未超过183天且平均每个纳税年度少于91天，并满足了与意图相关的其他要件，和（或）国外的居住年限，则此人就不是一名通常居民”。

五名法官中有四名驳回了上诉，理由是手册中的条款虽然“起草得非常糟糕”，但必须与一般准则一并阅读，而这些准则表明了手册仅作为指南使用。居住地的确定必须综合考虑各种因素，并且，根据证据显示，上诉人没有显示出永久离开英国的意图。Gaines-Cooper先生未能与英国“明显断绝关系”，因此，他有义务支付应缴英国税款。

与本案有直接关系的仅仅是在2009年（手册在当年被撤销）之前与英国皇家税务与海关总署产生争议的纳税人。对其他人来说，它没

有提供清晰的答案，只是确认了居住地必须通过一系列因素权衡来确定。在实际操作中，这可能意味着根据现行规则，除了最直接的情况外，获得居民身份的确定性可能非常困难。这是一个特别令人不安的判决，因为在《国内税收手册》第 20 号中没有提到或解释过“明显断绝关系”的概念。虽然如今的《英国皇家税务与海关总署》第 6 号规则（取代了《国内税收手册》第 20 号）提及了明显断绝关系，但该概念仍有很大的解释余地。该判决将产生对所有类似案件的质疑，而那些离开英国到别处定居的个人将被建议重新评估他们是否与英国“明显断绝了关系”，以及确认在什么时间完成了这个“断绝关系”。希望英国政府在 2011 年 6 月发布的咨询文件中能够为“非居住地”作出明确的制定法上的定义。

结语

信托可以作为合法避税的有效手段，与避免双重税收协定一起使用，同时规避了对应方的会计和审计要求。它有时还可用于税收优惠被禁止的情况，如《加拿大与巴巴多斯避免双重征税协定》。它的灵活性，特别是在目的信托等领域的灵活性，进一步提高了它的避税实用性和吸引力。在加勒比地区，其税收效力常常取决于其税收豁免地位。

图书在版编目(CIP)数据

加勒比国家的离岸信托／(英)吉尔伯特·科迪林耶，(英)特雷佛·卡迈克尔著；朱宝明译. -- 北京：法律出版社，2020
(外国信托法经典译丛)
书名原文：Commonwealth Caribbean Law of Trusts
ISBN 978-7-5197-4735-0

Ⅰ. ①加… Ⅱ. ①吉… ②特… ③朱… Ⅲ. ①离岸金融业务—信托法—研究—西印度群岛 Ⅳ. ①D975.022.8②D975.022.8

中国版本图书馆 CIP 数据核字(2020)第 121625 号

加勒比国家的离岸信托
JIALEBI GUOJIA DE LI'AN XINTUO

[英]吉尔伯特·科迪林耶
[英]特雷佛·卡迈克尔 著
朱宝明 译

策划编辑 似 玉
责任编辑 似 玉 李 军
装帧设计 李 瞻

出版 法律出版社
总发行 中国法律图书有限公司
经销 新华书店
印刷 北京建宏印刷有限公司
责任校对 马 丽
责任印制 吕亚莉

编辑统筹 法律应用出版分社
开本 710 毫米×1000 毫米 1/16
印张 29.5
字数 382 千
版本 2020 年 9 月第 1 版
印次 2020 年 9 月第 1 次印刷

法律出版社／北京市丰台区莲花池西里 7 号(100073)
网址／www.lawpress.com.cn
投稿邮箱／info@lawpress.com.cn
举报维权邮箱／jbwq@lawpress.com.cn
销售热线／400-660-8393
咨询电话／010-63939796

中国法律图书有限公司／北京市丰台区莲花池西里 7 号(100073)
全国各地中法图分、子公司销售电话：
统一销售客服／400-660-8393/6393
第一法律书店／010-83938432/8433　西安分公司／029-85330678　重庆分公司／023-67453036
上海分公司／021-62071639/1636　深圳分公司／0755-83072995

书号：ISBN 978-7-5197-4735-0
定价：118.00 元
(如有缺页或倒装，中国法律图书有限公司负责退换)